本书获得 2018 年贵州省出版传媒事业发展专项资金资助

張聞玉文集

·经学卷·

张闻玉◎著

贵州大学出版社
Guizhou University Press

图书在版编目（CIP）数据

张闻玉文集．经学卷 / 张闻玉著．-- 贵阳 : 贵州大学出版社，2020.12

ISBN 978-7-5691-0214-7

Ⅰ．①张… Ⅱ．①张… Ⅲ．①中华文化－文集②经学－研究－中国 Ⅳ．①K203-53 ②Z126

中国版本图书馆 CIP 数据核字 (2020) 第 271649 号

张闻玉文集·经学卷

著　者：张闻玉

出 版 人：闵　军
责任编辑：葛静萍
排版设计：方国进

出版发行：贵州大学出版社有限责任公司
地址：贵阳市花溪区贵州大学北校区出版大楼
邮编：550025　电话：0851-88291180
印　刷：深圳市和谐印刷有限公司
开　本：720 毫米 ×1000 毫米　1/16
印　张：35
字　数：613 千字
版　次：2020 年 12 月第 1 版
印　次：2020 年 12 月第 1 次印刷

书　号：ISBN 978-7-5691-0214-7
定　价：168.00 元

作者与张汝舟先生

1980 年 • 滁州

张闻玉文集总序

顺　真

由《小学卷》《天文历法卷》《文学卷》《史学卷》《经学卷》共计五卷三百万字的《张闻玉文集》，即将由贵州大学出版社隆重推出、陆续出版，这是贵州学界、西南学界，乃至大陆学界的一件喜事。受闻玉先生之托，故黾勉写一总序，忝列卷首。

不言而喻，经过以一代宗师苏秉琦先生为引领的中国考古学界半个多世纪的不懈努力，中华史前文化的演进脉络已经基本理清。公元前三千年前后，黄帝轩辕氏已然开启中华文化的文明时代，这已经渐成学界定论，中华文化上下五千年这一素朴的表述已经不可动摇。近代以降，西风压倒东风的单一走向已经开始彻底扭转，中国人以中国本土文化为根基汇通其他文化进而深度开启身心慧命的时代已经到来。闻玉先生常说的“中国人要做中国的学问”，无疑是这一伟大变革之时代，一直坚守本心、系命本土的中国传统学人之心声。中国人天天说的是汉语、天天写的是汉字，如果没有汉语、汉字为根基所累积的“国学”这碗醇厚的文化甘露，又将以何而维系十几亿中国人的认知之命，又将以何而充盈十几亿中国人的情感之命，又将以何而开启十几亿中国人的灵性之命？故就本土学术研究而言，闻玉先生以为“中国人做学问，由情入理，由辞章而经学而史学，才算走完一位学者的全过程。作为经学附庸的‘小学’乃基础之学，尤应受到重视”。五卷本《文集》正是作者五十多年以来乃至年过古稀依旧孜孜以求的学术兑现与结晶。

闻玉先生早年拜师求学于著名学者张汝舟先生门下，而汝舟先生乃一代宗师黄侃大师之亲炙弟子。故闻玉先生坚守家法，以延续传承章黄学派为使命。又曾问道于著名易学大师金景芳先生，故能由辞章之学进而步入经学之地，最后归宗于史学，尤其于先秦史特于天文历法之学，秉承汝舟大师之体系，金声玉振而集其大成——以“月相定点说”为不易之论、以太史公《史记·历术甲子篇》为殷历四分术之“法”、以“3.06分”为此四分历每年浮差之科学常数、以天上材料（实际天象）与地下材料（出土文献）与纸上材料（典籍记载）“三证合一”为科学方法论、以武王克商在公元前1106年以及西周共计336年之“西周纪年”并共孝懿夷王序王年等核心内容所构成的“张汝舟—张闻玉天文历法体系”，已卓然成一家之言，立于当代学林而不倒。2008年，广西师范大学出版社出版了闻玉先生的《古代天文历法讲座》一书，又使这一传统绝学“飞入寻常百姓家”，推动了“国学”在科学性方面的进展，其嘉惠学林、开拓未来，确实是功德无量。

十五年前，即二〇〇一辛巳年，恰为闻玉先生六十大寿之年。当年贵大三角院楼房落成，先生亦有乔迁之喜，双喜临门，三五友朋，小聚庆贺，品茗饮酒。余曾即席口占“四言八句”。

爰自巴蜀，托命黔庐。
明师指点，早入正途。
究心坟典，勘透天书。
正性正命，非有非无。
乔迁之喜，紫气桃符。
高朋满座，不亦乐乎！
修身养性，吃斋念佛。
学通天地，西南硕儒。

今录出拙句以表我心，并祝闻玉先生身体安康、佳作纷呈。

丙申猴年元月元宵节后二日

记于花溪贵大般若堂

缀网传灯（代序）

——张闻玉先生的学术渊源及贡献

顾　久

北京大学张世英教授晚年创立自己的哲学体系，叫“万有相通”：“宇宙是一大相互联系的网络整体，任何一物（包括一人一事），都是这一大‘互联网’上的一个交叉点，都有自己独特的自我性；另一方面，每物又都不能脱离相互间的依存关系而存。”是说人也好，物也好，事也好，都是一个小联结点，再连入复杂无际的大网之中。该观念有吴宓先生思想的影子：早年，还是学生的张世英在西南联大“途经一个大教室，见窗外站满了人，便也挤上前去探头看窗里，原来是吴宓正在上‘英诗’课。一看黑板，满满的都是 one（一）many（多）两个大字”，像是中了定身法一般在教室外被“定”了五十分钟，又进教室听了一个学期，归纳为“一即是多，多即是一”的“万物一如”说。其实，吴宓此说又受欧文·白璧德老师的影响：白先生学贯中西，从“一”与“多”的关系哲学提出了“适度平衡”的完美人性标准，并提出通过“内在制约”与“道德想象”两途来引导人们不断向古典道德典范学习，成为新人文主义者。白先生的思想也非无源之水，可进而溯源到中国哲学的“道生一”与古希腊哲学的“一”“多”之辨……从中西古哲学，到白璧德“一”与“多”的“适应平衡”，到吴宓“万物一如”，到张世英“万有相通”，这是学术网络中或隐或显的连缀传承关系。张世英先生最终荣获“思勉原创奖”，评语为：“本书究天地人神之际，通古今中西之变，达哲学澄明之境，成理论一家之言。张世英先生以其毕生治学精神和人生体验，精心撰写的《哲学导论》，在我国哲学研究范式发生急剧变革的年代，为中国哲学走向世界作出了杰出贡献。”于是，张世英“牵线”又“结网”，成“一”又为“多”，将哲学之光持续地传灯破暗。

贵州张闻玉先生，也算得一位“结网”“传灯”的大家——师承有序，卓然有成。

传统中国学者面向经典做学问大致采取两种方法：一种着重于注者对经典理解的阐发而相对忽略文本的实际，所谓“六经注我”，自古有“今文经学”及“宋学”等；另一种尊奉追寻古书原貌而相对不爱臆测古人微言大义，所谓“我注六经”，自古有“古文经学”及“汉学”。后者到清乾嘉时期，有顾炎武、戴震开道于前，又有阎若璩、钱大昕、段玉裁、王念孙、王引之等拓展于后，他们沉潜学海，搜集钩沉，考据订正，殚精竭诚，实事求是，为订正、保存和深入研究中华古代经典厥功至伟。至民国，汉学演化为章太炎、黄侃为代表的“章黄学派”。有论者评价道：“章黄学派共同的、终极的关怀是如何在中西文化冲突、融合的新形势下，保持中国传统文化的生存和活力，尤其是推进学术本身的发展。具体而言，他们必须回答解决三大问题：其一，如何从学术层次上去论证中国传统文化的近代化或现代化，构筑起抵御‘中体西用’‘全盘西化’等社会思潮的长城；其二，如何去寻找欧风美雨冲击后我们民族失落了的优秀文化，填补知识分子的心理空间；其三，如何去重建提高中国传统文化，使之挺立于世界现代文化之林。以上三点……吸引、鞭策着人生体验、知识结构、学术风格、文化境界等迥然不同的学者为之奋斗终生。巨大的凝聚力使得大批具有共识的学者很快聚集在章、黄旗帜下，并将他们开创的事业不断推向前进。”(项文惠，陶列英：章黄学派初探）此外，从学术风格上，章、黄还面临用西学框架来肤浅地比照中华传统文化的“新派”挑战，黄侃先生宣言其宗旨：“学问须从困苦中来，徒恃智慧，无益也。治学如临战阵，迎敌奋攻，岂有休时？所谓扎硬寨、打死仗，乃其正途。”据考，围绕章太炎“国学振起社”的，一时凝聚起周树人（鲁迅）、许寿裳、朱希祖、钱玄同、黄侃、沈兼士、马裕藻、周作人、汪东、吴承仕、龚宝铨等数百人；而黄侃（季刚）先生先后任职北京大学、中国大学、武昌高等师范学校、东北大学、中央大学等，逸风所及，其桃李又有刘赜、孙世扬、黄焯、潘重规、陆宗达、程千帆、徐复、殷孟伦，等等。其中殷孟伦，是我的恩师。但自愧心拙手懒，忙于琐务，羞对师门。而殷先生的同学中，杰出者还有张汝舟先生。

汝舟先生名渡——似为“驾一叶慈航，摆渡有缘人”义。其出身虽贫寒，但立志从学，得入中央大学，有“博极群书张汝舟”美誉。毕业后辗转于安徽、湖南一带执教，后得张廷休校长赏聘，赴贵州大学任教授。汝舟先生致力于传统国学：其下有“小学”作“基石”——文字、声韵、训诂等；其上则有“四库”诸“殿堂”——经（儒家经典）、史（历史）、子（诸子释道，含天文、历法）、集（文学）；汝舟先生于“基石”既雄厚，而于各“殿堂”也几乎无一不徜徉其间，饶有心得；至于前人都很少涉猎的“堂奥”——天文历法——更独具只眼，怡然有得；近代受西学影响而有语法新学，面临语法学的名词迭出，众说纷纭，汝舟先生偏能独辟蹊径，清理出一套以简驭繁的方法。先生以“毋欲速，毋自欺”自勉，其书斋曰“二毋室”，有《二毋室古代天文历法论丛》《二毋室汉语语法论丛》《二毋室论学杂著选》等专著，著作等身，贻芳后世。

张汝舟先生在贵州大学任教时，最得意的弟子，当数张闻玉。闻玉先生志存高远，本拟以诗文传世，后得张汝舟等名师亲授，又受浩瀚典籍感召，遂以“为往圣继绝学”为己任：攻《诗经》，克《尚书》，探《周易》，问学张汝舟，拜师金景芳，但仍自白“一辈子的学问来自汝舟先生”：1960 年，得张汝舟先生亲授古汉语及汉语史课程；20 年后，又承贵州大学派遣，往滁州师范再次追随张汝舟先生学，除进一步夯实文字、声韵、训诂外，还就近体认了汝舟先生的天文学奥理——为其《历术甲子篇浅释》一书当助手，代为誊写《古代天文历法表解》等——苦研之余，豁然开朗：“我逐步认识到，先生的古天文学具备了完整的体系，的确与众不同，他是从考据学角度研究古天文学，言必有据，反过来用以通释古籍，也就毫无障碍。”由此登堂入室，在中国古天文历法研究方面脱颖而出。数年前，我往北京大学拜望贵州籍文化老人乐黛云先生。乐先生突然发问：“你认识贵州大学张闻玉先生吗？”我应后，乐先生解释：“前两天有位朋友来打听张先生，想请教他关于古天文的知识。”张闻玉先生蜚声海内外的学术成就当然不止古天文学，各类学术论文与专著多多，仅列举《张闻玉文集》各卷名称——已出的“小学卷”“天文历法卷”和“文学卷”，即将出版的“史学卷”和“经学卷”等——便可知闻玉先生的学术理路及成就。坚持接续、编织、传递着从汉学、乾嘉学派，到章黄学派、张汝舟先生学术的“网络”。闻玉先生的弟子中，我结识者不多，但仅就其中桂珍明小友看，年龄虽轻，却已具笃实学术作风、较扎实基本功和敏锐的目光了。传统学术，铺枝散叶；灯火相续，明彻时空。

“一”而独秀，“多”则共照，织网劳蛛，传灯仗智，闻玉先生有功焉！真诚祝贺先生80寿诞之后，身体更康健、成果更丰硕，进一步添彩前贤、造福后昆。

2020年6月25日

编者按：这是顾久先生为张闻玉教授八十诞辰纪念日写的文章，放于此作为“代序”。顾先生为贵州省人大常委会前副主任，贵州省文史馆原馆长。

《经学卷》前言

《经学卷》出版，文集五卷本算是画上一个句号，一个完满的句号。从2016年《小学卷》出版算起，已经五年了，过程还是挺长的。《经学卷》在《史学卷》出书之后，数月就与读者见面，周围的朋友都感到惊讶，没想到来得这么快。我时时记住主席的话，“抓而不紧，等于不抓”，抓紧了就是不一样。大凡事理也就这样吧！

开初概算，五卷本文集也就二百多万字，《经学卷》排版之后，超出预想，居然是总计三百万字。写总序的顺真教授不得不加以改动。这应该是我学术生命的总结，手不能提笔，写不动啦。好像老天在说，你该歇歇，不要再写作啦！

开始的《小学卷》《天文历法卷》都是自编自导，还算顺当。2018年年底突发中风，尽管头脑清醒，毕竟力不从心，文学、史学、经学三卷不得不交由弟子们分头处理。《文学卷》拟定2018年12月出版，实际是2020年4月后才出书。我趁这个空当将遗漏、散失的若干篇章通通增补进去，居然多出了百多页。截稿日期到了2019年10月26日张汝舟先生120年诞辰纪念活动，一诗一文也收入其中，算是自己保存了一个完整的稿本，与先前迥然有别。

回过头来看，毕竟五年了，分头由不同人编选，有些篇目确实重复了。《小学卷》一篇谈律诗平仄谈入声的文章，在《文学卷》的《学诗说诗》里出现了。这也并不奇怪，说古音当然得讲入声，讲入声自然涉及律诗平仄。这又是文学范畴，在旧诗部分不可或缺。从不同角度取用，避免了顾此失彼。再有《关于虞侯政》，从器物铭文历日切入，是一篇小考据范文，很适合文史学生借鉴，放入《天文历法卷》或《文学卷》《史学卷》都未尝不可。又如《孔子诞辰与教师节》，涉及古历法的“三正”，又是文化题材，分属两处也就不难理解。类似的篇章虽是不多，但不得不加以解释，免生重复之嫌。

《经学卷》主要收入《周易正读》《逸周书全译》两本小书，又有“拾遗”

两文附于此：一篇关于正例、变例，讲学术研究方法，写得较晚，无法编入其他卷次，只得放此；一篇关于四分历法，是我参加2009年日本“东亚历法与现代化”会议的学术论文。编辑《天文历法卷》时，已有三本著述列入，又觉得此文“了无新意”，就放下了。此后有友人提醒，此文简洁明了，在日本已有译文，还有一定影响，应该收入文集。再放入《天文历法卷》已无可能，只有“拾遗”了。

《经学卷》的编稿由马瑞州小朋友承担。小马本是中国哲学硕士研究生，听我讲“周易”的课，有心在易学方面有所发展。我的《周易正读》一稿，都是他一卦一卦录入，最为勤奋。加之他有佛学基础，“悟”性尚佳，进步优于常人。《经学卷》由他处理我也放心。此外，罗松乔小弟主动承担本卷校对事宜，令我感动。

向所有关心我文集五卷本写作、出版的老朋友、小朋友们表达我真诚的深深的谢意。感谢贵州大学出版社闵军社长的大力支持与关照，感谢葛静萍女士的具体操劳，使五卷本个人文集顺利出版，贡献于中华学界。

张闻玉
2020 年教师节后

目 录

周易正读

逸周书全译

拾　遗

附　录

周易正读

前 言

上大学的时候就有心研究学问，一是受很有学问的老先生们言传身教的影响，那时中文系的几位知名教授都给我们开课，如张汝舟先生、朱厚锟先生、李淑元先生、赵伯愚先生、陈果青先生等，在贵州学界名气很大而且真有水平，老师们就是我们的榜样，自己也想能有前辈师长那样的学问。二是大学二年级我受到班里党小组、党员老大哥李钟伟等的信任，委派我做了学习委员。这与做学问有什么关系呢？那时学校图书馆不大，一般同学借书得在柜台前填单，由管理员进书库去找。而各班级学习委员就有特殊待遇，与教师一样，可以直接进书库去任意挑选。这可让我大开眼界，库藏图书万万千、千千万，绝大多数连书名我都没有听说过，我真是一个无知又可怜的人啊。从此，我的狂妄得到收敛，做文学家、做诗人的野心已经不在，开始认真读书啦，一门心思只希望做个有知识有学问的人。

有了雄心壮志，得确定一个目标，做哪门子学问？当然是挑最难最难的绝学之类啰。最初我喜欢《诗经》，因为我的文学爱好是从中学时代写诗、写新诗开始的。我试着对《诗经》的一些篇目进行解读，比如《行露》之类，也得到汝舟先生的首肯。后来发觉作为文学的诗篇，往往是不着边际的，有虚无缥缈的感觉，并不落在实处，我感到彷徨。其实那也许是我的幼稚。后来读到韩愈的《进学解》，他说："周诰殷盘，佶屈聱牙。"给我印象最深最深。我当然想要把"佶屈聱牙"的《书经》弄明白啊。于是就开始积累这方面的资料，找寻、阅读《尚书》的有关著作。其间，买到曾运乾（星笠）先生的《尚书正读》，如获至宝。因为湖南人的《尚书》研究，我一直是认同的。我在汝舟先生门下学习古音学的时候，曾运乾先生的《喻母古读考》我已经烂熟于心，"喻三归匣、喻四归定"那是不易之论啊，早就对曾先生格外崇敬，他的《尚书正读》我就视为研治《尚书》的宝典。这"正读"二字，正是我的追求。1982 年暑假，中国训诂学会在大连举办训诂讲习班，湖南师院周秉钧先生讲的就是《尚书》的篇章，我都一一记录。周的学问正是承续曾运乾先生而来，他写的《尚书易解》自然也在我的书架上。

放弃《尚书》的研究，是我在“文化大革命”后期读到马雍先生写的一本小册子《尚书史话》，文采极具吸引力，内容也极具说服力。那是说，古文《尚书》是真真确确的伪作。我犹豫了，我想，花工夫研究下去，实在没有任何意义。正如一辈子品尝茅台，最终发现都是伪劣的假酒，你当做何感想？我感到失望，陷入了迷惘。

1985 年春，教育部发文要在吉林大学委托金景芳先生开办周易研讨班。我决定北上，学习易学。此前，1983 年 10 月下旬我参加过湖南师院为宋祚胤先生《周易新论》出版举办的讨论会，对易学有些接触，也有一定基础。国内易学热已经悄然兴起，我正苦于“不得其门而入”，周易研讨班适逢其会，我的既定目标就由《尚书》转向《周易》。当然，最终还是要追求一个“正读”，不走歧路邪门。

金先生讲《易经》一年，每周两次，后来整理成《周易讲座》出版。研讨班就四个学员，鹤岗教育学院一位李晓云兄，年纪稍大，五十多岁；徐州师院的汤其领同门，他是从部队回来又做学问的，三十多岁；还有南阳师专一位黄女士，名字接近电影《刘三姐》里刘三姐的扮演者黄婉秋，她比我们晚到一个学期，只学了半年，二十五六岁吧。我四十有余，四个人正好四个有序的年龄等次。全国来研讨《周易》的，寥寥三个半，可见也并不热门。这就是那时的状况。听课的还有金老的几个博士生（葛志毅、吕文郁、张鹤泉等），他的得力助手吕绍纲先生也一直坐在课堂。《讲座》主要由吕先生依据录音用文字整理出来。我参与整理过一次录音，还是吕先生委托的。每学期课程结束，只要求写个学习心得，就算结业啦。收在这本集子里面的两篇，就是那时的文字，完稿于吉林大学干训楼 402 室。

1986 年暑假从长春回来后，我的主要精力放在了史学领域，游弋于中国古代史研究的汪洋大海之中。易学的学习、研究几乎停顿下来。我当然关注着它的研究动态，也积累了若干古今的专著，书架上易学的书籍应该是最多的。它始终是我的研究方向、研究目标。我没有忘记我的追求，那就是《周易正读》的撰写、结集与出版。

2010年秋，我们的《西周纪年研究》出版，古代史研究告一段落，2011年我年届七十，在编完《辛卯文汇》之后，我就打算着手易学的“正读”了。正好，龙年吉祥，龙年学易。

我把已经写出的部分文字汇集成小册子，希望后之学者对易学有个大体的认识，不致视为畏途，望而却步。任何学问，就算所谓艰深的学问，并无神秘可言，只要你登堂入室，进入其中，就应该是简明而实用的。我受业于金景芳老先生的易学，这本《周易正读》还是金老哲理易学的正路，也是向金老在天之灵交出我学习易学的一份完整的课后作业吧。金老不能批阅，吕绍纲先生也已故去，而当年的课堂情景，我始终记忆犹新。只能说，我不会辜负两位老先生的厚爱而已。

我采用朱熹《周易本义》的编次方法，先做一些常识性介绍，再对卦爻一一梳理。我在若干年前，试着写过两卦：革卦、明夷卦，算是这本书的雏形。余下就得不断地写下去了。当然希望完整的《周易正读》早日问世，借以答谢朋友们的关注、关爱。

壬辰龙年春节前，2012年1月20日

周易知识讲座

易学是中华文化之源，中华文化五千年，易学就伴随她走过五千年。易学永远是中国人的热门话题。易道广大，无所不包。德国哲学家黑格尔说它包含着中国人的智慧。作为一个中国人的确有必要认识它。我们分几个专题，给志于学的青年朋友做些介绍，了解一些基本常识吧！要深入研究，当然还得多花些工夫。

一、易与周易[1]

什么是易？什么是周易？名称得先弄清楚。自古及今，易学之“易”就有不同的解释。许慎引《秘书》说“日月为易，象阴阳也”。就是说，易字从日从月，日月象征阴阳，易学就是讲阴阳的。也可以说，易字从日月，日月运行在天，易学是研究日月运行及应运而生的各种气化活动的一门学问。中医的五运六气学说，就本易学而来。五运，指木、火、土、金、水五行的运行；六气，指风、热、湿、火、燥、寒。中医师以易学作为他的理论渊薮，这就是俗话说的“医易相通”。

许慎在《说文》中立“易部”，“易，蜥易，蝘蜓，守宫也。象形”。段玉裁更说：“上象首，下象四足。”许氏并不认可易字从日从月，他认为是蜥蜴的象形。蜥蜴俗名叫壁虎蛇、四脚蛇。郭沫若根据甲骨文、金文研究，看出“易字是益字的简化”。分析甲骨文易字之形，有两手、酒壶、酒杯，是以双手将酒壶之酒倒入杯中，象意，义为增益，就是添酒。甲骨文中用作增益、增加，是常见的。简化，省去酒杯，表示两手倒酒。再简化，省去两手，酒壶取其线条，甲骨文易字作、，三斜画表示倒出的酒，曲画表

[1] 本部分写于 2007 年 4 月 2 日。

示酒壶之腹，半圈表示酒壶的提梁。小篆作𠃓。劝客人饮酒会不断地主动给予（添酒），易就有赐予义。添酒—赐酒—赐物，自然引申。赐予了别人，就改变了赐物的所有权，易就有改变义。甲骨文“易日”就是变天的意思。易学之易，也是讲变。“生生之谓易”，“阴阳转易，以成化生”，取变化之义。

《说文》为什么说是“蜥易”？有一种蜥蜴为保护自己，善于改变皮肤的颜色，俗称变色龙。蜴字从易，正是取其变化义。甲骨文、金文的易，一再简化，逐步简得象蜥蜴之形，许慎未见繁体的甲骨文，便以“蜥易”解说。当然，易字的本义不是四脚蛇。

再说“周易”吧。有人说，周易就是周代的易，因为文王演易，周公旦完善之。《易经》确实创制于周，周代之《易经》也容易为人接受。

“周”有周匝义，即绕圈子，周而复始。周易就是讲无始无终的循环往复变化，这是战国时期阴阳五行学说的观点。

“周”的另一个意思是《说文》讲的“密也”，周密、周到、普遍都是这个意思。修饰易字，周易就是万物皆变。这就比较符合易学的本质。

二、易学的内容[1]

周易又称易学，是研究万物变化的一门学问。这门学问包括哪些内容呢？

易学经历三个阶段才算完善，才有我们今天看到的《易经》。首先是易卦，它是符号，用符号表达华夏先民对万事万物的理解。在文字产生之前，卦画是表达人的思维的主要方式。卦画仅仅是人的认识的象征，这种象征性符号系统可以包罗万象，它是先民智慧的结晶。卦画的象征意义有不确定性，一个符号可以有多种理解，难于规范。所以易卦强调一个“悟”字。华夏先民仰观于天，俯察于地，事物的道理，也就是变化之道，都是“悟”出来的，于是画出八卦。所谓“伏羲画八卦”是也。后人认识八卦，自然也得要“悟”，才能与先民的智慧相通，正确理解卦画的象征意义。孔子五十以学易，他已经在人生旅途经历了不少坎坷，品尝了人生的酸甜苦辣，他对易学的哲理自然才有通透的理解。没有生活阅历，易卦就是天书。

[1] 本部分写于2007年4月9日。

卦画有象征性，也就有神秘性，并不是大家都好读懂的。经历漫长的岁月，才出现文字的解说。这就是易学的经文，称《易经》。《易经》是解说易卦的，毛附于皮，彼此就不能脱离。我们今天说“易经”包括了卦画与文字，因为单独的经文是不能成立的。应该明白，经文的作者是以自己对易卦的理解写出来的，仅是一家之言吧，当然就有局限性，未必完全符合卦画的象征意义。所以易学才有发展，才会出现以后的若干一家之言。经文的作者不愧是一位高人，他一定经历了种种磨难，对自然之理、人生之道大彻大悟，才能对卦画的内涵做出如此高深的理解。这就是周文王“演八卦”。后人的解说没有谁能超过他，文王的经文就堂而皇之稳坐在易学的殿堂，并受到后学者的顶礼膜拜。

到了春秋后期，崇尚文王、周公的孔子，继承发展了周公“制礼作乐”创制的鲁文化，创立儒家学说。孔子传道，办私学，给学生讲授《易经》，整理出来就是我们看到的“易传”，又称“易大传”“周易大传”。传是解说《易经》的，因为经文难懂。《易传》分十篇，又称“十翼”。我们说“易经”，是不包括“易传”的。不过，《易传》是易学中很重要的一个部分。要读懂《易经》还得以《易传》做阶梯，“以传通经”是也。后世学人，大体都走这个路子，尤其是儒家学者更不会对孔子的《易传》视而不见。

易卦体现的是中华元文化，解释卦画的《易经》是唯一一部被儒家、道家共同尊奉的哲理著作，也是唯一一部对自然科学和人文科学都产生过重大影响的典籍。

三、关于易卦[1]

易学的最初形式是卦画，画就是符号。没有文字，就以符号系统表达人对自然、对人事的基本认识。易卦的基本符号是 ━ 和 --，这叫爻。━ 叫阳爻，-- 叫阴爻。八卦、六十四卦，都是由这两个基本符号重叠交错组成的。八卦只有三爻，六爻的组合就是六十四卦。

易学是讲哲理的，任何哲理得首先回答两个问题：宇宙怎么来的，人怎么生的？

[1] 本部分写于 2007 年 4 月 13 日。

老子以“道”作为宇宙的根源，所谓“道生一，一生二，二生三，三生万物”。“道生一”就是道生成它自己。“一”即是道，“万物得一以生”，这也就是庄子说的“主之以太一”。司马光说得好：“道生一，自无入有。”北宋周敦颐提出以太极为中心的创世说，“无极而太极”。无极就是道，是一、太一，是生成万物的元气。这样宇宙的发展公式就是：无极—太极—阴阳—万物。孔子在《系辞传》中说：“易有太极，是生两仪。两仪生四象，四象生八卦。”

易学很重视太极，儒家、道家都视之为宇宙万物之源。后世的太极图，里面是阴阳二鱼相拥，已含有阴阳两仪在内了。太极之前的“无极”是指无阴阳之分的混一元气，就好理解了。所以“气之清轻，上浮者为天；气之重浊，下凝者为地”，就再明白不过了。

两仪就是阳爻 ⚊、阴爻 ⚋。四象指二者的重叠为四：⚌ 老阳、⚍ 少阴，⚎ 少阳、⚏ 老阴。再重叠阴与阳，三爻形成八卦：老阳 ⚌ 重阳为 ☰ 乾卦，老阳 ⚌ 重阴为 ☱ 兑卦；少阴 ⚍ 重阳为 ☲ 离卦，少阴 ⚍ 重阴为 ☳ 震卦；少阳 ⚎ 重阳为 ☴ 巽卦，少阳 ⚎ 重阴为 ☵ 坎卦；老阴 ⚏ 重阳为 ☶ 艮卦，老阴 ⚏ 重阴为 ☷ 坤卦。三爻的卦称“小成卦”，六爻的卦称“大成卦”。

大成卦双重的上者为上卦，又称外卦；下者为下卦，又称内卦。

六爻是由下往上的顺序，称为初爻、二爻、三爻、四爻、五爻、上爻。阳爻称九，阴爻称六。初九、初六，九二、六二……九五、六五，上九、上六。

内卦与外卦，外卦是主要的卦。六爻之中，分主爻、辅爻。内卦主爻在二爻，外卦主爻在五爻。辅爻围绕主爻，主爻在全卦中起主导作用。三爻的小成卦，上爻是天位，初爻是地位，中爻是人位。六爻的大成卦，初爻、二爻是地位或地道，五爻、上爻是天位或天道，中间三爻、四爻是人位或人道。每卦的哲理意义，从初爻到上爻，逐层推进，层层深入。

宋代朱熹的《周易本义》是读书学子的教材，载有“八卦取象歌”，便于记忆。文字是：乾三连 ☰，坤六断 ☷，震仰盂 ☳，艮覆碗 ☶，离中虚 ☲，坎中满 ☵，兑上缺 ☱，巽下断 ☴。可根据口诀画出八卦，一点都不繁难。

八卦取象：乾为天，坤为地，震为雷，巽为风，坎为水，离为火，艮为山，兑为泽。此八卦自身重叠为八纯卦。六十四卦除八纯卦，其余五十六卦叫覆卦。《周易本义》也载有口诀：乾 ䷀ 为天，天风 ䷫ 姤，天山 ䷠ 遯，天地 ䷋ 否……也是为了帮助记忆。八卦是易卦的基础，掌握了八卦，六十四卦也就不难了。

四、易卦的序次[1]

八卦、六十四卦怎么排列，是应该弄清楚的。

古有三易之说，《周官》云："太卜掌三易之法，一曰连山，二曰归藏，三曰周易。"汉代大师郑玄以为："夏曰连山，殷曰归藏，周曰周易。"杜子春云："连山伏羲，归藏黄帝。"三易反映了易学的发展阶段。首先，是对画卦的解说不同，各有其象与数，各成一家之言；其次，易卦的排列次序是各有体系的。连山为重艮 ䷳，归藏为重坤 ䷁，周易为重乾 ䷀ 开始。连山最古，艮为始，山林生活，应是游牧时期；归藏坤为始，象征"万物莫不归藏其中"，亦说畜牧时期，坤为地，关切土地；周易乾为始，是农耕时期，乾为天，重视天时。

阴阳，或云坤乾，反映了重阴重坤的母系社会文化思维。我们习惯说"阴阳"，是秉承了最初的元文化因子；又说"乾坤"，那是《周易》哲理的传承。

八卦的次序，则依据"太极生两仪，两仪生四象，四象生八卦"的解说，不看重四象（太阳、少阴、少阳、太阴），而强调八卦顺次：乾一、兑二、离三、震四、巽五、坎六、艮七、坤八。这就是《周易本义》所载"伏羲八卦次序"。该书还载有"文王八卦次序"，"乾父坤母震长男"之类，《说卦传》的排序是乾父一、坤母二、震长男三、巽长女四、坎中男五、离中女六、艮少男七、兑少女八，除了乾父坤母，其余称"六子"。因为它实指卦象，有人就不看重这个排序。值得注意的是"八卦方位"，八卦配八方。"伏羲八卦方位"乾南坤北，从乾一到坤八，是个S形。"文王八卦方位"坎北离南、震东兑西，到今天还在使用着。乾西北、坤西南、艮东北、巽东南，这四个还用于地平方位中，在生活中广泛使用。

马王堆汉墓出土有帛书《易经》，卦序排列与今本不同。八卦次序是：坤一、乾二、兑三、艮四、离五、坎六、巽七、震八。先阴后阳，体现了"归藏之旨"。今本八卦六子的次序是长、中、少，帛书六子的次序是少、中、长。

值得研究的是"伏羲八卦次序"，既称伏羲，当是古易，必是阴阳坤乾，当是坤一、艮二、坎三、巽四、震五、离六、兑七、乾八。以此来释读"伏羲八卦方位"，从坤一、艮二、坎三、巽四，正是顺乎天象的左行；再从震五、

[1] 本部分写于2007年4月17日。

离六、兑七到乾八，也是顺行。与前面的方位呈倒S形。这才是真正的“伏羲八卦次序”，真正的“伏羲八卦方位”。八卦方位之内是一个圆圈，是太极，太极中从坤一、艮二、坎三、巽四顺行，两阴阳鱼相拥就完全符合天道左行，才真正体现中华元文化的精髓。很明显，乾一坤八是《系辞传》作者自己的理解。

六十四卦的次序有两个系统。一个是《周易正义》载的“伏羲六十四卦方位”。乾一、兑二、离三，凡横读，内卦都一样；凡竖读，外卦都一样。古代的顺次很明白，应该是始于坤，坤一、艮二、坎三到乾八。后人只顾用乾一、兑二的自己的认识去解读，确实走了样。帛书《易经》六十四卦次序是：乾一、否二、遁三、履四、讼五、同人六、无妄七、姤八、艮九……就前面八卦的排列看出，与今本不同，它是“伏羲六十四卦方位”的竖读，乾一竖读就是这八卦，然后艮二竖读就是艮九、大蓄十、剥十一……然后坎三竖读，得十七至二十四卦；然后震四竖读，得二十五至三十二卦；然后坤五竖读，得三十三至四十卦；然后兑六竖读，得四十一至四十八卦；然后离七竖读，得四十九至五十六卦；然后巽八竖读，得五十七至六十四卦。（见《文物》1984年第3期）

现今《易经》六十四卦的次序，也是后人确定的。上经三十卦，从乾、坤到离，下经三十四卦从咸、恒到未济。《易传》中有一篇《序卦传》把这个次序安排的理由做了说明。我倒是觉得，还是“伏羲六十四卦方位”的次序好，内卦、外卦都基于八纯卦的交错重叠，简明而实用。

六十四卦序次

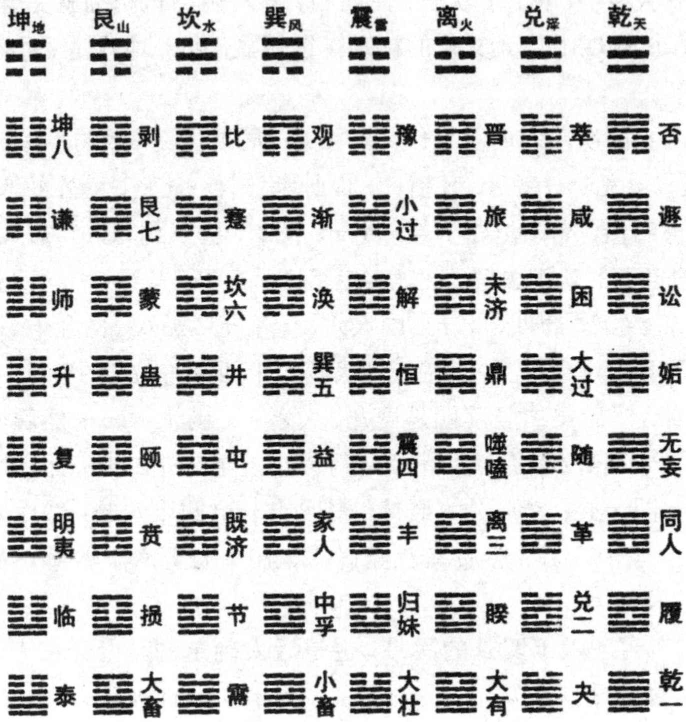

此图的特点：竖看上卦同，横看下卦同

五、易学与数[1]

读《易经》，有初六、上六、六二、六三，初九、上九、九二、九三之类，阴爻叫六，阳爻叫九，为什么这么读，有必要说一说。

人类文明，数学至关重要，在人们的生活中，数学无处不在。数字是数学的符号，是代码，简明便捷。数字的基本符号从1到10，以十进位。计数用十，因为人有十指，最便于表数。十，已经进位，《易经》就取从1到9，

[1] 本部分写于2007年4月20日。

九个数。1、3、5、7、9 是奇数，代表阳；2、4、6、8 是偶数，代表阴。

1、2、3、4，数小，是生数；6、7、8、9，数大，是成数。先有小，后有大，大数是小数的积累。其中的枢纽是 5，5+5 得 10，可进位。生数 1+5，得成数 6；2+5 得成数 7；3+5 得成数 8；4+5 得成数 9。易学取成数 6、7、8、9 做代号，6、8 为阴，8 叫少阴，6 叫老阴；7、9 为阳，7 是少阳，9 是老阳。阴阳有消长，阴气往下，故取老阴 6，6 中含少阴 8；阳气向上，故取老阳 9，9 中亦含少阳 7。

刘师培（1884—1920）说：“《易经》为数学所从生。以卦爻代数学之用。《易》爻之分阴阳，犹代数之分正数负数也。”

中医以五行学说为理论，五行与八卦相为表里。东方阳动以散而生风，风生木，生数三；南方阳极而生热，热生火，生数二；西方阴止以收而生燥，燥生金，生数四；北方阴极而生寒，寒生水，生数一；中央阴阳交而生湿，湿生土，土者五也，五居中央而统四方。

古人又有“八卦九宫五行图”，把这些关系图表化。

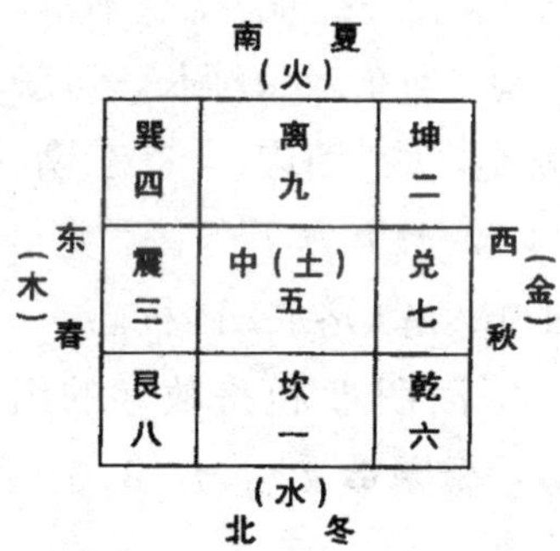

如果简化为数，就有下图：

4	9	2
3	5	7
8	1	6

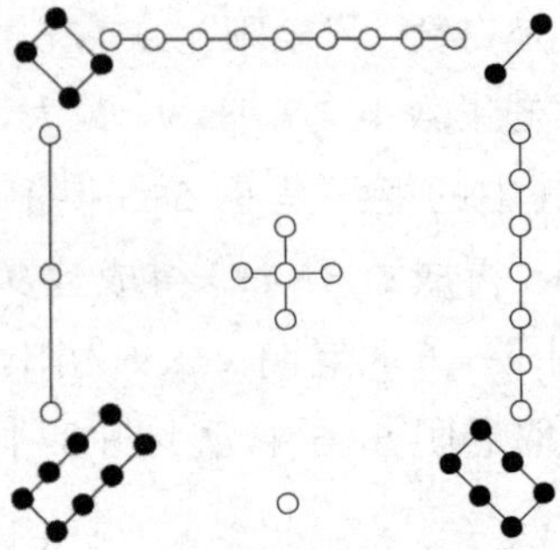

《洛书》

这样，每行每列每条对角线上的三个数的和都等于 15。这就是九个数组合成的《洛书》，只不过它是用小圆圈表示罢了。《洛书》的数字配置是依据参（sān）天两地的法则。奇数 1、3、5、7、9 为阳，象征天道；偶数 2、4、6、8 为阴，象征地道。阳气始于北方，左旋，经过东方，到南方极盛，继续左旋，到西方减弱。五个奇数的方位配置是：北方阳始生，配 1；东方阳气渐长，配 3；南方阳气极盛，配 9；西方阳气渐消，配 7。地道运行的规律是：阴气由西南角发生，右旋，到东南角渐长，到东北角极盛，到西北角渐消。四个偶数的配置方位就是，2 在西南，4 在东南，8 在东北，6 在西北，偶数配置在四隅。《洛书》与“八卦九宫五行图”完全吻合。《洛书》只用数来表示。黑白所代表的阴阳自然是《洛书》的核心。

《周易本义》还载有《河图》，也是数字的组合显示阴阳的变化。白圈○ 1、3、5、7、9 是阳数，黑圈● 2、4、6、8、10（5+5）是阴数。简化为数，就有下图：

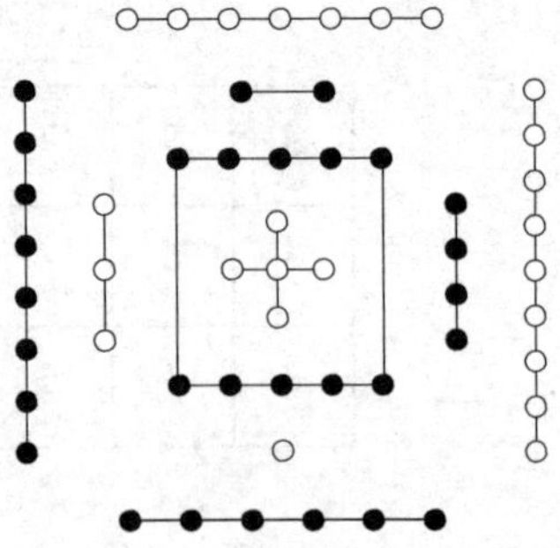

《河图》

看了这个《河图》，再读郑玄的解说："天一生水于北，地二生火于南，天三生木于东，地四生金于西，天五生土于中……地六成水于北，与天一并；天七成火于南，与地二并；地八成木于东，与天三并；天九成金于西，与地四并；地十成土于中，与天五并。"这中间就没有不好懂的了。天地，指阴阳；生数一二三四五，成数六七八九十。配合金木水火土五行，配合东南西北中。如此而已。

《河图》用黑圈、白圈表示阴阳，那是易学的精髓，易学的灵魂；又用1、2、3、4、5……这十个数来表示阴阳的变化，真是言简意赅。具体地说：北方是阴气极盛而阳气始生的地方，故用1配置于北方，1是最小的阳；有生有成，成数6也配置于北方，6是极盛的阴。这就是"天一生水，地六成之"。相反，南方是阴气始生的地方，故用2配置在南方，2是最小的阴；将成数7配置于南方，就有"地二生火，天七成之"。东方是阳气渐长的地方，生数3配置在东方，成数8配置在这里，就是"天三生木，地八成之"。西方是日落的地方，阴气渐长，将生数4配置在西方，成数9配置在这里，就有"地四生金，天九成之"。五行中央土，中央是中心之地，将生数5配置在中央，成数10配置在这里，这就是"天五生土，地十成之"。十个数，黑白圈，组合成《河图》，既有东南西北中方位，又表示了金木水火土五行，核心当然是易学的阴阳。

珠海刘明武先生依据彝族文献《土鲁窦吉》(意即宇宙生化）研究，认定《洛书》表达的是十月太阳历，《河图》表达的是十二月历。彝族文化所保存的图书，一有图书之形，二有图书之数，三有图书的详尽解释。图书的内容，彝族文化对《河图》《洛书》的解释，有信史价值。由于失传了十月太阳历，汉文化已经不能解释《河图》《洛书》。解释不了《河图》《洛书》，阴阳五行就成了无本之木、无源之水。彝族的《土鲁窦吉》正好弥补了这个空缺，把中华元文化展示得清清楚楚。《河图》《洛书》、八卦、阴阳五行、天干地支等一系列千古难题，彝族的十月太阳历做出了完美的解答。刘明武的研究，不仅解释了中华文化的源头，摘掉了中华文化玄学的帽子，甚至能从中找到后现代化的哲学基础。

六、周易的作者

1985—1986年度，我在吉林大学从金景芳老先生学《易经》。金老每周讲两次，尔后整理讲课录音出版了《周易讲座》。研讨中，一位汤姓学友谈到伏羲画卦，惹得金老不高兴。后来汤姓学友引经据典又有发挥，金老真的生气了，上课前就此狠狠发了一通脾气。我明白，金老是不赞同伏羲画卦之说的。而汤姓学友始终也不服气。在周易的作者这个问题上，我总是小心翼翼，不轻易谈及。

就文献记载，涉及伏羲画卦就不止一次，似乎是不好否定的。影响最大的是《系辞传》，明确说道："古者包羲（伏羲）氏之王天下也，仰则观象于天，俯则观法于地，观鸟兽之文，与（舆）地之宜，近取诸身，远取诸物，于是始作八卦。以通神明之德，以类万物之情。"

司马迁《史记・太史公自序》说："伏羲至纯厚，作易八卦。"在《日者列传》中说"伏羲作八卦"。刘歆说："伏羲氏继天而王，受河图而画之，八卦是也。"孔安国也说："伏羲氏王天下，龙马出河，遂则其文，以画八卦。"

否定伏羲画卦最具影响的是郭沫若。他有《中国古代社会研究》，有《周易之制作时代》，明确地说："八卦并非作于伏羲，是毫无疑问的。"伏羲这个人"是出于周末学者的虚构"，"把八卦的著作权送给伏羲，完全是虚构上的一重虚构"。此前，疑古派已经对中国古史有了若干的否定，作为反对旧文化、提倡新文化的郭沫若与疑古派的观点合拍，那是很自然的。

如果从中华文化的角度去探求，郭沫若说是不可取的。中华文化是务实的，排斥虚无缥缈。我们祖先崇敬天地山川，天覆地载恩，山川养育恩。天地山川是神灵、是人类的父母。神化了，又人性化，就得有名有姓，显得实实在在。河神、海神、东海龙王、玉皇大帝，都是实名制。伏羲，就是华夏祖先的代称，或者说母系社会的代称。何必要去考查他的身世及其年月日呢！郭沫若偏又说得好："它的作者不必是一个人，作的时期也不必是一个时代。"应该这样来理解"伏羲"，理解"伏羲画八卦"。

不妨用一个蹩脚的比喻。当代人说"毛泽东思想"，不等于是毛泽东个人的思想，那是中国共产党人集体智慧的结晶，毛泽东是这个集体的代表罢了。

我们的祖先画了八卦，先民归功于伏羲，再进一步，重叠为六十四卦，还是归功于伏羲。笼统地说，华夏祖先画八卦，还不如说“伏羲画八卦”，这才符合中华文化的平实。

易卦的象征性，那就凭各人的感悟了。于是就有文王演易。文王演易，于史有据。司马迁说得最为明白。文王的“演”，自来解说不一。有人说，先前有八卦，文王演为六十四卦。其实，八卦不足以显象，重叠为六十四卦也就不难，文王之前应该有的。文王拘牖里，他是在感悟易卦的象征意义。他把他的感悟写出来，应该就是卦辞。所以，王弼说“文王作卦辞”。卦辞仅仅是文王的一家之言啊。因为面对易卦，各人都有各人的感悟。在那时，文王理解得最好，又有条件宣扬，成了后世经典就不足为怪。除了六十四卦辞，还有三百八十六爻辞（含乾卦的用九、坤卦的用六）。文王未必能独自完成，他的儿子周公旦必有补充，所以又有“周公作爻辞”说。因为有的爻辞文句明显在文王之后。还是用郭沫若的话，“它的作者不必是一人，作的时期也不必是一个时代”。《易经》卦爻辞的著作权归于文王，还是说得过去。

再看《周易大传》的作者，汉代人皆归于孔子，也不算是向壁虚构。当然，也不必是他一人，还包括了他的若干学生。儒家弟子的集体创作，先师做了法人，有何不妥呢！刘大钧《周易概论》指出，其基本部分“是战国初期至战国中期写成”。大体如此吧。

七、易卦之象[1]

象、数、辞是构成易学的三大要素。象就是卦画，数是卦画的代码，象、数是符号系统，辞是文字系统。辞是解读象、数的。卦辞、爻辞是明显的占筮解读，说明易学与上古占筮活动有密切关系。后人把易学与占卜算命联系起来，不是没有道理的。孔子的《易·大传》即“十翼”是对象、数的哲理解读，从此奠定了易学的“义理”基础，形成了义理派易学。之外，还有象数派易学。

作为义理的易学，十分重视易卦之象。因为卦画始终是文字解读的依托，文字解读的出发点。我们说，卦画是一种象征性符号，象征些什么？也就是说，你从卦画中能“悟”出它象征些什么？天地山泽雷风水火，是八卦

[1] 本部分写于2007年6月20日。

之大象，易学之根本。除此之外，应该说是人言言殊，各有表述。我们不得不佩服“十翼”的作者，看看他对卦象的理解。

《说卦传》第八章：“乾为马，坤为牛，震为龙，巽为鸡，坎为豕，离为雉，艮为狗，兑为羊。”这就是“远取诸物”，取动物之象为卦画的象征。

《说卦传》第九章：“乾为首，坤为腹，震为足，巽为股，坎为耳，离为目，艮为手，兑为口。”这就是“近取诸身”，取人体自身之象为卦画的象征。

《说卦传》第七章：“乾，健也；坤，顺也；震，动也；巽，入也；坎，陷也；离，丽也；艮，止也；兑，说（悦）也。”以人之性情为象征。

《说卦传》第十一章：“乾为天、为圜、为君、为父、为玉、为金、为寒、为冰、为大赤、为良马、为老马、为瘠马、为驳马、为木果；坤为地、为母、为布、为釜、为吝啬、为均、为子母牛、为大舆、为文、为众、为柄；其于地也为黑；震为雷……”这是在扩展八卦之象征意义，所谓“广象”，很多地方令人不解，难道不觉得有些随心所欲吗？这个象征意义，的确有随意性。真的，就那么个符号，看你怎么去“悟”，也许各有“悟”法，只要求言之成理。所以，对卦画、卦辞的解说，不妨视为一家之言。看死了，僵化了，还有什么易学？

当然，有人就研究，为什么“乾为天、坤为地……”？为什么“乾为马、坤为牛……”？不妨看看，“物性马最健，得阳刚之精，昼夜不眠。在天为龙，在地为马，皆乾行也”，“牛性柔顺，属土属阴，不动即眠，起先后足，与马相反。牛为大物，故物从牛”。这就是玩象会意，体会古人“悟”易之道，不能说都是穿凿附会。因为它是有体系的，很难全盘推翻，也不能视而不见。

其实，《说卦传》第十一章所载诸象，是在前几章基础上对八卦象征意义的触类引申，欲以此覆盖万物。比如：乾，有精刚之气，故有金玉之象；乾无方无体，周转不息，故有圜、木、果之象；为君为父，则又取其为首为尊之义……这样，一切现象、形象，即有形可见的具体物象和虽无形可见但可以感知的事象，都是八卦所能表达的“象”。

孔子说：“圣人立象以尽意。”即先民用八卦符号表达他的思想。反过来，我们要判断卦意，也必须依据卦象。八卦能够用来“占断”，“系辞焉而明吉凶”，还是因为八卦有“象”。这就有了“取象法”，就是用卦象所象征的事物，来解说卦辞和爻辞，论证事物的吉凶。《左传》上的几个筮例都可以用取象法得到解说。

总之，要了解易学，八卦所能表达的象，是得弄明白的。

附：风雷与艮兑

《周易知识讲座》(十二）发出之后，富源教授提出一个问题，就八卦“二二相耦”说，应该是巽震（风雷)、艮兑（山泽)，怎么又是震艮、巽兑呢？问题提得好极啦，应该说明。

八卦取象，乾坤即天地，坎离即水火，巽震即风雷，艮兑即山泽。这是不错的。这就是《说卦传》所谓“天地定位，山泽通气，雷风相薄，水火（不）相射；八卦相错”。

两两构成对立面的统一，相反相成。天地水火风雷山泽，这是八卦之象，基本象。八卦能生出无穷无尽的物象，能象征世上万事万物。八个基本象是其他众多物象的根本。每卦基本象之外，还有诸多象征。如艮卦，艮为山，基本象，还有止、狗、手、径路、小石、门阙、果蓏、鼠、指、阍寺、木之坚多节等。艮，止也，狗守家，止外人，故“艮为狗”。艮为山，山有峰，手指手掌如山峰，故取象“为手”。山上之路皆为小径，故艮为径路。山上多石，艮为少男，为小，故艮为小石。“为门阙”，门之两旁筑台，其台谓之阙，也称观。艮为山，门阙高崇，似两山对峙，故艮为门阙。“为果蓏，木实为果，草实为蓏，取其出于山谷之中也”。“为阍寺”，阍人守门，寺人守巷，禁止人妄入门巷，故取阍寺为象。“其于木也为坚多节”，坚硬之木正好做禁人止物之器，故取以为象。(引自廖名春《周易经传十五讲》第 258 页）凡有取象，皆可明其意。得仔细琢磨。

今本《易经》五十一震卦与五十二艮卦配对。震卦讲震惧，艮卦讲限止。一动一静。五十七巽卦与五十八兑卦配对。巽卦讲隐入之理，兑卦讲显现之事，一隐一显。还是“二二相耦”。由于取象不同，必然有如此变化。如果固守八卦基本象，就显得死板啦。

2015 年 6 月 10 日

八、“三易”之说[1]

据《周礼·大卜》:“大卜……掌三易之法，一曰连山，二曰归藏，三曰

[1] 本部分写于 2015 年 5 月 22 日。

周易。”这就是中国古代“三易”之说：连山、归藏、周易。配合夏商周“三代”，即夏代连山易、商代归藏易、周代周易。

三易有何不同？形式上看，首卦不同，也就是卦序不一样。连山易是夏代易学，以艮卦开头，艮为山，象征“山之出云，连绵不绝”。

归藏易是商代易学，以坤卦开头，坤为地，象征“万物莫不归藏其中”。

周易是周代易学，由乾卦开头，乾为天，象征“天为大”，一切尊崇天道。

为什么首卦不同，就有不同的解读？这当然是古代社会形态决定的。

上古时代，或者说五帝时代，对人类的威胁主要是两个，如《孟子》说：“禽兽繁殖，禽兽逼人”，“洪水横流，泛滥于天下”。舜使益掌火，益烈山泽而焚之，禽兽逃匿，人民安居。举禹治水，疏通九河，水流入海入江，人民居安。

益、禹有大功于天下。掌火、治水，让天下人安居乐业，生存有了保障。

黄河中游是大平原，洪水一起，必然泛滥成灾，人们的依靠就只有山林，山就是唯一的依靠。艮为山，艮卦放最前，反映远古时代人们对大山的敬畏。况且，炎帝也称“连山氏”，伏羲画卦，经炎帝时代，直至夏代，易卦也称“连山易”。

所以，连山易并不始于夏代，夏代以前早就有了，后人把易卦与大禹治水联系起来，将“连山”视为夏易，也属情理之中。

人类社会，经历过母系社会，反映在三皇时代就是女娲那时候。这是一个漫长的时代。乾为天，坤为地。天为父，地为母。坤卦为前的归藏易，就是母系社会的见证。传说中，商民族的祖先叫“契”。契的母亲叫简狄。见玄鸟产蛋，简狄拾蛋吞之，就孕而生契。这是一个“知其母，不知其父”的社会。于是商人以玄鸟为图腾，母系社会就有了他们的祖先。商人将“连山易”改为“归藏易”，取义“万物莫不归藏其中”，即一切都来自伟大的母亲简狄，万物都来自母亲。有这一认识，易改名称，易卦第一卦也改为坤卦，显示母系社会的遗风。

改变“归藏”的名称，将乾卦放最前面，应该是周文王的举措。文王被纣王拘于羑里，演绎周易。作卦辞、爻辞，解读易卦，于是有了易“经”，那是文字的解说，当然了不得。这个解说是周人的解说，归功文王，称“周易”就顺理成章。周人取得天下，自然不再用“归藏”之名。乾为天，天为大，一切尊崇天道。这是周文王的感悟。替天行道，顺天而行，必吉；违背天道，逆天而行，必凶。文王的卦辞、爻辞往往用了这些占断语词。卦辞、爻辞，不外是天道、人世的两个方面，文王的解读就是从这两处入手。

这里的“周易”，后人的理解就是周文王的易学，周代的易学。

九、关于《易传》[1]

《易传》，又称“易大传”。据说是孔子所作，共十篇，故又称“十翼”。

说是“十”，其实七篇。即：《彖传》《象传》《系辞传》《文言传》《说卦传》《序卦传》《杂卦传》。因为《彖传》《象传》《系辞》又分上下，就成了十篇，“十翼”了。

《易传》是解说《易经》的，是孔子及后学对经文的解读，给后人很多启发。孔子是圣人，儒门后学是非常看重《易传》的，认为是解读经文的钥匙，是入易之门户。从《易传》入手读《易经》，是两千多年的传统。

第一，《彖传》。分上、下篇，解释卦辞。卦名寓于卦辞之中，《彖传》兼释卦名，进而释卦义。

第二，《象传》。分《大象传》《小象传》。

《大象传》，六十四条，分别解释六十四卦，卦名、卦义。

《小象传》，三百八十六条，分别解释三百八十四条爻辞，两条用辞。

第三，《系辞传》。分上、下篇。讲筮法大义，占筮的原则和体例。（汉石经列为第三，今本易学列为第四）

第四，《文言传》（今本易学列第三）。“文饰乾坤两卦之言”，释乾坤两卦之卦辞、爻辞。其他六十二卦无《文言传》。

第五，《说卦传》。六画卦的象数和义理，八经卦的取象，八经卦的关系和卦位。

第六，《序卦传》。六十四卦的次序，是诸卦前后相承的专论。

第七，《杂卦传》。以卦象对举见义，是揭示六十四卦卦德的专论。

今本易学的代表作是朱熹《周易本义》，是教科书，儒家后学必读。他把《彖传》《象传》《文言传》嵌入经文（卦辞、爻辞）之中，所以《文言传》列

---

[1] 本部分写于 2015 年 5 月 22 日。

为第三。朱子《周易本义》将《系辞传》《说卦传》《序卦传》《杂卦传》作为专论，故在六十四卦之后。

有的易学书，只讲六十四卦。不涉及《易传》。占筮预测学，往往依据卦画，用经文占断，预测，不采用《易传》的哲理文字。

有的易学书，把《大象传》《小象传》嵌入六十四卦经文，解读《易经》。如《易经的白话翻译》。

有的易学书，只讲经文六十四卦，《易传》另做解说。廖名春《易学十五讲》就是这样。

不少易学书，是易学的综合讲解。如《周易概论》(刘大钧著)、《周易阐微》(吕绍纲著)、《周易新论》(宋祚胤著)、《周易非易》(刘坤生著)等。

就是说，易学书分两大类，一类是有关六十四卦的解读，一类是综合式的研究。

十、先天八卦与后天八卦

朱子《周易本义》载伏羲八卦次序、伏羲八卦方位，又载文王八卦次序、文王八卦方位，作为易学教材，伏羲的"先天八卦"与文王的"后天八卦"学易者还是得弄清楚的。

伏羲八卦的次序即：

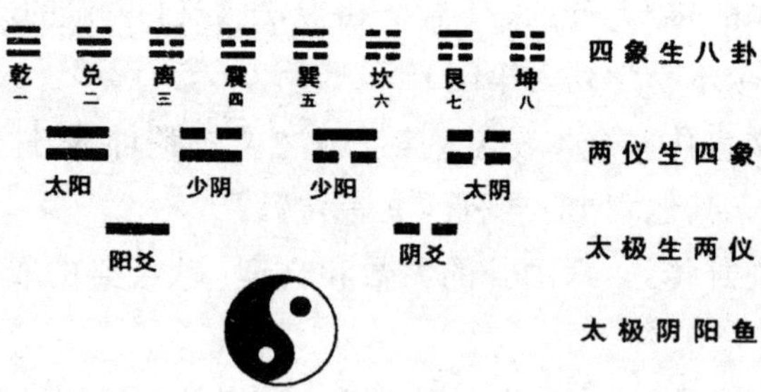

这就是《象辞传》说的，易有太极，是生两仪，两仪生四象，四象生八卦。之后，六十四卦做此排列：乾、夬、大有、大壮、小畜、需、大畜、泰。伏羲八卦方位，即《说卦传》：天地定位，山泽通气，雷风相薄，水火(不)相射，八卦相错。数往者顺，知来者逆。八卦方位如图：

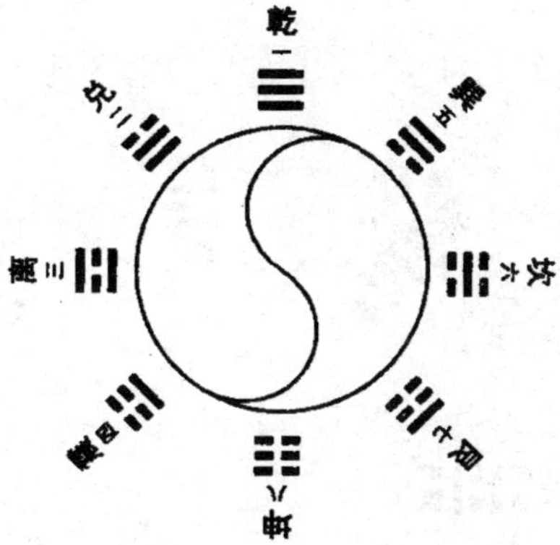

此图八卦次序由乾—兑—离—震，是左旋的。由巽—坎—艮—坤，右旋，“逆”也。左旋为顺，右旋为逆。由乾—坤，就是阴阳鱼的太极图雏形。

文王八卦次序，如图：

文王八卦方位，即：

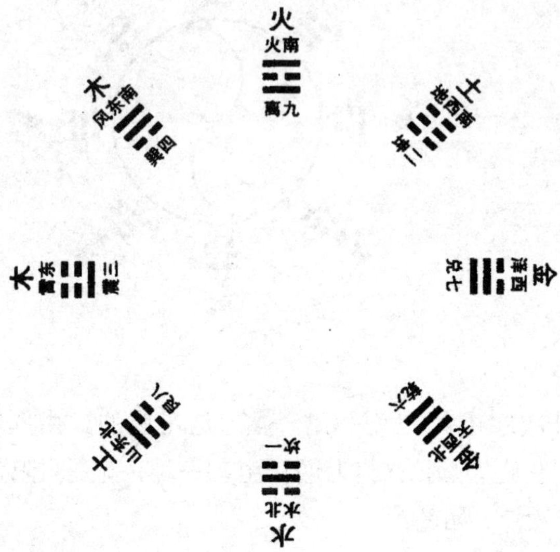

这就体现：乾西北，坤西南，巽东南，艮东北。乾坤巽艮补填了地平二十四方位。或者说，乾坤巽艮四卦在地平方位图上有了位置。

邵雍说：此文王八卦，乃入用之位，后天之学也。

坤	剥	比	观	豫	晋	萃	否
谦	艮	蹇	渐	小过	旅	咸	遯
师	蒙	坎	涣	解	未济	困	讼
升	蛊	井	巽	恒	鼎	大过	姤
复	颐	屯	益	震	噬嗑	随	无妄
明夷	贲	既济	家人	丰	离	革	同人
临	损	节	中孚	归妹	睽	兑	履
泰	大畜	需	小畜	大壮	大有	夬	乾

韩国的国旗，中间是太极阴阳鱼，象征丰富，蓝色为阴，红色为阳。万物是由阴阳物质所构成的。左上角为乾卦，代表天；右下角为坤卦，代表地；左下角为离卦，代表火；右下角为坎卦，代表水。这里就含有“天倾西北，地不满东南”的意思。

十一、分宫卦象歌[1]

朱子《周易本义》为便于初学者入门，编有《八卦取象歌》。

乾☰三连、坤☷六断、震☳仰盂、艮☶覆碗
坎☵中满、离☲中虚、兑☱上缺、巽☴下断

接着又有“分宫卦象次序”，注明：乾、坎、艮、震为阳四宫，巽、离、坤、兑为阴四宫。每宫阴阳八卦。

乾为天　天风姤　天山遯　天地否　风地观　山地剥　火地晋
火天大有　坎为水　水泽节　水雷屯　水火既济　泽火革
雷火丰　地火明夷　地水师　艮为山……震为雷……

每八卦中，前四卦有规有矩，后四卦就乱了秩序。不如：

乾为天　天地否•天山遯•天水讼•天风姤•天雷无妄•天火同人•天泽履•天天乾
坎为水　水地比•水山蹇•水水坎•水风井•水雷屯•水火既济•水泽节•水天需
艮为山　山地剥•山山艮•山水蒙•山风蛊•山雷颐•山火贲•山泽损•山天大畜
震为雷　雷地豫•雷山小过•雷水解•雷风恒•雷雷震•雷火丰•雷泽归妹•雷天大壮
巽为风　风地观•风山渐•风水涣•风风巽•风雷益•风火家人•风泽中孚•风天小畜
离为火　火地晋•火山旅•火水未济•火风鼎•火雷噬嗑•火火离•火泽睽•火天大有
坤为地　地地坤•地山谦•地水师•地风升•地雷复•地火明夷•地泽临•地天泰
兑为泽　泽地萃•泽山咸•泽水困•泽风大过•泽雷随•泽火革•泽泽兑•泽天夬

这样横看竖看都有规律。横看第一字卦象同，竖看第二字卦象相同。

自然，不分阳四宫、阴四宫的话，用乾一、兑二、离三、震四、巽五、坎六、艮七、坤八，用数字代码，更为方便。

[1] 本部分写于2015年5月23日。

			上卦							
			天	泽	火	雷	风	水	山	地
			乾一	兑二	离三	震四	巽五	坎六	艮七	坤八
下卦	天	乾一	乾	夬	大有	大壮	小畜	需	大畜	泰
	泽	兑二	履	兑	睽	归妹	中孚	节	损	临
	火	离三	同人	革	离	丰	家人	既济	贲	明夷
	雷	震四	无妄	随	噬嗑	震	益	屯	颐	复
	风	巽五	姤	大过	鼎	恒	巽	井	蛊	升
	水	坎六	讼	困	未济	解	涣	坎	蒙	师
	山	艮七	遯	咸	旅	小过	渐	蹇	艮	谦
	地	坤八	否	萃	晋	豫	观	比	剥	坤

上卦与下卦相连，重天为乾，天泽为履，天火同人，天雷无妄，天风姤，天水讼，天山遯，天地否……上下组合，随口诵读，并不繁难。这是今人用数字排列组合帮助记忆六十四卦卦象次序。

十二、易学的智慧[1]

易学，包括易卦、《易经》及《易传》，它是中华民族最古老最深邃的经典，它是中华民族五千年智慧与文化的结晶。易学，作为群经之首，大道之源，它在五千年历史长河中处处发挥着经天纬地的无穷无尽的力量，大到安邦治国、兼济天下，小到独善其身、明达君子志向。

学易，全在一个"悟"，领悟、体悟易学的奥妙。悟，就是心领神会。对深邃的易学哲理有深层次的感悟，铭存于心，反复玩味，然后身体力行，终生受用。

人们对万事万物的"悟"，感知，是迥然不同的。有如登泰山观日出，太阳喷薄而出，有人感知它的伟大，无边无际；有人感知它的灿烂，无比辉煌；有人感知它的创造，展现出一个全新的世界；有人感知它的光芒万丈，倍加珍惜人的生命；有人感知它的无穷力量，认知个人的渺小……总之，说不清

[1] 本部分写于 2015 年 6 月 5 日。

道不明，全在个人的心领神会。

就易学的内容说，它以乾卦或者说乾坤二卦为首，体现易学崇尚天地，崇尚天道，崇尚自然之道。天地是人类的父母，没有天地，哪来万事万物，哪来人类。人，自然要崇尚天地，敬畏大自然的神功伟力。顺天而行，不可忤逆。敬顺天地，孝顺父母，是每个人的基本道德，这也是做人的起码准则。

八卦，六十四卦，都是“二二相耦”的，乾坤（天地）、坎离（水火）、巽震（风雷）、艮兑（山泽）都是成对的。其余：屯、蒙，需、讼，师、比，小畜、履……六十四卦也都是两两相对的。就是说，世上万事万物无不成双成对，男、女，生、死，来、往，上、下，穷、达，愚、智，多、寡，美、丑，善、恶……无一不对。懂得这个“二二相耦”，可以明白，万物都是相依相存的，都生存于这个“对立”之中。作为文化人，你得有“对偶”的概念，你得“属对”，写得一副好对联。这是文化人的基本功。

易学讲卦、讲爻，卦是“二二相耦”的，爻是可变的，阳爻可变阴爻，阴爻可变阳爻，这就是转化。万物都是可转化的。穷可以变富，愚可以变智，少可以变多，小可以变大。天地在运动中，万物也在运动中。人要学会转化，从低级向高级转化，从愚昧向智慧转化。积极向上，奋发努力，最终成为贤人、智人、哲人、圣人。

崇尚天道，就得有天人之和。先民的“天人合一”，就是人道仿效天道。天道，众星绕北极而行，北极是中心，人世间也得有个中心，也得有个“北极”，那就是都城，那就是帝王。天上有“斗九星”(极星位移，后来是“北斗七星”)，天下就分九州；天上有垣，地下就有城；地上有水，天上有银河。处处对应。顺天而行，必然天人和谐。当今的环境保护，就是在调整人与大自然的关系。人文源于天文啊！

易学让我们懂得人际之和。易学讲天道，也讲人道，人世之道。人道就是人与人的和谐相处。到儒家学说，就是“仁”，成了儒学的核心。人的三个层面，对长辈，要孝，孝亲；要尊，尊老，“老吾老以及人之老”就这意思。对平辈、同辈，要敬，“兄事之”，当兄长敬重之。对小辈、幼儿，要关爱，“幼吾幼以及人之幼”。这就做到了“仁”。这就必然达到人际之和。这就是人道，人世之道。

《周易》里 140 多次提到“中”，中正（正中）、中行（行中）、得中、刚中、在中、中道，尔后发展为儒家的中庸之道。它要求我们处事不偏颇、不激进，要恰到好处。做什么事，都要有个度，不能不足，也不要极端，“过犹不及”，恰到好处最重要。这就是“中”，适度。

归根结底，得靠人的个人修养，这就是身心之和。身体与心灵健康，要修身养性。儒家的“修身、齐家、治国、平天下”，修身是人的第一要务，体现身心之和。心灵要诚，心灵要善，才有身心之和。诚信、善良是人性的根本。中华文化，道家的修炼，释家的禅定，都注重人自身的品德修养。何等重要啊！“厚德载物”，易学强调的还是品德修养。

个人有修养，社会就和谐，天下就太平。当今的诸多乱象，都可以找到根源。不外违背天道、违背人道，个人私欲滋生蔓延。丢弃了易学精神，必然道德滑坡，教禁无方，乱象丛生。如此而已。

六十四卦正读

《易经》由乾坤二卦，发展为八卦，再重叠为六十四卦。我们按照这个顺序一一解读，希望弄个明白。

《易经》体现中国人的智慧，中华民族的智慧。一卦一卦都在诠释、歌颂中华民族之美德。一个中国人怎么面对人世上的方方面面，《易经》都在尽力为你做解答，希望你有一个完美的人生，成为一个智慧的人。

六十四卦，两两配对，天然偶成，组成三十二对，互为补充。每卦都是一篇文章，都有一个中心，都在围绕这个中心讲述一个问题，弄明白每卦的中心之所在，才算读懂了《易经》。

先解读八经卦：乾、坤、坎、离、震、艮、巽、兑。

六十四卦之一乾卦

䷀ **乾下乾上**

卦辞：乾，元，亨，利，贞。

正读：乾卦的主旨，讲强健之理，《易传·大象传》：“天行健，君子以自强不息。”这样的理解是对的。人当法天，天道强健，君子也得自强不息。自立自强，奋斗不止，当是我中华民族立世之根本。

乾象征天，天道刚健，这是根本（元），才能亨通、顺利、正定。全卦以“龙”为喻，阐述中华民族当自立自强之理。

龙，是中华民族的象征。早在伏羲时代，就“以龙为官”，就有了龙图腾。远古社会“禽兽逼人”，既有恐惧感，也有崇拜感。不同地域的人，有不同的动物崇拜，民族学称为“图腾”，综合各个部族的崇拜标志，就有了华夏民族“龙”的图腾。龙，是多种动物形象的拼凑。龙的崇拜在华夏先民心中已经达到无与伦比的地步。《易经》的作者以龙说事，不言自明，那是说我中华民族当自强不息。

初九：潜龙勿用。

正读：龙潜伏在水中，不能发挥作用，正是养精蓄锐的时机。人之初，理当如此。

九二：见龙在田，利见大人。

正读：龙出现地上，利好之事，如同大人物出现。见，同现。

九三：君子终日乾乾，夕惕若，厉无咎。

正读：君子白日自强不息，夜晚则注重休歇。虽有危险，也无危害。马王堆帛书“惕”作“沂”，通“析”，“析”有解除之义，引申为安闲休息（从廖名春说）。“因日而动，因夜以息，唯有道者能行之”，即“因时而动，因时而止”。

九四：或跃在渊，无咎。

正读：龙或飞腾而上，或退处深渊，（依时而动）必无危害。

九五：飞龙在天，利见大人。

正读：龙飞上高空，利好，如同大人物功成名就。指人生事业有成，达到顶峰。帝王为“九五之尊”，可以从中体味。

上九：亢龙有悔。

正读：龙飞上过高之处，有所后悔。是说物极必反，事物到了尽头，要走向反面。“九五之尊”最好，九六就过头了。

用九：见群龙无首，吉。

正读：用九，帛书《易经》作“迥九”，即“通九”，全九。乾卦六爻，都是阳爻。群龙出现，都不以首领自居，吉利。不居首，有不居功之义。

六十四卦之二坤卦

䷁ 坤下坤上

卦辞： 坤，元，亨，利牝马之贞。君子有攸往，先迷，后得主，利。西南得朋，东北丧朋。安贞吉。

正读： 以上是卦辞。坤卦，由两个三爻坤组合而成。六爻都是阴爻，阴爻用“六”表达。六爻之后有“用六”一爻，即通同阴爻，全是阴爻。如同“用九”一样，“九”表达阳爻。六十四卦只有乾坤二卦有“用九”“用六”。故六十四卦共三百八十六爻，道理在此。

帛书《周易》经、传，卦名写作“川”，“川”通“顺”(同声符)。所以坤(川)卦，即“顺”，讲的是柔顺的道理(从廖名春说)。

对读乾（健）卦，一说刚强，一说柔顺，彼此对偶，互为补充。既要刚强也要柔顺，刚柔相济是也。这是从个人修养说，也是中华民族美德之赞歌！

《大象传》：“地势坤，君子以厚德载物。”这是孔子及其门人的解读，影响颇大。所谓“坤象征大地，君子当效法大地，宽厚博爱，包容万物”。理解坤卦为宽厚包容，当然也是一家之言啊。

因为卦画有无限的象征意义，各自认识不一，不可能拘泥于一事一物。说坤（川）卦为柔顺，晚于孔门之说，显然也是对“易学”的发展。

卦辞说，坤象征地，元始，亨通，如雌马般柔顺，则吉利。君子做事，开始稀里糊涂(先迷)，最后能够成功(后得主)，有利。如往西南方，会得到友人相助。如往东北方则会失去友人之助。如果正定维持现状，也是吉利的。

“西南得朋，东北丧朋”涉及八卦卦气说。八卦与八方相配，坎为北方，离为南方，震为东方，兑为西方，乾为西北方，坤为西南方，巽为东南方，艮为东北方。坤主柔顺，柔顺则有人相助，“西南得朋”。艮为山，为限止，必不顺畅，故“东北丧朋”。

初六： 履霜，坚冰至。

正读： 脚踩到了霜，冰雪即将到来。

六二：直、方、大，不习，无不利。

正读：人要正直、端庄、宽厚，不反复无常（不习），就没有不利。

六三：含章，可贞，或从王事，无成有终。

正读：胸有文才，又正定不张扬，能辅佐君王建功立业，没有大功劳，也有好结果。或，表肯定之辞。

六四：括囊，无咎，无誉。

正读：扎紧口袋（括囊），比喻慎言慎行，没有危害，也没有赞誉。

六五：黄裳，元吉。

正读：黄色的衣服，最为吉祥。黄色为土色，五行土为中，行事中道，必然吉祥。圆融中道，不偏激。——这是中华文化与西方文化的根本区别。

上六：龙战于野，其血玄黄。

正读：阴气极盛，阳气必生。阴阳交会，如群龙争斗必致伤败。玄黄，病也。《诗经 · 卷耳》："我马玄黄。"《尔雅》云："玄黄，病也。"坤主柔顺，反对争斗。一旦争强斗胜，伤害无疑。柔顺也不能过头，柔顺过头是软弱。软弱可欺，反易引发争斗。

用六：利永贞。

正读：六爻都是六（阴爻），永远保持正定就会有利。

乾坤二卦是易卦之本根，一阴一阳而已。乾为刚健，坤为柔顺；乾为天，坤为地。有天地而后"万物资生"（《彖传》），才有六十四卦之完备！

六十四卦之二十九坎卦

䷜ 坎下坎上

正读：坎亦称"习坎"。习，重复义。经卦坎 ☵，重叠为䷜，这是从卦画说。坎卦的中心在说如何面对坎陷。重坎，则有重重坎陷，重重艰险之义。

大象“坎为水”，水流低洼之处，必有坑陷，其引申乃取坎陷之义。

卦辞：坎，习坎，有孚，维心，亨，行有尚。

正读：面对重重坎陷，要有诚信（孚），意志坚定，心性不乱（维心），必然亨通，行事也有上好结果。（尚，通“上”）

初六：习坎，入于坎窞，凶。

正读：面对重重坑陷，掉进陷阱，结果凶险。

九二：坎有险，求小得。

正读：陷坑毕竟危险，不要想一下子脱离危险，先要求得小的帮助脱险。

六三：来之坎坎，险且枕，入于坎窞，勿用。

正读：来之，指来往，来来往往，即前前后后皆是坑陷，重重坑陷。当然危险又危险。一旦落入陷坑，奋力施展也无法脱险（勿用）。“险且枕”，难于解读。枕，字面义为枕息、停息。遇到危险，聊且停息停息。帛书“险”作“訦”，此“枕”字通“訦”，即险而又险，亦通。

六四：樽酒簋贰，用缶，纳约自牖，终无咎。

正读：樽酒、两簋饭用瓦缶送上，表示饮食简约。自牖，于牖、在牖，是说文王在牖受着简约的待遇，最终免遭灾祸。牖，牖里，亦作羑里。殷之中央监狱。指文王拘羑里之事。此爻写实，相信文王作爻辞，则此爻文王之自道也。如果文王作卦辞，周公作爻辞，此爻乃周公之补充。写实，只能理解为文王拘羑里事。

九五：坎不盈，祇既平，无咎。

正读：坎陷不满盈，即坎坑虽然还未填满，已经近乎平准了，必无危害。这是说面临的艰险近乎解除，没有危险了。这是相当好的境界啦！

上六：系用徽纆，置于丛棘，三岁不得，凶。

正读：用绳索捆绑，拘囚到监狱里，三年不得解脱，最终凶险。九五一爻，最好结果。到上六，过头了，还是凶险。依据《经典释文》，徽是三股麻绞成的绳，纆（mò）是两股麻绞成的绳。徽纆连文，统称绳索。“丛棘”指牢狱、监牢。三年，言其拘牢之长。九，数之终。超过九，还是言九。九死、九牛、九回之类。“齐桓公九合诸侯”，实则集合诸侯十五次也（衣裳之会十一次，兵车之会四次）。三，也指其多，并非实指。涉及数目往往不能确指，用“三”表多数、多次。清人扬州汪中有《释三九》，言之详也。

六十四卦之三十离卦

䷝ 离下离上

正读：坎为水，离为火，组成一偶对。六十四卦的顺序，排在第二十九卦（坎），第三十卦（离），归《周易》上经。

《大象传》曰：“大人以继明照于四方。”这里的“离”指“继明照于四方”的太阳。大人的美德也当普照四方。这是儒家理解的离卦的主旨。

离为火，红红火火，取义明亮。《说卦传》曰：“离也者，明也。”人生明亮之时，即人处辉煌，该如何面对？对读坎卦，遇到坎坑，该如何面对？一正一反，正相对应，相与补充。

卦辞：离，利贞，亨；畜牝牛，吉。

正读：人在辉煌之时，要守静谦虚（贞），有利，才会遇事亨通。如同畜养的母牛一般温驯柔顺，就吉祥。

初九：履错然，敬之，无咎。

正读：错，帛书《易经》作“昔”，通“踧踖”之“踖”（同声符），小心恭敬之态。即办事（履）要谨慎小心，要待之恭敬，无危害。不得趾高气扬，不可以扬扬自得。俗话说，人在辉煌之时要“夹着尾巴做人”。

六二：黄离，元吉。

正读：黄，土色，五行居中，指中道、正道。坚守中道，必然辉煌。即从头至尾，坚守正道，大吉大利。

九三： 日昃之离，不鼓缶而歌，则大耋之嗟，凶。

正读： 日昃，夕阳西下，犹如人已步入老年，也得亮丽辉煌。击缶而歌，老有所乐也。“八十曰耋”，老年人不积极进取，必然哀叹，那就凶险了。

九四： 突如其来如，焚如，死如，弃如。

正读： 如，表状态之词，形容词词尾。古语文，早期用“如”“若”，后用“然”“貌”，当今用“……的样子”。是说，你在辉煌时，也可能突发灾祸，大难临头，火灾，死人，毁物，种种场景。遇事皆有变故，不可能有持续永久的辉煌。

六五： 出涕沱若，戚嗟若，吉。

正读： 流出的泪水滂沱不断，忧愁悲伤不断，必有吉祥。当你处在最辉煌时期（六五），还要与他人休戚与共，还得居安思危，不可得意忘形。忧惧之深，必有吉祥。

上九： 王用出征，用嘉，折首，获匪其丑，无咎。

正读： 君王出兵征战，嘉奖战士。斩杀敌人，俘获敌兵，没有危害。意思应该是，君子的辉煌来于君王的征伐嘉奖。不建功立业，治理国家，何来个人的辉煌！对大人（指君子、贵族）有勉励之义。

六十四卦之五十一震卦

䷲ **震下震上**

正读： 八卦顺次，乾一、兑二、离三、震四、巽五、坎六、艮七、坤八。这是伏羲八卦次序。

《易传》是儒家对易经的解读，安排的六十四卦顺序是，乾一、坤二、屯三、蒙四……既济六十三、未济六十四。突出了两两对偶，乾坤一对，坎离一对，震艮一对，巽兑一对。震、艮排在第五十一卦、第五十二卦，巽、兑排在第五十七卦、第五十八卦。

《说卦传》曰：“震为雷。”雷，指自然界的电闪雷鸣，令人恐惧。易学家皆以“震惧”释之。就人世而言，当指社会动荡，令人恐惧不安。面对如此乱象，应该怎样面对呢？这当是主旨：震惧之后，当谨慎行事。

卦辞：震，亨。震来虩虩，笑言哑哑；震惊百里，不丧匕鬯。

正读：雷鸣电闪是自然现象，所以亨通。雷电初来让人恐惧，过后也就言笑不断了。就算雷电震惊百里，也不会丢失手中的匕鬯（bǐ chàng）。暗示，该怎么样活，还得怎么活。虩虩（xì），恐惧的样子。哑哑（è），象声词，笑声。匕鬯，手持之物。不丧匕鬯，不致惊慌失措，仍保持正常生活秩序。即：受点惊吓，也还得保持镇定，不乱方寸。

初九：震来虩虩，后笑言哑哑，吉。

正读：电闪雷鸣，令人恐惧，过后言笑如常，震惧是福，吉祥。

六二：震来，厉，亿丧贝；跻于九陵，勿逐，七日得。

正读：惊雷动，有危难。估计要丢失财物，登高望远，想得开，不用找寻，七日之后，会失而复得。程传云：“卦位有六，七乃更始……然时过事已，则复其常。故云七日得。”亿（億），通“意”（同声符），想到、估计之义。

六三：震苏苏，震行，无眚。

正读：苏苏，惊恐之状，雷震令人恐惧，面对雷震而谨慎行事，也不会有过失。眚（shěng），过失，灾祸。

九四：震遂泥。

正读：由于雷震，不能面对而惊恐，如同堕入泥污之中不能自拔。

六五：震往来，厉，亿无丧，有事。

正读：雷震不断，有危难，想要避免损失，得做些安定人心之事。

上六：震索索，视矍矍，征，凶。震不于其躬，于其邻，无咎，婚媾有言。

正读：索索，如六三“苏苏”（惠栋说）。此言因惊惧而畏缩不前。矍矍（jué jué），惊惶四顾状。雷震而畏缩不前，惊慌四顾，贸然行动（征），必有凶险。雷震不断，雷震不影响自身，影响到周边，无危害。远亲（婚媾）也许不明白（有言）。是说，雷震虽然不影响到自身，而远亲近邻未必能够正确面对，而不会有危害呢？

六十四卦之五十二艮卦

䷳ **艮下艮上**

正读：《说卦传》云，“艮为山”。山是基本象。遇山而止，山象征抑止。取引申的限止之义。金（景芳）老说：“孔子学易，极重人事。”中心是说，人办事得有节制，无奢望，当止则止。《象传》曰：“艮，君子以思不出其位。”“思不出其位”，不要想得太多，无奢望。讲得对。

卦辞：艮，艮其背，不获其身；行其庭，不见其人，无咎。

正读：限止于背部，背部而已，不要想到占据全身。行走在庭院里，走走而已，不必非要见到庭院之人不可。这样不会有害。

初六：艮其趾，无咎，利永贞。

正读：限止于脚趾，即迈步之前就有限止，不跨大步，不会有害。这样坚守正道（有节制），必有利。

六二：艮其腓，不拯其随，其心不快。

正读：腓（féi），腿肚子。拯，举也，上举也。随，通“骽”（从俞樾说），大腿。快，楚简本作“悸”，惊悸。限止于小腿，就不会上升到大腿，这样有节制的话，心里就平静无惊。

九三：艮其限，列其夤，厉，薰心。

正读：限，界限。身体上下之际，指腰胯。程传曰：“夤，膂也。上下之际也，列绝其夤，则上下不相从属，言止于下之坚也。”列，同“裂”。列绝，则撕裂，撕断。夤，膂也，脊梁骨。薰心，迷乱心性。

限止于腰部，不加节制，再往上，则撕裂其脊梁，很危险，这是迷乱了心性啊！

六四：艮其身，无咎。

正读：身，上身，身体上部，限止于上身，不会受害。

六五：艮其辅，言有序，悔亡。

正读：辅，辅车相依之“辅”，面颊骨。指面颊，脸部。限止于脸部。脸部正常，显得说话有条理、有分寸，悔恨就消亡。

上九：敦艮，吉。

正读：敦，敦实，敦厚。讲究限止，注重节制，大吉大利。

六十四卦之五十七巽卦

☴ 巽下巽上

正读：巽卦、兑卦是一偶对两卦。巽为风，兑为泽，这是基本象。《杂卦传》：“兑见（现）而巽伏。”巽卦说隐伏，兑卦说显现。都是取大象的引申义。隐而不显，显而不隐，互为补充。即当隐则隐，当显则显。都是我们应该具备的品质，应该具有的本领。

卦辞：巽，小，亨；利有攸往，利见大人。

正读：隐伏的表现是顺从，有的易学家解释巽卦为“象征顺从”，《广雅》云：“巽，顺也。”顺从是隐伏的一种表象。小，微也。略显顺从，就会亨通。才有利于前往做事，也有利于出现圣人君子。

初六：进，退，利，武人之贞。

正读：隐伏则当进则进，当退则退。有利。要像军人那样坚定果断。理解为“进退迟疑”“懦弱犹豫”，似欠妥帖。

九二：巽在床下，用史、巫纷若，吉，无咎。

正读： 隐伏要降低身份（在床下），像祝史、巫觋那样处处（纷若）谦恭，就会吉祥，没有祸患。

九三： 频巽，吝。

正读： 频，频复。隐伏，得适可而止，一味隐伏，会有祸患。

六四： 悔亡，田获三品。

正读： 悔恨消失，田猎（田）获得许多猎物（三品）。

九五： 贞，吉，悔亡，无不利；无初有终；先庚三日，后庚三日，吉。

正读： 位当九五，正位（贞），吉祥。悔恨消失，无有不利。开初不顺，最终通达。凡事，得前前后后反复考虑、谋划，吉祥。

"先庚三日，后庚三日"难解。程传云："甲者，事之端也。庚者，变更之始也。十干戊己为中，过中则变，故谓之庚。事之改更，当原始有终，如先甲后甲之义。"

庚，疑读为"赓"，量度、筹划义（从廖名春说）。即从始至终，反复筹划，隐伏才带来吉祥。

上九： 巽在床下，丧其资斧；贞，凶。

正读： 隐伏谦卑过头，还是那老样子（在床下），丧失了谋生的资财，即使你本性刚硬（贞），还是凶险。

隐伏是一种手段而已，一味隐伏，不知进退，那也凶多吉少。

六十四卦之五十八兑卦

䷹ **兑下兑上**

正读： 肯定巽卦与兑卦为一对偶，巽讲隐伏，则兑讲显现，相反相成。所以"兑见（现）而巽伏"。"兑为泽"，这是大象，基本象。"为少女，为巫，为口舌……为妾，为羊"是引申之象。《序卦传》："兑者，说（悦）也。"先民以羊大为美，羊为主膳食，令人喜悦。易学家多以"喜悦"为说。其实，"兑为泽”，泽于地上平展，必显无疑，还是引申之象。兑为喜悦，一家之言也。这是对兑卦主旨的理解有异。

卦辞：兑，亨，利贞。

正读：显现，亨通，利贞（正），守正则利。

初九：和兑，吉。

正读：和和美美地显现，吉祥。

九二：孚兑，吉，悔亡。

正读：以真诚的心显现，吉祥，悔恨必然消亡。

六三：来兑，凶。

正读：故意前来显现有凶险，指别有用心的表演。

九四：商兑，未宁，介疾有喜。

正读：商，思量，忖度之义。介，舍（捨），止息，舍弃之义。有心想显现，又心绪不宁，去掉这个毛病，必有喜庆。

九五：孚于剥，有厉。

正读：显现而剥夺了诚信，必有危害。强调要真诚自然地显现。

上六：引兑。

正读：帛书《周易》“引”作“景”。《诗》云：“介尔景福”，“以介景福”。郑玄笺：“景，大也。”《说文》云：“引，开弓也。”引，有拉长、扩大之义。大肆显现，过分显现。

上位本指过甚，不好。无判词。《小象传》补充曰：“未光也。”不是光明正大，必当受到指责。

《周易》八经卦，解读到此。下面展读六十四卦。

六十四卦之三屯卦

䷂ 震下坎上

正读：金老说，研究《周易》，要重视程传。程传重视《序卦传》。《序卦传》说："有天地万物生焉。盈天地之间者唯万物，故受之以屯。屯者盈也，屯者物之始生也。"是说天地生万物，屯是物之始生。乾坤两卦之后，屯卦自然列第三。有道理。

接下来是蒙卦第四。屯卦倒过来就是蒙。屯蒙两卦的关系是相反的。乾坤二卦居首，天地相对。六十四卦各卦两两不反则对。故得从对偶关系，理解其义。这样来看排列序次，《序卦传》一读就懂了。

卦辞：屯，元，亨，利，贞；勿用有攸往，利建侯。

正读：《说文》云："屯，难也。象草木之初生，屯然而难。从中贯一，一，地也。"中与屮乃转注造字（从汝舟先生说）。草创之初必然艰难。这是屯卦的本义。

万物初生（屯），元始，亨通，利好，正常（贞），不要急于求成。万事开头，先得推选个首领才好（利建侯）。

初九：磐桓，利居贞，利建侯。

正读：磐桓即徘徊。万物草创，一开始免不了徘徊不前。只要坚定守正，不动摇，选出一个好领头人（侯），必然利好。

六二：屯如邅如，乘马班如，匪寇婚媾，女子贞不字，十年乃字。

正读：万事开头难，难于前进。如同人们赶着马车慢慢走来，不是打劫，而是求婚的队伍。喻指是好兆头。又如同女子婚后不生育，多年之后还是生了孩子。喻指万物生长的艰难，创业的不易，最终定会成功。

六三：即鹿无虞，惟入于林中，君子几，不如舍，往吝。

正读：即鹿无虞，指打猎没有虞人引路，必将进入山林而出不来。君子看到危险（几），还不如不去，一定要去必遭困穷。《尔雅·释诂下》："几，危也。”（吴国源训为“危”）

六四：乘马班如，求婚媾，往，吉，无不利。

正读：别人赶着马车慢慢前来，要求与你结为姻亲。主动答应了亲事（往），吉祥，无有不利。是说艰难创业，要得到盟友姻亲的帮助。程传说：“知己不足，求贤自辅而后往。”

九五：屯其膏，小贞吉，大贞凶。

正读：屯其膏，积蓄资财。即万事草创，要逐步增强力量。力量弱小时，保持正定，才有吉祥。如果已经取得强势，仍然保守原样，就有凶险。是说弱则镇定，强当猛进。

上六：乘马班如，泣血涟如。

正读：别人赶着马车慢慢前来（承前，求婚媾），不答应的话必然是悲痛哭泣，泣血涟涟。即草创阶段，不团结同心，得不到援助，后果不堪设想。

六十四卦之四蒙卦

䷃ 坎下艮上

正读：山水蒙，上为艮（山），下为坎（水），重为蒙。屯为物之初生。蒙则指物之蒙昧，都有起始开发之义。《序卦传》云：“物生必蒙，故受之以蒙。蒙者蒙也，物之稚也。”程传云：“屯者物之始生，物始生稚小，蒙昧未发，蒙所以次屯也。”蒙者，指蒙卦；蒙也，指蒙昧。

物之初生艰难，物之蒙昧则需要启迪。从启迪这个角度来说，就是以教育开发蒙昧。金老说：“蒙卦实际上是讲教育。”《序卦》侧重蒙昧，金老侧重启迪。

卦辞：蒙，亨。匪我求童蒙，童蒙求我。初筮告，再三渎，渎则不告。利贞。

正读：蒙昧，也能亨通。不是我求童蒙，而是童蒙求我给他施教。初次占筮，吉利。帛书《周易》“告”作“吉”。“告”“吉”形近而讹。一而再，再而三占筮，则为亵渎，亵渎则不吉祥。心诚则利好。卦辞是讲治理蒙昧的方法，要“童蒙求我”，主动问学，尊师重道。还得专心诚意，不能三心二意，意志不坚。

初六：发蒙，利用刑人。用说桎梏，以往，吝。

正读：刑，模型。刑人，榜样，标准。桎梏，刑具，引申作约束人的纪律、规则。说，通“脱”。脱桎梏，丢了规矩。启迪蒙昧，要利用典型，有个榜样，有个标准。丢掉了纪律、规矩，去进行启蒙教育，必有后悔。

九二：包蒙，吉。纳妇，吉；子克家。

正读：包，郑玄笺：“当作彪。彪，文也。”文蒙，指有文化的童蒙，有文化的人，吉利；娶个媳妇，也吉利；他也能治理好一个家庭、家族。

六三：勿用取女，见金夫，不有躬，无攸利。

正读：不要娶这样的女人，只认有钱的男子，不能守身。娶这种无教养的女人没有好处。意即启发蒙昧很重要。

六四：困蒙，吝。

正读：蒙昧又困穷，不好啊。

六五：童蒙，吉。

正读：童蒙，蒙童、幼童。幼童诚意求教，虚心向老师求学问，吉祥。与当今“教育得从幼儿抓起”一个意思。

上九：击蒙，不利为寇，利御寇。

正读：程传云：“九居蒙之终，是当蒙极之时，人之愚蒙，既极……当击伐之。”击，敲击、敲打。有体罚之意。体罚要适度而已。金老说：“上九是教人的，它在上则过躁，所以用击蒙的办法。”击蒙必须准确把握界限、分寸。所谓“为寇”“御寇”就是这个意思，击蒙适度，上下同意，就是“御寇”。击蒙过度，上下不欲，就是为寇。

六十四卦之五需卦

䷄ 乾下坎上

正读：乾坤一对偶，屯蒙一对偶，需讼一对偶。需卦列第五，讼卦列第六。需讼二卦怎么对偶？需卦，乾下坎上；讼卦，坎下乾上，正相反对。这是从卦位说。需卦讲等待，讼卦讲争讼，打官司。细想，等待需要耐心，要平静。相反，无耐心，不平静，争讼必起。金老说："办事情，该等待的一定要等待。操之过急，往往坏事。"

需字本身无等待义。《彖传》云："需，须也。"同音相通，须字才有等待义。需（须）卦的中心讲的是等待，正定以待时。

卦辞：需，有孚，光亨；贞，吉，利涉大川。

正读：在等待中，要有诚心，光明正大必然亨通。正定不动摇，吉祥，就是横渡大河也会利好。

初九：需于郊，利用恒，无咎。

正读：在郊外等待，面对外族人要有恒心才有利，没有危害。《尔雅》："邑外谓之郊。"古代乃族邦社会，邑外当指别的部族。

九二：需于沙，小有言，终吉。

正读：在沙滩上等待，别人会闲言碎语，不用管，最终吉祥。

九三：需于泥，致寇至。

正读：在泥泞中等待，导致劫匪乘机而来。是说自身陷入泥沼，尚未受害，只是招来强寇，处于危险的环境。

六四：需于血，出自穴。

正读：在水沟中等待，陷入了深坑，竭尽全力才挣脱出来。血，通"洫"，沟洫，沟渠。（从廖名春说）

九五：需于酒食，贞，吉。

正读：在有吃有喝的地方等待，坚守正定，吉祥。是说在优裕的环境中等待，一样得平静有耐心。

上六：入于穴，有不速之客三人来，敬之，终吉。

正读：自身陷于深坑，遇到几个陌生人（不速之客）过来，恭敬地对待他们，最终吉祥。金老说："从需于郊，需于沙，需于泥，需于血，需于酒食看，从初九到上六，需卦是一个发展过程。不同的位有不同的性，决定应当怎么做。"他是说，《周易》就得这样读。

六十四卦之六讼卦

䷅ 坎下乾上

正读：讼，小可以指争吵，大可以指打官司。主旨还是将如何面对争讼，不争讼为好。《序卦传》说："饮食必有讼。"是说争讼与食物有关。上古社会生产力低下，所产甚少，民以食为天，必有争讼。这算是说到了本质。研究古代社会，与吃（食物）联系起来，很多问题就有了答案。

卦辞：讼，有孚窒惕。中，吉。终凶。利见大人，不利涉大川。

正读：讼，争讼，打官司，是诚信堵塞引起的。帛书《易经》"惕"作"宁"，窒、宁，皆有遏制、阻塞之义。窒、宁（惕）同义连文。

中，吉。坚守中道，不偏向一边，吉祥。争讼不止，把官司打到底，有凶险。争讼，有贤人君子（大人）出面调解才有利；一味争讼，想要渡过大河就不会顺利。喻指争讼不能达到个人目的。

初六：不永所事，小有言，终吉。

正读：永，长也。不能长久地争讼下去，争讼会受到些小小的指责，最终也吉祥。《小象传》："讼不可长也。"虽"小有言"，其辨明也。最终明辨是非，也讲得对。

九二：不克讼，归而逋，其邑人三百户，无眚。

正读：争讼不胜，即打官司失利。归而逋，《象传》释为"归逋窜也"，窜逃回归。廖名春引《说文》："籀文逋从捕。"归而捕，逃回封邑，被邑人所抓捕。故邑人三百户，不受牵连，无灾祸。

六三：食旧德，贞，厉；终吉，或从王事，无成。

正读：与人争讼，有损原本的德行。继续争讼不改（贞），就有危害（厉）。要想最终吉祥，要跟随天子做事，即使无大功可言。明确反对争讼。

九四：不克讼，复即命，渝，安贞，吉。

正读：官司不利，回来（复），就听从他人的劝说（即命），改变态度（渝），平静不争（对读需卦），也会吉祥。

九五：讼，元吉。

正读：元吉，大吉。金老说："九五以中正居位，是治讼的，即卦辞所谓'利见大人'之大人。它处中得正，所以听讼能公正裁决，平息乖争，而达到元吉。"对应卦辞，九五爻辞得以解读。

上九：或锡之鞶带，终朝三褫之。

正读：锡，赐也。因争讼获胜而得到君王赏赐华贵衣物，最终也会在一日之内多次被剥下身来。《小象传》云："以讼受服，亦不足敬也。"争讼不值得尊敬。坚决反对争讼，态度明确。

六十四卦之七师卦

䷆ **坎下坤上**

卦辞：师，贞，丈人，吉，无咎。

正读：师卦讲如何治军。师，众也，指师旅，军队。贞，正也。丈人，指有德望的长者。动用军队要符合正义之道，要有德高望重的长者统率，才吉祥，没有危害。

治理军队就这两条：一是出师要正义，二是有个好统帅。

初六：师出以律，否臧凶。

正读：军队出动要强调纪律。否臧，不臧。帛书《易经》“否”作“不”。无纪律的军队是乌合之众，必然凶险。

九二：在师中，吉，无咎；王三锡命。

正读：在师，师在，还是指师。如同《逸周书·大开武》：“在周，其维天命。”在周，倒语，周的存在，确认而已，否则不知所云。中，中心。九二居下卦的中位，居于中心，当指师的首领。军队有个好统帅，吉祥，没有危害。君王还多次赏赐提拔。

六三：师或舆尸，凶。

正读：舆尸，尸体在车上。军队出征打仗，有时候伤亡很多，那是凶险啊！是说，贸然进攻，必然战败。

六四：师左次，无咎。

正读：左，东位，即主方、我方。次，停下来。即军队退回暂住，避其精锐，没有危害。是说，治军要懂得有进有退。

六五：田有禽，利执。言，无咎。长子帅师，弟子舆尸，贞凶。

正读：打猎遇到禽兽，利于捕获，没有危害。“言”字不好讲。王引之说可以当虚词用。这是训诂学家常例，讲不通就视为虚词。依卦辞、六二文例“吉，无咎”，疑是“吉”字之讹。捕获禽兽，吉祥。

长子弟子，能者愚者之喻，有德无德之喻。军队应当由能者（有德者）做统帅，愚者（无德者）主其事必败。贞，定，指固守成规无变化，那就凶险。

上六：大君有命，开国承家，小人勿用。

正读：出师归来，君王要论功行赏。开国，指封为诸侯；承家，指封为卿大夫。小人则不能重用，即不封为诸侯、大夫。《小象传》：“小人勿用，必乱邦也。”用小人，必乱邦国。

上六是说，治军要赏罚分明，论功行赏。

六十四卦之八比卦

䷇ 坤下坎上

正读：前师卦，坎下坤上；此比卦，坤下坎上，从卦位说正相反对。《序卦传》云："众（师）必有所比，故受之以比。"程传说："比，兼辅也。人之类必相亲辅，然后能安。故既有众则必有所比。比所以次师也。"师卦、比卦的顺序也就明白了。中心是讲团结，亲密无间。

卦辞：比，吉。原筮元永贞，无咎。不宁方来，后夫凶。

正读：亲密友爱，吉祥。原筮，前有"吉"，所以再筮，审慎义。元，永，贞，又善又永又正，无危害。不宁方，不安顺的诸侯。不安顺的诸侯都来亲比，说明天下咸服，后来的外邦就凶险了。

初六：有孚，比之，无咎。有孚盈缶，终来有它，吉。

正读：有诚信的亲密团结，无危害。盈缶，犹如有物充实于缶中（金老说）。缶、饱声韵皆同，同音相通。盈缶，盈饱，同义连文。两者皆可解读。诚信满满，会带来意想不到的吉祥。

六二：比之自内，贞，吉。

正读：来自内部的亲密友爱，堂堂正正，吉祥。

六三：比之匪人。

正读：与不正当之人亲比，必有伤害。《小象传》补充曰："不亦伤乎。"

六四：外比之，贞，吉。

正读：六二"比之自内"，内部亲比。外比之，与他人亲比，对外也讲团结友爱。也是堂堂正正，同样吉祥。

九五：显比。王用三驱，失前禽，邑人不诫，吉。

正读：九五正位，光明正大地亲比天下之人，如同君王田猎，三面驱围。网开一面，放生让其逃匿（失前禽）。围猎的邑人也不守戒（诫），任凭禽兽逃失，吉祥。体现天子好生之德，以亲比于人，不归附者皆任其去之。是说，亲比也得顺乎自然，不可强求。

上六：比之无首，凶。

正读：亲密友爱，无原则，有凶险。上爻指过甚，无首即过甚。强调有原则有核心，才能团结得坚强有力。亲密得讲原则（首），无原则的亲密，亲密过分，也凶险。

六十四卦之九小畜卦

䷈ 乾下巽上

正读：畜，通“蓄”，积蓄义。小畜，小有积蓄。农耕社会，生存之余，小有积蓄，已经不错。比较二十六卦之大畜，此为略有积蓄之义。其中心是说：面对小有积蓄，要知足为是，不可奢望太大。

卦辞：小畜，亨。密云不雨，自我西郊。

正读：小有积蓄，亨通。阴阳二气相交，则有云雨。阳气成云，阴气成雨，乃自然之理。小畜卦只有六四爻为阴爻，足见阴气不足，难以成雨。这是从爻位说释读“密云不雨”。文字意思，云气从西往东，尽管浓云密布，还是无雨天气。还是说的小有积蓄，要正确面对，不急不躁。

初九：复自道，何其咎？吉。

正读：从原路返回，还有什么危害呢？只有吉祥。是说，要正确面对小有积蓄，知足为乐。

九二：牵复，吉。

正读：带着众人从原路返回，吉祥。安于小有积蓄的现状，不要奢求一夜暴富。

九三： 舆说辐，夫妻反目。

正读： 说，通“脱”。走到半路，车子的辐条从车轮中脱落，因而夫妻反目，家庭陷入矛盾。意即，一心快速致富，结果车子弄坏，达不到目的，也夫妻失和。这是不能面对小有积蓄的必然结果。

六四： 有孚，血去惕出，无咎。

正读： 有诚信，彼此信任，丢掉忧患意识与戒备之心，也无危害。血，通“恤”，忧伤义。惕，戒备。血去与惕出，对文。即去忧患，除戒备。既不患得患失，也得时时提醒自己，不怀奢望，不做发财梦。

九五： 有孚挛如，富以其邻。

正读： 挛，牵连。如，然，……的样子。挛如，牵系的样子。一贯保持着真诚心性，帮助近邻共同富有。《小象传》云：“不独富也。”九五正位，这是最好的结果。

上九： 既雨既处，尚德载。妇贞厉，月几望。君子征凶。

正读： 既，已也。雨已经下过，雨也已经停过。天气正常了，庄稼还得继续收割运载。德，帛书《易经》作“得”。妇人固守不为（贞），则有危害。接前九三，“夫妻反目”为说。十五为望，月亮近乎满圆。意思是月盈必亏，暗示君子不得一味求富（征），否则凶险。肯定小有积蓄为好。

六十四卦之十履卦

䷉ **兑下乾上**

正读： 程传云：“夫物之聚则有小大之别，高下之等，美丑之分，是物畜然后有礼。履所以继畜也。履，礼也。”履，名词指鞋，《说文》云：“足所依也。”汉字多名动同辞。履，作动词是踩踏义，指行进、行走。行进要遵循一定的路线，要有行进的规则。这个规则就是礼（履）。《说文》又云：“礼，履也。”上古音同义近。程传以互训（履，礼也）解读。履卦的中心就是讲礼。程颐指出，礼分大小、高下、美恶。无规矩，社会无序必然混乱。孔子曰：“不学礼，无以立。”不懂规矩，你就无法立身。

卦辞：履，履虎尾，不咥人，亨。

正读：在老虎后面走，老虎不咬你，亨通。咥（dié），咬。是说人生在世要讲礼。你有礼貌，再恶的人也不会伤害你，你也顺达。

初九：素履，往，无咎。

正读：素，无纹饰。素履，朴素之礼，本真的敬意，不是装模作样的假恭敬。这样前行无危害。

九二：履道坦坦，幽人贞吉。

正读：道路坦荡任你行，但得要幽静安恬才有吉祥。与初九“素履”（无纹饰）对读，明示也不得喧闹，不讲规矩。

六三：眇能视，跛能履，履虎尾，咥人，凶。武人为于大君。

正读：眇，有眼病，独眼、瞎眼之类。是说明明看不清，他偏要想看个清楚；明明行走不便（跛），他偏要想在路上行走。强不可为而为之。这就等于有意走在老虎后面，恶人会伤害你，凶险。相反，不是眇者、跛者，而是勇武之人，为君王为国家出力，敢于履危蹈险，还是应该的，也是可取的。

九四：履虎尾，愬愬，终吉。

正读：愬愬（sùsù），恐惧。心怀恐惧而小心谨慎，即使走在老虎后面，最终还是吉祥。为什么吉祥？《小象传》补充：“愬愬终吉，志行也。”即上进之志得以实现。

九五：夬履，贞，厉。

正读：夬，本字读 guài，通“决”。同声符相通。指决断、果断。果断行走，坚定前行（贞），有危害。对读九四，指不够小心谨慎，贸然行事。

另一种解读，夬，通“决”，决裂之决。夬履，指穿着破鞋子行走，还是说贸然行事，应该谨慎小心为好。

上九：视履考祥，其旋元吉。

正读：祥，指吉凶二面。旋，周旋完备。看一看你走过的路，察看你的吉凶祸福，你的完美表现，值得隆重庆贺。

此爻总结全卦，考察你在礼仪方面的表现完美，值得大庆。

六十四卦之十一泰卦

䷊ **乾下坤上**

正读：乾坤喻指天地，天在上，地在下。现在交换一个位置，天在下，地在上，彼此换位，意味阴阳交合，万事通泰。中心很明确，彼此交流才有通泰。

卦辞：泰，小往大来，吉，亨。

正读：从爻位说，小指阴爻，大指阳爻。从卦位说，小指单坤卦，大指单乾卦。往，向上走；来，向下行。三阴爻的坤卦向上走，三阳爻的乾卦向下行。天地彼此换位交流，吉祥，亨通。这样交流就会通泰，通顺，通达。

泰卦三阴爻三阳爻，指三阳生，象征阴历子正三月。故有“三羊（阳）开泰”一说。羊、阳同音，羊亦美好。

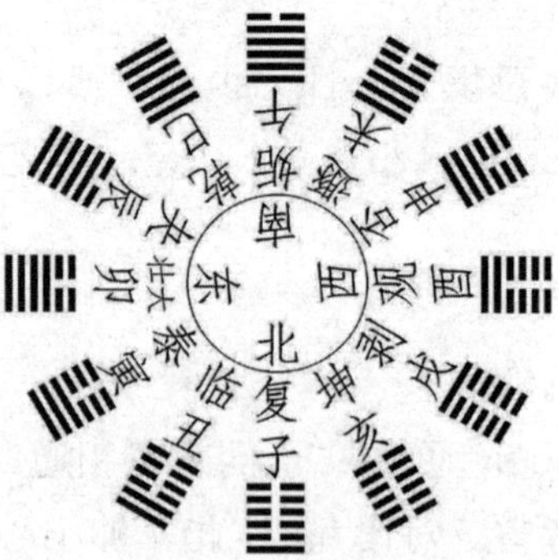

十二辟卦图

初九：拔茅茹，以其汇，征，吉。

正读：程传云："君子之行，必有其朋类相牵援，如茅之根然，拔其一则牵连而起来矣。茹，根之相牵连者，故以为象。"汇，类也。君子之进，不会独来独往，要与志同道合者一同并行。坤卦三阴爻一起上走，乾卦三阳爻一同下行，也是这个意思。

九二：包荒，用冯河，不遐遗，朋亡，得尚于中行。

正读：《诗经·公刘》："豳居允荒。"毛传："荒，大也。"包荒，大度包容。冯（píng）河，"暴虎冯河"，指一往无前的果断精神。遐，远。不遐遗，不遗漏遐远，指考虑得长远、有远见。朋亡，不结朋党。得尚于中行，能行进在大道上（中行），得到尚好的结果。

九二是说君子当大度包容，勇敢果断，有远见，不结党。做到这四点，就如同行进在大道上，会取得最好的成功。

九三：无平不陂，无往不复。艰，贞，无咎。勿恤其孚，于食有福。

正读：既有平地，又有陡坡，这里反说"无平不陂"意思一样。遇事，有往有来，"无往不复"还是反说。真是妙笔生花。事物皆有变化，坚守不变（贞），就行事艰难。勿恤其孚，不要丢掉诚信，有诚信就会衣食无忧，有福可享。

六四：翩翩，不富以其邻。不戒，以孚。

正读：翩翩起舞，上下舞动。这里指不断交往，帮助了近邻、友邻而不富，也是做好事。因有诚信（孚），坚持初心不改（戒）。

六五：帝乙归妹以祉，元，吉。

正读：帝乙（纣王之父），下嫁少女给文王，给周民族带来福祉，大吉大利。从史实看，商王文丁（帝乙之父）杀了季历（文王之父），殷商与周已经交恶，因帝乙归妹，而重拾友好，含有"否极泰来"之义。指事物转化，才有通达。

上六：城复于隍，勿用师，自邑告命，贞吝。

正读：隍，城壕，壕沟。城墙倾覆在壕沟里，不祥之兆。君王从都邑发布命令，不得兴师动众。坚持不听（贞），会有危害（吝）。这是讲通达过甚，事物有了转化，以城墙倾坍为喻，泰已不泰矣。

六十四卦之十二否卦

䷋ 坤下乾上

正读：泰否（pǐ）是一对偶卦。否泰若天地。卦位坤下乾上，与泰卦相反。泰讲通达，否讲闭塞，义相反对。《序卦传》云："泰者通也，物不可以终通，故受之以否。"这是否卦放泰卦之后的缘由。程传云："天处上，地处下，是天地隔绝，不相交通，所以为否也。"

卦辞：否，否之匪人，不利君子。贞。大往小来。

正读：人是群居群处，必有交流。闭塞不通，不合人世之道。不利于君子之正定正行。大的去了，小的来了。如《彖传》所说："内小人而外君子，小人道长，君子道消也。"闭塞不通之世，小人得意忘形，君子有志难伸。

初六：拔茅茹，以其汇，贞，吉，亨。

正读：泰卦初六"征吉"指动则吉，前进则吉。此否卦相反，"贞吉"，固守正定，不动不进则吉。闭塞不通，利小人不利君子。小人否而能进（征），君子否而当固守（贞）。

六二：包承，小人吉，大人否亨。

正读：包指包容、宽容。包荒（大），包容而宽厚。包承，包容而承受、忍耐。包羞，包容而有耻。同样包容，结局不同。此爻说，闭塞之世，君子包容忍受，而小人吉利，大人就不通达了。此爻的否通"不"。否亨，不顺畅，不亨通。

六三：包羞。

正读：闭塞之世，因包容而羞耻，指小人得志，君子因包容而受到羞耻。

九四：有命无咎。畴离祉。

正读：有命之命，指天命，天之道，即自然规律。身处闭塞之世，懂得自然规律，知天命，则无危害。畴离祉，畴，同类，指众人。离，丽也，附丽，依附。众人要彼此相依，才会得到福祉。

九五：休否，大人吉。其亡其亡，系于苞桑。

正读：休否，闭塞休止。除去闭塞，君子得以吉祥。其亡其亡，只有深虑远戒，有危亡意识，反而不亡。如同系于苞桑之物，还是稳当不会堕落的。

上九：倾否，先否后喜。

正读：否发展到终极，就倾。《小象传》云：“否终则倾，何可长也。”没有永久的泰，也没有永久的否。先极否，后倾喜。改变了闭塞局面，先忧后喜。金老说：说“倾否”不说“否倾”，表明人力很重要。——这些地方要仔细体会啊！

六十四卦之十三同人卦

䷌ 离下乾上

正读：前是泰、否一对偶，接着同人、大有一对偶。同人，离下乾上；大有，乾下离上，正相反对。《序卦传》云：“物不可以终否，故受之以同人。”否是天下不交，同人是天下交。同人，与人同，与人相同。找到共同点就结为朋友，朋友越多越好。同人卦的中心是：广交朋友，事事通达。

卦辞：同人，同人于野，亨，利涉大川，利君子贞。

正读：野，言其远。与远方之人结为朋友，亨通，有利于渡过大河急流，有利于君子坚守正道。

初九：同人于门，无咎。

正读：一出门就找到朋友，无危害。

六二：同人于宗，吝。

正读：只在同宗人中交朋友，圈子太小会有麻烦（吝）。

九三：伏戎于莽，升其高陵，三岁不兴。

正读：把军队（戎）埋伏在草莽密林之中，敌人强势不必强攻，只要升到高坡上，时时观察敌情，多年也不会兴兵打仗。敌强我弱，不得贸然行动，谨慎从事，战乱不兴。

九四：乘其墉，弗克攻，吉。

正读：墉，墙，城墙。登上对方城墙，又停下来，不进攻了。

九三说，敌强我弱，只能埋伏保存自己。九四正相反，敌弱我强，“乘其墉欲攻之，知义不直而不克也。苟能自知义之不直而不攻，则吉也”。这是程传的解读，比较切合。

三、四两爻还是同人卦之爻，初九、六二讲心志相同者结为朋友，九三、九四讲面对心志不同的人，指对手，反方。对手强大（九三），则坚守不出；对手弱小（九四），则不可恃强凌弱，反思义理，放弃强攻，回到正确的原则，才吉利。

前两爻讲同人之“同”，三、四爻讲同人之“异”，有同有异，这样就全面了。

九五：同人，先号咷而后笑。大师克相遇。

正读：广交朋友之时，往往遇到对手，所以“先号咷”，最终会遇到志同道合者，所以“后笑”。只有贤人君子（大师）才能遇到真正的志同道合者，贤人君子才能广交朋友。

上九：同人于郊，无悔。

正读：金老说，郊在邑之外，野之内，远于邑而近于野。在这个范围内广交朋友，比较适度。虽不算圆满，也无悔恨。“同人于野”最好，范围广大；“同人于郊”范围小了些，也好；“同人于门”又次之，但比“同人于宗”为好。不同为异，遇到了对手，心志相反，不能交，那就不如“同人于宗”了。是说，广交朋友也得有个限度，不致宽泛无边，遇上心志不合者则不能交。不在地域的远近，而在有相同的志向。

六十四卦之十四大有卦

䷍ 乾下离上

正读：同人（离下乾上）倒过来就是大有，这叫“反”。同人、大有构成一对偶。这一对偶卦中，只有“离中虚”为一阴爻，其余为五阳爻。同人卦阴爻在六二，大有卦阴爻在六五，一下一上。爻位说者借此大加发挥。《周易折中》引项安世说：“一阴在下，势不足以有众，能推所有以同乎人者也，故名曰同人。一阴在上，人同乎我，为我所有者，故名曰大有。”这种以卦位、爻位解读《易经》之法，几乎成了读易之正宗法门。令人目眩，但不得不知。

此卦的中心，易学家多以上九“自天祐之”为说，即得到多方面祐助，便会“大有”。大有，指丰收，农事上的好收成。讲如何面对丰收。

卦辞：大有，元亨。

正读：丰收了，大为通顺、处处通顺。《象传》云：“君子以遏恶扬善，顺天休命。”是说，面对丰收有人会起邪念，偷抢粮食，君子要“遏恶”；也有人还在挨饿吃不饱，君子要“扬善”，施舍些粮食给饥民。民以食为天，凡事得从生存上去思考。这是孔子及儒家学者的解读。

初九：无交害，匪咎，艰则无咎。

正读：讲庄稼已经种下，不去拨弄它（交），不去伤害它（害），不是过错。静待（艰）它的茁壮成长，也无过错。

九二：大车以载，有攸往，无咎。

正读：粮食丰收用车载，运回主人农场去，没有过错。

九三：公用亨于天子，小人弗克。

正读：亨，通“享”。主人（公）用丰收的粮食供奉君王享用，可是小民百姓不能得吃。

九四：匪其彭，无咎。

正读： 彭，鼓声，指吵闹、抗议之声。不要吵闹，不要愤怒不满，也就没有过错。这是指小民要闹事，主人出来劝阻。

六五： 厥孚交如，威如，吉。

正读： 厥，其，他的。交，俱，遍。如，……的样子。他的诚信满满，他的威仪严严，吉利。主人（九三的“公”）这样对待小民，不致闹事了。

上九： 自天祐之，吉无不利。

正读： 丰收（大有）是上天祐助，吉祥，没有不利。古代先民这样认识，不足为怪。只要心诚，上天会祐助。心诚则灵是也。

六十四卦之十五谦卦

䷎ 艮下坤上

正读： 谦卦与豫卦是一对偶卦。两卦卦体方向相反，卦义也相反。谦为谦虚，豫为谦之反，当为自满、自大。中心明确，理解就不困难。《序卦传》云：“有大者不可以盈，故受之以谦。”大有卦之后是谦卦，道理在此。

卦辞： 谦，亨，君子有终。

正读： 艮为山，坤为地。地山谦，取名“地山”者多。寓意谦谦君子，遇事吉祥。谦卦六爻都是吉言，足见谦虚、谦恭、谦和之人做事必然顺利。什么是谦？程传云：“有其德而不居谓之谦……自卑而人益尊之，自晦而德益光显。此所谓君子有终也。”自卑，放下你的身段，不好居人上，别人更加尊敬你；自晦，不显示你的聪明，你的品行更显得光鲜。

初六： 谦谦君子，用涉大川，吉。

正读： 初六第一爻，最下，显示了谦；六是阴爻，柔顺，还是谦。朱熹说：“以柔处下，谦之至也。”君子谦恭又谦恭，用以渡过大河急流也会吉祥。

六二： 鸣谦，贞吉。

正读：鸣谦，言谈举止表现出谦恭，而又持之以恒（贞），必然吉祥。

九三：劳谦君子，有终吉。

正读：劳谦，有功劳而又能保持谦恭。程传云："有功劳而持谦德者也，故曰劳谦。古之人有当之者周公是也。"

《象传》云："劳谦君子，万民服也。"这样的君子，为万民尊敬、佩服。

六四：无不利，㧑谦。

正读：㧑，挥。发扬谦德，无所不利。即无事不利，无处不利。《象传》云："无不利，谦。不违则也。"是说发挥谦德，有个限度，不宜过分。

六五：不富以其邻，利用侵伐，无不利。

正读：援助近邻而不致富，得到人心。《象传》云："利用侵伐，征不服也。"用武力讨伐不肯归附的外邦，无所不利。恩威并重，治理天下。不富以其邻，指恩；利用侵伐，指威。

上六：鸣谦，利用行师，征邑国。

正读：程传云："见于声音颜色，故曰'鸣谦'。"可参考。谈吐谦恭之人，可用以带兵打仗，征伐不肯顺从的邦邑。不难看出，谦卦、豫卦的中心如《尚书》言："满招损，谦受益。"

六十四卦之十六豫卦

䷏ 坤下震上

正读：《说文·象部》云："豫，象之大者。"段注："引申之，凡大皆称豫。"谦，指谦恭、谦虚，豫相反，多指自大，也指本事大。整卦讲如何治理自大这个毛病。

卦辞：豫，利建侯，行师。

正读：豫，训大，也可指本事大、能力强。有利于建功立业，带兵出征。

《象传》补充云:“天地以顺动,故日月不过,四时不忒。圣人以顺动,则刑罚清而民服。豫之时义大矣哉。”顺动,指依照规律来动,日月、四季绝不反常。天地人世都一样。“时义”,强调“义”,依正义而行,你本事再大也不得胡作非为。

初六: 鸣豫,凶。

正读: 鸣谦好,鸣豫不好。鸣豫,如同“吹牛皮”“牛哄哄”,自吹自擂,当然凶险。

六二: 介于石,不终日,贞吉。

正读: 介于石,介如石,坚硬如山石。喻指为人强悍孤傲,难于亲近。六二的豫如山石,太过坚硬,不可持久(终日),要改变,还是要回到不强硬的正常本性,才有吉祥。

六三: 盱豫,悔;迟,有悔。

正读: 盱(xū),亦作旴(xū),太阳初升。胡炳文说:“二中而得正,三阴不中正,故盱豫与介石相反,迟与不终相反,中正与不中正故也。”依此,盱豫与介石相反,介石太过坚硬,则盱豫指过分软弱,如初升之日,表面光鲜而已。指没有真本领的自大。迟有悔,迟又悔。如果延迟不改,还是后悔莫及。

九四: 由豫,大有得,勿疑,朋盍簪。

正读: 由于本事大,得以大行其志,实现远大理想,这是毫无疑问的,朋友们都来聚会庆贺。盍,合。簪,聚也。簪以聚发也。盍簪,连文同义。

六五: 贞疾,恒不死。

正读: 纠正自大的毛病(疾),永远立于不败之地。

上六: 冥豫,成,有渝,无咎。

正读: 冥,昏暗不明。冥豫与初六鸣豫不同,指有本事不显露,可以成事。要改变一下,也无危害。

易学家多以豫卦之豫为愉快欢乐,此一说也。豫有大义,有本事为大

（九四），过之则为自大（鸣豫），也指装模作样的自大（盱豫），有不显露本事的豫（冥豫），也有坚硬如山石的豫（六二）。真本事的豫，吉祥；吹牛的豫，凶险。

六十四卦之十七随卦

䷐ **震下兑上**

正读：随卦与蛊卦是一对偶。卦画全倒过来，就是蛊卦。随，跟随，顺从，是好，不乱。蛊是坏，蛊之时，是乱世。正相反对。

卦辞：随，元亨，利贞，无咎。

正读：随象征随从、随和，随从便能始终亨通，坚守正道没有危害。

初九：官有渝，贞吉，出门交有功。

正读：地位（官）有变化，只要坚守正道（贞），就会吉祥。出门交朋友也一定成功。《大象传》补充："不失也。"不失正道之义。

六二：系小子，失丈夫。

正读：系，联属关系，还有随从之义。跟随小人，则失去君子。《大象传》补充："弗兼与也。"二者相互排斥，不可兼得，与六三对读，便见分明。

六三：系丈夫，失小子。随有求得，利居贞。

正读：跟随君子，则摆脱了小人。这样行事，有求必得。利于安居乐业，坚守正道。

九四：随有获，贞凶。有孚在道，以明，何咎？

正读：人随我，我随人，如果以获利为目的，一心为此不改（贞），则凶险。如果心有诚信，光明磊落地行走在大道上，有什么过失？

九五：孚于嘉，吉。

正读： 九五居君位，都能跟随它。心怀诚意跟随君子，会受到鼓励与赞美，必有吉祥。

上六： 拘系之，乃从维之，王用亨于西山。

正读： 上六写实。指文王被纣王“系而拘之”，遭捆绑、遭拘禁。乃从维之，楚简本作“纵乃㩗（xié）之”。纵（从），释放了。㩗（xié），二心，怀二心。文王释放后，对纣王心怀背离之心，在西山誓师（亨，享），反抗商朝。

全卦意思明白，要跟随正人君子（丈夫）办事，要有诚信，绝不能跟随小人。

六十四卦之十八蛊卦

䷑ **巽下艮上**

正读： 把随卦卦画完全倒过来，就是蛊卦。随卦为好，蛊卦反之为坏。皿虫为蛊，蛊是一个会意字。蛊，指坏事。大到乱世，小为弊端。其中心不言自明：纠正前辈留下的弊端。《彖传》云：“巽而止，蛊。”是从卦象说，下是巽卦，上是艮卦。巽为顺，艮为止。上下不相通，所以叫蛊。

卦辞： 蛊，元亨，利涉大川，先甲三日，后甲三日。

正读：《彖传》云：“蛊元亨而天下治也。”有乱则得治。治理弊端，一开始就能亨通。甲，为十干之始。先甲，先于此；后甲，后于此。指前前后后考虑多天，考虑成熟，才着手治弊，拨乱反正，所以“元亨”，所以“利涉大川”。

初六： 干父之蛊，有子，考无咎，厉终吉。

正读： 干，盾牌，有冒犯、干预义。干……蛊，即治理……弊端。考，指父亲。治理父辈留下的乱麻团，才是好儿郎。

《象传》补充云：“意承考也。”意思是承继了父亲的事业。治理过程中会有危险，终归得到吉祥。

九二： 干母之蛊，不可贞。

正读：治理母辈留下的弊端，不可硬性，刚柔适中才好。《象传》云：“干母之蛊，得中道也。”与“干父之蛊”不同，要讲究方法，不可偏颇，不得急躁。

九三：干父之蛊，小有悔，无大咎。

正读：治弊有刚柔两手，“过刚则不中，故有小悔”。强硬治理，稍有悔恨，终无大的过失。

六四：裕父之蛊，往，见，吝。

正读：裕，宽裕。不能干父之蛊，反而增益其蛊，这样搞下去过失就明显了。见，读现。

六五：干父之蛊，用誉。

正读：纠正了父辈的弊端，得到赞誉。用，因而。《象传》云：“干父用誉，承以德也。”强调继承父辈的美德。

上九：不事王侯，高尚其事。

正读：不侍奉王侯，把治理弊端作为自己高尚的事业。侍奉王侯是建功立业，治理弊端是高尚行为，也值得肯定、值得效法，《象传》云：“不事王侯，志可则也。”治弊这种志向，也是人们学习的榜样。

六十四卦之十九临卦

䷒ **兑下坤上**

正读：临卦与观卦是一对偶。卦画颠倒过来，坤下巽上，就是观卦。程传云：“临者，临民临事。在卦取自上临下，临民之义。”临，自上临下，观则相反，自下观上，仰视之义。取义相反。

卦辞：临，元亨利贞。至于八月有凶。

正读：临，上临下，有监临之义，指君王治民，要查看黎民百姓的动静。金文的临为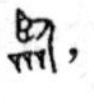，像人居高俯视下民。临，有靠近、靠拢之义。君临天下发号

施令，所以元亨利贞。京房十二辟卦（见泰卦附图），自复至遯凡八月，建子（复）至建未（遯），二阴长而阳消失。遯是天山遯，二阴生，临卦二阳生。遯卦卦画与临卦全相反对，故八月有凶险。这是卦象说。

初九：咸临，贞，吉。

正读：咸临，咸即古感字，旧说“感临”。感应，称作感临。即下民感知君临天下，所以“贞，吉”。帛书《易经》“咸”作“禁”。禁，法也。禁、咸音义相通（张立文说），咸临即禁临。以法则、法令管理下民，所以“贞，吉”。坚定执行法令，则有吉祥。

九二：咸临，吉，无不利。

正读：还是肯定咸临。自上而下的监督管理，只有好处，无有不利。

六三：甘临，无攸利；既忧之，无咎。

正读：甘，与“苦”相反，甜。兑下坤上，兑为口舌，以口舌临人，叫甘临。程传说：“在上而以甘说临人，失德之甚，无所利也。……既知畏惧而忧之，若能操谦守正，至诚以自处，则无咎也。”以花言巧语对待下民，失德之甚。讲得恰到好处。

六四：至临，无咎。

正读：六四与初九正应，阴爻居阴位，故曰至临。下卦初爻（初九），上卦初爻（六四），正应。六四为阴爻，位相当。这是爻位说，解读“至临”。释至为善，以善临民，又是一说。至临，至从本义讲，极至之至。走到身边，靠近下民，对照“甘临”，似乎确切。

六五：知临，大君之宜，吉。

正读：以智临民，开启民智以管理下民。这是君主治民的适宜之道，才得吉祥。六五正位，肯定智临。

上六：敦临，吉，无咎。

正读：敦厚临民，必有吉祥，无危害。温柔敦厚地实施管理，也是好办法。

比较咸临（禁临）、甘临、至临、知（智）临、敦临，都是监管下民的种种手段，优劣立显。

六十四卦之二十观卦

䷓ **坤下巽上**

正读：观卦与临卦，卦象相反，临卦坤在上，兑在下，巽倒过来就是兑。坤是地，巽为风。《象传》云："风行地上，观。"取义也相反。临，有上临下，君临天下；观，指仰观以下视上，敬仰之义。所以易学家说："象征瞻仰。"

卦辞：观，盥而不荐，有孚颙若。

正读：盥，盥礼，指祭祀开始以酒浇地的隆重降神仪式。荐，荐礼，向神灵敬献飨物之礼。观仰了祭祀礼仪的盥礼就不必非要观仰荐礼了，心中已经充满了崇敬之情。颙（yóng），《诗经·卷阿》："颙颙卬卬。"《集传》："尊严也。"颙若，崇敬的样子。有了文王的卦辞"盥而不荐"，所以《论语》有："子曰：禘自既灌而往者，吾不欲观之矣。"孔子也强调诚信崇敬的心态更重要。祭祀之礼，初盥降神最为隆重。故有此说。

初六：童观，小人无咎，君子吝。

正读：童观，幼童视物，必东张西望不专注，无知小民这样观仰也不会有危害。君子如此，则有过失了。

六二：闚观，利女贞。

正读：闚，门缝中窥视。暗中观仰，利于女子保持正道，固守其节。《象传》云："闚观，女真，亦可丑也。"是说大男人这样闚观就丢丑了。

六三：观我生，进退。

正读：从六四"观国之光"上九"观其生"比较，当指我同姓宗族，不是个人的"我"。生，通"姓"，同姓家族（臧守虎说）。观仰我宗族内部，决定我们的行为，该进则进，该退则退。

六四：观国之光，利用宾于王。

正读：光，光亮、光辉，指成功的方面。观仰一个国家的文治武功，做君王的辅佐大臣才有利于发挥才能。程传云："古者有贤德之人，则人君宾礼之。故士之仕进于王朝，则谓之宾。"

九五：观我生，君子无咎。

正读：观仰我宗族里里外外，以资借鉴，贤德君子不会有过错。

上九：观其生，君子无咎。

正读：观仰其他宗族的里里外外，可资借鉴，贤德君子也不会有过失。整个观卦是说，观仰要有敬仰之情，视野还要宽阔宏大，才不犯错误。

六十四卦之二十一噬嗑卦

䷔ 震下离上

正读：《彖传》云："颐中有物曰噬嗑（shì kē）。"颐，就是人的嘴。嘴中有物，要咬一下才能合。就卦象爻位看，初九、上九，像人的上唇、下唇，九四像口中的硬物。以咀嚼食物为喻，对社会中强梗的，要使用刑法。

卦象，震下离上，火雷噬嗑。震为雷，指雷击；离为火，指电光之火。电闪雷鸣之状。天地之间有强梗之物，得电闪雷击治之，去之，也叫噬嗑。凡大凡小，皆以刑法治理之义。

卦辞：噬嗑，亨。利用狱。

正读：咬掉口中之物，必定亨通。社会要亨通，去掉天下之梗物，得利用刑狱。

初九：屦校灭趾，无咎。

正读：屦（jú），穿戴。校，刑具，也称"桎"。灭趾，灭鼻，灭耳，当一致解读为灭亡之灭，即割掉之义。古代刑法，多从肉体上施行，挖眼割鼻，刖刑宫刑，剁指断臂，甚至砍头剖腹（龙逄斩、比干剖），不一而足。此爻说，足戴刑具，割掉脚趾，使其不再做恶事，也无生命之危害。

六二：噬肤灭鼻，无咎。

正读：肤，皮肤之肤。割鼻挖肉，指比灭趾更重的刑法。

六三：噬腊肉遇毒，小吝，无咎。

正读：将肉风干为腊肉。喻指惯偷惯盗，长期作恶之人。对这种顽劣之人用刑，反而难以奏效。遇毒，遭遇困难，难有效果。小吝，小小麻烦不顺当，并无大咎。

九四：噬干胏，得金矢。利艰贞，吉。

正读：胏（zǐ），带肉的骨头。“金矢者，刚直也。”咬到难啃的骨头，得用刚直之道。治狱者为人刚直，艰难守正，有利，才能得到吉祥。

六五：噬干肉，得黄金。贞厉，无咎。

正读：金老引胡炳文说：“噬肤，噬腊肉，噬干胏，一节难于一节。六五噬干肉，则易矣。五君位也，以柔居刚，柔而得中，用狱之道也，何难之有！”《象传》云：“贞厉无咎，得当也。”用刑之人，处置得当，十分顺手，有如得到黄金般心满意足。兴奋之情已现。

上九：何校灭耳，凶。

正读：何，荷（hè），肩扛。肩戴枷具，割去耳朵，凶险。这与初九一样，指受刑之人。五爻君位，上爻过甚，指罪大而不可解。对重犯必须重处，所以“凶”。

六十四卦之二十二贲卦

䷕ 离下艮上

正读：贲（bì），音毕。贲卦与噬嗑卦为一对偶。噬嗑卦离在上，贲卦离在下，一上一下。震倒过来就是艮。卦象正相反对。《序卦传》云："贲者饰也。"文乃饰也。文饰就是指外表的打扮、包装。贲卦讲文，也体现文与质的关系。《论语》所谓"文质彬彬，然后君子"。文与质，一个形式一个内容，相互结合为好。质而无文，不行；文而过盛也不提倡。

噬嗑讲用刑治乱，贲卦讲文饰增彩，其义相反也。

卦辞：贲，亨。小利有攸往。

正读：程传云："物有饰而后能亨，故曰无本不在，无文不行。有实而加饰则可以亨矣。文饰之道可增其光彩，故能小利于进也。"文饰毕竟是外表的包装，不可过之。只能"小"，太过则有损于质，质才是"本"。

初九：贲其趾，舍车而徒。

正读：初爻在下，像趾。鞋履最能显示一个人的礼仪举止，故从趾上说。如同今人出门皮鞋擦得亮光光的。因为贲其趾，才舍车而徒步，将鞋上的文饰显示于人。

六二：贲其须。

正读：须，胡须。嘴上胡须，对脸面有文饰效果，虽不能起根本作用，也是一种打扮。

九三：贲如，濡如，永贞吉。

正读：濡如，光彩润泽之貌。打扮得光彩照人，那还是文饰而已。要永远保持本性不变，坚守刚正，才得吉祥。

六四：贲如，皤如，白马翰如。匪冦，婚媾。

正读：皤，白。翰，马白色也。《礼记》郑注："戎事乘翰。"九三"濡如"，讲打扮得太光鲜，文饰过盛，则“皤如”是文返于质，崇素返质的意思。白色、素色，是本色，才显出本质。本质是好的，所以“匪冠、婚媾”。是好事情（婚媾），不是坏事（匪寇）。

文饰吧，白色是好样的。骑着白马走过来，不是强盗，是迎亲的马队啊！

六五：贲于丘园，束帛戋戋，吝，终吉。

正读：丘园，山丘田园。贲于丘园，在田土中耕种，让丘园变绿，披上绿装。束帛戋戋，指耕种于田园，收获（束帛）不多（戋戋），所以“吝”，最终得到吉祥。

上九：白贲，无咎。

正读：白色（本色、素色）为饰，不过分打扮，也无危害。

六十四卦之二十三剥卦

䷖ **坤下艮上**

正读：剥卦与复卦为一对偶。剥，阴剥阳。复，阳刚回复。体现阴阳的消长。剥卦全倒过来，震下坤上，就是复卦。剥卦以“床”为物象，从初爻到上爻，逐层推进，讲明阴长阳消剥脱之象。即小人得志，君子沦丧之现实。

卦辞：剥，不利有攸往。

正读：剥，剥脱。剥卦仅上九阳爻，群阴长盛，阴剥阳，喻指小人（阴）得势，君子势单力薄则“不利有攸往”。

初六：剥床以足。蔑贞凶。

正读：床，指坐床，低矮，可坐可依。前四爻以之为物象，借以说理。蔑，无。床足最低，与初六对应。剥掉床腿，没有坐床的安定（贞）之道，必然凶险。

六二：剥床以辨，蔑贞凶。

正读：进一步，往上，剥掉坐床的中间部分。辨，判也。判，分也。皆从刀。以刀分物，分其半也。没有了床的主体部位（贞），也必然凶险。

六三：剥之无咎。

正读：帛书《易经》作“剥，无咎”。六三与上九应，阴阳协调，金老引荀爽说：“众皆剥阳，三独应上，无剥害意，是以无咎。”

六四：剥床以肤，凶。

正读：继续往上，剥掉了床的表层床板，也是凶险。

六五：贯鱼，以宫人宠，无不利。

正读：贯鱼，鱼贯而行，一个接一个。指阴爻从初六到六五，都是阴爻，一爻接一爻，鱼贯而上。前四爻取“床”为物象，此爻切换为鱼。鱼，阴物。《本义》云：“五为众阴之长，当率其类，受制于阳，故有此象。”宫人指女性，阴爻占据中位，应该说是正常现象。受制于上九的阳，像宫人得君王之宠幸，故无有不利。

上九：硕果不食，君子得舆，小人剥庐。

正读：上爻阳爻，比作“硕果”。前五爻都是阴爻，阴剥阳。阳在上爻仅存。犹如硕果仅存，以后必有发展。春风吹又生，君子会有一车子硕果。而上爻再为阴爻所剥的话，小人当位，小人当只有剥食荠根了。帛书《易经》作“剥芦”。《说文》云：“芦，芦菔也。一曰荠根。”君子得一车子硕果，小人则只有荠根度日。判然分明。

可见，宇宙万物，阳爻乃天之正道，可生生不息。只要硕果仅存，有一线生机，那就会发展壮大，欣欣向荣。

六十四卦之二十四复卦

䷗ **震下坤上**

正读：剥卦一阳在上，复卦一阳在下，组成一对偶。剥卦阴剥掉阳，复卦阴极则阳生。一阳生于五阴之下，阳复也。复，阳刚回复之义。

卦辞：复，亨，出入，无疾；朋来，无咎。反复其道。七日来复，利有攸往。

正读：阳刚回复，亨通。阳气复出自内（入），长进于外（出），出入没有毛病。同类加入（朋来），也无过错。阳刚回复，有其规律，七日往返，利于前往做事。

唯“七日来复”，有不同的解读。金老说：“反复其道，谓消长之道，反复迭至。阳之消，至七日而来复。姤，阴之始消也。七变而成复，故云七日，谓七庚也。”廖名春引屈万里说：“复卦为剥卦之反，复卦之一阳，历六爻而至剥卦，再返于复卦。这样，一共经历了七爻。卦辞是以一爻当一日。”有易学家说：经复卦一阳生，临卦二阳生，泰卦三阳生，大壮四阳生，夬卦五阳生，到全阳乾卦，再到姤卦一阴生，经历了七个阶段。经过姤卦一阴生，遯卦二阴生，否卦三阴生，观卦四阴生，剥卦五阴生，到全阴坤卦，再到复卦一阳生，也经历了七个阶段，这七个阶段就是“七日来复”的“七日”，指阴阳往复循环的周期数。

不同的解读使易学丰富多彩，学易者不可不知。

初九：不远复，无祇悔。元吉。

正读：走得不远，及时回复。没有太大的悔恨，大吉大利。祇（zhī），大也。（《周易》孔颖达疏）

六二：休复，吉。

正读：复，回复阳刚之气。就人世说，复于礼，礼的核心是仁，复礼则为仁。《彖传》云：“休复之吉，以下仁也。”程传：“初复于仁，二能亲而下之，是以吉也。”休，休美，指美德而言，仁即美德。恢复美德，当然得吉。

六三：频复，厉，无咎。

正读：阳气的回升并不顺利，反复较量中不断增强，虽带有危险，却无过错。

六四： 中行，独复。

正读： 阳气回升已经到大道上，无可阻挡，一往无前复归正道。

六五： 敦复，无悔。

正读： 敦厚忠诚的复归正道，内心不会后悔。

上六： 迷复，凶，有灾眚。用行师，终有大败；以其国，君凶。至于十年不克征。

正读： 迷，迷失正道。回复到邪路歪道，有凶险，有灾祸。以此作战，必有惨败。以此治国，国君凶险。国家实力长期不能提升。十年者，数之终。不克征，终不能行。

金老引《周易折中》胡炳文说：“迷复与不远复相反。初不远而复，迷则远而不复。敦复与频复相反，敦无转易，频则屡易。独复与休复相似，休则比初，独则应初也。十年不克征，亦七日来复之义。”这对理解全卦极有帮助。

六十四卦之二十五无妄卦

䷘ **震下乾上**

正读： 无妄，没有虚妄，不妄求，也不妄动。从卦象说，天雷无妄。天下雷行，象征用雷势警示万物，不得妄动妄求。无妄与天，天道就产生关系。无妄不能违天，要顺乎自然。

卦辞： 无妄，元亨利贞，其匪正有眚，不利有攸往。

正读： 不妄求妄动，就“元亨利贞”，如同乾卦的“元亨利贞”一样，能得到大亨大通。要大亨大通，得守正道顺天道，合乎自然规律（正），不守正（匪正），便有灾祸（眚），不利于前行办事。

初九： 无妄，往吉。

正读： 不妄动妄求，实实在在地前往办事，会有吉祥。

六二：不耕获，不菑畬，则利用攸往。

正读：不妄想刚耕种就会大丰收。菑（zī），开垦一年的田土。畬（yú），开垦两年的田土。不妄想开垦一两年的田土立马变成良田。没有这样的妄想，才有利于前往办事。

六三：无妄之灾，或系之牛，行人之得，邑人之灾。

正读：无妄想也会遇到意外之灾。或，表肯定，可能。比如拴着的牛，过路人顺手偷走，村里人遭怀疑而蒙受不白之冤。

九四：可贞，无咎。

正读：能够坚守正道，没有过错。

九五：无妄之疾，勿药有喜。

正读：对读“无妄之灾”，此说你不违背生活之道，也可能染上疾病。如同“无妄之灾”。不用服药，不服药会好，吃药反倒坏事。有喜，指病愈。

上九：无妄，行有眚，无攸利。

正读：金老讲《周易折中》引龚焕语：“无妄者，实理自然之谓。循是理则吉，拂是理则凶。初往吉，二利有攸往，循是理而动者也。四可贞无咎，宁是理而不动者也。三有灾，五有疾，不幸而遇无故非意之事。君子亦听之而已。上九居无妄之极，不可有行。若不循理而动，则反为妄矣。其有眚而不利也，宜哉。”

全卦是说，无有虚妄之心，得依自然之道，当动得动，当静则静，把握时机为好。

六十四卦之二十六大畜卦

 **乾下艮上**

正读：大畜与无妄组成一对偶。无妄乾上，大畜乾下。无妄下卦震反过来为大畜之上卦艮，卦象相为反对。无妄，无虚妄，无妄无求，顺应自然而

守正；大畜相反，广泛蓄积，增加财富。

卦辞：大畜，利贞。不家食吉。利涉大川。

正读：《彖传》云："大畜，刚健笃实辉光，日新其德。"刚健是乾，笃实是艮。刚健笃实就能发其辉光，就能日新其德。不仅蓄物，还得日新其德。物质财富、精神财富都兼顾到了。

《象传》云："天在山中，大畜。君子以多识前言往行，以畜其德。"物莫大于天，天在山中，乃蓄积至大之家。爻辞多延及马牛豕诸物，孔子更注重道德学术层面的大蓄积。积物又积德，才是大畜。

"不家食"，不自食于家。小农经济，自种自食，应该说"不"。要走出去，广泛蓄积，才有光辉。敢作敢为，利涉大川。

初九：有厉，利已。

正读：厉，危险。遇到危险，得停一停（已），有利。内卦乾，乾是健，要前进；外卦艮，艮是山，要限止。卦象之义，当进则进，当止则止，大畜得掌握时机。

九二：舆说輹。

正读：说，通"脱"。车子脱落了。輹是车轴与车身连接的部件。

九三：良马逐，利艰贞。曰闲舆卫，利有攸往。

正读：良马驱驰，喻指前进迅速，但有艰难，守持正道（贞）则有利。曰，"曰杀羔羊""曰为改岁"之"曰"，表确认。闲，练习。舆，车。卫，自我保护。要经常练习马车的使用与自我保护，前行做事才有利。

六四：童牛之牿，元吉。

正读：童牛，未长角的小牛。牿（gù），《说文》云："牛马牢也。"圈养小牛，大吉大利。

六五：豶豕之牙，吉。

正读：《说文》云："豶，羠豕。羠，騬羊。騬，犗马。犗，騬牛。辗转互训，统释为去势的马牛羊豕为当。牙，《说文》云："象上下相错之形。"喻指猪栏。圈养小猪，吉祥。

上九：何天之衢，亨。

正读：何读荷，肩扛物，有承载义。指满载财物，行走在通天大道上，必然亨通顺利。

全卦是说，不能穷处自种自食，要走出去，广开财路，圈养马、牛、羊、豕，搞好畜牧业，才能蓄积致富，致大富。

六十四卦之二十七颐卦

䷚ 震下艮上

正读：颐卦初九、上九为阳爻，中间四个阴爻。很像人的口，上下实，口中虚。像人在进食，卦名叫颐，取饮食养人之义。颐，养也。

卦辞：颐，贞吉。观颐，自求口实。

正读：颐养，正即得吉。贞，正，指恰到好处。不缺也不过。《彖传》云："颐，贞吉。养正则吉也。观颐，观其所养也。自求口实，观其自养也。天地养万物，圣人养贤以及万民，颐之时大矣哉。"颐，不外两个方面，看别人进食，自己也得进食，圣人养万民，万民养子女，"观其所养也"。自求口实，就是自养。

初九：舍尔灵龟，观我朵颐，凶。

正读：灵龟不食也能活，指少食而已。朵，隆起，凸出部分。指腮帮子鼓起，明指吃得过饱了。对比，有人缺食少食，有人饱食饱胀，如杜诗言"朱门酒肉臭，路有冻死骨"，那是凶险。

六二：颠颐，拂经于丘颐，征凶。

正读：金老引黄干说："颐之六爻，只是颠、拂二字。求养于下则为颠，求养于上则为拂。"要么观颐，要么自养。观颐，上养下，而今上不养下，颠倒了，本该自养而求养于上叫颠颐。拂经，违背常理了。丘颐，帛书《易经》作北颐。北，背也，指违背颐养之道。颠颐，拂经，同样是违背颐养之道。继续下去（征），必然凶险。

六三： 拂颐贞凶，十年勿用，无攸利。

正读： 拂颐贞，三字连读。卦辞“颐贞吉”，相反，拂颐贞，不吉当凶了。十年勿用，指终不可用。颐养之法，正则吉；拂违颐养之法，拂则凶。这种做法，终不可用。违背颐养正道，何利之有（无攸利）？

六四： 颠颐，吉。虎视眈眈，其欲逐逐，无咎。

正读： 程传云：“以上养下为顺，今反求下之养，颠倒了，故曰颠颐。然上不胜其任，无力养下，求在下之贤能而顺从之，以济其事，则天下得其养，而已无旷败之咎，故为吉也。”上位阴柔，不能自养，岂能养下？特殊情况，颠颐也是正常的，也会得到吉祥。

金老引吴澄曰：“自养于内者莫如龟，自养于外者莫如虎。故颐之初九、六四取二物为象。四之于初，其下贤求益之心，必于虎之视下求食而后可（虎视眈眈）。其视下也专一而不他，其欲食也继续而不歇（其欲逐逐），如是则于人不贰，于己不自足，乃得居上求下之道。”这就恰当解读爻辞了。

六五： 拂经居贞吉，不可涉大川。

正读： 六五求养于上九，叫拂经，违背常理了。本当自养（自求口实），没有能力只有求养于上，只要居中守正，还是吉祥，但要渡过大河激流还不行。

上九： 由颐，厉，吉。利涉大川。

正读： 由颐，天下由之养。当天下之任，得怀危厉之心则吉利。利于干一番大事业。程传明指伊尹、周公之贤能担当此任，让百姓安居乐业。

颐卦讲颐养之道，自养、养下，做到人人有饭吃，不饥也不过，社会“大有庆”。

六十四卦之二十八大过卦

䷛ **巽下兑上**

正读：颐卦与大过为一对偶。颐卦初、上为两阳爻，中间四阴爻；大过初、上为两阴爻，中间为四阳爻。彼此反对。颐卦为颐养之义，以不饥不饱，适度为好。大过反其义，指极为过分的种种行为。

卦辞：大过，栋桡，利有攸往，亨。

正读：《彖传》云："栋桡，本末弱也。刚过而中，巽而说行，利有攸往，乃亨。"是说上下两阴爻，显出柔弱。中间四阳爻，阳盛阴衰。所以是"刚过而中"。这是爻位说。古代易学家多从爻位上解读卦辞，不可不知。

栋，指脊檩，房梁。桡（ráo），弯曲。房梁承受力过大，势必弯曲。这种极为过分的现象必须加以纠正，即"利有攸往"，纠正之后，方可亨通。

大过并不可怕，只要采取措施纠正就好。

初六：藉用白茅，无咎。

正读：藉（jiè），垫衬。白茅柔软洁白，古代祭祀多用之，一是做垫衬，上面放祭品；二是"缩酒"，祭酒顺茅而下似神饮之。喻指有虔诚敬仰之心，虽遇大过，已无危害。

九二：枯杨生稊，老夫得其女妻，无不利。

正读：稊（tí），通"荑（tí）"，古同音。枯杨长出新芽，比之老夫娶少女为妻。这当然是大过，但没有不利。

九三：栋桡，凶。

正读：房梁弯曲，不加补救，必然凶险。同样的"栋桡"，卦辞说"亨"，此爻说"凶"。同样的大过，积极采取措施纠正则亨，不采取措施，听之任之则凶。

九四：栋隆，吉。有它，吝。

正读：《象传》云："栋隆之吉，不桡乎下也。"栋梁采取措施纠正，弯曲处向上隆起，不再弯曲向下，则吉祥。如果还是那样弯曲（它），就有危害。有，表确认。"它"与"蛇"通，弯曲如蛇（它）也。

九五：枯杨生华，老妇得其士夫。无咎无誉。

正读：干枯杨树开了花，老妇人嫁给年轻人。无有过失，也不值得赞扬。这些过分的行为，只能说还能勉强接受，无法赞誉。正如《象传》云："枯杨生华，何可久也。士夫老妇，亦可丑也。""何可久"，"亦可丑"，还是秉持否定态度。

上六：过涉灭顶，凶。无咎。

正读：渡河淹没了头顶，凶，有措施就无危害。全卦是说，遇到过分的行为（大过），肯定有凶险，只要措施得当，也无危害。

2017年12月23日上午

注：六十四卦之二十九坎卦（见八经卦）

六十四卦之三十离卦（见八经卦）

六十四卦之三十一咸卦

䷞ 艮下兑上

正读：咸，感也。咸卦，艮下兑上，艮是少男，兑是少女。男女相感之深，莫如少者，故二少为咸。咸卦讲男女感应，彼此相爱相交。金老引程传云："柔爻上而刚爻下。柔上变刚而成兑，刚下变柔而成艮。"这是讲卦变，八卦由乾坤二卦变化而来。上三爻本来都是阳爻，现在坤的一爻上来了，把最上一爻变成阴爻了，乾卦变成兑卦。

下边本是三阴爻，是坤卦。上面的阳爻下来，把坤卦第三爻变阳爻，坤卦变成了艮卦。柔爻指阴爻，刚爻指阳爻。柔上而刚下，二气相应。男女感应，组成了咸卦。

卦辞：咸，亨，利贞，取女吉。

正读：男女交感，亨通顺畅。贞正不变有利，娶妻必吉利。

初六：咸其拇。

正读：拇，是足之大拇指，身体之最下，感应之最初最下。有如初恋，在一起走走而已。咸卦六爻皆以人身取象，从下而上，初六拇，六二腓，三爻股，四爻心，五爻脢，上爻舌。层层深入，最终恋爱成功。

六二：咸其腓，凶。居吉。

正读：腓指小腿肚。上升到小腿，感应进了一步。但要静，不得乱动，动则凶，居静则吉。

九三：咸其股，执其随，往吝。

正读：从小腿而上，到大腿，爱情有所发展。《象传》云："咸其股，亦不处也。志在随人，所执下也。"这在解读"执其随"，随谁？随初爻、二爻之恋人。不处，不静处，指动，人动，它也动，彼此感应而已。

九四：贞吉，悔亡。憧憧往来，朋从尔思。

正读：坚定执着，必然吉祥，悔恨消失。憧憧，往来不断。你不懈追求，不断往来，你的恋人就会顺随你的心意，才能成功。

九五：咸其脢，无悔。

正读：脢（méi），王弼注："脢者，心之上，口之下。"感情升温，抚摸她的胸腹部位，不会引起悔恨。

上六：咸其辅，颊，舌。

正读：辅，牙床，代指嘴；颊，面颊，代指脸部。亲她的脸，吻她的嘴，吻她的舌。整个恋爱过程到此，大功告成。

2017 年 12 月 24 日上午

六十四卦之三十二恒卦

䷟ **巽下震上**

正读：咸卦与恒卦组成一对偶。咸卦艮下兑上，谈少男少女的恋爱感受；咸卦倒过来巽下震上，就是恒卦之象。巽象征长女，震象征长男。长男长女结为夫妇，夫妇家室得稳定，终身不变，坚持恒久之道。

卦辞：恒，亨，无咎。利贞，利有攸往。

正读：恒是久常。恒有二义，不易之恒，不已之恒。不易就是常，不已就是久。常，固定不变；久，不停地运动变化。既有区别，又有联系。

利贞，利正，指不易之恒，表示常。利有攸往，指不已之恒，在变动中求发展。利贞，利有攸往，将恒的两个方面（久、常）都表达了。

初六：浚恒，贞凶，无攸利。

正读：浚，楚简作叡，帛书《易经》作夐。叡通“濬”(ruì)，疏通义。浚，深挖，亦疏通义。夐（xiòng)，远也。远离恒德，表达的意思一样：改变恒德，坚持不改（贞），就凶险，也不会有利。

九二：悔亡。

正读：恒久保持美德，悔恨消失。爻位说：“九二以刚中之德而应于中，德之胜也，足以亡其悔矣。”

九三：不恒其德，或承之羞，贞，吝。

正读：不能恒久保持美德，就要蒙受羞辱。或，表确认，表肯定。贞，正，守正不动。吝，吝惜。

九四：田无禽。

正读：以畋猎为喻，不持恒久之道，无禽兽之获，必用力而无功。

六五：恒其德，贞，妇人吉，夫子凶。

正读：金老引程传云：“夫以顺从为恒，妇人之道，在妇人则为贞，故吉。若丈夫而以顺从于人为恒，则失阳刚之正，乃凶也。”解释确当。

上六：振恒，凶。

正读：振恒，动摇恒久之道，必然凶险。整个恒卦，要么恒，九二、六五，二爻；要么不恒，初六、九三、九四、上六，四爻。兼顾了正反两个方面。

2017 年 12 月 25 日上午

六十四卦之三十三遯卦

䷠ **艮下乾上**

正读：天山遯，上面是乾，乾为天；下面是艮，艮为山。《序卦传》云：“遯者，退也。”遯，异体“遁”，遁逃，逃避。《系辞传》云：“君子之道，或出或处。”出，出仕入世。处，就是“遁”，隐居不仕。山，山林就是隐居的好去处。

卦辞：遯，亨，小利贞。

正读：隐退，定会亨通。坚守正定（贞），小有好处（小利）。《象传》云：“君子以远小人，不恶而言。”隐退是君子远离小人的一种手段。不恶，憎恶之恶（wù），不让小人知道你讨厌他，让他感知你的威严而敬畏你。这是孔子对卦辞的补充解读，引申其义。

初六：遯尾，厉。勿用有攸往。

正读：隐退得太晚（尾），有危害。这时候不要有所行动，要静观其变。

六二：执之用黄牛之革，莫之胜说。

正读：用黄牛的皮捆绑起来，谁也不能解脱（说）。《象传》云：“执用黄牛，固志也。”固志，坚定志向，坚定隐退的志向，不动摇。

九三：系遯，有疾厉，畜臣妾，吉。

正读：系遯，把这种执意隐退的人捆绑起来，是有毛病（疾）有危害的（厉），不如当臣仆、侍妾蓄养起来，才吉利。

九四：好遯，君子吉，小人否。

正读：从容隐退，君子才做得到，所以“吉”。小人做不到，所以“否”(pǐ)。

九五：嘉遯，贞吉。

正读：程传云：“九五中正，遯之嘉美者也。处得中正之道，时行时止，乃所谓嘉美也。故为贞正而吉。”嘉美及时退避，有如尧、舜禅让于贤。能够贞正，必然吉利。

上九：肥遯，无不利。

正读：肥遯，一作蜚遯，即飞遯。远走高飞，无所不利。

金老引项安世说：“下三爻艮也，主于止，故为不往，为执革、为系遯。上三爻乾也，主于行，故为好遯，为嘉遯，为肥遯也。”这是遯卦总论，讲得极为清楚。隐遁得有止有行，时止时行，体现了辩证法。

2017 年 12 月 26 日上午

六十四卦之三十四大壮卦

䷡ **乾下震上**

正读：遯卦与大壮组成一对偶。遯卦艮下乾上，倒过来乾下震上就是大壮之卦象。遯卦讲隐退，因无力而退；大壮显示为力量超强，义相反也。

卦象显示，四阳二阴，阳爻多于阴爻。阳为大，大壮指阳的力量壮大。力量不仅指体力体能，更包含智慧与品德，完善结合的力量，才是真正的大壮。

卦辞：大壮，利贞。

正读：力量超强，要坚守静定，才会有利。

初九： 壮于趾，征凶，有孚。

正读： 初爻取象于趾，起步超强，要前进，必有凶险。孚，帛书《易经》作“復”，当停止不前才是。

九二： 贞吉。

正读： 守正不争，就会吉利。

九三： 小人用壮，君子用罔，贞厉。羝羊触藩，羸其角。

正读： 比较文例，君子吉、小人否，小人吉、君子否亨，妇人吉、夫子凶，皆为义相反。小人用壮，君子则不得用壮。罔，罔用。小人恃强，君子不得恃强。君子用强则有危害。用壮，如同公羊（羝羊）强撞藩篱，羊角必被缠绕［羸（léi）］。喻指一味恃强，必陷入困境。逞强必失，不得强硬。

九四： 贞吉，悔亡。藩决不羸，壮于大舆之輹。

正读： 持正不动，就有吉祥，悔恨消亡。因有超强之力，譬如公羊冲破藩篱，羊角不被缠绕，又像大车的车轮能够载重远行。这是鼓励有超强能力的君子行动起来，积极进取。

六五： 丧羊于易，无悔。

正读： 丧羊于易，有多种解读。甲，易，指地名，在有易这个地方丧失羊群。乙，易，通“狄”，狄人。狄人入侵，丧失了羊群。丙，易指和易，丧其壮于易。取丙说。羊性刚，本有阳刚之气，现为阴爻，六五以柔居中，不觉失其刚，自失其壮。在和易之中，自失其壮。该壮而不壮，自失其壮，无悔恨。

上六： 羝羊触藩，不能退，不能遂，无攸利，艰则吉。

正读： 公羊顶触篱笆，绕了角，不能退，又不能进，进退两难，无所利益。唯有艰难守静，渡过难关，才有吉祥。上爻指过甚，过度显示其壮，必处艰难之中。

2017 年 12 月 26 日上午

六十四卦之三十五晋卦

䷢ 坤下离上

正读：卦象坤为地，坤在下；离为火，火在上。日为火，指太阳，太阳从地平线冉冉而上。晋卦其义为升，晋升，事业蒸蒸日上。

晋卦与明夷卦组成一对偶。卦画相反，明夷卦离下坤上，火在地下，光明受到伤害，与晋升之义相反。

卦辞：晋，康侯用锡马蕃庶，昼日三接。

正读：康侯，今人有以卫康叔作解者。古人以为，诸侯能顺附天子之明德，是康民安国之侯也，故谓之康侯。可从。朱子《周易本义》云："晋，进也。康侯，安国之侯也。锡马蕃庶，昼日三接，言多受大赐而显被亲之礼也。"天子治于上，天子亲诸侯，宠赐车马，昼日三接见，诸侯治于下也。在下顺附明君，诸侯之象也。

初六：晋如摧如，贞吉。罔孚，裕无咎。

正读：晋如，指进，晋升；摧如，不进，是谦恭之态。贞吉，保持正定，必有吉祥。罔孚，得不到上司的信任，孚指诚信。那得宽容，不急于晋，不会有危害。裕，宽裕，雍容宽裕，不急于求进。君子进退有道。

六二：晋如愁如，贞，吉；受兹介福，于其王母。

正读：六二，中正柔和，不可强进，进则可忧（愁如），保持正定，必有吉祥。介，大也。王母，指祖母，阴之至尊者，指六五。爻位说，六二、六五都是阴，以阴应阴。因为中正，受此大福。

六三：众允，悔亡。

正读：晋升之时，志同道合，得到众人信任，悔恨消亡。

九四：晋如鼫鼠，贞，厉。

正读：贪而畏人者，鼫鼠也。向上晋升像那鼫鼠，贪婪又畏惧。即使严守本分，也免不了灾祸。

六五：悔亡，失得勿恤。往吉，无不利。

正读：悔恨消亡，不考虑得或失，前往必吉，无往不利。

上九：晋其角，维用伐邑。厉吉，无咎。贞吝。

正读：晋升，得利用你的优势（角），大胆主动进击（维用伐邑），虽有危险（厉），但可获吉祥，没有过错。如果正定静守，丢掉晋升机会，反而吝惜。

六十四卦之三十六明夷卦

䷣ **离下坤上**

明夷卦于1995年完成，发表于贵州大学学报1995年第4期。收入《辛巳文存》（17—25页）。题目：《〈易·明夷卦〉探微》。

2017年12月27日上午

《易·明夷卦》探微

内容提要：本文就《易·明夷卦》进行细微例析，以探求《易》所包含的理性思维脉络。明夷卦不是如高亨先生理解的田猎故事，也不是李镜池先生所认为的行旅之难，而是通过殷末三仁即微子行遁、比干剖心、箕子佯狂之本事，总结君子身处乱世的经验教训，肯定箕子佯狂为奴、用晦得明的正确措置。

古往今来，历代学者对《周易》中明夷卦的阐释众口不一，歧义纷呈。本文主要针对今人李镜池先生《周易探源》（中华书局版）及高亨先生《周易古经今注》（中华书局版）中对明夷卦的解释阐述自己的一些不同看法，以希望对明夷卦中体现的《周易》所包含的整体的理性思维脉络作一正确的揭示。

一、关于卦名、卦辞

不可否认，明夷卦的卦名与卦象是有联系的。卦象离下坤上。离为火、为日、为明，坤为地、为阴，乃日光没入地下之象，其明见伤。所以《序卦传》：“伤也。”《杂卦传》：“诛也。”都是附丽于卦象为说。

不难明白，明夷卦卦名的解释当是：光明受到损伤。这个损伤中既有伤义，又有杀戮之义。因为“诛，讨也。凡杀戮、纠责皆是”(《说文解字》段注)。爻辞于二者皆有体现。

汉代经学大师郑玄说：“夷，伤也。日出地上，其明乃光，至其入地，明则伤矣。故谓之明夷。日之明伤犹圣人君子有明德而遭乱世，抑在下位，则宜自艰无干事政，以避小人之害也。”(引自李鼎祚《周易集解》)

郑玄的解说无疑是正确的。明夷卦的背景当是“圣人君子有明德而遭乱世”。这又是哪一个乱世呢？来知德《周易集注》说得很具体：“初爻指伯夷，二爻指文王，三爻指武王，四爻指微子，五爻指箕子，上六指纣。”各爻所指未必符合，背景是殷纣之世却是很明确的。近人胡朴安《周易古史观》说：“明夷者，殷纣之乱，明入地中而明伤也。”这从爻辞中也可以得到证实。高亨先生视明夷为田猎，李镜池先生视明夷为行旅，似为不妥。

卦辞“利艰贞”，唐孔颖达《周易正义》于此已有正确释义：“时虽至闇，不可随世倾斜，故宜艰难坚固，守其贞正之德。”程颐《易传》说：“君子当明夷之时，利在知艰难而不失其贞正也。在昏暗艰难之时而不能失其正，所以为明君子也。”

《周易》爻辞有“利艰贞”者，见于噬嗑九四、大畜九三，而以“利艰贞”一语作卦辞的只有明夷一卦。足见明夷对于君子确乎是遭逢乱世。君子处在明夷这个黑暗险恶的时代，唯一出路就是“利艰贞”。这卦辞当包含两层意义：一、身处乱世要不失其正，二、身处乱世要晦藏其明。若失其正，不贞，随时俯仰，则无以为君子。这里强调了“贞”，这是原则，不可动摇。艰，乃晦其明之意，这是君子身处乱世的策略。贞且艰，既有原则又讲策略，当“利”也。如果贞而不艰，不懂得处乱世的策略，不“晦其明”，盲目进击，“进必有所伤”(《序卦传》)，就有杀身之祸。爻辞于此自有反映。所以，卦辞是讲君子处乱世的原则与策略，两方面都必须兼顾到，自然就“利”。因为立足于君子为说，策略就特别重要。爻辞突出一个“艰”字，强调“晦其明”。

由此明白，明夷卦的意义是在总结君子处乱世的历史经验与教训。这样的经验教训，《易》作者不是凭空臆谈，而是以殷末三仁即微子行遁、比干剖心、箕子佯狂三个故事来坚实其说。这正是《易》作者理性思维的集中体现。

二、关于微子行遁

据《史记·宋微子世家》载，微子乃帝乙首子，纣之庶兄。纣王无道，群臣屡谏不从。“微子度纣终不可谏，欲死之及去，未能自决，乃问于太师、少师。太师（箕子）曰：‘令诚得治国，国治身死不恨。为死，终不得治，不如去。’遂亡。”

应该说，明夷卦的初九、六二两爻，就是讲微子出亡的故事。

> 初九：明夷！于飞垂其翼。君子于行，三日不食。有攸往，主人有言。
>
> 六二：明夷！夷于左股，用拯马壮，吉。

明夷卦初、二、三爻均将“明夷”放在爻辞开头，以惊呼贤人受到压抑，光明遭到损害，突出了君子遭遇乱世的背景。历来断句为“明夷于飞，垂其翼”。作者在这里强调“明夷”，大声疾呼“光明受到了损害呵！”，所以应单独成句。正因为光明受到了损害，才有微子的出走。

李镜池先生用后于《周易》的《诗经》中的句子“燕燕于飞”“仓庚于飞”“鸿雁于飞”与此爻辞比较，认为“明夷”乃“鸣鹈”的通假，是一种鸟，自信“绝不附会”。这实在是本末倒置了。不如说《诗经》作者在学《易》，模仿其句型，如此而已。后几百年，有汉代帛书更添一“左”字，成为“明夷于飞，垂其左翼”，就更酷似《诗经》的句式，颇像一首完整的民歌了。这种以今证古、以今律古的研究方法是否恰当，令人怀疑。李先生由此出发，变更了明夷卦的题旨，真是愈走愈远了。李氏以为，这是引诗（包括民歌）为占，叫作谣占，属象占之一，得出“这里的谣占主要说明行旅之难”的结论。

高亨先生从李先生说，认为“明夷为鸟类，可断言也”，视明夷为鸣雉，以为“君子于行，三日不食。此殆亦古代故事也”。又说六二，“谓鸣雉被射而伤于左股，此殆古代故事也”。由此定下了明夷卦为田猎的基调，然后从田猎的角度曲解经旨，很多地方就不得不从破字着手而立说，幻造了很多无稽的古代故事。

按照微子行遁的本事，身处乱世，君子当避祸，不待祸及身就早早遁避，遁避又尽量行动迅速，所以称“于飞”。既迅速远走又尽量隐蔽不被察觉，所以称“垂其翼”，即敛翼下行，远离朝廷。于飞、于行、有攸往，强调正在走，义无反顾，宁可多日不食也不停步。

爻辞“三日”，“三”非确指，言其多天。

爻辞“主人有言”，指纣王有责难之言。微子处乱世，本想以死报国，“三谏不听”，当然受到纣王的伤害，“夷于左股”，伤得并不重。终因所乘之马健壮，即迅速出走避祸，得以吉利。

如果将此二爻讲成一般行旅或君子狩猎，实有违于作者的本意了。

三、关于比干剖心

据《史记》载:“王子比干者，亦纣之亲戚也。见箕子谏不听而为奴，则曰:‘君有过而不以死争，则百姓何辜?’乃直言谏纣。纣怒曰:‘吾闻圣人之心有七窍，信有诸乎?’乃遂杀王子比干，刳视其心。”

可以认为，明夷卦之九三、六四两爻写的就是王子比干直谏而死的故事。

> 九三:明夷!于南，狩得其大首。不可疾贞。
>
> 六四:入于左腹，获明夷之心于出门庭。

王子比干坚守正道(贞)，但躁急冒进(疾)，直言谏纣，“进必有所伤”，终遭杀身之祸。所以《易》作者总结教训:“不可疾贞。”

作者写道:光明受到损害啊!比干不知退避，在朝廷的南门(于南)，狩猎者(纣王)得其元首(头)。砍下他的头，又用刀刺进他的左腹，得到那操守光明而受到损害的人的心。这一切，都发生在门庭所出之处。

《易》作者以为，王子比干不知避祸，直言进谏，无异于自投罗网，成了纣王的猎物。

九三这一句语序当是“狩得其大首于南”，与六四“获明夷之心于出门庭”结合对看，杀头挖心都发生在朝廷南门的出口处。

这也是《杂卦传》所言“明夷，诛(杀戮)也”的含义。

微子启能够遁避，所以“吉”。比干不知避，贞而不艰，不懂处乱世的策略，不能谨慎从事，有违于卦辞“利艰贞”，所以作者说“不可疾贞”，躁急是绝对不行的。应该是血的教训了!作者对比干的同情及其内心的沉重，已充分表达。

高亨先生于九三“明夷于南狩得其大首”的文义不晓，便在“于”下增一“飞”字，又释“首”为“道”，断言“明夷于飞，南狩得其大道，乃记一古代故事”。又于六四文义不晓，便“疑腹借为”，说:“雉常栖止于山穴，故入而得之，此亦古代故事也。”又说:“之心疑当作小心，形近而讹。‘小心于出门庭’句谓在出门庭之时，当小心谨慎也。”——高先生一开始便错释“明夷”为“鸣雉”，自然就于爻辞“文义不晓”，便疑此疑彼，不断地错误下去，每一爻都臆造为无根的“古代故事”以自圆其说，又增字改经以曲就己意，实无足取。

闻一多释“于出门庭”为:“此言入腹获心，射得上杀，获者呼获，声达于门庭之外也。”认为“门庭即射宫之门庭”，视之为《穀梁传》上的“习射于射宫”。闻氏认为六二、六四两爻“盖言射宫习射”，归之于他的《周易义证类纂》“田猎”一类。可惜仅是片言只语，无法通释明夷卦全辞，亦不敢苟同。

李镜池先生认为九三是狩猎骑射事，“犹言射于南狩，得其大兽”。他释“明夷”为“鸣弓发射”，释“南狩”为“南方猎区”，释“大首”为“大头的猛兽”，皆失之穿凿。李氏认为九四“这一条爻辞最难解释”，于是费了许多曲折的考证，视明夷为弓名，“明夷之心”即“明弓的心”，以“心”为“心木”，“获明夷之心”就是“得到制明弓的好材料”，因为“弓是狩猎征战的重要武器”。

总之，离开比干剖心的本事，这两条爻辞便无从解说，由此生出许多逞臆之谈，皆不足取。

四、关于箕子佯狂

据《史记》载：“纣为淫佚，箕子谏，不听。……乃披发佯狂而为奴。”

《易》作者在六五这一爻就用了箕子佯狂为奴的故事：

> 六五：箕子之明夷，利贞。

身处乱世，箕子的处境极其艰难，正之则势不敌，救之则力不足，去之则义不可，箕子处理很恰当，他既不正之，不救之，也不去之，他采取了晦其明的办法，佯狂为奴以免于害，而内心却坚守正道不变。尽管箕子的光明受到损害（佯狂为奴），终守正全身为利。这就是“箕子之明夷”（从吕绍纲先生说）。

正因为这样，《象传》曰：“箕子之贞，明不可息也。”箕子这样坚守正道，处乱世而不变坚贞，其意义在于光明可能受到损害，贤人遭到压抑，但光明是不会熄灭的。箕子佯狂为奴，身体受辱，而光明没有熄灭。箕子采取了“用晦而得明”的办法，体现了卦辞的“利艰贞”。倘若箕子也像微子那样行遁，或者像比干那样直谏而死，或者自己之明不晦，身不可保，明也就熄了。所以古人认为殷之三仁皆为之不易，而为箕子尤难。“箕子之明夷，利贞”，正是《易》作者对箕子用晦得明的充分肯定，认为这才是出乎其类、拔乎其萃的人物。

高亨“疑之下当有获字”，“箕子之获明夷，记箕子得鸣雉之事也”，“又疑本卦自初九至六五皆记箕子得鸣雉之事”。——高氏释“明夷”为“鸣雉”已误，又附会于箕子，则大误矣。

李镜池释“之”为“往”，释“明夷”为“东方之国，日出处”，释“利贞”为“利于出门”，认为“当是箕子往明夷的意思”。查先秦典籍，并无李先生所言之

"明夷国"。且本卦五个"明夷",李氏做了五种不同的解释。如此解经,实难信服于人。

我们说,《易》作者于本卦援用三个故事,用了三个判词,以表明他的结论。微子出走,用了"吉"字。比干被杀头挖心,用了"不可疾贞",视之为教训。箕子佯狂为奴,用了"利贞"。判然有别,援引的三个故事彼此相关,又各有内涵。三人同处殷末乱世,同样的贤人遭受压抑,统一于"明夷"这一题目之下,浑然一体,又相得益彰。

不难看出,微子出走,取了一个消极避祸的办法。虽于义不合,亦无可责难,用一"吉"字,强调了避祸全身,而有意规避了卦辞中很重要的"贞"字。微子于乱世取行遁之法,当是最简单的处世手段,虽无可指责,亦无褒赞的必要。比干直谏,用明而得晦,取祸杀身,作者既有肯定又有惋惜,沉重之情溢于言表。"不可疾贞"四字有相当丰富的内涵。比干剖心毕竟是血的教训,不可效法。只有箕子佯狂为奴是用晦得明的典型。《易》作者总结了君子处乱世的经验教训,在于肯定箕子的用晦而得明。这应当是中国儒学的含蓄、隐忍之滥觞。卦辞"利艰贞"当由此而来。

上六:不明晦,初登于天,后入于地。

作者告诫人们"身处乱世,不懂得明与晦的辩证关系,用晦而明,用明而晦,那就必然地初登于天,后入于地"。尽管君子开初身居高位,其结果还免不了杀身取祸。这既是对前面三个故事的理性概括,又是与卦辞的紧密照应。"利艰贞"实是全卦的主旨所在。

自古来研《易》之学者多认为此爻所指为殷纣王亡国之象,今人多从之。他们认为"初登于天"指"初为天子"(应劭说),自然就联系到纣王身上。又有人从象位说,认为明夷卦以上六为君,六五为臣。六五明明讲箕子,上六自非纣王莫属。果真如此,"不明晦"三字在此爻中就没有了着落。笔者以为,明夷从卦辞到六爻辞,咸以殷之三仁立说,与纣王无涉。上六"不明晦",正是对殷之三仁处乱世所采取的不同办法的抽象总结,并非其他。要是依象位说《易》一般以五为君位。现今六五讲到箕子,实在不沾边,不得已将上六视为君位,岂不太随意吗?应该看到,六五是全卦的主爻,所指箕子。这正是作者倾心之所在、重笔之所在,乃全卦点睛之处。按照《周易》爻辞逐层发展的惯例,由微子而比干，而箕子，到六五已达盛极之象，再也不存在所谓其他的君位了，哪里会有纣王的影子呢！

不难明白，“明夷卦”是通过殷末三仁的故事总结君子身处乱世的经验教训，充分肯定箕子佯狂为奴、用晦得明的正确措置。舍此别无其他。

还可以明白，高亨先生、李镜池先生的根本病灶在于钩稽《易》中的表层故事而忽略了经义的哲理，实则放弃了易学中最本质的东西，自然是缘木而求鱼了。

原载 1995 年第 4 期《贵州大学学报》

六十四卦之三十七家人卦

䷤ **离下巽上**

正读：家人卦，顾名思义，讲家庭，讲治家。从中看出，中华先民如何看待这一问题。

卦辞：家人，利女贞。

正读：家人卦，象征一个家庭。注重女人在家庭的作用。女人持守正道，必然利于家庭兴旺。看来，这还是最早的母系社会的形态。

《彖传》曰：“家人，女正位乎内，男正位乎外。男女正，天地之大义也。家人有严君焉，父母之谓也。父父、子子、兄兄、弟弟、夫夫、妇妇，而家道正。正家，而天下定矣。”这是孔子时代对家庭的诠释，离女人当家的母系社会已经很遥远了。

初九：闲有家，悔亡。

正读：闲，防闲。圈养羊群那个栏，叫闲。不让牛羊乱跑叫作防闲。治家得有个规矩，一开始就定立规矩，悔恨就消亡。

六二：无攸遂，在中馈，贞吉。

正读：金老说：“遂有自专的意思。”女人治家不得自专，不得自己想干啥就干啥。“在中馈”，金老说，北方人叫“锅台转”，主持一家人的饮食。这是女人的主要职责，还得负责家中祭祀的事情，祭祀也涉及饮食之事。

九三：家人嗃嗃，悔厉吉。妇子嘻嘻，终吝。

正读：嗃嗃（hè），通嗷嗷，众人怨悱之声。管理严格，众人嗷嗷，有悔有厉，最终得吉。嘻嘻，指嬉笑之声。不加管理，妇人、孩子嬉笑，有失家节，最终会发生遗憾之事，所以“终吝”。

六四：富家大吉。

正读：家庭富有，大吉大利。爻位说，阴爻（六），居四，得正，故大吉。

九五：王假有家，勿恤吉。

正读：勿恤，不必担心。假，易学家释为“格”。格，至也。王假有家，有认为是君王到家，君王降临，这是实指。也可虚指，王化至家，如《象传》云：“交相爱也。”一家之父子兄弟夫妇长幼莫不相爱。古代易学家多理解为虚指，君王的感化达于家庭，家中人交相爱也。虚指似更在理。

上九：有孚威如，终吉。

正读：有诚信，治家严格（威如），终能得吉。《周易折中》引吴曰慎说：“家人之道，男以刚严为正，女以柔顺为正。初曰闲，三曰厉，上曰威，男子之道也。二、四，《象传》皆曰顺，妇人之道也。五刚而中，非不严也，严而泰也。”这是爻位说解读家人。

2017 年 12 月 28 日上午

六十四卦之三十八睽卦

䷥ **兑下离上**

正读：睽卦与家人卦组成一对偶。家人卦离下巽上，睽卦兑下离上。巽卦倒过来就是兑卦。上离，离为火。下兑，兑为泽。火泽睽。家人卦讲一家人和和美美，睽卦义相反，讲乖违不合，干不成大事。把睽推广来讲，涉及同中有异，和而不同。这又反映出万事万物的本来面目。

卦辞：睽，小事吉。

正读：睽卦讲异同，应该同而异。处乖违之时，难于同舟共济，难于大有作为，故办小事吉利。

初九：悔亡。丧马勿逐，自复；见恶人，无咎。

正读：悔恨消失。走失的马匹不用去找，马儿自会回来。与对手打交道也没有过错。乖违之初，是正常现象，要安静以待。不求同，故丧马勿逐；不立异，故见恶人勿咎。凡事，有同有异，有分有合，这就是睽违之理。

九二：遇主于巷，无咎。

正读：遇主人于小巷，没有过错。小巷行走，有谦卑之义。心存谦卑，并无过失，行走庭堂就显得傲慢自大了。

六三：见舆曳，其牛掣，其人天且劓，无初有终。

正读：曳（yè），拉。牛车走不动，牛又受牵制，赶车的人受过剃发、割鼻子的刑罚，开初都乖违不顺，最后还是抵达终点。天，古刑法，剃掉头发。劓（yì），古刑罚，割鼻子。

九四：睽孤，遇元夫，交孚，厉无咎。

正读：乖违不顺，孤立无援。危难之时，遇到一位大丈夫，彼此诚信，得到理解，虽有危险最终没有过错。

六五：悔亡，厥宗噬肤，往何咎？

正读：悔恨消失，上宗庙吃肉去，往前有何危害？必然会有值得庆幸之事。厥，帛书《易经》作“登”。《象传》补充云：“厥宗噬肤，往有庆也。”

上九：睽孤，见豕负涂，载鬼一车，先张之弧，后说之弧。匪寇，婚媾。往遇雨则吉。

正读：乖违无援之时，似乎见到满身污泥的猪，又见一辆神奇鬼怪的车辆。先拉开了弓，后又放下了弓。冷静一看，不是强盗，而是迎亲队伍。如果前往，遇到阴阳相合的雨水，定有吉利。“见豕负涂，载鬼一车”指心有疑惑。因为怀疑先张弧，要射箭，后来脱之弧，知道非寇是结亲，箭不射了。阴阳合，群疑尽失。

整个睽卦，讲分而为合，讲化敌为友。对读家人卦，家人讲合，睽卦讲分，有分有合。分久必合，合久必分，自然之道也。

2017 年 12 月 29 日上午

六十四卦之三十九蹇卦

䷦ **艮下坎上**

正读：水山蹇，上坎为水，下艮为山。卦象，艮为山，遇山而止，当限止不前；坎为水，有坎险，不进为好。《序卦传》云：“蹇者，难也。”蹇就是讲如何对待艰难。

卦辞：蹇，利西南，不利东北。利见大人，贞吉。

正读：文王八卦方法，西南指坤位，坤为地；东北艮位，艮为山。在艰难之时，利于顺行平易之地，不利于走危险之山路。艰难之时，还有圣贤之人能济天下之难。这位大人必坚守正道，以大正之道济难，所以贞则吉。

初六：往蹇来誉。

正读：往，来，往来相对而言。程传云：“上进则为往，不进则为来。”要往，要上进，有坎险，会遇艰难。若不往，而来就好。前进会遇险，后退会受赞美。

六二：王臣蹇蹇，匪躬之故。

正读：君王之臣在济君王之蹇难，非为自身之故。

《象传》云：“王臣蹇蹇，终无尤也。”终无尤，最终没有过错。

九三：往蹇来反。

正读：往就蹇。来，下来。反，同返，还归，退回原地。字面并不繁难，《象传》云："往蹇来反，内喜之也。"依爻位说，孔颖达曰："内卦三爻，唯九三一阳，居二阴之上。是内之所恃，故云内喜之也。"二阴是初六、六二是柔，他们喜附于九三。内喜之，是解释"来反"的，因返归其位而喜。读为往蹇来喜，亦通。

六四：往蹇来连。

正读：来连，"来则与在下之众相连合也。能与众合，得处蹇之道也"，这是程传的解读。往则蹇，就回来联合其他力量，共同对付艰难。

九五：大蹇朋来。

正读：遇上特大的困难，有朋来归来助。

上六：往蹇，来硕，吉，利见大人。

正读：硕，大也。来硕，退下来会有大收获。这样会吉祥如意，有利于出现大人物。来誉，来反，来连，朋来，来硕，都在说"往蹇"之时，要来，要退下来，不硬撞，才是上策。遇上险阻，不能莽撞，要退下来，团结一致，共赴时艰，才有吉祥。这才是治蹇之道。

2017 年 12 月 30 日上午

六十四卦之四十解卦

䷧ 坎下震上

正读：蹇卦、解卦是一对偶。蹇卦坎在上，解卦坎在下。蹇卦完全倒过来就是解卦。上震为雷，下坎为水，雷水解。蹇讲艰难，解（xiè），解讲舒解，其义相反。遇上艰难，得加以解除，不得听之任之。

卦辞：解，利西南，无所往，其来复吉，有攸往，夙吉。

正读：有难则舒解，应该从柔顺之处着手。西南坤地，坤象征柔顺。喻指从最易缓解处下手缓解。《彖传》云："解利西南，往得众也。"坤为众，缓解难处，得到众人之助。无难宜静，这叫"无所往"。遇有艰难宜快速解除，早日解除，这叫"有攸往，夙吉"。

初六：无咎。

正读：初爻接卦辞说，患难既解，安宁无事，则无咎矣。

九二：田获三狐，得黄矢，贞吉。

正读：田猎捕获三只狐。狐，指小人。《周易折中》引何楷言："天下之难，自小人始。欲解天下之难者，必有以处小人然后可。"黄为中色，矢为直。得黄矢，得中道。故"得黄矢，贞吉"。

六三：负且乘，致寇至，贞吝。

正读：负，背东西，小人之事；乘车，君子之事。背着东西，立在车子上，一看就知道地位与身份不相称。小人在君子之位，必然招致强盗。即使他坚守本分，结果也是不妙。

九四：解而拇，朋至斯孚。

正读：解而拇，解你的大脚趾。喻指去掉身边的小人，那些真诚的朋友就会到你身边来。

六五：君子维有解，吉，有孚于小人。

正读：君子只有解除艰难困苦，才会吉利，才会取信于小人。小人，指平民百姓。

上六：公用射隼于高墉之上，获之，无不利。

正读：隼（sǔn），猛禽，指小人中的强者。墉，墙。小人若在墉外，则无害矣。在墉上，离于内而未去也。既获之，天下之患，解已尽矣。何所不利？

解卦讲舒解危难，重点讲去除小人。蹇难乃小人所为，除小人则难尽解。狐谓柔邪小人，隼谓阴鸷而居高者，都得除去。舒解当治本之意。

2017 年 12 月 31 日上午

六十四卦之四十一损卦

䷨ **兑下艮上**

正读：损，减损。损卦与益卦组成一对偶，有损减必有增益。把损卦完全倒过来，震下巽上就是益卦。《象传》云："损下益上，其道上行。"损，就是损下益上。把乾卦第三爻放到坤卦的第三爻，坤卦第三爻放到乾卦第三爻。损刚益柔，就是损下益上。易学家认为六十四卦都是从乾坤二卦演变而来，卦变就是阳爻、阴爻的上下换位，从爻位的角度去解读《易经》。

卦辞：损，有孚，元吉。无咎，可贞，利有攸往。曷之用，二簋可用亨（享）。

正读：减损，心有诚意，就大吉大利。不是过错，坚守正道，利于前往办事。用什么东西祭祀神灵？两簋盛着食物就足够了。

古人重祭祀，用簋盛放黍稷之类作为祭品。可以八簋，可以六簋，可以四簋，两簋是最节俭的了。簋，从竹，最早用竹器吧！商周青铜器，簋的形制也是多种多样，多为圆形器。强调心诚（有孚），不在乎祭品的多少。

曷之用，用曷（何）。宾语前置句型，之是结构助词，宾语前置的标志。

初九：已事遄往，无咎；酌损之。

正读：已，止也。遄（chuán），快速。停下自己的事赶快帮助他人，没有过错。这是损己助人，要斟酌再三把握好分寸。

九二：利贞，征凶；弗损益之。

正读：利于坚守正道，如果贸然行动会有凶险。不用自己减损，也会让他人受益。《象传》补充："九二利贞，中以为志也。"强调"中"作为行动准则，作为不变的志向。中，就是不偏激不保守的中庸之道。

六三：三人行，则损一人；一人行，则得其友。

正读：三个人一同前行，互相不配合会使其中一人受损。一个人独自前行，专心一意，最终会得到朋友。《象传》云："一人行，三则可疑也。"三个人前行，不齐心，相互猜疑而达不到目的，必有减损。

六四：损其疾，使遄有喜，无咎。

正读：减少自身的毛病，使他人迅速受益，则有喜而无咎。

六五：或益之十朋之龟，弗克违，元吉。

正读：有人赠送（益）十朋的灵龟，不能够推辞，大吉大利。自己有减损之心而帮助别人，结果反而得到他人的助益，赠送灵龟。只要有损己益人之心，善有善报，自己反而大吉大利。

上九：弗损益之，无咎，贞吉，利有攸往，得臣无家。

正读：用不着刻意去损己益人，只要无过错，坚守正道，就会吉利。如果有所行动，会得到人心归服，万民以四海为家。得臣，指人心归顺。无家，犹如四海为家。四海为家，如同无家。

损，损下益上，减损百姓利益，增加贵族财富。这种做法《易经》作者认为不可取，应该损己以助人。

2018年元旦新年吉祥！

六十四卦之四十二益卦

䷩ **震下巽上**

正读：益卦与损卦是一对偶，是一对矛盾。卦象与卦义都彼此反对。讲损，必涉及益；讲益，必涉及损。损，指损下益上；益，损上益下。损己益人，损卦已有论述，益卦更进一步论述两者的矛盾关系。只不过，益卦更多地从增益的角度阐述罢了。

卦辞：益，利有攸往，利涉大川。

正读：益，字形像水从器皿中溢出。充满而溢出，有增益之义。只要损上益下，有增益之心，定会利于有所行动，有所作为，利于做大事，大干一番。

乾卦在上，把乾卦上面一爻放在坤卦最下一爻，把坤卦的最下一爻放到乾卦的最下一爻，这就是损上益下。是从卦象说益卦之卦义。《彖传》云："益，损上益下，民说（悦）无疆。自上下下，其道大光。……中正有庆……与时偕行。"孔子以为，益下是增益于民，所以民悦无疆。自上而下的增益是光大正义的行为，值得赞扬，值得庆幸。增益之道，要与时偕行，掌握一个好的时机而已。

初九：利用为大作，元吉，无咎。

正读：要增益于民，就要利于干一番大事业，大吉大利，无有过错。

六二：或益之十朋之龟，弗克违，永贞吉。王用享于帝，吉。

正读：与损卦六五文字同。损卦侧重"损己"，益卦侧重"益人"。凡损己益人之事，都会吉利，大吉大利（元吉）。君王用灵龟祭祀神灵，祭祀上天上帝，祈福上苍保佑，也会获得吉祥。

六三：益之，用凶事，无咎。有孚中行，告公用圭。

正读：增益于民，掌握时机，最好在歉岁凶年进行，最得民心，无有过错。满怀诚意，持中道而行。进见王公得手执圭玉显示虔诚之意。意指增益于民的要诚心诚意。

六四：中行，告公从，利用为依迁国。

正读：实行中正之道（中行），告诫王公要顺从民意。顺民意才有利于迁移国都。这当指商王朝的多次迁都。商都迁徙"前八后五"。商祖契至成汤八次大迁徙，成汤至盘庚五次迁都，最后定都于殷（今安阳殷墟）。

九五：有孚，惠心，勿问，元吉；有孚惠我德。

正读：增益于民，心有诚意，乃惠民之心。不用卜问，必大吉大利。有诚意增益于民，民必感恩于我之德行。

上九：莫益之，或击之；立心勿恒，凶。

正读：没有谁真心去增益于民，甚至有人伤害他们。虽然有心增益于民，却不能持之以恒，必然凶险临头。

益卦讲损上益下，增益于民。诚心诚意，才有大吉大利。

2018年元月2日上午

六十四卦之四十三夬卦

䷪ 乾下兑上

正读：夬（guài），《彖传》云："夬，决也。"与下面的姤卦组成一对偶。卦象，五阳一阴，阴爻在上。姤卦相反，一阴而遇五阳，阴爻在下。其义也相反，夬卦讲决裂、讲分手、与小人决裂；姤卦讲男女相遇、男女交合。一分一合，彼此补充。

卦辞：夬，扬于王庭。孚号有厉。告自邑，不利即戎，利有攸往。

正读：从卦象看，六阳爻为乾卦之象，刚健最好。现在五阳一阴，去掉那一阴爻就最理想了。夬就是讲五阳去一阴。本应容易，但因阴爻居上，去之就难了。如同小人得势，不易对付。所以要"扬于王庭"，在君王的大堂上宣布小人的罪状，公开决裂。孚号，号是扬于王庭，孚是得到大家的信任。有厉，心有畏惧，毕竟小人难于对付。告自邑，告诉自己的部属，强攻硬打不利，但与小人决裂是有好处的。

《彖辞》云："利有攸往，刚长乃终也。"五阳再长，决去一阴，成为全阳纯刚，那才"终"了。所以利有攸往，继续前进有利。

初九：壮于前趾，往，不胜，为咎。

正读：初九在最下，故以趾为喻。足趾健壮，脚力好，可与小人周旋，即使不能取胜，那也只是过失而已。

九二：惕号。莫夜，有戎，勿恤。

正读：听到啼哭悲号之声，那是暮夜小人来寻衅闹事，不用担忧。惕，一本作“啼”，作啼哭讲。莫，暮也。莫夜，暮夜。

九三：壮于頄，有凶；君子夬夬独行，遇雨若濡，有愠，无咎。

正读：頄（qiú），颧骨。颧骨壮，指脸部受伤。有凶险。夬夬，当指毅然决然之态。遇雨若濡，遇大雨而衣衫湿透。愠，心怀恼怒。

九四：臀无肤，其行次且；牵羊悔亡，闻言不信。

正读：九三讲脸部受伤，这里讲屁股也受了伤。次且（zī jū），同趑趄。走路趑趑趄趄，步履艰难。有人进言，让他给小人牵羊道歉就悔恨消亡，君子要决裂到底，并不采纳。

九五：苋陆夬夬，中行无咎。

正读：苋陆，古易学家多指马齿苋。马齿苋，脆而易折。夬夬如同马齿苋那样折去，还是指决裂不动摇。能秉持中道而行，也无过错。

上六：无号，终有凶。

正读：不用呼号。君子决意与小人决裂，最终小人会有凶险。

夬卦主旨明确，与小人决裂，绝不退缩，小人最终没有好下场。

2018 年元月 3 日上午

六十四卦之四十四姤卦

䷫ 巽下乾上

正读：姤卦之“姤”实为“遘”字。帛书《易经》作遘，《杂卦传》也用这个“遘”。本字是“冓”。冓，交媾之象形。夬卦讲君子与小人决裂，姤卦讲男人与女人交合，其义相反，组成一对偶。夬卦五阳一阴，姤卦一阴五阳，卦象相反。男女相合，女性是主体，择偶、乞子、怀孕、产子，都是以女性为中心。

姤卦以物象、隐喻说明事理，这也是《易经》常用手法。涉及男女交合，只能意会，不能言传。正如《诗经》所言："中冓之言，不可说也。"

卦辞： 姤，女壮，勿用取女。

正读： 男女相遇相合是自然生理现象，如果女性强壮，不能娶为妻子。姤卦一阴五阳，一女遇五男，为壮至甚。遥想母系社会，应该正常。《易经》时代，已有"尚阳"的观念，女壮以淫，故不可娶。从人类繁衍角度看，女人不发情无淫欲，何可交合？何来后代？这种责难，失之偏颇。

初六： 系于金柅，贞吉。有攸往，见凶，羸豕孚蹢躅。

正读： 系，牵制、拴住。柅（nǐ），止车之物，刹车用。这是物象，孚，信也。引申为发情。指女人发情要牵制她、控制住。正静不动，才吉利。任其前往，淫乱无度，会出现凶险。如同母猪发情一样躁动不安、踯躅（zhí zhú）不前。猪象征淫欲之物，繁殖多产，最为恰当。

九二： 包有鱼，无咎，不利宾。

正读： 包，庖也，指厨房。字面上说，厨房有鱼，用于乞子之用，不是接待宾客的。鱼是多产之物，以喻女子之生育能力。还是讲男女交合，繁衍后代。

九三： 臀无肤，其行次且，厉，无大咎。

正读： 肤，指肉。指女子怀孕臀肥乳丰，走路趑趑趄趄（次且 zī jū），有些困难，生孩子也有痛苦，所以"厉"。不过"无大咎"，不会有大的闪失。

九四： 包无鱼，起凶。

正读： 起，发生、产生之义。包有鱼，指多生孩子；包无鱼相反，不生孩子。不生孩子的女人，产生凶险。不生育，无后代，所以"起凶"。

九五： 以杞包瓜，含章，有陨自天。

正读： 成语瓜熟蒂落。杞（qǐ），一种柔软又有韧性之木，用杞条包裹瓜果，内含纹路，瓜熟从空中坠落。瓜果多呈葫芦状，还是象征女人的怀胎产子。

上九：姤其角，吝，无咎。

正读：卦辞讲女壮，这里还是讲强壮女人不顺从。角，指女人不驯的个性。遇上这样的女人，男子很难堪，所以“吝”，但毕竟是一家人，因此“无咎”。

整个姤卦，反映上古人的婚育观念。此卦多从臧守虎说。

2018 年元月 3 日下午

六十四卦之四十五萃卦

䷬ **坤下兑上**

正读：萃，聚也。萃卦讲的是聚会。君王的祭祀活动就是聚会的最好时机，聚合天下人，增强凝聚力。不难理解，“国之大事，在祀与戎”。人乃群居群处，要增强群体的齐心协力，聚合显得尤其重要。

卦辞：萃，亨。王假有庙，利见大人，亨，利贞。用大牲吉。利有攸往。

正读：聚合，必然亨通。君王到祖庙祭祀，保持正定之心，有利。用牛祭祀，很隆重了，必然吉利，利于前往办大事。利于见到各位大人，一起聚会，亨通。假，通格，至也。有庙就是大庙，“有”隐含“大”义，君王到大庙主持大型祭祀。一般祭祀在祢庙，大型祭祀在祖庙，祢庙即父庙。西周实施两昭两穆五世昭穆制，最上是始祖。

初六：有孚不终，乃乱乃萃。若号，一握为笑，勿恤，往无咎。

正读：诚信不能始终如一，就搅乱了你们的聚会。这时候有人带头呼号，组织大家团结奋斗，“一握为笑”，大家高兴。没有了忧虑（勿恤），共同行动（往）也就无有过错（无咎）。握，帛书《易经》作“屋”，一屋子的人为之高兴。

六二：引，吉，无咎。孚乃利用禴。

正读：引，长也，长久之义。经常聚会，吉利，无有过错。只要有诚意（孚），利用简易的“禴祭”也是好的。古代四时之祭，禴祭即春祭，祭品较微薄。强调诚信在聚会中的重要。《周易集解》云："禴，殷春祭名也，四时祭之省者也。"

六三：萃如嗟如，无攸利，往无咎，小吝。

正读：聚合在一起，有人叹息悲伤，无有益处。前往行动也无有过错，只不过会有些小麻烦。聚合是为了成就事业，只要有行动也就不错。强调"往无咎"，嗟叹则"无攸利"。

九四：大吉，无咎。

正读：九五乃君位，九四为臣位。无尊位而得众心，九四聚合百姓归顺九五，所以"大吉，无咎"。

九五：萃有位，无咎，匪孚。元永贞，悔亡。

正读：聚会的人各就其位，各安其职，无有过错，只是大众并不心悦诚服（匪孚）。只有君王（元）坚持（永）正义（贞），悔恨才会消失。

只能说，利益不均，位有不当，才会出现"匪孚"的效应，引起心中的不满。这是指聚会应该高度重视的问题。必须论功行赏，各得其所。

上六：赍咨涕洟，无咎。

正读：赍（jī）咨，感叹。涕洟（yí），哭泣。感伤，痛哭，是因为无由聚合而孤苦，不是他个人的错，所以"无咎"。爻位说者以为，上六是孤臣孽子，不得所萃，乃不得于君亲者。不能参与聚合，君王也不亲近他，所以"赍咨涕洟"。小人不得与会之义。录此供参考。

2018 年元月 4 日下午

六十四卦之四十六升卦

䷭ **巽下坤上**

正读：萃卦与升卦组成一对偶。萃卦坤下，升卦坤上；兑反过来便是巽，卦象相反。萃卦讲聚合，身份相等，升卦讲上升，身份有高下了，卦义相反。所以《序卦传》云：“萃者聚也。聚而上者谓之升，故受之以升。”

卦辞：升，元亨。用见大人，勿恤。南征，吉。

正读：上升，大为亨通。利于出现大人物，不用忧虑，向南方发展才会吉利。升卦，巽下坤上，巽为风，风是主象。巽又象征高大树木，所以《象传》云：“地中生木，升。君子以顺德，积小以高大。”这是孔子以卦象阐释君子之品德，犹如地中生木，逐日高大，最终完美。南征，不必释为昭王南征、穆王南征，当指太王迁岐之后又南向发展，扩大周原地盘。

初六：允升，大吉。

正读：初六巽主居下，犹木之根也。下得地气滋养，其升也允矣。巽木在初六之地，宜于升长，故“大吉”。允升，宜于生长，允其升长。

九二：孚乃利用禴，无咎。

正读：内心虔诚（孚），即使用节俭的禴祭，也无过错。《象传》云：“九二之孚，有喜也。”有喜，有喜庆之事，明指有升迁、上升之喜。

九三：升虚邑。

正读：朱子《本义》说：“坤有国邑之象。”是说岐山之初，选贤举能，提升你，封个地盘，徒有虚名，并无实利。你看那周南、召南，多大的封地？但毕竟迁升了，《象传》补充：“无所疑也。”迁升是不用怀疑的，无实利而已。

六四：王用亨于岐山。吉，无咎。

正读：君王到岐山祭祀神灵，吉祥，无过失。《象传》补充：“王用亨于岐山，顺事也。”祭祀神灵，是向神灵表达自己的恭顺之意。要是周公作爻辞的话，这个王当然是指周文王啦！

六五：贞吉，升阶。

正读：正而得吉。文王沿着台阶稳步上升，升阶至堂。

《象传》补充："贞吉升阶，大得志也。"上升到最高处，踌躇满志，近乎光辉之巅。

上六：冥升。利于不息之贞。

正读：六爻过甚。物极必反，再上升，如同做梦。冥升，梦里升迁吧。只利于永不停步的坚守忠正之道。

《象传》云："冥升在上，消不富也。"消不富，金老说："不好讲！"消富，逐渐消损那富有的进取精神。不富，没有那进取精神了。指不切实际，梦想迁升，就会消损进取之心，最终失去那进取之心。

2018 年元月 4 日下午

六十四卦之四十七困卦

䷮ **坎下兑上**

正读：困卦与井卦组成一对偶。《象传》云："泽无水，困。"又云："木上有水，井。"无水为困，有水为井。义相反也。困卦坎下，井卦坎上，兑卦反过来是巽。困卦兑在上，井卦巽在下，卦象相反。困卦讲人生困顿，处处不通，有如牢狱之灾。

卦辞：困，亨。贞大人吉，无咎。有言不信。

正读：人在困顿之中，走向亨通，有一个艰苦过程。由困而亨，只有德才兼备的君子可以做到。所以《彖传》说："困而不失其所亨，其唯君子乎！"这就是"贞大人吉，无咎。"身处困穷，申诉你的冤屈，别人不理，这是"有言不信"。人在困顿中，有冤无处申。

初六：臀困于株木，入于幽谷，三岁不觌（dí）。

正读：株木，指刑具用的板子。屁股受杖刑，又投放在幽深的山谷中，三年见不到人。《周礼 · 秋官》："能改者，上罪三年而舍。"可见是犯了上罪，要关三年。

九二：困于酒食，朱绂方来。利用享祀。征凶，无咎。

正读：处在缺少吃喝的困境，饿得不行了，才有穿着红色短衣的人送来饮食。饮食太少，如同祭祀的贡物。想跑、逃离（征），会有凶险。只好忍着，不征，方才“无咎”。

六三：困于石，据于蒺藜，入于其宫，不见其妻，凶。

正读：臧守虎引《周礼·秋官》云：“耻诸嘉石，役诸司空。”石，指嘉石。放在嘉石上示众以羞辱之。拘禁于蒺藜之间几天，回到家中，见不到妻子，凶。

九四：来徐徐，困于金车，吝，有终。

正读：臧守虎引《释名》云：“金，禁也。”金车即禁车，囚车。拘禁在囚车上，囚车缓缓地移动。那是确有过错（吝），最终走上正道（有终）。

九五：劓刖，困于赤绂，乃徐有说，利用祭祀。

正读：劓（yì），古代割掉鼻子的一种刑罚；刖（yuè），古代把脚砍掉的一种刑罚。受到割鼻子，断足趾的刑罚，又受到穿着朱红色短衣的虐待，终于摆脱了困境，恢复自由。得用祭祀来报答上苍的护佑。说，通“脱”。

上六：困于葛藟，于臲卼，曰动悔，有悔，征吉。

正读：葛藟（lěi），藤蔓植物。臲卼（niè wù），不安的样子。困顿于葛藟之中，进退艰难。如果有行动，会后悔。有了悔悟，再行动才有吉祥。

困卦讲种种困顿，即人生经历种种磨难。正如《象传》所说：“君子以致命遂志。”君子为实现自己的志向，不惜牺牲生命，何况乎困顿？

2018 年元月 5 日下午

六十四卦之四十八井卦

䷯ **巽下坎上**

正读：《彖传》解释卦名："巽乎水而上水，井。"巽为木，巽入于水下，上面是坎水，这是井卦。《大象》云："木上有水，井。"这是以卦象解释卦名。

井水养人，养人无穷。程传云："汲之而不竭，存之而不盈。"取之不尽竭，不取也不满溢，有水的滋养，人则无困，所以井卦与困卦为一对偶。

汲水养井，井卦从整治水井为说，直至井水清甜可食。

卦辞：井，改邑不改井。无丧无得，往来，井井汔至，亦未繘井，羸其瓶，凶。

正读：井，象征井水无穷无尽。城邑可迁移，水井搬不走。井水不枯竭（无丧），也不满溢（无得）。来来往往的人到井里取水。汔（qì），接近。繘（jú），出。汔至，接近井口，亦未繘井，打水的水瓶还未提出井来。羸其瓶，取水的瓶（陶罐）坏了，这不是凶嘛！

这是说，汲水并不完全顺利，免不了出些事故，所以水井得修护保养，才有井水的无穷无尽。

初六：井泥，不食。旧井，无禽。

正读：水井泥堵，无法用了。废弃的旧井，禽兽也不喝它的水。

九二：井谷射鲋，瓮敝漏。

正读：谷，指井底出水的穴。射，注。鲋，指小鱼小虾之类。指井底居然有了小鱼虾。汲水的瓮破损又漏水，不能用了。

九三：井渫不食，为我心恻。可用汲，王明并受其福。

正读：渫（xiè），疏通。水井淘干净，无人来汲水，让我失望。井水可以食用，人人可尽情享用，如同君王贤明，让大家享受他的福分一样。

六四：井甃，无咎。

正读：甃（zhòu），用砖砌。水井砖砌，修治完好，没有过错。

九五：井洌，寒泉食。

正读：井水清澈，像凉爽的泉水一样可供天下人饮食。

《象传》云："寒泉之食，中正也。"九五处尊位，饮用清爽的井水，滋润万物，造福万民，象征行为品格中正，纯正无私，所以"中正也"。

上六：井收，勿幕；有孚，元吉。

正读：水井治理完毕（收），不要盖上井口（勿幕），意指人人可享用，随时可享用。只要心怀诚信，必然大吉大利。

井卦讲养井养人，事业会获得巨大成功。《象传》云："元吉在上，大成也。"也是这个意思。

2018年元月6日晚

注：上午、下午给国学培训班上课，晚上回来补一卦。

六十四卦之四十九革卦

䷰ **离下兑上**

正读：革卦的解读于1986年6月7日完成于吉林大学干训楼402室。那时金老的《周易》讲座几近结束，学习一年的课业得有一个总结文字，便写了这篇文章，以示学习之心得体会。其体例基本按金老的讲授模式。后来收录《辛巳文存》中（26—31页）。现今一字不改录于此，补充革卦之文，借以回忆。屈指一算，三十余年矣！

2018年元月7日上午

从革卦谈《周易》

《周易》的哲理是丰富的，其朴素的辩证因素和唯物观点尤为突出。这里以革卦为例作一分析，探讨《周易》哲理的一个光点，以窥一斑。

革，䷰离下兑上。离为火，兑为泽，泽火革。程传云：“革，变革也。水火相息之物，水灭火，火涸水，相变革者也。火在下，水在上。相就而相克，相灭息者也，所以为革也。”非常明显，水火不容，必生革变。《彖传》云：“水火相息，二女同居，其志不相得。曰革。”易象说，兑为少女，离为中女。中女居下而少女在上。其势不上下，此所以其志不相得，情同水火不容，必变。内卦外卦，水火不容，革变是必然的。

革变有自然的，有社会的两个内容。《尚书 · 尧典》“鸟兽希革”，《诗经 · 斯干》“如鸟斯革”。希革，言鸟兽羽毛稀疏。这是自然界的物类四时羽革的变易。《尚书 · 洪范》“金曰从革”，这是人为的变易。从革卦内容看，阐述的是社会人世的重大改变，或者说政治变革。所以，这个“革”，不是一般的变易。变革，是剧变，是革命，是政治性的根本改变。

卦辞：巳日乃孚，元亨利贞，悔亡。

《彖传》曰：“巳日乃孚，革而信之。文明以说，大亨以正。革而当，其悔乃亡。天地革而四时成，汤武革命顺乎天而应乎人。革之时大矣哉。”

《周易折中》引李简说：“巳日者，已可革之时也。先时而革，则人疑而罔孚，故巳日乃孚。”又引何楷说：“所以云巳日者，就革天下之事，不当轻遽，乃能孚信于人。”这是说任何重大的政治改革，不可轻举妄动，因为它产生的影响巨大，要做好充分的准备，等待时机，取得民众的信任，改革才会顺利。

程传云：“弊坏而后革之，革之所以致其通也，故革之而可以大亨，革之而利于正道，则可久而得去故之义。”李简说：“穷则变，固有大通之道，而利于不失正也。正则其悔之矣。”这儿将进行政治变革的原因说得一清二楚：除弊坏，即“去故”。变革的目的也很明确：致其通，由穷而大通。有如成汤、周武王的革命，改革腐败了的社会，救民于水火中。这样的政治大革命，既顺应社会发展规律，又符合生产力发展的要求，或者说上顺天命下合民心。这种去故的革命包含着巨大的意义，使政治由穷困之境走上大通之道，由腐朽凝滞变为健康畅达，十足的除旧布新。这样的革命，理应受到赞美、欢呼：革之时（义）大矣哉。如果从形而上的观点去看，以下犯上，以臣弑君，都是违背儒家政治准则的，本应大加挞伐，而彖辞作者于此高度赞扬汤伐桀、武王伐纣，将成汤革命与“天地革而四时成”作等量观。这本身就是儒家的一种进步观念。这样来理解革卦的丰富思想，才算得其真谛。

《大象传》说："泽中有火，革，君子以治历明时。"事物到了非革不可的时候，就不以人的意志为转移了。变革犹如治历，以观察日月星辰的运转来调配春夏秋冬四时的周而复始。"天之历数在尔躬"，历数象征着王权，社会变革就是如此重要，又如此不可避免。一切圣哲，理应推动社会变革，顺乎天道，站在时代的前列。这是一切革命者应有的态度。

社会变革是重大的革命行动，决非轻易可以成功，需经种种曲折艰难，稳步前进，兢兢业业，取得胜利。爻辞从初九到上六就反映了这一变革的整个过程。

初九：巩用黄牛之革。

《象传》曰："巩用黄牛，不可以有为也。"程传曰："变革，事之大也，必有其时，有其位，有其才，审悉而慎动，而后可以无悔。……动于事初，则无审慎之意，而有躁易之象。"《本义》云："其占为当坚确固守，而不可以有为，圣人之于变革，其谨如此。"《折中》引干宝说："在革之初，未可以动，故曰巩用黄牛之革。"

这是说，任何变革行动，都得有充分的准备酝酿，不宜急躁盲动，当谨慎从事。初九一爻，就指这个酝酿时期。小象"不可以有为也"，这个初始阶段不宜有任何行动。凡事，慎于始，十分重要。

六二：巳日乃革之，征吉，无咎。

《象传》曰："巳日革之，行有嘉也。"《折中》引熊良辅说："六二为内卦之主，故卦辞之巳日，见之于此。卦曰巳日乃孚，爻曰巳日乃革者，孚而后革也。"《本义》云："六二柔顺中正而为文明之主，有应于上，于是可以革矣，然必巳日然后革之，则征吉而无咎。戒占者犹未可遽变也。"俞琰说："未当革而遽往，适以滋弊耳，何嘉之有！必往于巳日当革之时，则其行有嘉美之功。"这是说，变革的准备必须充分，才可以行动。但不可冒进，不可剧变，要稳扎稳打，不急于贪功求利，方有嘉美之功。

九三：征凶，贞厉，革言三就，有孚。

《象传》曰："革言三就，又何之矣。"

《折中》引龚焕曰："九三以过刚之才，躁动以往则凶，处当革之时，贞固自守则厉。惟于改革之言，详审三就，则既无躁动之凶，又无固守之厉，得其时宜，所以可革也。”又引吕大临说：“革之有渐，革道以成。故曰革言三就。至于三则民信之矣，故有孚。”程传：“事之当革，若畏惧而不为，则失时为害。”

九三一爻至关改革成败。一切准备就绪，革命处于千钧一发，若盲目行动必凶，固守退缩也有危险。变革的第一步，须恰到好处，才会有接二连三的胜利，得到民众的信任。

九四：悔亡，有孚改命，吉。

《象传》曰：改命之吉，信志也。程传：“事之可悔而后革之，革之而当，其悔乃亡也。革之既当，唯在处之以至诚。故有孚则改命吉。既事当而弊革，行之以诚，上信而下顺，其吉可知。”《折中》引龚焕说：“革以有孚为本，信足以孚乎人心，则可以改命而得吉矣。”这一爻说：改革要步骤得当，一切困难可以克服，改革要讲道德诚信，才能取得成功。

九五：大人虎变，未占有孚。

《象传》曰：“大人虎变，其文炳也。”

程传：“龙虎，大人之象也……以大人中正之道变革之，炳然昭著，不待占决，知其至当，而天下必信也。天下蒙大人之革，不待占决，知其至当而信之也。”《折中》引郑汝谐曰：“革之道，久而后信，五与上其革之成乎。”引俞琰说：“虎之斑文大而疏朗，革道已成，事理简明，如虎文之炳然。”这一爻说，革命已取得成功，成绩昭著，获天下人的拥护，人心所归，不占而吉。这归功于像成汤、周武王这些“大人”的倡导和组织。

上六：君子豹变，小人革面，征凶，居贞吉。

《象传》曰：“君子豹变，其文蔚也。小人革面，顺以从君也。”

程传：“革之终，革道之成也。”

《折中》引孔颖达曰：“居革之终，变道已成。君子处之，虽不能同九五革命创制，如虎文之彪炳，然亦润色鸿业，如豹文之蔚缛。故曰君子豹变也。小人革面者，但能变其颜色，容色顺上而已。革道已成，宜安静守正，更有所征则凶，居而守正则吉。”龚焕说：“九三与上六皆曰征凶，而有贞厉贞吉之殊者，三之征凶，戒其不可妄动也；上之征凶，谓事之已革者，不可复变也。三当革而未革，故守贞则厉，上已革而当守，故居贞则吉。三，革道未成；上，革道已成故也。”尚秉和说：“君子豹变者，谓革命后佐命之勋，皆得封拜而有茅土，尊显富贵，易世成名，故曰豹变。小人革面者，谓革命之后，除旧布新，小民皆改易其视向也。”

上六一爻说，革命既已成功，君子得到重用，封拜尊显，小民改移视向，顺命新君。经过一次大的社会变革，人心思治，就必须稳定社会秩序，不能再有动荡。再继续变革下去，必致凶危。如果安定下来，整顿而求发展，必当吉利。

总观六爻，层次深进，将革命的发展过程展示得明明白白。《折中》引龚焕说：“初言巩用黄牛，未可有革者也。二言已日乃革，不可遽革者也。三言革言三就，谨审以为革者也。皆革道之未成也。四言有孚改命，则事革矣。五言大人虎变，则为圣人之神化矣。上言君子豹变，小人革面，则天下为之丕变，而革道大成矣。”

从以上的引证分析可以看出：

1. 事物发展到一定阶段，必有突变。就社会人世而言，汤武那样的革命也是不可避免的。任何持辩证观点者都应该对这种社会变革加以赞扬，大声疾呼，推波助澜，《周易》作者正是取这种态度。

2. 在进行重大社会变革的全过程，要始终头脑清醒，运用正确的策略。既有远大目标，革命到底，又能逐步施行，稳步前进；既审慎周密，又刚决果断；既不轻举妄动，又不固守徘徊。一个阶段又一个阶段地走向胜利。六爻由初至上，表达得最为明晰。

3. 革命成功，领袖人物（大人）受到拥护，功臣（君子）得到重用，老百姓心悦诚服，结束了大的动荡，必须安定团结，巩固已得的胜利，才符合社会本身的发展。

这就是革卦所体现的《周易》朴素的辩证观，不能不说它已经接触到了客观事物发展的本质规律。

这在今日看来浅显的道理，产生在两千多年前的《周易》之中，不能不令人惊叹。

一九八六年六月七日稿

于吉林大学

六十四卦之五十鼎卦

䷱ **巽下离上**

正读：革卦与鼎卦是一对偶卦。革的卦象离下兑上，巽反过来就是兑。一个离在下，一个离在上，卦象相反。革卦讲变革，讲革命，鼎卦讲稳定，讲巩固。所谓“革故鼎新”，义相反也。

卦辞：鼎，元吉，亨。

正读：鼎，象征稳定。《象传》云：“木上有火，鼎。君子以正位凝命。”卦象是巽（木）下离（火）上，为木上烧着火之象，意象是烹饪，称为鼎。鼎是用来烹饪的，鼎有大小之分，禹铸九鼎，那是国家权力的象征，那是大鼎，一般烹饪用的是小鼎。鼎为三足，三足最为稳定。君子正位，像鼎那样端正稳重。革故鼎新，《杂卦传》云：“革，去旧也。鼎，取新也。”革，去掉旧的；取新，建设新的。取新得凝命，凝就有稳定新物之意。

初六：鼎颠趾，利出否；得妾以其子，无咎。

正读：鼎足颠翻，利于倒出（出）鼎中污废之物（否）。娶妻可以生子，妾为贱物，也可坏事变好，生个儿子也好。如同鼎足颠翻，当然不好，但倒出了污物，也是坏事变好。

九二：鼎有实，我仇有疾，不我能即，吉。

正读：鼎里装满食物，我的对手嫉妒我，想加害我，但他却不能靠近（即）我。我始终安全，如同“鼎有实”，无虑无忧，吉。

九三：鼎耳革，其行塞，雉膏不食。方雨亏悔，终吉。

正读：鼎的耳部脱落，鼎器无法移动，鼎中精美食物（雉膏）不能享用。待到阴阳合雨水落，才能消除（亏）悔恨（悔），最终获得吉祥。

九四：鼎折足，覆公餗（sù），其形渥，凶。

正读：鼎折断了足，王公鼎里的美食倾倒了。餗，鼎中食品，和米的肉羹。渥，沾湿，沾润。其形渥，指食物倾覆，鼎旁湿漉漉的，汁沈淋漓之状。

六五：鼎黄耳，金铉，利贞。

正读：鼎已有黄色鼎耳，配上金色的鼎杠，随时可以移动。但还是利于坚守静定（贞），不动为好。《象传》云："鼎黄耳，中，以为实也。"是说六五爻居中，正位，尊位，可以获得实惠。

上九：鼎玉铉，大吉，无不利。

正读：鼎配上玉制的鼎杠，大吉大利，无有不利。六五阴爻，上九阳爻。《象传》云："玉铉在上，刚柔节也。"玉制鼎杠在上，表示刚柔相济，彼此调节。阴阳协调自然是"大吉，无不利"。玉铉，廖名春氏认为是玉制鼎盖。鼎身为明君，玉盖为贤辅，君臣和谐，刚柔相济。并引帛书《二三子》孔子的话，"明君位正，贤辅弼之，将何为而不利？故曰大吉"，以证之。亦可从。

2018 年元月 7 日上午

注：六十四卦之五十一震卦（见八经卦）

六十四卦之五十二艮卦（见八经卦）

六十四卦之五十三渐卦

䷴ **艮下巽上**

正读：渐卦，讲循序渐进之礼。凡事皆有序，依次而进，渐进之义。渐卦与下归妹卦为一对偶。风（巽）山（艮）渐，倒过来变成雷（震）泽（兑）归妹。渐是嫁，归妹是娶。古代有侄娣制度，渐卦讲嫡，归妹讲侄娣。这是金老的独到见解。

卦辞：渐，女归吉，利贞。

正读：女归指女子嫁人，女子嫁人，渐则吉，利于正。渐的过程有先后六个礼节：纳采、问名、纳吉、纳征、请期、亲迎。“女归不以渐则奔”，渐则为归。六礼不成，速则为奔。女归速便不吉利了。女子嫁人，得按六礼，一步一步完成，则为吉利。

初六：鸿渐于干。小子厉，有言，无咎。

正读：渐卦六爻都以鸿（大雁）为物象。雁行来有时、去有向，最能体现循序渐进之义。干，指岸，河边、水边。鸿飞到水边，小儿认为有危险，就说话了（有言）。实际是对的，应该飞来停到水边，所以“无咎”。

六二：鸿渐于磐，饮食衎衎，吉。

正读：磐，磐石。衎衎（kàn kàn），安然自得。鸿雁飞起，渐渐停在了磐石上，悠然自得地找吃找喝，吉祥。

九三：鸿渐于陆，夫征不复，妇孕不育，凶。利御寇。

正读：鸿雁飞起，又停在了高地。丈夫出征没有回来，妻子怀孕后难于养育，凶险。只有赶走强寇才利于夫妻相会，家庭和睦。

六四：鸿渐于木，或得其桷，无咎。

正读：鸿雁飞起来，又停在了高树之上，那当是落到了桷木上了，故“无咎”。

九五：鸿渐于陵。妇三岁不孕，终莫之胜，吉。

正读：鸿雁飞起，停在高岗上。犹如丈夫远行，女子嫁人三年没有怀孕，最终夫妇聚合，获得吉祥。

上九：鸿渐于陆，其羽可用为仪，吉。

正读：为仪，为礼仪，指循序渐进之礼仪。其羽，羽毛，实指飞翔。上九爻是总结，是主题。鸿雁飞行有序，如同女子嫁人要讲究先后六个礼节才完美可行。鸿雁停于水岸，进而停于磐石，进而停于高地，进而停于高高的桷木，进而停于高岗，循序渐进，对应女嫁六个礼节，相向而行，不可乱了序次。这就是渐卦之“渐”。

2018年元月8日上午

六十四卦之五十四归妹卦

䷵ **兑下震上**

正读：归妹卦与渐卦是相反，渐卦完全倒过来就是归妹卦。归，之子于归，就是嫁女。妹，妹儿，少女的通称。少女出嫁，叫归妹。归妹卦，上雷（震）下泽（兑）之象，如同《山海经·海内东经》所引：“大迹出雷泽，华胥履之而生伏羲。”雷泽是婚媾的象征。

卦辞：归妹，征凶，无攸利。

正读：少女嫁，彼此联姻，对双方都有利。相反，相互攻伐（征），都会凶险，双方都无好处。文姬嫁匈奴，文成公主嫁吐蕃，都是联姻息战的政治婚姻。

金老说：“诸侯一娶九女，不但有媵，还有侄娣。”侄娣都得嫁过去，当时是正常合理的。归妹卦反映的就是这种婚姻事实。

《彖传》云：“归妹，天地之大义也。天地不交而万物不兴。归妹，人之终始也。”少女出嫁是普天下最正当不过的大事。男女交合，人类繁衍，始终生生不息。《象传》云：“泽上有雷，归妹。君子以永终知敝。”永终，一代一代往下传。敝乃“终”的反面，敝是坏，敝则不能有终，不能代代相传。故，归妹是传宗接代的大事。

初九：归妹以娣。跛能履，征吉。

正读：这个娣就是侄娣之娣。《公羊传》云：“侄者何？兄之子也。娣者何？弟也。”弟，女弟，指妹妹。姐姐嫁诸侯，妹妹要从嫁，从嫡而归。《象传》解读初九云：“归妹以娣，以恒也。跛能履，吉相承也。”随姐姐从嫁，很正常之事。如同跛者，一条腿也能走，不完美，但辅佐做诸侯的姐夫，安守本分，也为吉祥。

九二：眇能视，利幽人之贞。

正读：眇能视，与跛能履一样，虽不完美，但利于幽居幽处，持正安详。

六三：归妹以须，反归以娣。

正读：妹妹等着想做正室，结果嫁出去还是做了偏房。须，等待。

九四：归妹愆期，迟归有时。

正读：待嫁的少女错过出嫁时机，只有延迟时日，静待好时机再嫁。

六五：帝乙归妹，其君之袂不如其娣之袂良。月几望，吉。

正读：帝乙，纣王之父。帝乙的小女儿出嫁，虽也是偏房，但服饰华美，超过了正室。如同月亮到十六（既望），十分圆满，吉祥如意。

上六：女承筐无实，士刲羊无血，无攸利。

正读：女子提着筐，里面空空无物；男子杀羊，不见血腥，都没有得到实际好处。这是正话反说，女子出嫁要依礼而行，违背礼仪，会两手空空，什么也得不到。刲（kuī），割。

归妹卦反映上古婚姻的一种形式，妹从姐嫁，做偏房。帝王女儿也不例外。如果违背礼仪，得不到任何好处。这当然是诸侯贵族的婚姻事实，远古群婚制的残余。

2018 年元月 8 日下午

六十四卦之五十五丰卦

䷶ **离下震上**

正读：丰卦卦辞有“日中见斗”，大多认为是讲古代日食。如果对读《尧典》的“四仲中星”：“日中星鸟，……日永星火，……宵中星虚，……日短星昴。”日中显然指的是春分时节、春天季节，以此为说，理解就大不一样。

先民穴居洞处，尤其是到隆冬季节，难于出来。春天来了，要播种，要觅食，必须走出洞穴。怎么确定春季的到来？得在洞外搭个棚子，夜观天象。远古观天象，主要是观北斗星的位移。日中见斗，指春季观察北斗星。

丰，大也，多也。野外搭个棚子，多多盖些草叫作“丰其蔀”。蔀是遮盖，避雨挡风，就是造个住处。所以，丰卦讲的是修个屋子，可以住人。与下面旅卦形成一对偶卦。旅卦讲行，丰卦讲止，义相反也。与“日食”无涉，更不是什么“古代太阳黑子的记录”。

卦辞：丰，亨，王假之，勿忧，宜日中。

正读：丰卦讲在野外造房子居住，顺达亨通。头领（王）也来（假）了，不用忧虑无食，适宜在春季播种，开始农耕。《象传》云：“明以动，故丰。”卦象解读：下体是离，离为火，表示明。上体是震，震为雷，表示动。即春日阳光明媚，宜于人们的耕作劳动。

初九：遇其配主，虽旬无咎，往有尚。

正读：遇上彼此相当的伙伴，可以共同生活，共同劳动。虽然往上十天（旬）半月，也无过失。继续行动（往），主要指耕种、觅食，会受到尊重（尚）。

六二：丰其蔀，日中见斗，往得疑疾，有孚发若，吉。

正读：盖个棚子，春天夜晚观察北斗星，做其他事会受到猜疑，得靠你的诚信感动其他人，便会吉祥。

九三：丰其沛，日中见沫，折其右肱，无咎。

正读：沛，旆，指幡幔。指房屋外围的包装。还是修建住房。丰其蔀，指房子上面的搭建。日中见沫，沫（mèi），指北斗之外的星星。春天夜晚观天象，星星不少。不小心折断右臂，没有过错。右肱，右臂。

九四：丰其蔀，日中见斗。遇其夷主，吉。

正读：盖个棚子，春天夜晚观察北斗星。夷主，仁主，仁君。遇到仁君，当然吉。

六五：来章，有庆誉，吉。

正读：章，即彰。指春后阳光灿烂。值得庆祝赞誉。

上六：丰其屋，蔀其家。窥其户，阒其无人，三岁不觌，凶。

正读：窥，偷看。阒（qù），寂静。觌（dí），相见。搭个屋子，建个家室，那是要定居下来的。从门缝中窥探，却空无一人。多年不见人，凶险啦！农耕社会必然定居，游牧时代则游动不已。这反映游牧到农耕时代的过渡。修建房屋住下来，有人不习惯还在游走，有房子的也多年不住，那就凶险了。

这是否定游牧生活，赞赏定居的农耕社会。

2018 年元月 10 日上午

六十四卦之五十六旅卦

䷷ **艮下离上**

正读：丰与旅这两卦是反对的。卦象一个离在下（丰），一个离在上（旅），震（☳）反过来就是艮（☶），卦象相反。丰讲住所，旅讲羁旅，其义相反。旅卦主要讲贵族被迫流亡于外。因旅而兴，如晋文公流亡十九年终于回国做了国君。因旅而丧就更多了，所谓客死他乡。这就是《彖传》所谓“旅之时义大矣哉”。

卦辞：旅，小亨，旅贞吉。

正读：羁旅在外，只有短暂的安宁顺畅（小亨），旅途能够得正（贞），得正则吉。

初六：旅琐琐，斯其所取灾。

正读：旅居在外，免不了行为猥琐（suǒ）卑劣，这是（斯）他招致灾祸（取灾）的主要原因。

六二：旅即次，怀其资，得童仆贞。

正读：即次，得到住所。旅途中有了住所，又有资财，还有可信赖的童仆。

九三：旅焚其次，丧其童仆贞，厉。

正读：旅途中住所失火，丧失了照顾自己的童仆，也失去了正道（贞），出现危险（厉）。这是一个双宾语句，丧童仆又丧贞。与六二爻“得童仆贞”句式一样，得童仆又得其贞。

九四：旅于处，得其资斧，我心不快。

正读：旅途中那个住地是暂时的栖身地，虽然得到一笔资财，心情并不愉快。

六五：射雉，一矢亡。终以誉命。

正读：射野鸡，射中了而野鸡带箭（矢）而去，但最终得到善射的美誉。

上九：鸟焚其巢，旅人先笑，后号咷。丧牛于易，凶。

正读：鸟巢失火被烧掉，羁旅之人先喜悦欢笑，以为可以结束旅居返乡了，结果还是不能回家，又号啕大哭起来。如同旅途中丢掉了牛，很是危险。

《象传》云：“以旅在上，其义焚也。丧牛于易，终莫之间也。”那是说，羁旅在异国他乡，却高处在上，居高位享荣华，必然遭遇焚巢之灾。如同牧人丢失了牧养的牛，悲剧的结局是无可挽回的。

旅卦讲行旅之难，身处异国他乡，稍有不慎，便有灭顶之灾。正如《周易折中》引蒋悌生说：“凡卦爻阳刚皆胜阴柔，惟旅卦不然。二、五皆以柔顺得吉，三、上皆以阳刚致凶。六爻，六五最善，二次之；上九最凶，三次之。九四虽得其处，姑足以安其身而已，岂得尽遂其志！”这是爻位说，可以体味爻辞的意义。

2018 年元月 11 日上午

注：六十四卦之五十七巽卦（见八经卦）

六十四卦之五十八兑卦（见八经卦）

六十四卦之五十九涣卦

䷺ 坎下巽上

正读:“国之大事，在祀与戎。”戎事得齐心协力，不得松懈。总有不打仗的时候，也就是放松、涣散的时候。涣卦所论，则是如何应对涣散、松散。无戎事则祀，搞宗庙聚会，祭祀祖宗神灵，增强其凝聚力。这是涣散中的小聚，是消极中的积极。涣散中的方方面面，都在涣卦中显现。

卦辞:涣，亨。王假有庙，利涉大川，利贞。

正读:不打仗了，心情放松了，亨通顺畅啊。君王来到（假）宗庙进行祭祀，把族人的人心凝聚，利于渡过大河急流，利于正定守静。

《象传》云:“风行水上，涣。先王以享于帝立庙。”涣卦的卦象是坎（水）下巽（风）上，为风行水上之表象，象征涣散、松散。前代先王为归拢收合人心便修宗庙，祭祀祖宗神灵。

初六:用拯马壮，吉。

正读:如同借助健壮好马来补充能力之不足，可以获得吉祥。这是说，立庙祭祀的作用。

九二:涣奔其机，悔亡。

正读:不打仗的时候，要抓住拢收人心的好时机，悔恨便会消失。

六三:涣其躬，无悔。

正读:在不打仗的时候，自身（躬）怎么想怎么做呢？无悔恨吧！《象传》云:“涣其躬，志在外也。”志在外，志向在外，还有许多与打仗无关的事要干。是说，大家都不是专职军人，还各有职事，不打仗了，还得该干啥干啥。

六四:涣其群，元吉。涣有丘，匪夷所思。

正读:苏洵说:“夫群者，圣人之所欲涣以混一天下者也。”不打仗的时候，圣人明君搞祭祀聚一聚（群），大吉大利之事。涣散中，又聚合（丘，聚也）。匪夷所思，岂常人思虑之所及乎！散中有聚，常人是想不到的。

古人就是这样看待“国之大事，在祀与戎”的，给予高度肯定。

九五：涣，汗其大号，涣王居，无咎。

正读：不打仗的时候，像汗水挥发一样发布重大号令。不打仗的时候，君王的居所没有损失，平平安安。

上九：涣，其血去。逖出，无咎。

正读：不打仗了，不会流血牺牲。逖，一本作“惕”，逖出，需要小心谨慎。没有过错。《象传》云：“涣其血，远害也。”不打仗，那血不流了，子弟们远离了伤害。

涣卦讲不打仗的积极意义，并非松松垮垮，一盘散沙。涣中有聚，更要聚合人心。

2018 年元月 12 日上午

六十四卦之六十节卦

䷻ **兑下坎上**

正读：节卦与涣卦对偶。涣卦坎下，节卦坎上，巽翻过来就是兑，卦象相反。涣卦讲松散、涣散，节卦讲节止、制止，义相反也。

《序卦传》云：“涣者离也。物不可以终离，故受之以节。”涣是离，节是不离，相互反对。

《杂卦传》云：“节，止也。”孔颖达说：“节者，制度之名，节止之义。制事有节，其道乃亨。”

卦辞：节，亨。苦节不可贞。

正读：金老引孔颖达说：“制事有节，其道乃亨，故曰节亨。节须得中，为节过苦，伤于刻薄，物所不堪，不可复正，故曰苦节不可贞也。”又引程传：“节有亨义，节贵适中，过则苦矣。节至于苦，岂能常也。不可固守以为常，不可负也。”

节止要适中，恰到好处，不过分。过分了就变成苦节，苦节不可长久，就是不可贞。贞在这里就是长久之义。

查慎行说：“圣人欲维其道于不穷，故节之义不取苦而取甘，不于贞而于亨。”苦节、甘节，相对而言。甘节可久，苦节不可久。

初九：不出户庭，无咎。

正读：节卦兑下坎上。兑为泽，坎为水，泽上有水为节。水是流动的，有行有止。当节之初，知其时未可行，“不出户庭”，节而能止，故“无咎”。《象传》云：“不出户庭，知通塞也。”初九不出户庭，知塞；知塞而不知通，就不好了。所谓通塞，亦即行止之义。

九二：不出门庭，凶。

正读：接着初九说，节之初，节而能止，知塞，无咎。知塞而不通，“不出门庭”，则凶矣。初爻在泽底，不出宜也，二爻指泽中，不可闭塞不出。言当通不通，则失时也。所以《象传》云：“不出门庭凶，失时极也。”行与止，当把握时机。得时则宜，失时则凶。

六三：不节若，则嗟若，无咎。

正读：不能够节制，但能够为之嗟叹，也就无有过错。

六四：安节，亨。

正读：心安理得地实行节制，故而亨通。

九五：甘节，吉，往有尚。

正读：甘节，以节制为甘，意动用法。以节制为甜美之事，乐在其中，享受节制的甜美快乐。与苦节对照，以……为苦，感受切然相反。甘节，吉祥。前行（往），会受到赞誉（尚）。

上六：苦节，贞凶，悔亡。

正读：苦节，有被逼迫而节制之义，以之为苦，并非乐事。这样下去真正会有凶险。如果以苦节为戒，幡然悔悟，从此节制自身，不以为苦，则凶险可能消失。如程传言："固守则凶，悔则凶亡。"

《周易折中》按语说："下卦为泽为止，故初、二皆曰不出，三则泽之止而溢也。上卦为水为流，故自四安而五苦。上则水之流而竭也。通塞甘苦，皆从泽取义。"这是爻位说节卦。

节卦提出了三种节制的境界，安节、甘节、苦节。以安然心态实行节制，才有亨通。

2018 年元月 14 日上午

六十四卦之六十一中孚卦

兑下巽上

正读：孚，诚信。中，心中的，内在的。中孚表明，诚信出自内心。诚信是人类社会的普遍规律，所谓"人无信不立"，不讲诚信就无法立足于社会。

古代易学家多从卦象爻位解释卦义。朱熹《周易本义》云："孚，信也。为卦二阴在内，四阳在外，而二、五之阳皆得其中。以一卦言之，为中虚；以二体言之，为中实，皆孚信之象也。又下说（兑）以应上，上巽以顺下，亦为孚义。"作为整体六爻看，二阴爻在内，为中虚。作为内卦外卦来看，二爻、五爻皆阳爻，为中实。这是外实内虚。古易学家的中实、中虚，不得不知。《周易折中》引王宗传说："盖中不虚则有所累，有所累则害于信者也；中不实则无所主，无所主则又失其信者矣，故曰中孚。"害于信，失其信，肯定都不好。

卦辞：中孚，豚鱼吉。利涉大川，利贞。

正读：中孚感动豚和鱼，吉利。豚（猪）代大物；鱼，代小物。鱼愚猪蠢，都是难于感动之物，诚信居然感动了它们。所以，"中孚，利涉大川，利贞"。

初九：虞吉，有它不燕。

正读：荀爽云："虞，安也。"燕亦安也。虞则燕，不虞则不燕。安守诚信，必然吉祥。另有所求，另有所想，就会不得安宁。

九二：鸣鹤在阴，其子和之。我有好爵，吾与尔靡之。

正读：“其子和之”，指谁？《周易折中》引文曰：谓初。又说：“易例凡言子言童者，皆初之象。”这是爻位说。爵，有爵禄、旨酒两解，皆通。靡，散也，分散而共享之。

鹤在山北面鸣叫，它的小鹤相互应和。我有醇香的好酒，愿与你举爵畅饮。或者：我有丰厚的爵禄，愿与你共同分享。金老同意按爵禄讲。

六三：得敌，或鼓或罢，或泣或歌。

正读：面对强敌，有的击鼓要进击，有的又罢手不干；有的哭泣，有的唱歌。是说缺乏诚信，人心不齐，表现各异，只会招致失败。

《象传》云：“或鼓或罢，位不当也。”俞琰解说：“六三居不当位，心无所主，故或鼓或罢而不定。若初九则不如是也。”爻位说：“诸爻独三、上有应，有应者动于外也，非中孚也。”缺了诚信，不能坦然自安。与初九“虞吉”就相反了。

六四：月几望，马匹亡，无咎。

正读：月既望古今一贯，指十六月圆。既望之后，月盈而亏，月亮盈亏有信，寓意还是诚信。匹，匹配。好马失掉了匹配，因为诚信，所以“无咎”。

九五：有孚挛如，无咎。

正读：挛（luán）如，连贯、牵系的样子。诚信延绵不断，即诚信维系人心，人人讲诚信，没有过失。这当然是最好的世道。

上九：翰音登于天，贞凶。

正读：金老引王弼注云：“翰，高飞也。飞音者，音飞而实不从之谓也。”是说声闻可直冲于天，而名不符实的虚名迟早会出事，所以“凶”。中孚卦讲，诚信是名实相符的，不可浮夸谬赞。

2018 年元月 15 日上午

六十四卦之六十二小过卦

䷽ 艮下震上

正读：中孚卦与小过是一对偶。小过卦艮下震上，艮翻过来就是震，震翻过来是艮。中孚卦一样，兑下巽上，兑翻过来是巽，巽翻过来是兑。这是正对，卦变的方式一个样。中孚讲诚信、要专一；小过讲可以小过，不必那么专一。什么都“专一”，就僵化了。其义相反。

卦辞：小过，亨，利贞。可小事，不可大事。飞鸟遗之音，不宜上，宜下。大吉。

正读：小过，稍微超过，这是通达的（亨）。利于坚守正道（利贞），小事可以稍微过一点，大事则不可小过。小过仅对小事而言，不可漫及大事。这是原则问题。

鸟为物象，借以说理。飞鸟有离群（遗）悲鸣之声，那就不宜向上强飞，而是向低处飞，则吉祥。宜下，也就是小过。在某种特殊情况下，小过亨，小过（宜下）也吉。这正是作者所要表达的思想，肯定小过。

初六：飞鸟以凶。

正读：鸟儿离群向下飞则吉祥，向上强飞则凶险。卦辞说“宜下，大吉”。此说“凶”，当然是指向上强飞。

六二：过其祖，遇其妣。不及其君，遇其臣。无咎。

正读：过，错过不遇。没有见到祖父，只见到祖母（妣）。没有见到君王，只见到臣属。算是小过，没有过错。

九三：弗过，防之，从或戕之，凶。

正读：弗，不。不要过度，防止过度。就小过而言，指大过，过度过分。从，从而、马上、很快之义。戕（qiāng），伤害。你防止过度，紧接着（从）有人会伤害你，凶险啊！这里还是肯定小过则吉，不宜过分。

九四： 无咎，弗过，遇之。往，厉，必戒。勿用，永贞。

正读： 没有过错，因为没有过度过分行为。该遇的祖父，该遇的君王，也能够相遇。如果前往，超过了界限，那就有危害了。必须纠正过来，不该做的就不做，永久保持正定（贞）就好。九四爻还是肯定小过，往则厉。

六五： 密云不雨，自我西郊，公弋取彼在穴。

正读： 小畜卦有“密云不雨，自我西郊”。金老讲：“云向东，好天气，不能下雨。”弋（yì），用绑有细绳的箭射鸟。是说，好天气，王公们在山林中捕获猎物。廖名春说：“比喻明君求贤于野。”六五正位。好天气、求贤于野，都是好事。当位。

上六： 弗遇，过之；飞鸟，离之凶；是谓灾眚。

正读： 离，通罹，遭遇。眚（shěng），过错，灾祸。上位言过甚，过则不好。所以，不能相遇，因为过头啦。如同鸟儿向上强飞，遭遇凶险。这些就是灾祸。灾眚有别。臧守虎说：“灾，客观原因导致的灾害。眚，主观原因造成的灾害。”

2018 年元月 16 日上午

六十四卦之六十三既济卦

䷾ **离下坎上**

正读： 既济讲事业成功。既，已也；济，渡河，渡河成功。从卦象看，水（坎）在上，火（离）在下，火可以把水烧开，也有成功之义。既济，一、三、五爻为阳，二、四、六爻为阴，六爻都当位，刚柔正而位当。也有功成圆满之义。

大功告成，《易经》应该结束了，到此为止了，可是“物不可穷也”。万事万物无穷无尽。没有结束，也不会结束。所以既济之后，紧接着是未济。未济则未穷，未穷有生生之义。未济，表示下面还有过程。《序卦传》云：“物不可穷也。故受之以未济终焉。”终于未济，不终于既济。终于既济，可以说《易经》是循环论。终于未济，则生生不止。事物的变化是无穷无限的，这才是《易经》。

卦辞： 既济，亨小，利贞。初吉终乱。

正读： 事业成功，亨通顺达。亨小，只能说是小小的成功，暂时的成功。不可得意忘形，利于坚守正道，不断进取。开初是吉利，不能正确看待成功的话，最终走向失败。只有把一时的成功视为良好的开端，才能永远立于不败之地。

《彖传》云："既济亨，小者亨也"即"既济小亨，小者亨也"，似脱一"小"字。小者亨，指柔得中，阴在阴位。这是爻位说。

初九： 曳其轮，濡其尾，无咎。

正读： 曳，扯、牵引。濡（rú），沾湿。就"济"（渡河）而言，车子过河，要牵住拉车的轮子；狐狸渡河会撅起尾巴，尾巴才不会沾湿。方可无咎。

六二： 妇丧其茀，勿逐，七日得。

正读： 茀是车之蔽，遮帘。女人乘的车要有茀。丢了茀，不用找，七天就得了。"七日得"，各有解读。金老引程传云："卦有六位，七则变矣。七日得，谓时变也。……不得行于今，必行用异时也。"《象传》云："七日得，以中道也。"六二处于下卦之中位，坚守正道（中正之道），丢失的东西可以失而复得。

九三： 高宗伐鬼方，三年克之，小人勿用。

正读： 殷高宗武丁征伐鬼方，三年才攻克它。是说，事业成功之难，不会一蹴而就。不可任用小人，小人急躁冒进。是说，取得胜利，得重用贤能之人来辅佐君王，巩固胜利成果。任用小人，则会使来之不易的成果丧失。

六四： 繻有衣袽，终日戒。

正读： 繻（rú），绵衣。袽（rú），绵絮。还是说"济"，渡河防止船漏水，得准备棉衣棉絮随时堵漏，整天保持戒备，才可"既济"。

九五： 东邻杀牛，不如西邻之禴祭，实受其福。

正读： 东邻杀牛祭祀，不如西邻之薄祭，实实在在受到上天的福佑。禴

（yuè）祭，指薄祭。

上六：濡其首，厉。

正读：与初九“濡其尾”对读，此言狐狸渡河弄湿了头，必有危险。《象传》云：“濡其首厉，此何可久也。”事业成功，更要小心谨慎，岂有长久不变之理！

上六“濡其首”，指穷极则变，接下来便是未济。

2018年元月17日上午

六十四卦之六十四未济卦

䷿ **坎下离上**

正读：未济与既济，组成一对偶。既济离下坎上，未济坎下离上。卦象相反。既济讲事业成功，未济讲事业未成，义相反也。《易经》始于乾坤二卦，这就是《序卦传》所说，“有天地然后万物生焉”。既济、未济放到最后，以示“物不可穷也，故受之以未济”。六十四卦的排列顺次表明，天地之间的万事万物的变易发展是无穷无止的。《易经》的哲理让我们懂得，事物的不断变化，我们也得与时俱进，将世间事业推向更新更好的阶段，不断前进，永无止境。

卦辞：未济，亨，小狐汔济，濡其尾，无攸利。

正读：未济与既济对读，更易领悟。既济亨，未济为什么也亨？未济是要向前发展的，所以“亨”。以小狐渡河为喻。汔（qì），几也。朱子《周易本义》云：“几济而濡其尾，犹未济也。”小狐无所畏惧，勇于渡河，结果“濡其尾”。没成功，还是未济。小狐这种勇于前行的精神值得嘉许。

初六：濡其尾，吝。

正读：小狐勇于渡河，尾已湿透，难于成功（吝）。小狐不知敬慎，急于求济，而反不能济。

九二：曳其轮，贞吉。

正读：拉住车轮，暂时不进，待时而动，得正而吉。

《象传》云："九二贞吉，中以行正也。"爻位说，"九二居中而不为正"。二爻居中，当阴而阳，故不为正。中以行正，则中无不正。《易经》最重视"中"，所以"贞吉"。对卦辞、爻辞的解读，《彖传》《象传》往往给我们很多启发，不得不倍加敬重。

六三：未济征凶，利涉大川。

正读：既济六爻皆当位，未济相反，六爻皆位不当。程传云："三以阴柔不中正之才而居险，不足以济，未有可济之道。出险之用，而征所以凶也。"征凶应不利，朱子《周易本义》说："疑利字上当有不字。"应是不利涉大川。金老说："有道理。"否则按字面讲，难免穿凿附会。

九四：贞吉，悔亡。震用伐鬼方，三年有赏于大国。

正读：坚守正道，吉祥，悔恨消失。震，动。调动军队讨伐鬼方，三年征战，最终受到大国的奖赏。这是说，岐周跟随殷高宗武丁讨伐鬼方，受到武丁的赏赐。

六五：贞吉。无悔。君子之光，有孚，吉。

正读：守持正道，吉利。没有悔恨。君子的光辉在于有诚信，吉利。五爻正位，故"贞吉"。《象传》云："君子之光，其晖吉也。"《周易折中》引张振渊说："光而吉晖，昭其盛也。贞吉之吉，吉在五；晖吉之吉，吉在天下。"这就是对《象传》的进一步发挥了。

上九：有孚于饮酒，无咎。濡其首，有孚，失是。

正读：饮酒要保持诚信，没有过错。《象传》云："饮酒濡首，亦不知节也。"这是孔子的解读。饮酒无节制，酒溅到头上，湿了头，诚信也就丧失了。

本来"有孚"，不加节制，失之"有孚"。事物走向反面，可见事物是可以转化、可以变化的。——这就是《易经》。

2018 年元月 18 日上午

后 记

《周易》这门学问应该怎样让年轻人读得懂？这个问题一直困扰我三十多年。1985 年秋到 1986 年夏，我在吉林大学金老的周易研讨班学习一年，学业结束前写了《从革卦谈〈周易〉》，算是我的学习总结。那种写法还是采用金老讲课的模式解读《周易》，一般年轻人还是稀里糊涂，读不懂的。1995 年春我对明夷卦有所感悟，便写了《明夷卦探微》一文，《贵州大学学报》也刊登了，一些友人也有点赞。自认为六十四卦得按这个模式一卦一卦写下去，才有哲理意味。事实证明，六十四卦并不都按这个程式书写。因为这种借事说理的写法也十分艰难，我就只好暂时放一放。

朱子《周易本义》是明清以来的教科书，它首先介绍《周易》的基本知识，从八卦取象开始，分宫卦象次序、河图洛书、先天八卦、后天八卦、卦变，一一解说，然后再解读六十四卦上经、下经。这倒不失为读《周易》的好方法，我决定以此为标准为青年学子讲授《周易》。2007 年春后我试着写了七篇，当然不够。到 2015 年正式开讲《周易》，意犹未尽，又补充了五篇。十二篇有关《周易》基础知识的文字，总算把基本的东西让青年学生弄了个明白。涉及六十四卦，我只讲明夷卦，让他们从中体悟易学的哲理，不敢过多涉及其他。

20 世纪 80 年代以后，主要精力放在史学领域，尤其是西周年代的考证，无暇顾及《周易》。待 2016 年 6 月《夏商周三代纪年》、2017 年 9 月《夏商周三代事略》相继由科学出版社出版，年代学告一段落，才算真正腾出手来，又来拾掇《周易》。2017 年 9 月到 11 月中旬，每周一个下午，给九个研究生开课讲《周易》，想借此明确六十四卦的写作模式。课程结束，大体了然于心。

11 月 23 日，终于动笔写出了乾卦的解读。接着坤卦、坎卦、离卦，基本上“每日一卦”。先完成“八经卦”，然后继续下去，直到 2018 年 1 月 18 日写完“未济”。正好八周时间，六十四卦的写作告一段落。大体上每天手写两页稿纸，千把字，然后微信发给研三硕士生马瑞州，由他电脑敲打，再回传给我，我修正处理，最后确定下来。我的手写快速，小马的敲字快速，当天就能完成一卦。小马善始善终，敲打六十四卦，甘从苦来，从中得益，总算读懂了《周易》。我也了却了心愿，完成六十四卦的解读。

我始终遵循金老的教导，易卦两两配对，组成一对偶，六十四卦即三十二对偶。按这个思路弄明白每卦的哲理思想。每卦有个明白无误的中心，从卦象、卦义、卦辞去解读这个中心，六爻的解读也围绕这个中心进行。这样，就显得简明而又简明，浅近而又浅近，年轻学子读起来也就不觉得有什么太大的障碍。这正是我要达到的目的。

这期间，我重点体味金老的《周易讲座》，回味当年的课堂教学，细心领悟每卦的深层含义。清人李光地《周易折中》、朱子《周易本义》也放在手边，随时查阅。当代人的著作，廖名春先生的《周易的卦爻辞》，臧守虎先生的《易经读本》，还有一本无著作人的《易经句解》，都放在案头作为主要参考。感谢古今这些易学大师，有他们的导引，我则亦步亦趋，终于走完了全过程。我也明白易学应该这样“正读”。本书初稿出来，先后发现不少错落。幸亏有陈山林、马明芳、马瑞州、马赛、孙家瑜、魏祥、罗松乔、王鹏等诸位后学，他们在不同时间皆有所指正，锱铢必较，令我感动，终于把错误减少到最低。本人在此表示真诚的谢意。

书稿写定，学者汤序波老弟第一时间推荐给北京出版社，很快得到高立志副总编的肯定，2018 年 5 月就签署了出版合同。序波总是以荐贤荐才为己任，值得永远铭记。

三审三校后，我请贵州大学出版社社长闵军先生题赠书名，书家慨然允诺，为本书增色不少。责编孔伊南女士精心呵护、严格把关。在此一并致谢！

谨以此书感恩金老的教诲！

2018 年元月 12 日于贵州大学 44 栋寓所

2018 年 12 月 10 日修订

附：

从《易传》探求《易经》的哲理

一、《易传》是学《易》的门径

列为群经之首的《周易》，是华夏先民哲理思想的总结，是一部包罗华夏先民对自然的、社会的复杂现象的种种认识的著作。《周易》一书在四千多年的岁月里，对人们产生过不小的影响，在中华民族悠久的文化长河中占有重要的地位，它的筮卦的形式虽显得神秘莫测，卦、爻辞的内容又令人迷惑难解，但它毕竟是完整的上古先民文化遗产，是研究上古社会的人们在对大自然的斗争以及在长期的社会生活中所创立的哲理观念的最可宝贵的文字资料。

惜乎，到春秋时代，人们对《周易》蕴含的哲理已不甚了了，这才有中国古代思想家和教育家孔子对之加以阐释，这就是流传至今的《易传》。《易传》的作用，就在于以当时最简明的语言，对《周易》的哲理做了通俗化的解说。有了孔子对《周易》所作的重要工作，后之学者始能以《易传》为阶梯，探究《周易》的义理。《周易》本身博大精深的思想，才为后世哲人所逐步认识与发挥，《周易》才得从筮卦的束缚中解脱出来，在中国古代文化的殿堂之中焕发出它灿烂的光辉。

由传而经，经传相合，这就是研究《周易》哲理的最好途径。割裂经传的关系，要么从筮卦形式入手，将《周易》现为卜筮之书，大讲象术及阴阳五行的相生相尅，这是汉代经师走过的一条扑朔迷离之路；要么从经文字义上考据诠释，臆度揣测，曲经解义，完全乖悖了《周易》的本旨，这正是一些误入歧途者的悲剧。

《易传》为孔子所作，这是有案可稽的。素以史德传扬后世而不虚美、不隐恶的司马迁在《史记》中已多处记载，近代学人金景芳先生亦言之甚详。[1]孔子经半世坎坷，到晚年曾这样概括自己的一生："吾十有五而志于学，三十而立。四十而不惑，五十而知天命，六十而耳顺，七十而从心所欲，不踰矩。"(《论语·为政》)吕绍纲先生对此有精辟的理解，他指出："志于学，是认识客观世界的开始；而立，是对客观世界有了初步的认识并且有了一定的适应能力，足以在社会和人生的舞台上站住脚跟；不惑，是对客观世界有了相当的分析能力，能够不受一切表象、假象的蒙蔽了；知天命，是整个一生认识过程的飞跃，至此才真正认识到客观世界有它自身固有的规律。这规律是无情的、不可抗拒的，人的主观意志要受它的制约，不可以超越它而为所欲为。一个人只有在认识上真正解决主观与客观的关系问题，才有可能无论遇到什么事情都镇定自若、处之坦然，即所谓耳顺。耳顺之后，达到从心所欲，不踰矩。这是一个极境，一个有限的自由王国。在认识上进入这个王国已属不易，在实际上尤难。从心所欲与不踰矩，驰骋己意与尊重客观，看来是对立的，不可并举，然而孔子却发现了它们的统一性，把它们并列在一起。孔子懂得，一个不逾矩，尊重客观的人，才可能是真正自由的。仅仅从这一点，我们已经看见了孔子作为一个古代伟大智者所闪现的理性主义光辉。"[2]正是这样一个历经半世坎坷的孔子，一个认识了自然的又认识了社会的哲理的孔子，晚年好《易》，读《易》韦编三绝，才能将《易》的哲理阐释得如此通透明白，才能将《易》的精义揭示得如此条贯畅达。如果将《易传》视为孔子颇具创见的学《易》心得，也并不过分。

不难看出，孔子在《易传》中所表现的哲理，是切近《周易》本旨的。孔子本人早已被《易》的哲理所吸引、所融化，孔子自己的思想也当然地充分表露在《易传》之中。《易传》不仅是探讨《周易》哲理所必经的门径，也是研究孔子思想体系的重要依据。所以，《易传》在中国古代思想史上的地位与作用是不容忽视的。

[1] 见金景芳《孔子与六经》，载《孔子研究》1986 年第 1 期。

[2] 吕绍纲《孔子不是有神论者》，载《孔子研究》1986 年第 4 期。

二、《易传》从宏观上解释《易》

孔子的《易传》又是怎样去体现《周易》的哲理呢？

所谓哲理，不过是指人们对自然、对社会以及对人的认识的总规律的理解，并无神秘可言。而令人疑惑的是，《周易》的哲理竟然通过筮卦来反映，同时并不那么让人一目了然，因而给人以某种神秘感。其实这正符合上古社会先民的认识还处于朴素而粗疏的阶段的事实。在今人看来，其表现形式往往蒙昧难测，所以有人认为它“智以藏往”“神以知来”。

《易传》既要揭示《周易》的哲理，首要的当然得从宏观上对《易》有一个总体的认识。《易传》载：“夫易，开物成务，冒天下之道，如斯而已者也。”在孔子看来，《易》包罗了天下的，包括自然的，也包括社会的万事万物变易的规律。这个“包罗”是自始至终的，或者说永久的、不间断的。天下之道，无所不包；开物成务，无时不包。这正是作为古代哲理巨著的《易》试图发挥的作用。这真是一语中的，说到了《易》的本质。这无疑是对《易》的作用做了最好的说明。所以，孔子说：“易其至矣乎。”又说：“易与天地准，故能弥纶天地之道。……范围天地之化而不过，曲成万物而不遗。通乎昼夜之道而知。故神无方而易无体。”他又说：“夫易，广矣大矣，以言乎迩则不御，以言乎迩则静而正，以言乎天地之间则备矣。”这无疑是对《易》的本质与作用加以阐释，给人一个明确的概括，舍此还有什么别的解说呢？

《易传》并不回避作为哲理的《周易》有它的特殊奥妙之处。“夫易彰往而察来，而微显阐幽。开而当名辨物，正言断辞，则备矣。其称名也小，其取类也大。其旨远，其辞文，其言曲而中。其事肆而隐，因贰以济民行，以明失得之报。”彰往察来，诠微阐幽；称名小，取类大；旨远，知文，言曲而中。这是就《易》本身内容的特点概括而言的。这正是《易》的与众不同之处。欲探求经义，非得把握这些特点不可。

后之读《易》者，深谙孔子《易传》的良苦用心。朱熹《本义》对系辞作过评价：“此篇乃孔子所述系辞之传也，以其通论一经之大体凡例。”《朱子语类》云：“熟读六十四卦，则觉得系辞之语，甚为精密，是易之括例。”《本义》是说，读之前，视系辞为《易》之大体凡例。《语类》是说，读《易》之后，系辞实为《易》之概括的凡例。只有经传相合，才能得《周易》哲理之奥旨。

三、《易传》所阐释的筮卦

仅仅从宏观上阐释《易》的本质与作用还不够,《周易》毕竟是通过蓍与卦这一曲隐的形式表达旨趣的。《易传》在阐释蓍卦方面也深得作《易》者的三味。

《说卦》云:“昔者圣人之作易也,幽赞于神明而生蓍,参天两地而倚数,观变于阴阳而立卦,发挥于刚柔而生爻。”蓍、数、卦、爻,构成了《周易》的主体,蓍、数、卦、爻,体现了《周易》博大的思想。

蓍草是计数的工具,如同上古的筭、筹、策的作用一样。《系辞》说:“乾之策二百一十六,坤之策百四十有四,凡三百六十,当期之日。二篇之策,万有一千五百二十,当万物之数也。”若干的蓍,反复变化,就有数的产生。《系辞》说:“天一地二,天三地四,天五地六,天七地八,天九地十。天数五,地数五,五位相得而各有合。天数二十有五,地数三十,凡天地之数五十有五,此所以成变化而行鬼神也。”当然,其变化是值得注意的,鬼神之说,是其糟粕,应当舍去。《系辞》又说:“大衍之数五十有五,其用四十有九,分而为二以象两,挂一以象三,揲之以四,以象四时,归奇于扐以象闰。五岁再闰,故再扐而后挂。是故四营而成易,十有八变而成卦。”这就是所谓“筮法”。有了《易传》的筮法,《周易》卦的形成就不难理解。原来,卦的产生,就是若干的蓍按照一定规则变化的必然结果。筮法就体现了这一变化的规则。

《系辞》接着说:“八卦而小成,引而伸之,触类而长之,天下之能事毕矣。”又说:“八卦成列,象在其中矣。因而重之,爻在其中矣。”由立卦而生爻,由八卦而六十四卦,由六爻而三百八十四爻。不仅如此,《易传》将每卦六爻的地位与作用也加以阐释:“《易》之为书也,原始要终以为质也。六爻相杂,唯其时物也。其初难知,其上易知,本末也。初辞拟之,卒成之终,若夫杂物撰德,辨是与非,则非其中爻不备。噫!亦要存亡吉凶,则居可知矣。知者观其彖辞,则思过半矣。二与四同功而异位,其善不同。二多誉,四多惧,近也。柔之为道,不利远者,其要无咎,其用柔中也。三与五同功而异位,三多凶,五多功,贵贱之等也。其柔危,其刚胜邪?”《周易》的整个内容就这样包罗无遗了。

《周易》的哲理披上了一层蓍卦的外衣,这就常被人视为卜筮之书而大大降低了作为精深广博的哲理巨著的作用。经孔子《易传》这样通俗地将《周易》的蓍、数、卦、爻一一解说，作为哲理的《周易》重又焕发出异样的光辉。人们透过形式看到了深隐的本质，弃其蒙盖的表层，方可直探隐埋着的丰富宝藏。

四、《易传》对乾坤二卦的重视

《易传》对于六十四卦的阐释并不平均对待，而是侧重于乾坤二卦。《易传》的“文言”就专释乾坤二卦，真正做到了纲举目张。

孔子为什么这样重视乾坤二卦呢？《系辞》云：“乾坤，其《易》之门邪？乾，阳物也，坤，阴物也。阴阳合德而刚柔有体，以体天地之撰，以通神明之德。”又说：“乾坤，其《易》之蕴邪？乾坤成列而《易》立乎其中矣。乾坤毁则无以见《易》，《易》不可见，则乾坤或几乎息矣。”

在孔子看来，乾坤就是天地，只有天地才无所不包，只有天地才具有如此深邃、如此广博的哲理。乾坤如同《易》的“门”，有开有闭，彼开此闭。乾为阳，坤为阴，这就是矛盾着的对立统一体。仅就阴爻、阳爻来说，乾坤似乎是不变的。⚊ 为乾，⚋ 为坤；⚌ 为乾，⚏ 为坤；☰ 为乾，☷ 为坤；䷀为乾，䷁为坤；但一切变化都在这之中表现出来。《序卦》云：“有天地然后有万物。”有了乾坤二爻为本源，不管是单一的（⚊、⚊），复出的（⚌、⚏），三迭的（☰、☷），重补的（䷀、䷁），其他六十二卦的变化才有了基础，如同万物生长于天地之间，任何千变万化都赖以依存。乾坤一阖一辟，就带动了万事万物的运动变化。这就是乾坤两卦的重要意义。

乾坤如同天地，乾坤的变化如同天地的变化，这又回到了“冒天下之道”，真正无所不包。《系辞》说：“在天成象，在地成形，变化见矣。是故刚柔相摩，八卦相荡，鼓之以雷霆，润之以风雨，日月运行，一寒一暑，乾道成男，坤道成女。”这真是极为生动的描绘，将天地间的种种变化写得有声有色，万物运动发展，彼此摩擦相荡，有的激越如雷霆，有的渗润如风雨，有高远的日月，有无形的寒暑，都在天地之间不停地奔腾变化，按照各自的规律，各自的轨道。在整个变动之中，悔吝、无咎、吉凶、贞圣，又无处不有，又无时不有。这就构成了《易》的整体，这就是孔子笔下《周易》的天道观。

《系辞》又说：“天尊地卑，乾坤定矣。卑高以陈，贵贱位矣。动静有常，刚柔断矣。方以类聚，物以群分，吉凶生矣。”这是由天道及于人世，将人世一切关系，都一一勾画出来。尘世中的动静、刚柔，各按其本性聚合与分离，爱恶相攻，千变万化，男男女女，纷纷攘攘，无时不生吉凶，无处不生吉凶。这就是孔子笔下人类社会的图画。

按照孔子的观点，《易》作者“明于天之道而察于民之故，是兴神物，以前民用，圣人以此斋戒以神明其德夫！”《易》作者掌握了自然的、社会的变动发展规律，才利用蓍卦的形式蕴含丰富的哲理，借以指导人们的行动。《易》的哲理并非人人都能明白，只有澄心息虑、精诚专一才能有所了解，也才能加以取舍、应用。——这正是孔子对学《易》者的高标准的要求。结合孔子自己的话：“加我数年，五十以学《易》，可以无大过矣。”[1] 于此可见孔子对《易》的高度评价。

一九八六夏写于吉林大学干训楼

原载《贵州民族学院学报》1990 年第 3 期

[1] 见金景芳《孔子与六经》，载《孔子研究》1986 年第 1 期。

周易研究方法漫谈

前不久，应邀参加湖南师范学院主办的《周易》研究学术讨论会，少长咸集，就宋祚胤教授《周易新论》一书若干新的观点进行了有益的探讨，畅所欲言，获益匪浅。几天的切磋琢磨，深感《周易》的研究自春秋以来，千百家言，见仁见智，至于近代仍无定说，随着现代科学的发达，有的问题反愈近玄虚。究其实，研究方法之种种流弊，实有深刻检讨之必要。今择其要者列之，一见研究方法之重要。

一、应是辩证的而不是形而上学的研究

说形而上学不好，谁都承认，可具体运用起来，又不是那么一回事了。比如唯心与唯物的界限就够伤脑筋的。《周易》的本体论，是唯心还是唯物？好像不把这个问题弄清楚，《周易》的研究就无从进行似的。有的人习惯于先戴一顶帽子，才好做他的文章。说它唯物，大有革命党的气派，说它唯心，自应在批判之列。在唯心与唯物的问题上争论不休，各执一端，实在有碍于《周易》及其他典籍的深入研究。中国古代文献所反映的思想往往是复杂的，并不简单一个唯心或唯物了事。一位著名的哲学史专家，先前曾说《老子》的哲学思想是唯心的，后来自我否定，说《老子》是唯物的。据说现在又有新的看法，唯心与唯物都难以定论了。我们不怪这位专家多变，实在反映了形而上学的研究方法应该抛弃。我赞赏这位专家的新看法，不给《老子》贴一个什么标签。

又，西方思想家总以为先有迷信，再有哲理，于是中国古代典籍也应该那样，《周易》原本是占卜之书，再有哲理的演绎。这种形而上的方法，实在害人。就《周易》卦象起源来说，《易·系辞》载："古者包羲氏之王天下也，仰则观象于天，俯则观法于地，观鸟兽之文、与（舆）地之宜，近取诸身，远

取诸物，于是始作八卦，以通神明之德，以类万物之情。作结绳而为网罟，以佃以渔，盖取诸离。包羲氏没，神农氏作，斫木为耜，揉木为耒，耒耨之利，以教天下，盖取诸益。”这样“近取诸身”“远取诸物”，能说是唯心，是一开始就在迷信吗？《说文解字叙》引用了它，并说“始作易卦”，到黄帝之史仓颉“初造书契”，把“八卦”与原始文字联系起来。裘锡圭先生对大汶口文化进行深入研究，认定文字起源于图画与记号。许慎所谓“初造书契”，书就是图画，契就是记号。记号当是八卦的雏形。

东方文化自有东方文化的特色。虽然也讲天，甚至大讲“天”，却不能以迷信视之。所谓“天”，不过是原始人类不能认识的那一部分自然罢了，并不如西方宗教那样对之顶礼膜拜。我们现在还常说“老天帮了忙！”那不过是说“自然条件好，风调雨顺”而已，与迷信何涉！中国文化一开始就是朴素的，留传下来的许多神话故事，其中的人物是些有血有肉的活人，都紧密扎根于现实生活，并非荒诞不经，先秦典籍更是明证。《论》《孟》与《老》《庄》各有特色，《论》《孟》平实，《老》《庄》玄虚，这只是表象。先师张汝舟先生有言：“讲《老》《庄》，得其平实；讲《论》《孟》，显其玄虚。”那是说，《论》《孟》语虽平实，却体现了哲理；《老》《庄》言虽玄虚，却来之于实际，不可偏颇。硕学之士善于从《论》《孟》中道出哲理，会从《老》《庄》中悟出实学。只有这样，才能有所得。中国古代文化的现实不就是这样的吗？

有人说，近年南方出土的原始文字有若干记号，说明“八卦起于南方”，产生《周易》的本土在南不在北。又说，西南某些少数民族以伏羲氏为其祖先，可见《周易》是南方文化，这些论据都是事实。可是谁又能说伏羲氏的后裔不会南移呢！苗族的远祖，文字记载就在北方。《尧典》记“（尧）流共工于幽州，放驩兜于崇山，窜三苗于三危，殛鲧于羽山，四罪而天下咸服”。《舜典》记“分北三苗”。《战国策·赵策二》载“昔舜舞有苗，而禹袒人裸国”。至少可以说，尧舜时代，有苗氏远没有南移，还是生活在黄河流域的尧舜部族的近邻。且《周易》明载“履霜坚冰至”，坚冰只在北方，这已是常识，能说《周易》是南人的创作与北人无涉吗！

二、应是求实的而不是牵强附会的研究

清初名人傅山（青主），工书法，谓“书宁拙毋巧，宁丑毋媚，宁支离毋

轻滑，宁真率毋安排”。真是在提倡“拙”“丑”“支离”吗？那是在讲政治，在痛斥现世的“巧”“媚”“轻滑”与私意“安排”。学书法要是按傅山的办法，终不得要领。

民初清末，一些爱国的老知识分子鄙于媚外，每讲历史都引古人创造为自豪以抵制洋化。西方已使用机器运输，难道中国人无有？有的，史书所载“木牛流马”就是。西方已出现飞机，难道中国人无有？有的，《韩非子》载“墨子为木鸢，三年而成，蜚（飞）一日而败”，那不是墨子造飞机的故事吗！

随着科学的发展，近代有电子计算机问世，只用 0、1 这两个数字，这不相当于《周易》的 --、— 两个卦爻吗？《周易》包涵着计算机原理是可以肯定的了。由此演推，《周易》中有丰富的数学知识，可见华夏先民数学水平的高超。太阳有黑子爆炸，这是近代天文学通过尖端精密仪器才测出来的，于是联想到《周易 · 丰卦》“丰其蔀，日中见斗”就是太阳黑子爆炸的记载了。近年不断发现空中不明飞行物体，或称之为“天外来客”，有的人又想到古书了，说《周易 · 明夷卦》就是讲天外来客。

这样漫衍下去，还不知有多少新东西要从古书里牵附出来。是说明我们祖国的文明悠久吗？不是。是证明今人之科学不及先民之智力吗？又不像。实在令人费解了。这种牵强附会的方法用之于学术研究，加之于《周易》，加之于其他典籍，要想研究出一个结果来，那真是梦话。

且不说《易 · 明夷卦》与天外来客无涉，就拿《易 · 丰卦》“丰其蔀，日中见斗”来说，未必就是记载太阳黑子大爆炸，关键是对“日中”一词的理解。黑子爆炸说者都将“日中”理解为“正午”是不妥的。周代的“日中”并不指“正午”“中午”。《书 · 尧典》“日中星鸟，以殷仲春”“日永星火，以正仲夏”“宵中星虚，以殷仲秋”“日短星昴，以正仲冬”，这里的“宵中”“日短”“日永”“日中”之“日”显然指的是昼夜之昼，“日中”与“宵中”对看，当然不是太阳当顶而是指昼夜时刻大致相当的意思。“日中星鸟，以殷仲春”是说春季里星宿当空，那是仲春二月啊。“日中见（音 xiàn）斗”即春季里北斗现。先民穴居洞内，春夜的星光灿烂是洞穴中见不到的。必须“丰其蔀”，在洞穴外面搭篷子盖上草项，才能看到北斗星。为什么要观察北斗星呢？又要在早春二月里搭篷子观察呢？这就要联系古人观象授时来说了。《公羊传 · 昭十七年》载：“大火为大辰，伐为大辰，北辰亦为大辰。”

大火即心宿二，商星是也，是商民族观星象的标准星。伐，在参宿区界内，参宿是夏民族观星象所取的标准星。商民族以大火昏现东方作为春耕开始的标志，夏民族是以参宿昏现西方为春耕季节的开始。这就是夏商两代不同的观测星象的习惯和方法，其目的都是一致的，即预告春天的到来，便于农耕，始播百谷。由此下去，“北辰亦为大辰”就不难理解，那当是夏代以前古人观星象的习俗，取北极（含北斗）为标准星。怎样预告春天的到来？那就看北斗的斗柄所指了。《淮南子·齐俗训》说：“夫乘舟而惑者不知东西，见斗极则寤矣。”可见，古人以斗极定方位。事实上，先民观象，斗与极是紧密相关的，斗随极转，见极知斗，以极为标准星，凭斗的运转定方位、定时令。《鹖冠子·环流》说：“斗柄东指，天下皆春；斗柄南指，天下皆夏；斗柄西指，天下皆秋；斗柄北指，天下皆冬。”这当是保留了比较古老的据斗柄回转而定四时的习俗。可以明白，夏代以前，怎样确定春天的到来？一定得观察北斗在昏时的出现且斗柄东指。初民穴居洞处，“陶复陶穴，未有家室”，春夜风寒，不便群体迁出洞外，必在野外搭篷，“丰其蔀”，由专人来观察斗柄是否东指，确信春天到来无疑才率众到原野居处，开始春耕和狩猎，开始一年的活动，先民如此重视春天的星象也就不难理解了。可见《公羊传·昭公十七年》这条材料，是商文化的记录，并上溯到夏（伐为大辰），上溯到夏以前（北辰亦为大辰）。正因为“北辰亦为大辰”，“丰其蔀，日中见斗”才展示了先民生活的一个方面。我以为这才是原意，何以看出太阳黑子大爆炸呢！所以我们说，学术研究应该求实而不可牵强附会。

三、应是系统的而不是支离破碎的研究

《周易》的研究是热门课题，很多专家（包括自然科学家）从各自感兴趣的或熟悉的角度进行研究，国外的研究者也已为数不少。这当然是好现象。没有这些专家的努力，就不可能对《周易》进行探本求源，也难于揭示《周易》的本相。

纵观研究者们的成绩，我以为支离破碎的研究还不在少数，而真正系统的研究似才开始。

《周易》中有丰富的材料，就如一块肉，各位“厨师”或“主妇”都可以利用它显本领，烹调出各自拿手的“佳肴”。“日中见斗”是记天象的，可以从天文学角度研究；“明夷于南狩”是记田猎的，可以从古史的角度研究；“不

克讼”是记争讼之事，可以从刑法史角度研究；当然，还有人从原子能，从化学，从数学角度研究的。我的重庆一位朋友从中医理论角度研究《周易》，所谓“医易相关”是也，南京的一位朋友从体育史的角度研究《周易》，也取得不少成果。

有人将《周易》爻辞，一条一条分列，视为四百五十张卡片，从中又归纳为几个大类。这当然可以从具体的材料里得到一些消息，但于《周易》本身的研究未必有益。这种方法，几是近人做学问的通例。卡片可以帮助我们收集材料，但卡片本身于研究者本身并不是学问。这正如电脑对于知识的储存，仅仅储存而已，根本不能代替人的思维能力。要对《周易》有通透的了解，才能进行系统的研究，而不是乐于去排比450张卡片。老实说，这不是研究《周易》，而是利用《周易》去进行他的研究。

前几年有人做文章批判孔子的“学而优则仕”，洋洋洒洒，下笔万言，其实他连那个“优”字的确义都没弄明白，他是在批判“学习成绩优秀就做官”，岂不让孔子于地下冷笑！这种抓住一点而又抓错了就大发议论的方法当该摒弃，而要禁绝却又实在不易。

要整体地研究一个课题当然很难，而将宏观与微观结合起来却是办得到的。从某种意义说，缺乏宏观的认识与研究，微观的结论势必难于存立。比如，接触魏晋六朝的典籍，一般说，得从玄学角度进行思考，才会少走弯路。又，汉代的今文学与古文学之争，岂止是一个文字形式问题？今文学在西汉大兴，从哲学角度看，它与阴阳五行说有不解之缘。说明确点，今文学就是以阴阳五行说解释儒家经典，不把握住这个总的方面，要正确运用今文学材料就几乎不可能。又如《尚书·尧典》涉及上古观象授时的记载，有仲春“厥民析”，仲夏“厥民因”，仲秋“厥民夷”，仲冬“厥民隩”。其中，析、因、夷、隩，理解各有不同。如果我们联系初民为生存而进行的种种活动，所谓“民以食为天”，就不难弄明白这是写部族群体在一年四季里的分聚情态。春天来了，走出洞穴，得化整为零，分散觅食；夏天来了，可以聚合就食，开始群体活动；秋天果实累累，全部族的人因为食物丰美而高高兴兴过日子；冬天一到，大家要进洞穴躲避寒冬，还得把食物储备到洞穴里。为什么有析、因、夷、隩的不同情势？这是生存的需要。上古的很多材料，几乎都应从先民的温饱角度去思考，才能得出合乎逻辑的结论。

长期以来，我就在考虑：武王伐纣，周取代殷商，那是一个怎样的情景呢？当商代文化灿烂辉煌的时候，周人还是西方一个落后的小部族。只是商族统治者自己的骄奢淫逸，众叛亲离，才导致了商的覆亡，而并不在于周人本身有什么先进与文明。周武王面对一只病入膏肓的老虎，轻而易举成了打虎的英雄，这有点近乎滑稽。明白了这一道理，就懂得武庚叛乱的发生不仅仅是权力之争。一个阶下囚武庚居然能感动得“三监”及其他差不多整个东方部族真心诚意支持他、帮助他进行叛乱（这从管叔、蔡叔、霍叔事后受到的重处可以看出）。武庚凭借什么？用武力胁迫“三监”？显然不是。合理的解释是，商民族优良先进的文化令监视他的一伙周人受到了感化和教育，而且心悦诚服地接受了进步的商族文化。

由此，我们可以明白，整个西周到春秋、战国直至秦代的齐鲁学争，革新的鲁学败于因袭的齐学。西周时代的齐学就是商文化的演化，周公制礼作乐所产生的新兴的鲁文化，到春秋经孔子的整理发扬，大力传播，鲁文化周文化才出现了一个“六艺”。从周武王克商（公元前1106年）算起，到汉武帝“独尊儒术”，这千年的历史一直受到商文化的强大影响，由周公一脉下承的鲁学却几乎没有市场。能说商文化不是灿烂辉煌的吗？大量的殷商甲骨及文物出土，也证实了这点。《周易》《尚书》《诗经》《周礼》等先秦著作，虽整理于西周及春秋一代，那其中的大量内容反映了商文化的遗风，应该说是商代文化的总结和延续。如《左传·昭公元年》载，高辛氏二子（阏伯与实沈）相斗的故事，就是记录夏民族（实沈）与商民族（阏伯）争斗的。商民族战胜了夏民族，所以阏伯是老大，实沈只能屈居老二了。这不是活脱脱的商文化的遗痕吗？这里是连周民族的影子也没有的。

西周开国以来这一千年的历史背景就是这样，几代文化的交相错杂、难解难分，而周文化的影响却始终是有限的。我们面对古代典籍进行学术研究，总不能不顾及这一事实吧。

我们为什么肯定宋祚胤教授在《周易新论》中卦爻辞的研究方法呢？还说这是开辟了《周易》研究新门径呢？因为他是将卦爻辞作为一个整体，全面而系统地研究，避免了浅入支离破碎的通病。试以他解释“比卦”为例，他说：

比卦（䷇）的内卦是坤，坤为地，外卦是坎，坎为水。这表示水在地面上流，它们的关系无比密切，比就是亲比或亲附的意思。不过水有时会泛滥横流，只有地才始终承受着水，并且将终于把水纳入正轨。这就是比喻君王对诸侯进行潜移默化，因为卦辞“不宁方来”是说不安定的诸侯国将要来亲附于君王，而且内外卦的爻卦讲得更为清楚。

先看内坤，其主爻六二的爻辞是：“比之自内，贞吉。”这就很明确地指出，君王如果从朝廷之内用诚去亲比诸侯，就合于正道而专利。于是辅爻初六的爻辞是：“有孚比之，无咎；有孚盈缶，终来有它吉。”这是说，君王以中有其诚去亲比诸侯，就没有任何坏处；如果诚已克盈，最后还会有别的好处。而辅艾六三的丈辞是：“比之匪人。”就是说，君王以诚去亲比诸侯，尽管可能碰上坏人，到头来也会要向化归心。

再看外坎。其主爻九五的爻辞是：“显比，王用三驱，失前禽。邑人不诫，吉。”这也明确地指出，诸侯之中有表面上是在与君王亲比，而实际上却僭号称王，这样即使多次向君王追求，也不会达到目的。只有悔过自新，不把错误推给部下（邑人），加以谴责，才会是吉利的。于是辅交六四的爻辞是“外比之，贞吉”，这就说，诸侯之中有能够摆脱“坏头头”控制，从朝廷之外来亲比君王，就会合于正道而吉利。而辅爻上六的爻辞是：“比之无首，凶。”这是说，诸侯之中有想与诸侯亲比，但却没有一个带头的，那结果就一定是凶。不过君王正在以诚相感，主爻九五也将悔过自新，最后还是会沐浴德化的。比卦的思想内容只能是以上这一些。

宋先生把整个比卦放在内外卦矛盾冲突的角度，并且区别出主爻和辅爻来分析，其含义就容易明白了。宋先生对《周易》的研究，正如该书前言所说：“要恢复《周易》的本来面目，就要完全从《周易》的卦象、卦辞、交辞和它们的相互联系出发来进行研究。……这样，就会形成一套研究《周易》的正确方法。”宋先生的见解与研究无疑是值得重视与肯定的。《新论》之“新”就新在这里。连类而及，做其他学术研究，何尝不该这样呢！以上是我就《周易》研究方法谈的一些看法，仅是一个初学者的良好愿望，就我来说，真正的研究方刚刚开始。凡错谬之处，请批评。

一九八三年十月廿八日载长沙“周易讨论会”的发言，一九八四年春整理

易学研究之力作

——《周易讲座》评介

列为群经之首的《周易》，历代都受到学人的重视，留下的著述在三千种以上，其内容庞杂，“旁及天文、地理、乐律、兵法、韵学、算术，以逮方外之炉火，皆可援《易》以为说，而好异者又援以入《易》，故《易》说愈繁”[1]。降至近代，试图以马克思主义的观点与方法进行研究者亦不在少数，20 世纪 80 年代以来更形成了一股“周易热”，热浪波及海内外，几乎渗透到各个学科。随着易学研究的深入，出现了宋祚胤、金景芳、刘蕙孙、刘大钧等大家，其著作的深度与影响大大超过前人。这使我们相信，易学研究必将取得突破性进展。

差不多在宋祚胤先生《周易译注与考辨》[2] 问世的同时，吉林大学出版社推出了金景芳先生《周易讲座》一书，这是易学研究领域又一新的力作，必将受到学界的重视与欢迎。

金先生治《易》数十年，抗战中就有《易通》等著作流布。今天的《周易讲座》始见金先生易学的大观，确实汇聚了“对《周易》的全部见解”。金先生对易学的研究做出了自己应有的贡献，《周易讲座》受到学界的重视与欢迎是理所当然的。

《周易讲座》作为对《周易》一书的系统阐释，首先要解决好以下几个问题：

甲，《周易》的性质；乙，研究《周易》的目的；丙，学习《周易》的方法。随着这几个问题的解答，作者的基本观点就毫无隐瞒地公之于众了。

---

[1] 《四库全书总目提要》卷一，经部一。

[2] 此书由湖南人民出版社于 1987 年 10 月出版。

关于《周易》这本书，作者认为“确实是卜筮之书，它的宝贵之处在于卜筮里边蕴藏着哲学内容”，“它的外表是卜筮，内里有哲学，现象与本质是矛盾的。《易经》之所以不好懂，就是因为它的现象与本质不一致”。而历代对于《周易》的研究，差不多都是利用占筮，汉代的象数与宋人的图书，算是走得更远一些罢了。很显然，要弄清《周易》的本来面目，仅仅抓住这些表面现象是不会有结果的。唯一办法，是深入下去，探讨《周易》的哲学内容。

所以，研究《周易》的目的只能是发掘它的思想，研究它的哲学。这是个方向性问题，否则就会误入卜筮、算卦之中。所谓的“易”，作者取程颐说：“易，变易也。随时变易以从道也。”肯定变易就是规律。包括自然界和人类社会，都是变易，都有规律。

《周易》的哲学思想在哪里？《周易》的主要内容包括筮、卦、辞三个方面，它的哲学思想自然也蕴含在这三个方面。筮的特点是数，卦的特点是画。一般研究《周易》，讲卦的多，很少讲筮。金先生认为“要研究《周易》的哲学思想，筮比卦更重要，至少说筮与卦同样重要”。筮的发生发展反映人类早期数学的发展水平。筮法中讲的“天之道”，主要是历法和数学两方面——这是古代的主要自然科学。过去讲《周易》不讲筮或少讲筮，多是忽视了筮法中的思想之故。有了筮才能有卦，卦在筮后，伏羲氏画八卦之说便是不可信据的了。至于卦画表达思想，与筮数表达思想一样，是取它们的抽象性。《周易》的思想通过象来表达，要研究《周易》的思想，舍象是不行的。卦有卦象，爻有爻象。象的长处就是能尽意。象具有抽象性，有抽象性便有灵活性。

至于学《易》的方法，金先生特别重视《易传》，反复强调通过《易传》学习、研究《易经》。金先生肯定《易传》为孔子作。孔子作《易传》不是随文解义，而是根据《易经》的思想研究《易经》的思想。孔子在《系辞传》中讲的全是理论，发掘了《易经》的本质。《易传》全部是对《易经》的解释。在金先生看来，学《易》要首先读《易传》，《易传》是学《易经》的一把钥匙，只有通过《易传》才能知道《易经》的思想。《易传》与《易经》不可分割。正因为金先生强调《易传》对《易经》思想的阐释，才极力反对用卜筮研究《易经》，大胆否定考证派用文字学讲《易经》。

金先生以为，《周易》有思想，绝非迷信之物，在于《周易》很重视人的主观能动作用，把人作为主体来看待。它无论怎样谈天谈地，怎样看重自然，到头来总是归结到人和人的事业。在儒家那里，天人关系丝毫没有迷信的意思。《周易》讲吉凶，并非如常人理解的迷信的祸福。吉是得，是事业的成功；凶是失，是事业的失败。《周易》总是告诫人们在一定的条件下怎样做才能成功，怎样做必将失败，最强调人的主观努力，并不认为吉凶是前定的。凶可以变为吉，叫悔；由吉变为凶，叫吝。《周易》以为，吉凶得失，全在能否“补过”。凡出现“无咎”二字，便是嘉许其能补过。这与迷信，确乎天渊之别。

《易传》中不少地方讲到“神”。可以肯定，孔子心目中的神并非有意志有作为的上帝神明。有时，孔子把无思无为，感而遂通的《周易》叫作神；有时神又指的是阴阳不可测（“蓍之德圆而神”），在以通“神明之德”中又指的是变化之道，或者说规律。又说，“神也者，妙万物而为言也”。万物不是神，妙万物是神，即万物里边的运动变化才是神。《易传》也讲到“知鬼神之情状”，鬼神是什么？鬼神在《易经》之中不过是变化的同义语。《易经》对幽明、死生、鬼神的解释都是无神论的。

《易传》也有“乐天知命”一说。天，指自然而言。乐天，就是顺应自然。“命”是客观的不以人的意志为转移的规律。知命，就是认识、承认、顺应客观的规律。《易经》讲的命，绝对不是上帝的旨意。与夫子自道“五十而知天命”一样，不是宿命论。

《周易》重视乾坤二卦，认为其他六十二卦全是乾坤两卦矛盾斗争的结果。六十二卦好像万物，乾卦如同天，坤卦如同地。万物生成于天地之间，天地之间除却万物，别无其他。易的奥妙就在乾坤两卦，乾坤毁，无以见易。金先生解说《系辞传》“刚柔相摩，八卦相荡，鼓之以雷霆，润之以风雨，日月运行，一寒一暑，乾道成男，坤道成女”，以说明天地间雷电风雨，日月运行，寒暑交替，而有万物生长。这是易作者在明确回答世界本原问题，反映了相当高的哲学水平。易作者在这里并没有给上帝鬼神留下一点位置，《周易》与迷信又有何涉？

总之，不管从筮法、卦象、文象所包含的思想，还是孔子对《易经》思想中的吉凶、鬼神、天命的解说，金先生认定《周易》是唯物论，不是唯心论。

作为治学严谨的老一辈学者，金先生始终取一个“知之为知之，不知为不知”的态度，这在《周易讲座》中处处流露。讲到“开而当名辨物，正言断辞，则备矣”处，便说“这段话不好讲”。又如，讲到“易之兴也”一段，为什么单单提出履、谦、复等九卦反复地讲，金先生说“这个问题我没理解好”。又如讲到“帝出乎震”一段，《讲座》说“这些话是怎么回事？我不知道”。又如，为什么叫“用九”“用六”呢？《讲座》说“我没有弄明白”。现今的情况却是，强不知以为知者，并不是一个两个。这对《易》学的研究绝无好处。我们需要的还是金先生求实的精神。

《周易讲座》一书对于经传文字的夺衍倒错多所发明。《系辞传》“大衍之数五十有五”，指出古书脱掉“有五”二字，其说早为学界称道。又如“河出图，洛出书”，“天垂象，见吉凶”，等等，也不是《易传》原有的东西。（28 页）又指出“古者包牺氏之王天下也”一段很可能是后人加进去的（73 页）。——前后十余处之多，这些地方，对于后之学人的研究无疑是大有裨益的。打开《周易讲座》，如同一位长者在你面前孜孜不倦地教授易学，不少地方，金先生还联系今人的概念进行恰如其分地阐释，使人倍感亲切。

如 63 页说：“《老子》说宇宙从无到有，是唯心论。《周易》讲太极，即只讲有，不讲有之前的问题，即它认为宇宙从来就存在，没有开始，是唯物论。太极生两仪，两仪也叫阴阳，阴阳在卦画中用 --、— 两个符号表示。这两个符号没有什么神秘。同物理学中表示阴电用‘-’，表示阳电用‘+’号一样。太极生两仪，本来是说《周易》里 --、— 两个符号的产生，但其中含有深刻的辩证法思想。太极生两仪，仪是匹配的意思。《诗 · 鄘风 · 柏舟》说“实维我仪”，毛传说“仪，匹也”是其证。事物在发展过程中总是一分为二，《周易》里把这两部分用阴阳来表示。有时也用来比作天地、夫妇、君臣、昼夜、进退等。这个概念在《周易》中具有普遍意义。现代哲学则把它叫作对立的统一或矛盾。通读之后，其“概念明确、观点鲜明、由浅入深、重点突出”的特点便给人留下十分深刻的印象。

综观《周易讲座》全书，诚如作者所言，“讲《系辞传》很少采取前人旧说”，多发人所未发，“讲六十四卦多用程传之说，于项安世、俞琰之说，间亦有所甄采”。《系辞传》部分讲析之精妙自不待言。就是卦辞部分，于众家杂说中，采择得当，亦见作者研精卓识，非常人所能企及。

一九八八年三月十七日稿

周易与巫文化

远古时代，先民对自然物的认识还处于一种茫然无知的境地，万物有灵的观念相当强烈，认为一草一木都可以显示神灵旨意，都可以向他们卜问吉凶，解决疑难。在这种充满对自然物盲目崇拜的背景下，原始宗教迷信行为的产生就十分自然。巫文化就这样伴随着原始社会的产生在先民中普遍传播。

巫文化在其发展过程中，涌现了一批又一批以巫术为职能的巫师，他们都是当时代的高层次的文化人，具有广博的学识，成为同一时代文明智慧的化身，有的还充当氏族首领或奴隶主的高级顾问，有的氏族长本身就是巫教主。

据现有文字记载，巫咸当是华夏民族最早的一位大巫。关于巫咸的时代，说法不一。《世本》宋衷注："巫咸，尧臣也，以鸿术为帝尧臣。"《路史·后纪》三记巫咸为神农时人。《太平御览》卷79引《归藏》，以为巫咸为黄帝时人。《楚辞》王逸注："巫咸，古神巫也，当殷中宗之世。"《尚书·书序》："伊陟赞于巫咸，作《咸乂》四篇。"《君奭》："巫咸乂王家。在祖乙，时则有若巫贤。"周秉钧《易解》以为："巫咸，太戊之贤臣。巫贤，祖乙之贤臣。"——以信史为据，肯定巫咸的存在并视为殷太戊贤臣，容易得到首肯。若追溯到三皇五帝时代，似乎更接近历史的真实，因为原始社会就有了巫师的广泛活动。

我国现存最古的一部巫书《山海经》，上面记有若干巫师，《大荒西经》"有灵山巫咸、巫即、巫朌、巫彭、巫姑、巫真、至礼、巫抵、巫谢、巫罗十巫"，《海内西经》"开明东有巫彭、巫抵、巫阳、巫履、巫凡、巫相"。巫咸其人名在十巫之前，其时代当比其他巫师更早。据《山海经》所保存的文化资料分析，这部书反映的是我国原始社会末期奴隶社会初期，即渔猎时代和早期农牧时代的社会生活。巫咸生活的时代也大体相当。

扬雄《法言·重黎篇》记:“巫多禹步。”注:“禹治水土，涉山川，病足而行跛也，而俗巫多效禹步。”袁珂先生据《墨子·非攻下》有关禹的记载，认为禹征有苗，是直接在玄宫奉了天帝高阳的旨命，并且还有“人面鸟身”的大神句芒作他的辅佐。禹的形象，在这里有点像巫教主。袁氏又说:原始时代酋长而兼具巫教主身份的，其实也是常见，并不足异。传说成汤在桑林祷雨，积柴自焚以告天，就是一个酋长而兼巫教主身份的形象。又传说廪君和四姓争神。能乘坐雕花土船而不沉，掷剑岩穴而独悬，酋长和巫师兼具于一身的形象尤为显著;何况《世本》明说“康君之先，故出巫诞”，他本身就是一个业巫的世家。这样看来，传说中治水的禹兼有酋长和巫师的职能。何况传说禹的儿子启，能乘飞龙三次到天帝那里去作宾客(《归藏·郑母经》《山海经·大荒西经》);启的臣子孟涂，“司神于巴”，能凭血衣断案，(《山海经·海内南经》):都具有巫师的形象。禹可能也是业巫的世家。(载《山海经新探》第234页)

这可以看出巫师在远古的影响与地位。

降至春秋，巫师充任君主的高参者甚多。《春秋》经传载，滕侯充任周之卜正，晋国有卜偃，有史苏，楚平王封观从为卜尹，秦国有卜徒父，古梁国(嬴姓)有大卜卜招父，鲁国有大夫卜齮，有卜楚丘。

巫师的职事，愈趋往古，愈是广泛。要而言之，可分为三事。

甲，主持山川神祇的祭典，充当人与神鬼间的桥梁。

成汤于桑林祷雨，积柴自焚，虽系传说，一见巫师在祭典中活动的影子。

《周礼》载，司巫“凡丧事，掌巫降之礼”(掌理清神灵隆附的礼仪)。男巫“掌望祀望衍，授号，旁招以茅”(掌望祀与攻、说等授给诅祝所授的祝号，用茅旌向四方呼招所祭的神)。“王弟，则与祝前”(王者出弟臣丧，与丧祝在王者前面去除不祥)。

《礼记·檀弓下》载，“君临臣丧，以巫祝桃列执戈，恶之也”。这种仪式的巫祝，看来还不是一个两个。

《左传·襄公二十九年》载，楚康王卒，鲁襄公在楚，“楚人使公亲禭”(要襄公为死者楚康王穿衣)，襄公的随从穆叔出了个主意，“乃使巫以桃列先祓殡”(让巫师用桃棒与苕扫先在柩上扫除不祥)，举行了一个“君临臣丧”的仪式，让傲慢的楚国人丢了脸。

战国时代的《楚辞》，其中有《招魂》《大招》两篇，从内容到形式，都可以看出是巫师所主持的祭祈禳活动。

神灵降灾，巫师祈禳，巫师自称与神相通，可以代鬼神言事。巫师自然成了人与神鬼间的中介，起一个桥梁作用。《左传·成公十年》载，晋景公梦见恶鬼，披发及地，捶胸跳跃，高叫报仇，撞破大门和中门冲进来，逼得景公躲进内室，恶鬼又撞坏内室的门。景公梦醒，召桑田巫来问，结果“巫言如梦”，桑田巫所言与晋景公所梦全同。

又，《左传·僖公十年》载，晋太子申生被逼自杀，鬼魂含冤不平，申生的御者（赶车人）狐突见到他，申生说要请于上帝。借秦国之力亡其晋国，狐突认为灭了晋国不利，要太子认真考虑。申生说，七天后“新城西偏将有巫者而见（xiàn）我焉”（自己将凭附巫师而表现）。狐突如期到新城西偏，见到巫师，巫师果然代申生说道：“帝许我罚有罪矣，敝于韩。”（上帝已答应我要惩治夷吾，让他在韩原吃败仗。）

至今，民间某些丧葬活动仍有请巫师主持祭祀下葬等仪式的，还有一些端公或巫婆有所谓代神代鬼言事的，应是此种职事的遗风。

乙，治病。

巫师治病，古籍记载甚多。事实上，远古时代巫医是不分的。《论语·子路》载：“南人有言曰：人而无恒，不可以作巫医。”《孟子·公孙丑下》载：“孟子曰：矢人岂不仁于函人哉？矢人唯恐不伤人，函人惟恐伤人。巫、匠亦然。故术不可不慎也。”孟子以为，木匠做棺材，希望死人多；巫师为人治病，希望病人康复。《管子·小称篇》有棠巫，“能去苛病”。

巫师治病，可以用药也可以不用药。《素问·移精变气论》说：“古之治病，惟移情变气，可祝由而已。”王冰注云：“祝说病由，不劳针石。”故名祝由。心病要由心药医，解除病人的心理负担，达到治病的目的。巫师的祈祷作用，大体与此相当。除此，巫师也用药物治疗。《山海经》载：“巫咸国在女丑北……在登葆山，群巫所从上下也。”郭璞注：“采药往来。”《大荒西经》载灵山十巫“从此升降，百药爰在”。原来，巫师们在灵山采药。正因为巫师们也能够使用药物，才逐渐形成巫医难分的状态。《史记·扁鹊列传》有“信巫不信医，不治”的文字，说明战国以后，中医从实践到理论已摆脱了宗教迷信的束缚，巫术被排除在医术之外了。

还应该提到所谓“巫蛊”。蛊，是一种毒虫。贵州一些地方将巫师使用邪术加祸于人称为“放蛊”。历史上有名的巫蛊之狱，发生在汉武帝时代，险些酿成一场大动乱。汉武帝生病，江充认为武帝祟在巫蛊，欲以此嫁祸于太子，就在宫中掘地搜查，江充声称在太子刘据宫中得木偶甚多。太子由此畏惧，捕杀江充，起兵失败后自杀。

事实上，巫蛊与巫医有着密切的关系，不是降福就是加祸，不是消除病魔就是死于非命，应该将巫蛊看作巫医的消极一面。也有人以为，巫蛊不过是“以毒攻毒”而已。

丙，利用卜筮预测吉凶祸福。

远古之人的万物有灵的观念，视草、竹、木乃至龟甲兽骨都有灵验，都可以向他问卜问筮，决疑解惑，预测吉凶，这就有卜筮的产生。卜与筮不同。《左传·僖公四年》载，“筮短龟长”，即卜的历史久长，筮在卜之后产生。卜用龟甲兽骨，筮用策（竹棍）或蓍草。卜重在象，筮重在数。《左传·僖公十五年》：“龟，象也；筮，数也。物生而后有象，象而后有滋，滋而后有数。”先有数，后有筮。“筮”字从竹从巫，实为巫师的本职。《史记》有《龟策列传》，也称《卜筮列传》，对龟卜的记载尤详，既反映了龟卜的历史悠久，也体现了“卜重在象”的特点。《吕氏春秋·勿躬》载，“巫彭作医，巫咸作筮”。古代这两位大巫的职事大概有所侧重。《左传·文公十年》载：初，楚范巫矞似谓成王与子玉、子西曰：“三君皆将强死。”孔疏：“强，健也。无病而死，谓被杀也。”——这就是巫师的预测手段，所谓“审于死生”指此。一部《春秋》，作为鲁国的正史，有卜无筮，《左传》有卜有筮。说明筮在当时虽有广泛的传播，还难登国史的大雅之堂。凡《左传》有卜有筮之处，一般是先卜后筮。

《左传·僖公四年》：初，晋献公欲以骊姬为夫人，卜之，不吉；筮之，吉。公曰：“从筮。”

《左传·僖公二十五年》：使卜偃卜之，曰：“吉。遇黄帝战于阪泉之兆。”……公曰：“筮之。”

有时候，公侯亲卜亲筮，由巫师占验，似乎解说权还在巫师。《国语·晋语》：“献公卜伐骊戎，史苏占之。”《左传·僖公十五年》：“晋献公筮嫁伯姬于秦，史苏占之。”《左传·哀公九年》：“晋赵鞅卜救郑，遇水适火，占诸史赵、史墨、史龟。"《左传·哀十七年》:"公亲筮之,胥弥赦占之。"杜注:"赦,卫筮史。"

巫师的职事远不止此。因为巫师多是博学多才的大知识分子,他们往往兼职史官。《国语·楚语》记"绝地通天"之前"民神杂糅"的情况说,"家为巫史"。"巫史"连文,亦同"巫医",可知巫师还兼有史职。前所引《左传》有巫师史苏、史墨、史赵、史龟,亦可证之。

利用天文星象进行星占的巫师,本身就是天文历算学家。巫书《山海经》涉及的天文历法知识实在是很多的,这反映了远古时代人们丰富的天文学知识。

巫师预测吉凶祸福利用卜筮,春秋以后筮行而卜渐废,巫术与《周易》就有了愈加密切的联系。

龟卜实在繁项,而筮法就较为简单。"筮,数也",筮就是弄数的。《曲礼上》:"龟为卜,策为筮。"筮为了求数。利用物之数分别阴阳,生爻进而生卦。"筮"字从竹从巫,说明最早是利用竹棍儿得数,后来用蓍草,行筮者就是巫。筮法是数学发展到一定程度的产物,反映了人类早期的数学发展水平。

数学的最大特点是抽象性,这一特点由《周易》用来表达它的思想。数学的抽象性一经利用便有了哲学意义。《周易》讲天地,道阴阳,用了数学的奇数偶数来表示。奇数代天代阳,偶数代地代阴。卦画也如此:⚊阳爻,奇数;⚋阴爻,偶数。筮法更是这样,用一根根竹棍或蓍草,通过一定的方法进行摆布,而得出七八九六几个数字,从而形成爻,形成卦。

《周礼》载,筮人"掌三易以辨九筮之名"。足见《易》有三种,筮法有九种之多。今天我们只能见到《周易》一种,其筮法占六九,不占七八。《周易》筮法保存在《系辞传》中。《系辞传》载:"天一地二,天三地四,天五地六,天七地八,天九地十。天数五,地数五,五位相得而各有合。天数二十有五,地数三十,凡天地之数五十有五。此所以成变化而行鬼神也。大衍之数五十(有五),其用四十有九。分而为二以象两,挂一以象三,揲之以四以象四时,归奇于扐以象闰。五岁再闰,故再扐而后挂。乾之策二百一十有六,坤之策百四十有四,凡三百六十,当期之日。二篇之策万有一千五百二十,当万物之数也。是故四营而成易,十有八变而成卦。八卦而小成,引而伸之,触类而长之,天下之能事毕矣。"这就是筮法。

筮法所得只有四个数：七八九六。七叫少阳，八叫少阴，九叫老阳，六叫老阴。七九乃阳爻，八六乃阴爻。《周易》筮法只占九六，其他两种易用七八。

《周易》筮法只能生爻生卦，从爻辞卦辞中体味《周易》的哲理。作为预测吉凶的卦占，从《左传》文字看，虽引用《周易》经文用以占验，而筮法则是另一个体系。前人多称之为象数易。

《左传》作者引用《周易》卦象有二十处之多，这就是《左传》所载用于占筮或论事的二十个卦例。其中五处属于不变之卦，十五处属于变动之卦。这十五处变卦就值得认真研究，这是《周易》筮法所无法解说的。如庄公二十二年“遇观䷓之否䷋”，闵公元年“遇屯䷂之比䷇”，闵公二年“遇大有䷍之乾䷀”，僖公十五年“遇归妹䷵之睽䷥”，襄公二十五年“遇困䷮之大过䷛”，昭公五年“遇明夷䷣之谦䷎”……所谓“遇某之某”就是变卦，或称动卦。如“遇观䷓之否䷋”，是因为六四爻变，观卦成为否卦。观卦六四爻为本卦之变爻（或称动爻）。观卦称本卦，否卦称变卦或动卦。这仅是一爻变的例子，当然也可以二爻变、三爻变、四爻变，甚至五个变爻、六个变爻。《国语·晋语》有“得贞屯䷂悔豫䷏”即“遇屯特殊字符之豫特殊字符”，其中屯卦之初九爻、六四爻、九五爻共三爻变而成豫卦。又如《左传·襄公九年》有“是谓艮䷳之随䷐”，当是五个变爻的筮例。

变爻生变卦（或动爻生动卦），这就是象数易的特点。再加以卦气、纳甲、爻辰这些内容，就成了用于预测吉凶的卦占了。

古人对《周易》的看法，秦汉以前就分为两派。《易大传》反映了儒家大师孔子对《易》的解说，基本上是从义理角度探讨《周易》。《汉书·儒林传》载，“及秦禁学，《易》以筮卜之书独不禁”。秦始皇视《易》为筮卜之书，正好与《左传》所引《周易》取其卦占的作用相同。所以汉初传《易》，主要是传象数，传卜筮，特别是京房、孟喜等人，对此加以发展，使《周易》的卦占更为完备，流传更广。《汉书》列《易》入六艺略，视为儒家经典；又列《易》为术数略，看作卜筮之书，看重的就是象数易的卦占。

卦占长期被视为封建迷信，禁锢了它的发展。据今人邵伟华的研究，并引入实用的领域，确有与特异功能相同的效用。如果我们剔除其不合理的因素，直面它的预测的准确性，那卦占当属于预测学或未来学的范畴。

眼下最重要的，需要矫正我们对卦占的偏见，如同当年矫正对特异功能的偏见一样，而象数易专家更要做出切切实实的努力，以昭示象数易学的科学价值于天下。

一九八九年六月二日稿

原载《苗岭风谣》1989 年总第 6 期

附录：左旋《太极图》的意义及其科学价值

傅责中

易经包含的内容甚广，“旁及天文、地理、乐律、兵法、韵学、算术，以逮方外之炉火，皆可援《易》以为说，而好易者又援以入《易》，故《易》说愈繁”(《四库全书总目提要》卷一，经部一)。而《易经》又将太极作为万事万物的起点：“易有太极，是生两仪，两仪生四象，四象生八卦。八卦定吉凶，吉凶生大业。”(《系辞传》上)《太极图》有两种：一种为乾在上，坤在下，顺时针在右旋《太极图》；还有一种是坤在上、乾在下，逆时针的左旋《太极图》。

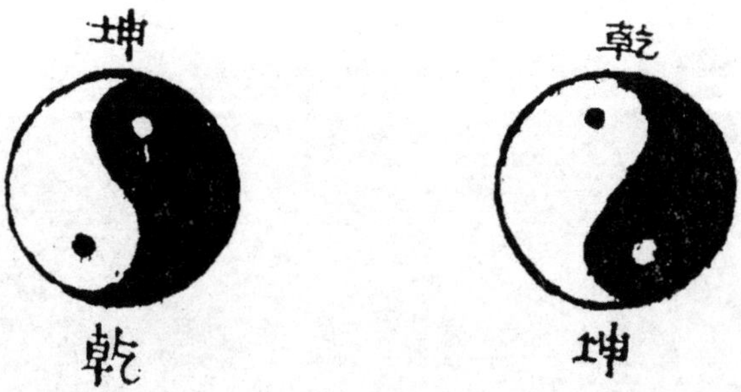

图一　左旋《太极图》　　　　图二　右旋《太极图》

世传有伏羲画八卦和文王画八卦两说。伏羲所画为左旋，文王所画为右旋。右旋《太极图》经儒家倡导，颇为流行，而左旋《太极图》却为人所忽略。

左旋《太极图》传自陈抟。宋代儒学家朱熹通过他的友人蔡季通从四川民间获得陈抟的左旋《太极图》(《先天图》)。朱熹说：“《先天图》传自希夷

（陈抟），希夷又自有所传，盖方士技术用以修炼，《参同契》所言是也。”朱熹并且指出陈抟渊源于东汉魏伯阳《参同契》。《四库全书总目》将《参同契》列于子部道家类。清代《易图明辨》中说：“举《参同》千言万语之元妙，而括之以图，微而著，约而赅。”陈抟所传左旋图，不同于儒家所传右旋图。陈抟说：“于羲皇心地上驰骋，而不于周孔脚下迹盘旋。”清初学者毛奇龄所搜集唐代道教曲谱《上方大洞真元妙经》中的《太极先天图》阴静在上，阳动在下，而阳动又与五行相接，并与“坤道成女，乾道成男，生化万物”相互衔接。这样，就将魏伯阳的《水火匡廓图》和《三五至精图》（见图三）联系起来。这说明《太极先天图》对陈抟的左旋图不无启发。陈抟的左旋《太极图》之手迹已无可考，但是现在华山石壁上还刻有《无极图》可供参考。据周敦颐所释：“无极即太极。”左旋《太极图》的来龙去脉，十分清晰。

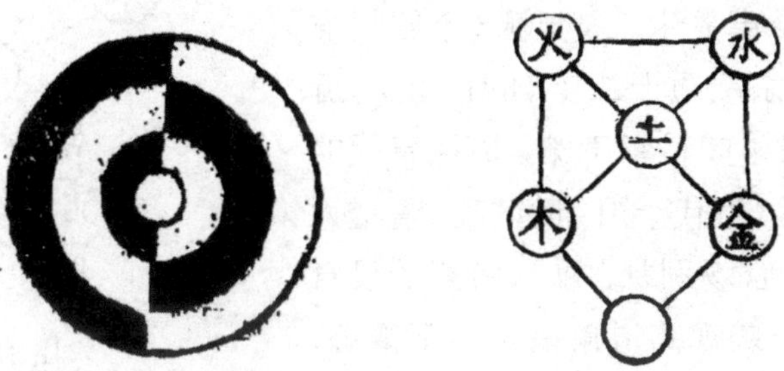

a. 水火匡廓图　　b. 三五至精图

图三　魏伯阳《参同契》图示

陈抟的黑白相间阴阳鱼的左旋《太极图》的含义是什么呢？如图三 b 所示：朝南，白色的鱼头朝上，尾朝下；黑色的阴鱼头朝上，尾朝下。《周易》载：“乾。象曰：天行健，君子以自强不息”，“坤。象曰：地势坤。君子以厚德载物”。王夫之《周易外传・说卦传》云：“乾为天、为君、为父”，“坤为地、为母……为地也为黑”。直观地看去，左旋《太极图》简直是阴阳颠倒，乾坤易位了。

老子《道德经》云：“谷神不死，是谓玄牝。玄牝之门，是谓天地根。”谷，山谷的谷，也就是虚谷。谷神，就是老子的道。道是万物产生的总根源。老子把这种看不见的深远的母性（玄牝）当成万物产生的总根源，体现了道家理论中贵雌的思想，正是陈抟所传左旋《太极图》的理论基础。在左旋《太极图》中，对儒家的阴阳正位的正统观念做了一百八十度的颠倒，坤上乾下，其贵雌之义是再清楚不过了。朱熹虽然得到了陈抟的左旋《太极图》，但他容不得左旋《太极图》的乾坤颠倒，而将它说成仅仅是方士修炼所用。儒学家所热衷传承的只是阴阳正位的右旋《太极图》。随着宋、元、明、清儒学的盛行，右旋《太极图》得以风行于世，而左旋《太极图》反而辗转于山野隐者、方士之间。

左旋《太极图》的传留，同陈抟的社会经历是分不开的。

陈抟，字图南，自号扶摇子，被宋太宗赵光义封为希夷先生，宋真源（今四川安岳）人，唐懿宗咸通十二年（871）生，“五代”后唐长兴年间科举不第，历经唐代的安史之乱以后“五代十国”的动乱，看透人世沧桑，鄙弃官场利禄，以六旬高龄投身四川邛崃山天庆观高道何昌一门下修炼，结识了《化书》的作者、哲学家谭峭，谭的“官逼民反”的思想对陈影响甚大。宋太宗赵光义登基之后，陈抟两次下山进言，在政治希望再度破灭后，返华山隐居，遂不复出。于998年逝于张超谷石室中，终年118岁。

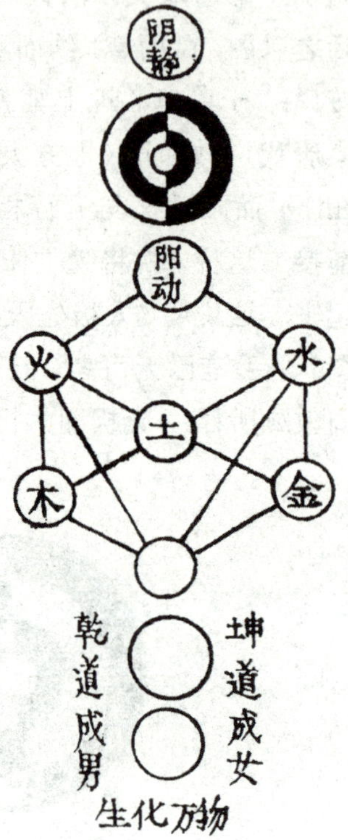

图四　唐代《太极先天图》

陈抟深谙老子《道德经》“君子居，则贵左；用兵，则贵右”（《老子》三十一章）的玄机，老子尚道、贵左的思想，在陈抟所制左旋《太极图》中，得到了充分的反映。按老子用兵贵右之旨，“五代”世道昏乱有如否极的大往小来，乾卦居上（大往）坤卦居下（小来）于是做出否极时的左旋《太极图》。

陈抟左旋《太极图》中所要表达的“贵左”“尚雌”“民贵”“君贱”的历史观和自然观，在社会科学和自然科学方面都有重大价值。现仅就其自然、科学方面价值简述之。

左旋和右旋是对称的，有时甚至是孪生的，有时有此无彼，有时有彼无此，在自然界大量存在。左和右是人们给它们的命名。自然界有大量的左旋现象，陈抟左旋《太极图》所反映的就是左旋现象。自然界存在大量的左旋现象，如电流通过磁场时所产生的磁力线方向和导体在做切割磁力线运动时所产生的电流方向，都同为沿反时针方向旋转，便是左旋。据《中国大百科全书・考古》载："现代动物机体蛋白质水解后可产生 20 多种氨基酸，称为蛋白氨基酸，均为左旋体结构。生物死亡后埋在地下，有机体在自然条件下也被水解为氨基酸保存在化石中。但氨基酸的左旋体结构慢慢地会向右旋体结构转化，最后达到平衡，以致旋光作用消失，这一过程称为外消旋反应。氨基酸的左旋体和右旋体都可以用生物、物理、化学的方法分离出来作定量测定。"上述记载说明动物体在生存时，体内产生的是左旋体氨基酸，而当动物体死亡后，就会逐渐转化为右旋体氨基酸。氨基酸是一切动物体生命的主要组成部分——蛋白质的基本单位。因此，左旋体氨基酸就是动物体生命的基础。在植物界也有左旋现象，如藤本植物中，牵牛、南瓜、四季豆、扁豆等的攀援茎在生长期中，很多都是沿左旋方向向上攀援的。究其原因，就是由于它们所含的淀粉，都是以左旋糖为单位，连在一起组成的。所有的淀粉，只有左旋糖链长度的不同和排列组合的不同。左旋糖是在植物长征过程中大量产生的。植物死后，由于酶的作用而转化为右旋糖，直到最后，左旋糖和右旋糖的比例平衡为止。上述情况说明，淀粉是一切植物生命体的主要组成部分，而左旋糖又是一切淀粉的基本单位。从一定意义上说，左旋糖的不断增加，就意味着植物生命的延续和生长。左旋糖的不断减少就意味着植物生命趋于死亡。而右旋糖不断增加的过程，就是植物走向死亡的过程。陈抟的左旋《太极图》同这一规律正好相符。

陈抟的左旋《太极图》不仅表达了物体运动和生命的自旋规律，还清楚地表达了地球表面的气象规律。地球表面上的风，是因为空气由高气压区流向低气压区而形成的。地面上的风之所以不循直线流动，是由于受到地球逆时针左旋的影响。当空气由高气压流向低气压时，气流沿着逆时针方向按左旋规律旋转。地球自西向东逆时针左旋自转时，会使气流获得逆时针方向的运动，并且会将地面上大量的暖湿空气沿左旋方向向内吸引，迅速上升到 12 千米的高空，被那里的冷空气所包围，而形成积雨云。积雨云不仅会凝结降水（雨），同时还产生正、负电荷，使云的顶部带正电荷，云的低部带负电荷，两种电相碰撞，便产生电，促使空气中的氮溶解在雨水中，降到地面。水和氮都是植物生长的物质基础，植物又是动物生长的主要能源。正是这种由低气压区产生的左旋暖湿气流，给大地带来了滋润万物生长的水和氮。每次降雨后，低气压中心消失，暖湿气流停止上升。雨后天晴，地球表面的水分受到太阳光和热的作用而蒸发，地面暖湿气流又形成新的低气压中心，产生新的降水（雨）。这一过程周而复始，循环不已。当然，有时低气压中心的形成范围太大，势头太猛，也会使极为猛烈的暖湿气流循左旋方向，向低气压中心迅速集中，形成台风。而台风的中心（风眼）往往呈左旋型结构。如果高气压单元体的生成过程正好与低气压单元体相反，一股股浓密的平冷气团会迅速下沉，并向四周扩散，取代它周围较轻的暖湿空气。当它从高气压中心向外盘旋扩散时，受到地球自转的影响，也向顺时针方向作右旋运动，尽管也常会带来晴天，但温度、湿度大大降低，不利于植物的生长。如果这一过程在初春形成，使会形成倒春寒，严重损害植物，造成灾害。如果高气压中心区产生于高空之中，没有暖温空气的补充，这一右旋过程持续不断，干冷气流不断下沉、扩散，在冬季会造成严寒的干冬，在夏季又会造成酷热的干旱。而大旱过后，高气压大大降低，将会形成特别猛烈的持续不断的低气压单元体，将地面长期无法蒸发的暖温空气连续不断地、猛烈地吸引向高空，造成大面积的灾害降水（雨），而出现涝灾。如果用《太极图》表示，这时的图像就是始终以阳刚之气为首，阴柔之气尾随其后。这说明阳刚之气在上就造成旱灾，阴柔之气在上就造成涝灾。老子说："上善若水，水善利万物而不争，处众人之恶，故几于道。"（《老子》第八章）老子又说："天下莫柔于水，而攻坚强者莫之能胜其无以易之。"（《老子》第七十八章）陈抟的左旋《太极图》正好反映了老子的"贵柔""尚水"的思想。这一左旋《太极图》并以它简明的图像印证了风调雨顺和水旱频仍的原因。

不仅地球表面的气象规律遵循着左旋规律，而且就连地球本身，也遵循着左旋规律不停地运动和变化。地球的大陆和海洋的分布状况与陈抟左旋《太极图》的图像极其相似。按照大陆漂移说的先驱艾尔弗雷德 · 魏格纳1915年在《大陆和海洋的起源》中指出：从8000多万年前起到100万年前左右，有种巨大的力量将亚、非大陆由中部向东北推移，而将美洲、南极洲从中部向西南推移。魏格纳的大陆演化说和现在经科学测量所得和结果相符。大陆的漂移历史，明显地反映出大陆的主体沿左旋方向向左上方（东北方）移动的趋势。科学家们对北美、欧洲、非洲地磁游动曲线的研究，已经证实大陆具有这种沿左移动的趋势的存在。

从微观方面看，构成物质的许多基本粒子——质子，就具有明显的左旋性质。1955 年，美国加利福尼亚的核物理学家张伯伦和西格雷用 6.2 千兆电子伏的质子轰击铜钯以后，逮住了 60 个反质子，而这时释放出的质子数目却超过 240 万个。质子通过极强的稳定磁场时，所有与磁力线方向取向相同的质子一律逆时针左旋；所有与磁力线方向取向相反的质子一律顺时针右旋。地球上一切物质的运动就必须遵守这一共同规律。

从宏观方面看，照陈抟左旋《太极图》启示，认识到这个总根源就是银河系的基本结构应是左旋星系。宇宙中的星系分为不规则星系（占星系总数的 3%）、棒旋星系和漩涡星系（占星系总数的 80%）和椭圆星系（占星系总数的 17%）三大类。在整个可见的直径为 200 亿光年的总星系中，只有几个星系比银河系大。银河系的结构如图：1. 银核，中心部分，密度最大；2. 银盘，星域的主体；3. 银晕，稀疏的外围星。从银河系剖面图上看，太阳系位于银盘的边缘位置。

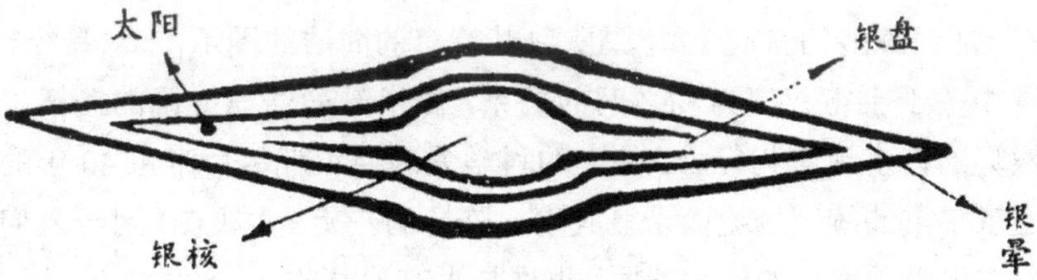

图五　银河系剖面图

根据星际氢分布绘制平面图时，可以有两种不同的画法。一种是假设观察者站在银河系的上空往下看银河系，它的头（银核）在上，尾（银盘、银晕）在下，朝观察者迎面飞来。如从相反位置上看到的是银河系头（根核）朝前，尾（银盘、银晕）在后，背向观察者飞去。这就是作逆时针向前运动的平面图。地球上的观察者可见到的只能是后者。

上述情况，已为著名的荷兰天文学家简 • 奥尔特的天文观测所证实。所以，陈抟的《太极图》正好和银河系的左旋运动状况相吻合。

天文学家们发现：恒星从天空上的一点向四周散开，并向正对的一点聚会。太阳系正在银河系的边缘，围绕银核沿逆时针作左旋方向的公转，同时又作逆时针的左旋方向自转。银河系的左旋运动，决定了太阳系银核沿左旋方向公转自转。又由于太阳系的左旋自转决定了地球围绕太阳沿左旋方向公转和自转。老子说："人法地，地法天，天法道，道法自然。"(《老子》第二十五章）老子说："是以万物莫不尊道而贵德。道之尊，德之贵，夫莫之命而常自然。"(《老子》第五十一章）陈抟的左旋《太极图》对于我们理解大到银河自旋，小到质子自旋都遵循逆时针的总的客观规律，是颇有帮助的。

欧洲的哲学权威D·古斯塔夫·荣格在《易经》英文再版序言中指出："谈到世界人类唯一的智慧宝典，首推中国的《易经》。在科学方面，我们所得的定律，常常是短命的，或被后来的事实所推翻，唯独中国的《易经》，亘古常新，相距6000年之久，依然具有价值，而与最新原子物理学颇多相同的地方。"英国科学家李约瑟博士在《中国科技史》中特别指出："道家具有一套复杂而微妙的概念，我们以后将特别提到它，因为它是中国后来产生的一切科学思想的基础。"又说："中国人的特性中很多最吸引人的地方，都来自道家的传统。中国如果没有道家，就像大树没有根一样。道家在中国文化中，至今还是生气蓬勃的。"这些科学家的论断，当然还有待于科学实验的证实，然而陈抟的左旋《太极图》以其特有的简洁的图示，把《易经》和道家学说中关于宇宙万事万物之间的关系，做了最简洁而准确的概括。并且与自然界的许多现象相符合，伟大的科学爱因斯坦耗尽后半生40年的精力矢志追求宇宙的统一场论而未竟其事。陈抟的左旋《太极图》对于人们继续努力以实现爱因斯坦的伟大遗愿，也许是大有裨益的。

原文载《贵州民族学院学报（社会科学版）》1990年第3期

逸周书全译

前言

一

《逸周书》，本名《周书》。先秦典籍《左传》《国语》称引《周书》多次，考查文字，在今《尚书》之中。《墨子》《战国策》也称引《周书》多次，考查文字，与今《逸周书》同。《左传》引今《逸周书》之文，或曰“周志”或曰“书”。

《汉书·艺文志·书类》：“《周书》七十一篇，周史记。”可见，《周书》当是本名。

自汉以来，大学问家司马迁、郑玄、马融、蔡邕、杜预、郭璞等人都确称为“周书”。

最早称为“逸周书”的，是东汉许慎，见于他的《说文解字》。如《豕部》“豲”字，《示部》“祢”字，《火部》“熮”字，《立部》“竘”字，《木部》“槷”字，《人部》“侊”字，《羽部》“翰”字，都确称“《逸周书》曰……”。郭璞于《山海经》中称引《周书》，在《尔雅》注中又称《逸周书》。在郭璞眼里，“周书”为本名，“逸周书”当是别称。这也大体反映了历史的真实。

自清代修《四库全书》，题名为《逸周书》，书名就算确定了下来。

《逸周书》又称“汲冢周书”。《新唐书·艺文志》载：“《汲冢周书》十卷。”《宋史·艺文志》载：“《汲冢周书》十卷，晋太康中于汲冢得之，孔晁注。”因为本名《周书》，又从汲冢中得，故冠以“汲冢”二字。

我们还应注意《逸周书》与《尚书》的关系。《尚书》，按其时代可分为《夏书》《商书》《周书》三个部分。所以《左传》《国语》中所引的“《周书》曰……”，文字在《尚书》中的《周书》之中。《逸周书》本名《周书》，共七十一篇，为了不与混同，有人称“七十一篇《周书》”，以别于《尚书》中的

《周书》。

西汉刘向说:“周诰誓号令也,盖孔子所论百篇之余也。”认为七十一篇《周书》是古文《尚书》所删逸篇。这也是七十一篇称“逸”的来由。孔子修订六经,先儒便以为七十一篇《周书》乃仲尼删《尚书》之余。其地位自然就不能与《尚书》等列。

不过,就其内容,历代史志将该书归入“杂史类”还是恰当的。

二

《逸周书》七十篇,《序》一篇,旧分十卷,实存五十九篇。

就其内容而言,涉及礼制、兵戎,有史事、有训诂,有政令、有说教。其书以“史”文为主,确实又“杂”,后世归入“杂史类”,是有道理的。刘向题为“周时诰誓号令也”,《汉书·艺文志》题为“周史记”,大体反映了该书的性质。

三

刘向虽有“孔子所论百篇之余”的议论,而《逸周书》的成书时代并无定见。有战国时人作,战国前人作,秦汉人作,甚至魏晋人作种种不一的说法。

朱右曾氏在《逸周书集训校释序》中说:“此书虽未必果出文、武、周、召之手,要亦非战国秦汉人所能伪托。何者?庄生有言:圣人之法,以参为验,以稽为决,一二三四是也。周室之初,箕子陈畴,《周官》分职,皆以数记,大致与此书相似:其证一也。《克殷篇》所叙,非亲见者不能;《商誓》《度邑》《皇门》《芮良夫》诸篇,大似今文《尚书》,非伪古文所能仿佛:其证二也。称引是书者,荀息、狼瞫、魏绛,皆在孔子前:其证三也。”

朱右曾的观点很明确,是书乃战国之前人作。《周书》又从汲冢中出,其成书当在“汲冢”之前。汲冢旧有魏安釐王、魏襄王两说。汲冢出土的《竹书纪年》有“今王终,二十年”之语,知所葬不得早于周赧王二十年,汲冢当为魏襄王冢。

又,《史记·苏秦传》载:“苏秦乃闭室不出,出其书偏观之……于是得

《周书》《阴符》，伏而读之。”苏秦已见《周书》，又求说周显王，其成书当在周显王之前。显王即位于公元前368年，在位48年。

又，《逸周书》多数篇目，标明是记文、武、周公、成王、穆王时事，时代最晚一篇是《太子晋》，“晋平公使叔誉于周见太子晋”。晋平公卒于周景王十三年（前532年）。这仅是书内文字反映的时代。

春秋后期，当周景王、周敬王两世。景王时代，周王室还有一定地位，景王也有所作为，《国语·周语》载，景王二十一年“铸大钱”，二十三年“铸无射（钟）”“景王崩，王室大乱”。进入周敬王时期，周王室只能是苟延残喘了。《周书序》言：“王化虽弛，天命方永，四夷八蛮，攸尊王政，作《职方》。”《周书序》末句云“周道于乎大备”。可见此《序》不可能作于王道衰颓的敬王，当作于周景王时期。该书当在景王世已告完成。这与“仲尼删《尚书》之余”也是吻合的。

《逸周书》的篇目，前人多用一“解”字，如《度训解第一》《命训解第二》……朱右曾氏云：“‘某某解第几’，此孔晁所目也。”所以朱右曾的校本就全不用“解”字。

四

现存《逸周书》最早的注本当是晋孔晁注。在现有五十九篇中，有孔注者四十二篇，无注者十七篇。

由于是“删《尚书》之余”，《尚书》列为儒家经典，《逸周书》自然备受冷落。

其间，只南宋王应麟（1223—1296）有《周书王会补注一卷》。到了清代，才开始有人认真研究。卢文弨有《汲冢周书十卷校证补遗》，王念孙有《逸周书杂志四卷》，陈逢衡有《逸周书补注二十二卷》，俞樾有《周书平议一卷》，朱右曾《逸周书集训校释十卷》堪称集大成之作。民国时期，陈汉章有《周书后案三卷》，刘师培有《周书补正四卷》。这些著述，大多是精审而有创见的，可惜一般人很难见到。

中华人民共和国成立后，一些学人如郭沫若、顾颉刚、李学勤几位先生研究了其中个别的篇章，全书的校理到20世纪90年代才由西北大学黄怀信氏主持完成。黄怀信先生先后出版《逸周书源流考辨》（1992年），《逸周书汇校集注》(与人合作，1995年)，《逸周书校补注译》(1996年)。这就填补了当代《逸周书》研究的空白，给《逸周书》的普及打下了基础。黄怀信氏对《逸周书》的全面研究，功在千秋，功不可没。

这个全译本，采用朱右曾氏《集训校释》作底本，这就省却了很多的考校文字；又主要参考黄怀信氏《校补注译》，采纳了不少黄氏的见解。书中的"朱氏云""黄氏云"犹如两个肩头，踩着这两个肩头向上，当不至于"后出转疏"了。

这个全译本的注，凡标有"也"的，指采用的是旧注，以示有别。因为是普及性的，注释力求简明，对照译文能明白的就不另注，也不作繁琐考证。涉及需要讨论的问题，作者另有《读〈逸周书〉笔记》若干则，就不在注释中徒费笔墨。

有心的读者能将这个全译本通读而又有所收获，要感谢朱右曾氏以及黄怀信先生，是他们的研究使这本难读的书变为可读，作者只不过为你做了一些简要的大体恰当的介绍而已。

1999年6月25日

于贵阳花溪寓所

逸周书全译卷一

度训第一

【题解】

度，法度。训，解说。度训，对法度的解说。全篇以“度”为中心讲说治民的方法。

【原文】

天生民而制其度。度小大以正，① 权轻重以极，② 明本末以立中。③ 中以补损，④ 补损以知足。□爵以明等极，极以正民。⑤ 正中外以成命，正上下以顺政。⑥ 政以内□。⑦ □□自迩，⑧ 弥兴自运。远迩备极，终也□微。⑨ 补在□□，⑩ 分微在明。明王是以敬微而顺分。⑪ 分次以知和，⑫ 知和以知乐，知乐以知哀，以知慧，⑬ 内外以知人。⑭

【注释】

① 度（duó，夺）：度量。正：指大小适中。当是“立正”“立极”，蒙后“立中”省。

② 权：称。极：指轻重适中。

③ 本末：指两端。立中：确立不偏不倚的适中者。

④ 补损：补其不足，损其有余。

⑤ 缺文乃“序”字，从黄怀信说。序爵：排列爵次。《礼记·中庸》：“序爵，所以辩贵贱也。”极：前为等级，后“极”为动词，指辨明等级。正：定，正民，使民安定。

⑥ 中外：指朝野。成命：成就君命。上下：指上自公卿下至庶民。顺政：使政

令顺行。

⑦ 内：指朝廷之内。缺文疑“成”，制定之义，从黄氏说。

⑧ 缺文疑“内兴”，从黄氏说。兴，起。下文“弥兴”，弥，更也。

⑨ 备：全。极：至。缺文疑“精”，从黄氏说，精微，精细，指政令完善周密。

⑩ 补：指补损，即补不足损有余。缺文当是“分微”，即分次精微，从黄氏说。

⑪ 敬微：重视精微。顺分：遵循分次。

⑫ 分次：区分等级。和：和睦。明确等级则上下和睦，故知和。和则乐，故知和则知乐。有乐则知哀。

⑬ 知慧：孔注“慧者甚明所以知人”。即知哀乐者必知慧，是最明白的人。

⑭ 内外：指在朝在野。知慧者在朝廷内外都能分辨好人恶人，即知人。

【译文】

上天生下民众就给他们制定了法度。量度大的与小的，就能确定大小适中的；称量轻的与重的，就能确定轻重适中的；弄清本末两端，就能确定正中间。确定适中的标准才能补其不足损其有余，直到补损到恰当为止。排列爵次，以明确尊卑贵贱。辨明等级以安定民众。安定好朝廷内外，以成就君命；安定好公卿庶民，以便政令顺行。政令在朝廷内制定。制定人有来自近处的，更有来自远处的。远处与近处的人才全都到来，政令最终才能完善周密。补不足损有余全在于分次精微，分次精微又全在于君王英明。因此，英明的君王就重视精微而又遵循分次原则。区分了等级，民众就知道和睦；知道了和睦就会知道欢乐；知道了欢乐也就会知道哀伤；知道了欢乐哀伤就知道怎样做一个最明白的人，在朝廷内外都能分辨好人与恶人。

【原文】

凡民生而有好有恶。① 小得其所好则喜，大得其所好则乐；小遭其所恶则忧，大遭其所恶则哀。凡民之所好恶，生物是好，死物是恶。② 民至有好而不让。③ 不从其所好，④ 必犯法，无以事上。民至有恶而不让。不去其所恶，⑤ 必犯法，无以事上。偏行于此，⑥ 尚有顽民，而况曰不去其所恶而从其所好，民能居乎？若不□力，⑦ 何以求之？力争则力政，⑧ 力政则无让，无让则无礼。无礼，虽得所好，民乐乎？若不乐，乃所恶也。

【注释】

① 凡：所有。民生：生民，民众。古人多倒语，中心（心中）、中流（流中）、月吉（吉月）、朔月（月朔），等等皆是。好、恶：喜好，厌恶。

② 生物：养生之物。恶物：致死之物。《春秋左氏传》："生，好物也。死，恶物也。好物，乐也。恶物，哀也。"生物是好，即好生物，宾语前置。

③ 不让：孔注"不让则争，争则必犯法矣"。

④ 从：顺，指遂心。

⑤ 去：使去，指除、弃。

⑥ 偏：孔注"偏谓兼行好恶也"。指从民所好又除民所恶。

⑦ 缺文当是"居"，衍"力"字，从黄氏说。

⑧ 力政：力征，用武力征取。

【译文】

所有民众皆有喜好有厌恶。得到一点他所爱的就高兴，得到很多他所爱的就欢乐。遇到一点他厌恶的事就忧伤，遇到很多他厌恶的事就会悲哀。大凡民众的好恶都一样，喜欢养生之物，厌恶致死之物。民众遇到自己喜爱的东西就相争不让。如果不能顺从他的爱好，就一定犯法作乱，不能侍奉上司。民众遇到自己厌恶的东西就争相回避。如果不能除去他厌恶的东西，就一定犯法作乱，不能侍奉上司。即使上司顺其所好又除其所厌，也还会有顽民，何况还不能除其厌恶，顺其爱好，民众能安居吗？民众如果不能安居，又凭什么求得民众呢？以力相争就会用武力强取，用武力强取就会失去谦让，失去谦让，就丢掉了礼制。丢掉礼制，即使得到喜爱的东西，民众会快乐吗？如果不快乐，就是他厌恶的了。

【原文】

凡民不忍好恶，① 不能分次。② 不次则夺，夺则战。战则何以养老幼，何以救痛疾死丧，何以胥役也？③ 明王是以极等以断好恶，④ 教民次分，扬举力竟任壮、养老、长幼，有报，⑤ 民是以胥役也。

【注释】

① 忍：忍耐，克制。

② 分次：同“次分”，倒文，安于本分。

③ 背：相。役：使。相互役使，相互帮助。

④ 极等：即明等级。

⑤ 扬举：表彰。力竟：竟同“竞”，努力去做好以下三事“任壮、养老、长幼”。孔注“壮者任之，老者养之，幼者长之，使相报，此谓力竟也”。即让壮年人有事做，老年人有供养，幼年人能成长，彼此相报答。

【译文】

大凡做人，不能克制自己的好恶，就不能安守本分。不守本分就会争夺，争夺必然打斗，相互打斗又怎么能抚养幼儿，赡养老人，怎么能救助病痛、疾苦、死亡、丧葬，怎么能相互帮助呢？英明的君王因此而区分等级来阻断庶民的好恶之心，教会民众安守本分。表彰那些努力使壮年人有事做、老年人有供养、幼年人能成长的人，让壮年、老年、幼年人相互能报答，民众因此而能彼此帮助。

【原文】

夫力竟非众不克，① 众非和不聚，和非中不立，② 中非礼不慎，礼非乐不履。③ 明王是以无乐非人，④ 无哀非人，人是以众。人众，赏多罚少，政之美也；罚多赏少，政之恶也。罚多则困，赏少则乏。乏困无丑，⑤ 教乃不至。是故明王明丑以长子孙。⑥ 子孙习服，鸟兽仁德；⑦ 土宜天时，百物行治。治之初靡初哉，⑧ 治化则顺。是故无顺非厉。⑨ 长幼成而义生曰顺极。⑩

【注释】

① 力竟：竟同“竞”，争也。上文“力竟”是努力去做，争着去做，作状语，此处指力争，用力争斗。

② 和：和睦。中：读“忠”。诚心。

③ 礼：礼仪。履：行，中非礼不慎，只有认真于礼仪才显出诚心。

④ 无乐非人：即非人无乐，与民同乐之义。

⑤ 乏：贫乏。困：困窘。无丑：无羞耻。

⑥ 长：使长也。使子孙长，即培养子孙。

⑦ 服：行。习服，指习知有丑而行之。言鸟兽也会有仁德，何况人乎？

⑧ 麕：即下文"厉"字之讹。厉读为励，即励民，劝励民众，治厉连文。"之初"二字衍文。治厉初哉，强调初始阶段十分重要。

⑨ 厉：读为励。不励民则无顺，顺则由于励民之故。

⑩ 义：宜也。合宜的道与行。顺极：顺之至，即十分顺利。

【译文】

凭力气争斗，除非人多不能制止；人多，除非和睦不能聚集；和睦，除非诚心不能实现；诚心，除非礼仪慎重不能表现；礼仪，除非心情舒畅不能履行。英明的君王因此而与民同乐，与民同哀，百姓因此也就多起来。人多了，赏赐多而处罚少，是善政；处罚多而赏赐少，就是恶政。处罚多了百姓会困窘，赏赐少了百姓会贫乏。一旦贫乏、困窘，就不知羞耻，教化就不能到他们身上。所以，英明君王以晓明廉耻来教育子孙成长。儿孙们习知有耻而身体力行，就是鸟兽也会怀有仁德。加之地得其宜与天得其时，百事都会平稳。一开始就重视治教劝励民众，整个教化都会顺利。所以，教化的不顺是没有劝励民众。培养幼儿的事情成功，并且生出"义"来，可说是顺极了。

命训第二

【题解】

命训，关于天命的训教。民之大命乃天所生成，明王当顺天命以牧万民，以致礼法受到尊重。

【原文】

天生民而成大命。[①]命司德正之以祸福，[②]立明王以顺之。曰：大命有常，小命日成。[③]成则敬，[④]有常则广。广以敬命，则度至于极。[⑤]

【注释】

① 大命：命有大小，大命乃上天成就，故大命即天命，以与小命别。

② 司德：司，主也，以德为主也。

③ 有常：有一定。大命乃天命，不移改，故有常。日成：随日而成。小命由自己的德行所主，视其个人德行而定其祸福。

④ 成则敬：因小命随日而成，就要重视而不怠慢。

⑤ 广：大也。《校释》："知其有常，故不敢以小善责报于天；知其日成，故不敢懈其修省。如是则法度至于中正也。"

【译文】

上天生下民众而成就他的大命。让神明靠德行降祸福端正他们的行为，设立英明君王让民众顺应天命。就是说：大命不改易，小命随日而成。随日而成就得重视（自己的行为），而大命是不变的。知大命而又重视小命，那么法度就受到维护而达到中正。

【原文】

夫司德司义而赐之福禄。[①]福禄在人，能无惩乎？若惩而悔过，[②]则度至于极。

夫或司不义而降之祸，在人，[③]能无惩乎？若惩而悔过，则度至于极。

夫民生而丑不明，无以明之，能无丑乎？[④]若有丑而竞行不丑，则度至极。

夫民生而乐生，无以谷之，能无劝乎？[⑤]若劝之以忠，则度至于极。

夫民生而恶死，无以畏之，能无恐乎？若恐而承教，[⑥]则度至于极。

【注释】

① 司：司通伺，察也。义：宜也，做了合乎事理之事称义。即《校释》："处物曰义"。

②惩：惩治。惩其不德不义，即福禄在人。

③在人：即降祸在人。前隐含“祸”字，非脱。

④无丑：无羞耻。下有丑，有廉耻，知耻。

⑤谷：善也。谷可养人，故有善义。不谷即不善。谷之，使之善，让他活得好。劝：劝勉。

⑥承教：接受教化。

【译文】

考察他们的德行道义就赐给他们福禄。福禄在身，他们能不惩治不德不义之事吗？如果既能惩治错误又能悔改过失，那么法度就受到维护而达到中正。

如果探察到不义行为，就降祸给他。灾祸在身，他能不惩治不德不义之事吗？如果既能惩治错误又能悔改过失，那么法度就受到维护而达到中正。

民众生来并不明白有羞耻，如不让他们明白，能不干些无耻的事吗？如果知羞耻而争相做正当事，那么法度就受到维护而达到中正。

民众生下来就乐于活下去，不能让他们活得更好的话，能不给他们一些劝勉吗？如果以忠信劝勉他们，那么法度就受到维护而达到中正。

民众生下来就厌恶死亡，不能让他们因为活着而有所畏惧的话，能不让他们因为死而有所恐惧吗？如果因对死的恐惧而接受教化，那么法度就受到维护而达到中正。

【原文】

六极既通，六间具塞，[①]通道通天以正人。[②]

正人莫如有极，[③]道天莫如无极。道天有极则不威，不威则不昭；正人无极则不信，不信则不行。[④]明王昭天，信人以度，功地以利之，[⑤]使信人畏天，则度至于极。

夫天道三人道三：天有命、有祸、有福；人有丑、有绋绕、有斧钺。[⑥]以人之丑当天之命，[⑦]以绋绕当天之福，以斧钺当天之祸。六方三述，其极一也，不知则不行。[⑧]

【注释】

① 六极：即以上六条“度至于极”。六间：与六极相对而言，极为中正，间则不正也。

② 通道通天：通，晓也。《校释》：“道生天，天生人，其本一也。”

③ 极：标准。正人：使人正，教育人。

④ 威：严。昭：明。信：使信也。行：从。

⑤ 功地：功读为攻，治也。利之：使之得利。

⑥ 丑：耻。有丑指有羞耻。绋绕：即黼冕，指爵禄。斧钺：指刑法。

⑦ 当：对。黄氏云：“大命有常，耻亦有常，故以当之。黼冕赏人，与为善则赐福同，故以当之。斧钺刑人，与作恶则降祸同，故以当之。”

⑧ 六方：指丑、命、绋冕、福、斧钺、祸。三述：述通术。六方两两相对即为三，称三术。极：终极。孔晁云：“一者善之谓也。不行善，不知故也。”

【译文】

天道有三个方面，人道有三个方面：天道有命、祸、福，人道有羞辱、爵禄、刑法。以人道的羞辱对天道的命，以人道的爵禄对天道的福，以人道的刑法对天道的祸。六个方面三种办法，最终是要人行善。人不行善，就因为他不懂这个道理。

【原文】

极命则民堕，民堕则旷命，旷命以诫其上，则殆于乱；[①] 极福则民禄，民禄则干善，干善则不行；[②] 极祸则民鬼，民鬼则淫祭，淫祭则罢家；[③] 极丑则民叛，[④] 民叛则伤人，伤人则不义；极赏则民贾其上，贾其上则民无让，无让则不顺；[⑤] 极罚则民多诈，多诈则不忠，不忠则无报：凡此六者，政之殆也。[⑥] 明王是故昭命以命之，曰：“大命世，小命身。”[⑦]

【注释】

① 极：过度，过头。命：号令。旷：空也。诫：通戒，警备。殆：近也。

② 福：赐福。禄：贪禄。干：犯。

③ 祸：降祸。鬼：信鬼也。淫：过。淫祭：大搞祭祀。罢：通疲。孔注：“罢敝

其财，冀无祸也。”

④ 极丑：过度羞辱。

⑤ 贾（gǔ 古）：买。《校释》云：“贾上，谓如贾者之居奇挟功邀赏，无逊让之心。”

⑥ 忠：实也。殆：危也。

⑦ 孔晁曰：“违大命则世受罚，犯小命则罚身。”昭命：使号令昭显。

【译文】

号令过度百姓就会怠惰，百姓怠惰就不听号令，不听号令就戒备上司，就近乎叛乱了。赐福过度百姓就会贪禄，百姓贪禄就会伤犯善事，伤犯善事就使善事不能施行。降祸过度百姓就会信鬼，百姓信鬼就会大搞祭祀，大搞祭祀就会败毁家财。羞辱过度百姓就会背叛，百姓背叛就会伤人，伤人就不正义了。赏赐过度百姓就与上司讨价还价，与上司讨价还价就没有逊让之心，没有逊让则政令就不顺达。处罚过度百姓就多诡诈，百姓多诈就不诚实，不诚实就没有报答了。总上六种情况，显示了政事的危险。所以，英明的君王就用明白的号令告诉百姓说：“违背大命就世代受罚，违背小命自身遭殃。”

【原文】

福莫大于行义，祸莫大于淫祭，丑莫大于伤人，赏莫大于信义，让莫大于贾上，罚莫大于贪诈。[①] 古之明王，奉此六者以牧万民，民用而不失。[②]

【注释】

① 大于 ×：比 × 大。莫大于 ×：没有谁比 × 大。福、祸、丑、赏、让、罚，皆动词，福指赐福，祸谓降祸，丑即羞辱，赏为奖赏，让乃责让，罚是处罚。行义、淫祭、伤人、信义、贾上、贪诈，皆指人而言。行义即行义者，淫祭即淫祭者，余皆同福莫大于行义，指给行义者赐福最大，即没有谁比行义者得到得多。

② 奉：遵奉。牧：治理。用：为所用。失：流失，即逃亡。

【译文】

赐福，没有谁比行义者得到得多；降祸，没有谁比淫祭者得到得多；羞辱，没有谁比伤人者得到得多；奖赏，没有谁比信义者得到得多；责备，没有谁比与上司讨价者得到得多；处罚，没有谁比贪诈者得到得多。古代英明的君王，遵循这六种方法治理百姓，百姓就会为君王所用而不逃亡。

【原文】

抚之以惠，和之以均；敛之以哀，娱之以乐；慎之以礼，教之以艺；震之以政，动之以事；劝之以赏，畏之以罚；临之以忠，行之以权。[①]权不法，忠不忠；罚不服，赏不从劳；[②]事不震，政不成，艺不淫，礼有时；乐不满，哀不至；[③]均不壹，惠不不忍人。[④]凡此物，权之属也。[⑤]

【注释】

① 抚：安抚。抚之以惠，即以恩惠安抚之。下十一句句法同。敛：收敛，不放纵。震：震慑。劝：勉励。行：使，即役使。

② 权不法：权势不用于守法者。忠不忠：忠诚不加于忠诚之人。罚不服：处罚不施于服罪者。赏不从劳：奖赏不给随劳之人（即奖赏主要劳动者）。从（zòng，纵）。旧注：从犹失也。从劳即失劳、不劳。亦通。

③ 事不震：力役之事不震惊百姓。政不成：成通盛，政令不繁冗。艺不淫：技艺不过于淫巧。乐不满：欢乐而有节制。哀不至：悲哀而不至极。

④ 旧本作"惠不忍人"，当从，即施恩惠而对人不残忍。

⑤ 物：事。凡此物：所有这些事。权之属：归于君王权力之类。

【译文】

君王要用恩惠安抚他们，用均等使他们和睦；借悲哀事让他们收敛，借欢乐事使他们愉快；用礼仪使他们慎重行事，用技艺教给他们本领；用政令震慑他们，用力役事让他们劳作；用奖赏勉励他们，用惩罚使他们畏惧；让他们面对诚实，以权力制服他们。权势不用于守法者，忠诚不加于忠诚之人，惩罚不施于服罪者，奖赏不给不劳动的人。力役之事不惊扰百姓，政令简明而不繁冗；技艺不淫巧，礼仪讲时节；欢乐不过分，悲哀有节制；均等而不划一，惠爱而对人不残忍。所有这些事，都归于君王权力之类。

【原文】

惠而不忍人，人不胜害，害不如死。① 均一则不和，哀至则匮，乐满则荒。② 礼无时则不贵，艺淫则害于才。③ 政成则不长，事震则寡功。以赏从劳，劳而不至。以法从中则赏，赏不必中。④ 以权从法则行，行不必以知权。⑤ 权以知微，微以知始，始经知终。⑥

【注释】

① 上段从正面讲，此段从反面讲。"惠而不忍人"当是"不惠而忍人"：不惠爱而对人残忍，从黄氏说。不胜（shēng，生）：犹不堪。

② 哀至则匮：悲哀之极则乏神。匮：乏。乐满则荒：欢乐过分就必然放纵。荒：宽漫放纵。

③ 才：材。

④ 此处有脱误，上段有"权不法，忠不忠，罚不服，赏不从劳"。此段当分别叙及。上句以"赏从劳"，下句言"权以法"，这中间缺了对"忠""罚"的反面申说。此句明显的不伦不类。

⑤ 上段"权不法"，权力不加于守法者。此句相反，"以权从法"即以权势加于守法（从法）者。则行：当是"则不行"，即不服从。所以"行必以知权"（衍"不"字），要使人服从，必定要知道使用权力的方法。从黄氏说。

⑥ 权以知微：使用权力，一定要知道细微。

【译文】

如果君王不惠爱而对人残忍，人们就会不堪其害，与其受害，还不如死。均等而划一，就不和睦。悲哀之极就缺乏精神，欢乐过头就会放纵。礼仪不分时节就不贵重了，技艺淫巧就损害材料。政令冗繁，必不长久。役事惊民就少有功绩。如果奖赏不劳动的人，劳动者就会不尽力。把权力加于守法者，守法者就不再服从。要使人服从，就必须懂得使用权力。行使权力必须了解细节，了解细节必须知道从何而始，知道从何而始就必须知道至何而终。

常训第三

【题解】

常，永恒，固定。常训，关于“常”的训教。此篇讲民习、民常的作用，以及明王对民习、民常应取的态度。

此篇与前《度训》《命训》文气相类，同以“训”名，当是同时代的作品。三篇皆为王者立言，故前人有谓本属一篇者。

【原文】

天有常性，人有常顺。①顺在可变，性在不改。不改可因，②因在好恶。好恶生变，变习生常。③常则生丑，丑命生德。④明王于是立政以正之。

【注释】

① 性：指规律。顺：顺应自然的行为。

② 因：因袭、沿袭。

③ 变习：改变原有习惯。生常：产生新的“常”，成为固定不变，以代替原有的习惯。

④ 丑：耻。有了常就可以生丑。“因其丑而命之，使人弃恶迁善则生德。”

【译文】

上天有固定不变的规律，人有顺应自然而养成的行为。人的行为在于可以变化，自然规律则不可改易。不可改易就只能因循沿袭，而因循与否在于人的好恶。好恶可以产生变化，改变原有习惯，产生新的恒常。有恒常就可以产生耻丑，耻丑明就能生道德。英明的君王因此而设立政教，借以修正人的习惯与常行。

【原文】

民生而有习、有常。以习为常，以常为慎，民若生于中。①夫习之为常，自气血始。[②] 明王自血气耳目之习以明之丑。[③] 丑明乃乐义，乐义乃至上，[④] 上贤而不穷。哀乐不淫，民知其至。[⑤] 而至于子孙，民乃有古。[⑥] 古者因民以顺民。[⑦]

【注释】

① 慎：黄氏云“当作顺，以音误”。即以常行作为顺应自然的行为，人就如同生活在大自然之中。以习为常：把原有习惯变为顺应自然的常行。

② 习之为常：习惯要变为常行。气血：乃生命之本，此指幼小之时。

③ 明之丑：双宾语句。使之明白耻丑。

④ 至上：《校释》：“至上者，达于上也。”

⑤ 贤：多财。淫：过。至：极也，此指满足。

⑥ 古：指古朴之风。

⑦ 因民以顺民：犹言以人治人。

【译文】

民众生来就有习惯，有常行。如果变习惯为常行，以常行为自然行为，人就如同生活在自然之中，人的习惯要变为常行，当从幼小时候开始。英明的君王从幼小时候的耳目习惯上让民众明白什么是耻丑。耻丑明白就能喜爱合宜的行为。喜爱合宜的行为就能达于上司，上司就会多财而不匮乏。哀乐不要过头，民众就会知道满足。这种风气子孙相传，民众乃有古朴之风。远古时候就是依靠百姓而使百姓顺服的。

【原文】

夫民群居而无选，[①] 为政以始之。[②] 始之以古，终之以古。行古志今，政之至也。[③] 政维今，法维古。

顽贪以疑，疑意以两。[④] 平两以参，参伍以权，权数以多。[⑤] 多难以允，允德以慎。慎微以始而敬终，终乃不困。[⑥] 困在坌，诱在王，民乃苟。[⑦] 苟乃不明，哀乐不时，四征不显，六极不服，八政不顺，九德有奸。九奸不迁，万物不至。[⑧] 夫礼非克不承，非乐不竟。民是乏生。[⑨]

【注释】

① 选：指首领。

② 政：通“正”。为正，指设官。始：当作“治”。从黄氏说。

③ 志：思虑。行古志今：指行古法而治今事。至：极也。

④ 顽：凶。贪：贪财。疑意：思想疑惑。两：二，指内心的矛盾。

⑤ 平：使平，即消除矛盾。参：叁，三，指外在的政令之类，与“两”而为三。叁伍：《易 • 系辞上》：“参伍以变，错综其数。”指交互错杂。权数以多：指交错使用权力，则政令之类必多。

⑥ 允：恰当。德：借为“当”。黄氏说。慎微：慎重对待细微之事。困：困顿。

⑦ 坌：尘也。言法令繁多。诱：惑也，言王诱民。苟：苟且。

⑧ 四征、六极、八政、九奸：见下文。服：行也。奸：伪。

⑨ 克：胜。承：奉也。乐：和也。竟：终也。黄氏云：“此句衍。”乏生：缺乏活命之理。《校释》：“礼乃四征八政之经，六极九德之本，故特言之。”

【译文】

民众群居而没有首领，就设立长官以治理他们。开始治理用古法，最终也用古法。行古法而治今事，是最好的政治。即政令是现在的，而法规是古代的。

民众凶顽贪财，是由于思想糊涂；思想糊涂，是由于内心有矛盾。要消除矛盾，得用外在的政令法律，交错地使用权力。这样，政令之类必多。多了就难以允当。要允当就应谨慎。从谨慎细微处开始，认真对待结尾，最终才不致受困。困顿在于政令繁多，君王以此诱民，民众就会苟且。苟且就不知耻丑，哀乐就没有时限，四征就会不显明，六极就会不服从，八政就会不和顺，九德就会有虚伪。九种奸伪不去掉，万物就不会到来。如同礼仪，非顺达不能奉行，非和谐不能终了。民众由是缺乏活命之理。

【原文】

□好恶有四征：[①] 喜、乐、忧、哀。动之以则，发之以文，成之以民，行之以化。[②]

六极：命、丑、福、赏、祸、罚。[③] 六极不嬴，[④] 八政和平。

八政：夫妻、父子、兄弟、君臣。八政不逆，九德纯恪。⑤

九德：忠、信、敬、刚、柔、和、固、贞、顺。⑥

【注释】

① □，疑是“夫”字。征：证也。人的好恶由喜、史、忧、哀来体现。

② 则：法则。文：节文，指政令。

③ 极：正也。用以正人，故曰六极。丑：显其丑，即羞辱义。

④ 赢：读为羸，过也。

⑤ 政：正也。夫妻以夫为正，父子以父为正，兄弟以兄为正，君臣以君为正。纯：一也。恪：敬也。

⑥ 德：品德。固：指意志坚定。贞：忠贞不贰。

【译文】

人的好恶从四方面体现：欢喜、快乐、忧伤、悲哀。按法规动作，从政令出发，顺民众办事，应变化而行。

六极是：命令、羞辱、赐福、奖赏、降祸、惩罚。六极不过头，八政就会和谐平正。

八政是：夫为妻正，父为子正，兄为弟正，君为臣正。八政不逆反，九德就能纯一恭敬。

九德是：忠实、诚信、恭敬、刚烈、柔和、和睦、坚定、忠贞、温顺。

【原文】

顺言曰政，顺政曰遂，遂伪曰奸。① 奸物在目，奸声在耳，耳目有疑。② 疑言有枢，枢动有和。③ 和意无等，万民无法。④ □□在赦，□复在古。⑤ 古者明王奉法以明幽，幽王奉幽以废法。奉则一也，而绩功不同。明王是以敬微而顺分。⑥

【注释】

① 政，即上文“八政”之政。奸，即上文“九奸”之奸。顺言：指妻顺夫言，子顺父言，弟顺兄言，臣顺君言。遂：成也。

② 奸物：伪善之物。疑：惑。

③ 言：语词。有枢：如门户有枢，可转动。枢动有和：指枢机转动可以调和。

④ 和意无等：调和疑惑之心不分等类，即一概调和，则不辨真伪，故万民无法。

⑤ 丁宗洛以为此句当是“治之在政，法复在古”，即上文“政维今法维古”之义。

⑥ 此句见《度训》。

【译文】

听从其言叫作“政”，顺从政令叫作“遂”，成其虚伪叫作“奸”。奸物在眼中，奸声在耳中，耳目必有疑惑。疑惑必有转轴，机枢转动，疑惑便可调和。调和疑惑如不分等类，万民则无法可依。治理之法在于政治，而法规则在于从古。古代英明的君王遵奉法规以明其昏暗，而昏王则奉守幽暗而废弃法规。都一样是遵奉，而功绩却不相同。

文酌第四

【题解】

文，文王。酌，行。文酌，即文王所行。篇中有“九酌”，以之名篇。

【原文】

民生而有欲、有恶、有乐、有哀、有德[①]、有则。则有九聚，德有五宝，哀有四忍，乐有三丰，恶有二咎，欲有一极。[②]极有七事，咎有三尼，丰有三频，忍有四教，宝有五大，聚有九酌。[③]

【注释】

① 德：犹能。《周礼·大司乐》郑注：“德，能躬行者”。此处指办事能力。黄氏说。

② 聚：保聚也。忍：容忍也。丰：厚也。咎：罪也。极：过度。二咎：当是“三咎”，与下“咎有三尼”对。一极：当是“七极”，与下“极有七事”对。

③ 尼：止也。频：频繁。酌：斟酌以行之。

【译文】

人生来就有欲望、有厌恶、有快乐、有悲哀、有办事能力、有处事法则。法则有九聚，能力有五宝，悲哀有四忍，快乐有三丰，厌恶有三咎，欲望有七极。七极有七事。三咎有三尼，三丰有三频，四忍有四教，五宝有五大，九聚有九酌。

【原文】

九酌：一，取允移人；[①] 二，宗杰以亲；[②] 三，发滞以振民；[③] 四，贷官以属；[④] 五，人□必礼；[⑤] 六，往来取比；[⑥] 七，商贾易资；[⑦] 八，农人美利；[⑧] 九，□宠可动。[⑨]

五大[⑩]：一，大智率谋；[⑪] 二，大武剑勇；[⑫] 三，大功赋事；[⑬] 四，大商行贿；[⑭] 五，大农假贷。[⑮]

四教[⑯]：一，守之以信；二，因亲就年；[⑰] 三，取戚免梏；[⑱] 四，乐生身复。[⑲]

【注释】

① 取：通“聚”，积聚。允：诚信。移：动也。言以诚动人。

② 宗：尊也。言尊重英杰以此亲人。

③ 滞：委积。指仓廪。古本作“正民”。正，定也。即以发放仓廪安定赈济民众。

④ 贷：借贷。官：官府，指公家。属：连属。

⑤ 黄氏作“人曰必礼”。曰：语助词。指待人以礼。

⑥ 比：亲近，亲密。指交往亲密。

⑦ 资：财物。指交易货物。

⑧ 美利：“美其稼穑之利”，指农民耕种获利。

⑨ □宠：丁宗洛疑为“矜宠”，即“嘉善而矜不能”。矜：怜悯。宠：光耀。可：适可。

⑩ 五大：承前“宝有五大”，即下大智、大武、大工、大商、大农。

⑪ 率：行。指施行谋略为大智。

⑫ 剑：《释名》：“剑，检也、敛也。”剑通敛，收敛。此指收束勇力为大武。

⑬ 功：本作“工”。赋事：“赋众以事而考其成”，指给人分配事务让其劳作。

⑭ 行：流通。贿：财物。

⑮ 假：借。指借贷粮食。

⑯ 四教：承前“忍有四教”。指四种教人忍哀的方法。

⑰ 因：依。就：走向，走近。年：指年高。

⑱ 取：去也。去其忧戚则免除精神桎梏。从黄氏说。

⑲ 乐生：乐于生活。复：返归无哀之时。指教民喜爱生活，使身心返归无哀之时。

【译文】

九酌是：一，积聚诚信以感人；二，尊重英杰以亲人；三，发放仓廪安定民众；四，借贷官府连属百姓；五，对人一定要讲礼；六，交往一定要密切；七，使商贾交易货物；八，让农民多得利益；九，同情与嘉奖要适当施行。

五大是：一，大智指行用谋略；二，大武乃收敛勇力；三，大工是操劳工事；四，大商为流通货物；五，大农即借贷粮食。

四教是：一，教人谨守诚信；二，教人亲近年长者；三，教人去忧戚免桎梏；四，教人喜爱生活使身心返归无哀之时。

【原文】

三频①：一，频禄质溃；②二，阴福灵极；③三，留身散真。④

三尼⑤：一，除戎咎丑；⑥二，申亲考疏；⑦三，假时权要。⑧

【注释】

① 三频：承前“丰有三频”，指三种频繁的享受。

② 质：实也，指物质。禄：指财物。溃：与“费”同。指挥霍财物，让物质耗费。

③ 阴福：指向鬼神求福。灵：灵性。极：尽。

④ 留身：指耽身于声色，即纵情声色。散：失也。真：本性。

⑤ 三尼：承前“咎有三尼”，指三种止咎的方法。

⑥ 除：治。戎：兵戎。咎：罪也。丑：指同类。“治兵以攻其同类”。

⑦ 申：束也。考：成也。指约束亲近使之疏远。

⑧ 时：是。指假人以大权而作威。

【译文】

三频是：一，挥霍财物，物质就耗费；二，向鬼神求福，灵性就殆尽；三，纵情声色，就失掉本性。

三止是：一，治兵以攻其同类；二，约束亲近使之疏远；二，假人以大权而作威。

【原文】

七事[①]：一，腾咎信志；[②]二，援拔渎谋；[③]三，桑疑沮事；[④]四，腾属威众；[⑤]五，处宽身降；[⑥]六，陵塞胜备；[⑦]七，录兵免戎。[⑧]

【注释】

① 七事：承前"极有七事"。指七件欲望过头之事。

② 腾：胜。咎：过错。腾咎：超越过错，即置过错于不顾。信：通"伸"。伸志即逞其志，指刚愎自用。

③ 援：读为爰，缓也。拔：急也。渎：滥也。指缓急不分而滥谋。

④ 桑：旧作"聚"，《说文》引作"桑"，读如莘，众盛也。桑疑即多疑。沮：阻。阻事指事不成。

⑤ 腾属：超过臣属，即欺凌臣属。

⑥ 处宽：居处宽大。降：曲。身降即屈身。屈身以求居处宽大则过分了。

⑦ 陵：山陵，指边境。塞：闭塞。胜备：胜敌之备。闭塞边境作为胜敌之备，必为过分。

⑧ 录：检束。录兵：弭兵，即解散军队。戎：武事，免除武事而解散军队，必为过分。

【译文】

七事是：一，不顾过错而逞志；二，缓急不分而滥谋；三，多疑寡断而事不成；四，欺凌臣属而作威于人；五，屈身以求居处宽大；六，关闭边境作为胜敌之备；七，为免除武事而解散军队。

【原文】

一极。[①] 惟事昌道，[②] 开蓄伐。[③] 伐有三穆、七信[④]、一干、二御、三安、十二来。

【注释】

① 一极：前文“一极”为“七极”之误。此“一极”为后人增入以应前文。

② 惟：只。事：从事。昌道：昌盛之道，即喜道。

③ 蓄：同畜，养也。伐：功。指养民之功。

④ 信：读“伸”，通“审”，审明之。

【译文】

只有从事昌盛之道，才能建养民之功。建养民之功的具体办法有三穆、七信、一干、二御、三安、十二来。

【原文】

三穆[①]：一，绝灵破城；[②] 二，筮奇昌为；[③] 三，龟从惟凶。[④]

七信：一，仁之慎散；[⑤] 二，智之完巧；[⑥] 三，勇之精富；[⑦] 四，族之寡贿；[⑧] 五，商之浅资；[⑨] 六，农之少积；[⑩] 七，贵之争宠。[⑪]

【注释】

① 穆：敬。指下敬神灵、敬筮、敬卜。

② 绝灵：不祀宗庙神祇也，即不敬神灵。破：败、坏。城：当作“诚”，指精诚。

③ 筮：占筮，用卦爻预测吉凶。昌为：善其所为。奇（jī，机）：数奇之奇，指命运不好。占筮虽不吉，亦当善其所为。

④ 龟：龟卜。从：顺也，犹吉。言龟卜虽得吉顺，亦当想到事之凶危。

⑤ 散：指施舍。慎散：施舍谨慎。言仁者用财必当于义，故宜审明。

⑥ 完：全。智者不可能做到处处工巧，故宜审明。

⑦ 精：锐。富：盛。勇者不可锐盛，宜审明。

⑧ 族：族众。贿：财。族众不可少财，故宜审明。

⑨ 浅：少。言商人不可少资。

⑩ 积：蓄，指存粮。农民不可少存粮。

⑪ 贵：权贵。言权贵不可争宠。

【译文】

三穆是：一，不敬神灵则破败精诚；二，占筮不吉也要善其所为；三：龟卜虽吉也要想到凶危。

七审是：一，仁者的谨慎施舍；二，智者的处处工巧；三，勇者的锋锐富盛；四，族众的缺少财物；五，商人的短缺资本；六，农民的短少存粮；七，权贵的争夺荣耀。

【原文】

一干：胜权舆。①

二御②：一，树惠不瘱；③ 二，既用兹忧。④

三安：一，定居安帑；⑤ 二，贡贵得布；⑥ 三，刑罪布财。⑦

【注释】

① 干：主干，主体。胜：犹善。权舆：始。

② 御：驾驶。指王者驾驭百姓的方法。

③ 树：立。瘱（yì，义）：病。指给百姓恩惠而不病民。

④ 既：尽。兹：此。忧：忧心，竭尽忧民之心。

⑤ 帑：通“孥”，妻儿。

⑥ 贡：贡赋。贵：看重。布：钱币。指看重贡赋而可用钱币代。

⑦ 罪：罪人。指处罚罪人可以财物赎罪。

【译文】

一干是：有好的开端。

二御是：一，树立恩惠而不病民；二，竭尽自己忧民之心。

三安是：一，定百姓居室以安其妻儿；二，看重贡赋而可以钱币代缴；三，处罚罪人可以财物赎罪。

【原文】

十二来[①]：一弓、二矢归射，[②]三轮、四舆归御，[③]五鲍、六鱼归蓄，[④]七陶、八冶归灶，[⑤]九柯、十匠归林，[⑥]十一竹、十二苇归时。[⑦]

【注释】

① 来（lài，赖）：使之来，招徕。

② 弓：指弓人。矢：指矢人。《考工记》："弓人为弓，矢人为矢。"弓人、矢人归聚到射人一处。

③ 轮：指轮人。舆：指舆人。《考工记》："轮人不轮，轮人为盖。舆人为车。"御：驾车人。轮人、舆人归聚到驾车人一处。

④ 鲍：本作"鞄"。鱼：当作"函"。孙诒让说。《考工记》有鞄人、函人，皆鞣皮之工。蓄：指皮革积存之处。

⑤ 陶：陶人，制瓦器者。冶：冶氏，指冶炼金属者。陶、冶用炉火，故"归灶"。

⑥ 柯、匠：指木工。林：当作"材"。《校释》："柯，车人也。车人之事，以柯为度，故曰柯。匠人为宫室、城郭、沟洫。"《考工记》："车人为车，柯长三尺……毂长半柯，其围一柯有半，辐长一柯有半。"

⑦ 竹：竹工。苇：织苇席的工匠。时：借为"庤"，竹、苇所储之处。刘师培说。

【译文】

十二来是：一弓人、二矢人，都归聚到射箭人一处；三轮人、四舆人都归聚到驾车人一处；五鞄人、六函人都归聚到皮革积存的地方；七瓦工，八冶工，都归聚到窑炉旁边；九柯工、十木匠，都归聚到木材堆放的地方；十一竹工、十二席匠，都归聚到竹苇存放的地方。

【原文】

三穆、七信、一干、二御、三安、十二来，伐道咸布。[①]物无不落。落物取配，维有永究。[②]急哉急哉，后失时。[③]

【注释】

① 伐：功，指成功。伐道：成功之道。布：犹备。

② 落：坠落，指过时。配：类也。取配：取其同类。指找回相同之物。同“唯”，只。永：久。究：终。

③ 急：迅速。后：迟。

【译文】

三穆、七信、一干、二御、三安、十二来已经完成，成功的方法就都具备了。

事物没有不过时的。过时之物要再去找寻，就只有终止。抓紧啊抓紧，落后了就失掉时机。

籴匡第五

【题解】

籴，买粮。匡，救也，籴匡即买粮救荒。此篇分讲丰年、歉年、饥年以及大荒之年所应采取的不同措施。

【原文】

成年谷足，[①]宾、祭以盛。[②]大驯钟绝，[③]服美义淫。[④]皁畜约制，[⑤]余子务艺。[⑥]宫室城廓修为备，[⑦]供有嘉菜。[⑧]于是日满。[⑨]

【注释】

① 成：熟也。成年即丰年。

② 宾：指享宴宾客。祭：指各种祭祀。以：用。盛：指宴享、祭祀的礼仪丰盛。

③ 驯：古训字。指宴享与祭祀中的讲演。大，指言辞洪亮。绝：当为“弦”。钟弦，指音乐演奏。

④ 义：通“仪”，指仪式。淫：过也。全句指服饰漂亮，仪式盛大。

⑤ 皁畜：指养畜者。约：饰也，美也。制：指养畜的器械，如槽厩之类。

⑥ 余子：庶子。务艺：从事技艺。

⑦ 修：指维修。为：指新造。备：使完备。

⑧ 供：指宾、祭的供给或供奉。嘉菜：鲜美的蔬菜。黄氏云：此句当在“服美义淫”下，可从。

⑨ 是：指成年。满：实也。日满指日子充实。

【译文】

丰年粮食充足，宴享宾客与祭祀都用盛大仪式。训言与演奏的声音洪亮；服饰华美，礼仪超过平常。供品中要有鲜美的菜蔬。养牲畜的要修饰他的设施，庶子要从事各种技艺。宫室城郭或维修或新造，务使完备。在丰收之年，日子要过得充实。

【原文】

年俭谷不足，① 宾、祭以中盛。② 乐惟钟鼓，不服美。③ 三牧、五库补摄，④ 凡美不修。余子务穡。⑤ 于是纟丩秩。⑥

【注释】

① 俭：歉也。一谷不升谓之歉。不足：人不足四鬴也。郑玄注《考工记》：鬴“鬴，六斗四升也。”

② 中盛：中等盛典。

③ 服：动词。不服美，指不穿彩服。

④ 三牧：指戎马、田马、驽马三物之牧。五库：《礼记·月令》：“令百工审五库之量，金铁、皮革、角齿、羽箭干、脂胶丹漆，毋（无）或不良。”补：互补。摄：兼代。

⑤ 穡：稼穡。指农事。

⑥ 纟丩：同纠，督察也。秩：次也。纠秩，指纠其分次，不使超越。

【译文】

歉年粮食不充裕，宴享宾客与祭祀都用中等盛典。奏乐只用钟鼓，不穿彩服。三种马以及五种库房管理人互相补充兼管，所有美善之物不给修治。庶子要从事农活。在歉年时候，分等次督察，其所占有不得超越。

【原文】

年饥则勤而不宾，[①]举祭以薄。乐无钟鼓，凡美禁。畜不皁群，车不雕攻，兵备不利。[②]民利不淫，征当商旅，[③]以救穷乏。问随乡，不鬻熟。[④]分助有匡，以绥无者。[⑤]于是救困。

【注释】

①饥：二谷不升谓之饥。勤：慰问。薄：少，指祭祀的供品。

②皁：同"皂"，养。雕：雕饰。攻：修理。利：当是"制"，指新造。

③利：用。民利不淫，指民众伏腊聚会勿使过费。征：征收赋税。当：主也。赋税征收以商旅为主。

④问：了解灾情。鬻：卖。熟：指熟食。

⑤绥：安定。有：读"又"，且也。黄氏说。

【译文】

饥年则慰问宾客而不宴享，祭祀时供品要少。奏乐不用钟鼓，所有华美之物都禁用。牲畜不成群地饲养，车子不用雕饰，兵器不用新造。民众之用不过费，赋税征收以商旅为主，以救济缺粮的人。了解灾情，随乡而异，不准出售熟食。分别资助与匡救，以安定缺粮的人。在饥年的时候，救困是中心。

【原文】

大荒有祷无祭。[①]国不称乐，企不满壑。[②]刑罚不修，舍用振穹。[③]君亲巡方，卿参告籴，余子倅运。[④]开廪同食，[⑤]民不藏粮，曰有匡。俾民畜惟牛羊。于民大疾惑，杀，一人无赦。[⑥]男守疆，戎禁不出。[⑦]五库不膳。丧礼无度，祭以薄资。[⑧]礼无乐，宫不帏。嫁取不以时，宾旅设位有赐。[⑨]

【注释】

①大荒：四谷不升曰荒，五谷不升曰大荒。祷：祈祷。

②称：举。企：丁宗洛疑是"食"字。壑：指食欲。

③不修：谓不造刑具，即荒政缓刑之意。舍：施舍。振：同赈。穹：穷。

④ 巡方：巡察四方灾情。告籴：告，求也。《国语·鲁语》："国有饥馑，卿出告籴，古之制也。"倅：副也。"运所籴之粮，使余子副之。"

⑤ 廪：仓也。依卢文弨说补"廪"字。同食：上下无异馔。

⑥ 大疾惑：谓盗贼及挟左道者。饥馑则盗贼多，故急其刑以除之。荒年，民之大疾指盗贼；惑，指挟左道之术以惑民者。

⑦ 戎事不出：戎事自守而已，不征伐也。

⑧ 膳：当为"缮"，指修缮。无度：不从常制。资：借为"粢"，指祭祀用的谷物。丁宗洛曰："丧主俭而贵速，丧之祭用薄。"

⑨ 宫：室。帷：帷帐。不以时：不拘时日。设位有赐：孔注"宾旅随位赐之，不飨燕"。

【译文】

大荒之年只祈祷而无祭祀。全国不举乐，饮食不尽欲。刑罚宽缓，不造刑具。施舍用物以赈济穷困。国君亲自巡察各方灾情，卿大夫参与告籴，庶子协助运粮。开仓同吃，民不藏粮，叫作有匡。使百姓只养畜牛羊。对劫民的盗贼及惑民的左道用严刑杀伐，一个也不赦免。男子守边疆，兵戎禁止出境。五库不修缮，丧礼不遵常度，祭奠用少量粢米。礼仪不奏乐，宫室不设帷。嫁娶不拘时日，来访宾客依照身份予以赠赐。

逸周书全译卷二

武称第六

【题解】

武称，武事的各种名称。此篇讲行兵用武的原则和方法。

【原文】

大国不失其威，小国不失其卑，敌国不失其权。[①]岠崄伐夷，并小夺乱，[②]□强攻弱而袭不正，武之经也。[③]

【注释】

① 敌：匹敌，相当。权：平衡。

② 岠崄：同"拒险"，拒通据。据险，依据天险。夷：平，与险相对而言。并：兼并。乱：指动乱的国家。

③ 缺文当是"以"，黄氏说。不正：指邪恶之国。经：常，指常规。

【译文】

面对大国不失我的威严，面对小国不失我的谦卑，国力相当的国家不失彼此的平衡。依据天险，攻伐平地，兼并小国，夺取乱国，以强攻弱，袭击邪恶，是武事的"经"。

【原文】

伐乱、伐疾、伐疫，[①] 武之顺也。

贤者辅之、乱者取之、作者劝之、怠者沮之、恐者惧之、欲者趣之，[②] 武之用也。

【注释】

① 乱：指内乱。疾：恶，憎恨。

② 劝：勉励。沮：止。趣：通“取”，获取、夺取。取民贪欲即除其贪欲。

【译文】

讨伐内乱的国家，讨伐憎恶的国家，讨伐疫病流行的国家，是武事的“顺”。

贤明的辅佐他，动乱的夺取他，操劳的勉励他，怠惰的制止他，惶恐的惊惧他，贪心的除去他，是武事的“用”。

【原文】

美男破老，[①] 美妇破舌，[②] 淫图破国，[③] 淫巧破时，[④] 淫乐破正，[⑤] 淫言破义，[⑥] 武之毁也。[⑦]

赦其众，[⑧] 遂其咎，[⑨] 抚其□，[⑩] 助其囊，[⑪] 武之闲也。[⑫]

【注释】

① 美男：美少年。老：老成人。

② 舌：“后”字之讹。王念孙说。后，王后。指正妻。

③ 淫：过也，谓不正。图：谋。国：《校释》“旧阙。据郭棐所引补”。黄氏云：“缺文当是‘德’，指正谋。”

④ 时：通“庤”，储备，指资财。

⑤ 淫乐：不正的音乐。正：正声，纯正的音乐。

⑥ 淫言：邪恶的话。义：宜也，指义言，正确合理的话。

⑦ 毁：败毁。武之毁，指武事中败毁他人的方法。

⑧ 众：指被俘者。

⑨ 遂：成。咎：过错。遂其咎，有谅解过错之义。

⑩ 缺文当是"民"，陈逢衡说。

⑪ 囊：粮袋。助其囊，指送粮食给他。

⑫ 闲：通"间"，离间。

【译文】

用美少年贬斥老年人，用美女贬损其正妻，用邪谋坏他人的正计，用奇巧毁他人的资财，用淫乱之声坏他人的雅乐，用邪恶之言诋毁他人合理的话，是武事的"毁"。

赦免被俘的兵众，谅解他的过错，抚慰他的百姓，盛满他的粮袋，是武事的"间"。

【原文】

饵敌以分而照其储，① 以伐辅德，② 追时之权，③ 武之尚也。

春违其农、秋伐其穑、夏取其麦、冬寒其衣服，春秋欲舒、冬夏欲亟，④ 武之时也。⑤

【注释】

① 饵：动词，作钓饵。分：珍宝之器。见《左传·昭公十二年》杜注。黄氏说。照：知也。

② 辅德：指谋臣。

③ 时：时机。权：权衡。此句宾语提前。

④ 亟：急也。

⑤ 时：时令。指武事要考虑时令。

【译文】

用珍宝作钓饵以探知他的储备，诛伐他的谋臣，权衡追击的时机，是武事的"尚"。

春季使他们违背农时，秋季骚扰他们的收获，夏季割取他们的麦子，冬季使他们衣着单薄。春秋两季要舒缓，冬夏两季要急速。这是武事的"时"。

【原文】

长胜短，轻胜重，直胜曲，众胜寡，强胜弱，饱胜饥，肃胜怒，先胜后，疾胜迟，武之胜也。①

追戎无恪，②穷寇不格，③力倦气竭乃易克，武之追也。④

【注释】

① 胜：取胜的原则。

② 恪：谨慎。《校释》："无恪，恪也。"

③ 格：斗也。

④ 追：追击敌人的原则。

【译文】

长兵器胜短兵器，轻装胜重负，理直胜理曲，人多胜人少，强大胜弱小，饱食胜饥饿，肃敬胜愤怒，先发胜后发，疾速胜迟缓，是武事的"胜"。

追击敌人要谨慎，走投无路之敌不要攻击，待他疲劳气尽就容易制服了，是武事的"追"。

【原文】

既胜人，举旗以号，①命吏禁掠，无敢侵暴；②爵位不谦，③田宅不亏，各宁其亲，民服如化，④武之抚也。

百姓咸服，偃兵兴德，⑤夷厥险阻，⑥以毁其武，⑦四方畏服，奄有天下，⑧武之定也。⑨

【注释】

① 号下原有令字。王念孙以为号即令也。

② 当为"无取侵暴"。《校释》本刊误。取：犹行。

③ 谦：读为减。谦减古通。

④ 宁：安定。服：归服。化：顺应自然。

⑤ 德：与"兵"相对，指教化。

⑥ 夷：平。

⑦ 毁其武：丁宗洛曰："犹言倒载干戈包以虎皮也。"

⑧ 奄：包括，覆盖。

⑨ 定：终。指武事的终极目的是安定天下。

【译文】

战胜了敌人，举令旗发号令，要官吏禁止抢劫，不得侵凌强暴民众；不降低爵位，田土住宅不减损，各自安定亲属，民众自然归服。是武事的"抚"。

普天下归服以后，止息战争兴办文教，平掉险阻的工事，毁掉打仗的武器，四方敬畏服从，包有天下，是武事的"定"。

允文第七

【题解】

允文，乃首句中二字。"允文维纪"，即以文德为纲纪。此篇讲安定胜国的方法。

【原文】

思静振胜，① 允文维纪。② 昭告周行，③ 维旌所在。④ 收戎释贿，⑤ 无迁厥里。⑥ 官校属职，因其百吏。⑦ 公贷少多，振赐穷士。⑧ 救瘠补病，赋均田布。⑨

【注释】

① 静：安定。振：奋也。振胜，即巩固、发扬胜利成果。

② 允：用。维：通"为"。

③ 昭告：指安民告示。周：遍。

④ 维旌：指悬挂、张贴。所在：在所，在那里。下面乃布告的内容。

⑤ 收戎：旧作"收武"，孔注"收其戎器"。释：舍也。释贿，指发放财物。

⑥ 迁：改也。里：居里，指住所。

⑦ 校：军营。与“官”相对，指武官。属：连续。因：用。

⑧ 公货：指官府财物。

⑨ 瘠：贫瘠。赋：指服徭役。《校释》：“赋出于田，田均则赋均。”均与布，义同。

【译文】

想要安定并巩固胜利，要用文德作为纲纪。安民告示到处张贴、悬挂。收缴武器，发放财物，不要让百姓迁徙。文官武将接续原有职务，沿用所有小吏。官府所有财物，全都用来赈赐穷士。救济贫穷病弱，做到摇役与田土均衡。

【原文】

命夫复服，用损忧耻。① 孤寡无告，获厚咸喜。② 咸问外戚，书其所在。③ 选同氏姓，位之宗子。④ 率用十五，⑤ 绥用士女。⑥ 教用显允，若得父母。⑦

【注释】

① 命夫：大夫。复服：恢复其命服，即继续任大夫。损：王念孙说“字当作捐”。捐，弃也，即消除。

② 告：求。

③ 问：寻访，问候。书：记。

④ 位：通“立”。宗子：指嫡长子。

⑤ 率用十五：率，标准。即以十五岁以上人作为服徭役的计算依据。

⑥《夏小正》作“绥多女士”，女士即士女，指成年男女，意即让众多成年男女安定，即成年男女都得婚配。

⑦ 教：教育、教化。显：明。允：诚信。

【译文】

让大夫恢复其命服，以消除他们的忧伤与羞辱。使孤儿寡母无所求，众人因收获丰厚而皆大欢喜。寻访所有的外戚，记下他们的住处。选择同姓同氏者，立为各氏族的宗子。年十五以上作为服役的标准，成年男女都得以婚配。以光明诚实进行教育，百姓如同得到父母。

【原文】

宽以政之，孰云不听。[①] 听言靡悔，遵养时晦。[②] 晦明遂语，于时允武。[③] 死思复生，生思复所。人知不弃，爱守正户。[④] 上下和协，靡敌不下。

【注释】

① 宽：严之反，指宽松、宽和。政：动词，即治理。听：听从，服从。

② 言：同《诗经》“静言思之”，犹“而”。靡：无。遵：指守礼不越轨。养：供养。时：通“是”，此。晦：不明，指不明事理的年轻君王。

③ 晦明：由晦而明，指明理的君王。语：教诫。于时：于是。允武：施行武教。

④ 不弃：不被抛弃。爱：惜。正户：正门，指自己的家居。

【译文】

用宽和的办法治理百姓，谁能不顺从？顺从而没有悔恨，还会安守本分而供养糊涂君王。君王英明就会作教诫，在这时候还要进行武教。这样，死了的也想再生，活着的想再任旧职。百姓知道不被抛弃，就会珍惜家居不远离。做到上下和谐，就没有攻不下的敌人。

【原文】

执彼玉珪，以居其宇。[①] 庶民咸耕，童壮无辅。[②] 无拂其取，通其疆土。[③] 民之望兵，若待父母。是故，天下一旦而定，奄有四海。[④]

【注释】

① 玉珪：贵族的礼器。宇：豪华居室。

② 辅：当为侮，音近而讹。即老幼无欺。

③ 拂：逆也。取：通“趣”，即意趣，指心中所想。

④ 奄：包也。

【译文】

达官贵人手执玉器，住在他们的殿宇。老百姓人人耕种，老幼无有欺诈。不违背他们的心意，国内通行无阻。民众盼望我军，如同等待父母。所以，天下一日就可平定，从而包有四海。

大武第八

【题解】

武，武事，指战争。武有七制，此篇一一说解，故称大武。全篇讲了七制的原则与方法。

【原文】

武有七制[①]：政[②]、攻、侵、伐、陈[③]、战、斗。善政不攻，善攻不侵，善侵不伐，善伐不陈，善陈不战，善战不斗，善斗不败。

【注释】

① 制：犹法，指成法。

② 政：通“征”。上伐下曰征。

③ 陈：通“阵”，指布阵。

【译文】

打仗有七种成法：征伐、攻击、侵入、讨伐、布阵、合战、搏斗。善于征伐的不攻击，善于攻击的不侵犯，善于侵犯的不讨伐，善于讨伐的不布阵，善于布阵的不交战，善于交战的不搏斗，善于搏斗的不吃败仗。

【原文】

政有九因，因有四戚、五和；[①] 攻有九开，开有四凶、五良；[②] 侵有七酌，酌有四聚、三敛；[③] 伐有七机，机有四时、三兴；[④] 陈有七来，来有三哀、四赦；[⑤] 战有十一振，振有六厉、五卫；[⑥] 斗有十一客，客有六广、五虞。[⑦]

【注释】

①因：依也。戚：亲也。和：和谐。

②开：启动。凶：不吉利。良：善。

③酌：行也，指行为。聚：取也。敛：收。

④机：时机。时：指四季。兴：发，指发兵。

⑤来：《北堂书钞》作“乘”。乘，成也。哀：忧。赦：除，指舍弃。

⑥振：振奋。厉：通“励”，勉励。

⑦客：宾也。广：广泛，全面。虞：助也。

【译文】

征伐有九种依靠，依靠有四戚、五和；攻击有九种开启，开启有四凶、五良；侵犯有七种行为，行为有四聚、三敛；讨伐有七个时机，时机有四时、三兴；布阵有七种成功，成功有三哀、四赦；交战有十一种振奋，振奋有六励、五卫；搏斗有十一种宾客，宾客有六广、五虞。

【原文】

四戚：一内姓、二外婚、三友朋、四同里。[①] 五和：一，有天无恶；[②] 二，有人无郄；[③] 三，同好相固；[④] 四，同恶相助；[⑤] 五，远宅不薄。[⑥] 凡此九者，政之因也。

【注释】

①戚：指亲近者。内姓：同姓。外婚：姻亲。友：同志为友。朋：同师为朋。里：邻里，二十五家为里。

②天：指收成。恶：指灾荒。

③郄：同“隙”。

④固：指紧密。

⑤恶：厌恶。

⑥远宅：远方人。不薄：不轻视。

【译文】

四戚是指：一同姓、二姻亲、三友朋、四邻里。五和是指：一，有收成而没有灾荒；二，有人才而没有嫌隙；三，共同爱好的更见亲密；四，共同厌恶的帮助除去；五，远方之人不加轻视。这九种，是征伐的依靠。

【原文】

四凶[①]：一攻天时，二攻地宜，三攻人德，四攻行利。[②]五良：一取仁，二取智，三取勇，四取材，五取艺。凡此九者，攻之开也。

【注释】

① 凶：凶险。

② 行利：指武器精良。

【译文】

四凶是：一，攻得天时者；二，攻得地利者；三，攻得人和者；四，攻其武器精良者。五良是：一，取其仁人；二，取其智慧者；三，取其勇武者；四，取其有才能者；五，取其有技艺者。这九种，是攻击的开启。

【原文】

四聚[①]：一，酌之以仁；[②]二，怀之以乐；[③]三，旁聚封人；[④]四，设围以信。三敛[⑤]：一，男女比；[⑥]二，工次；[⑦]三，祗人死，[⑧]凡此七者，侵之酌也。

【注释】

① 聚：取也。指采取的行动。

② 酌：行。此句即行之以仁德。

③ 怀：来。怀之即使之来。

④ 旁：大也。封人：边境之人。

⑤ 敛：收也。

⑥ 比：匹也。指婚配。

⑦ 工：指百工。次：舍。百王皆有肆舍。

⑧ 祇：敬。指哀人之死丧。

【译文】

四取是：一，行之以仁德；二，以欢乐召引外人；三，广取边境上的人；四，以信用设围。三敛是：一，男女婚配；二，百工有所归；三，哀痛人的死丧。这七种，是入侵应采取的措施。

【原文】

四时：一，春违其农；二，夏食其谷；[①] 三，秋取其刈；[②] 四，冬冻其葆。[③] 三兴[④]：一，政以和时；[⑤] 二，伐乱以治；[⑥] 三，伐饥以饱。凡此七者，伐之机也。

【注释】

① 谷：指麦。即夏取其麦。

② 刈：指可刈之禾。

③ 葆：黄氏云“借为服”，指衣服。

④ 兴：发兵。

⑤ 政以和时：指政通人和之时。

⑥ 治：太平。

【译文】

四时是：一，春季违背他的农时；二，夏季食他的麦子；三，秋季割他的庄稼；四，冬季让他受冻。三兴是：一，以政通人和之时；二，以太平伐动乱；三，以粮足伐饥饿。这七种，是讨伐的时机。

【原文】

三哀[①]：一，要不羸；[②] 二，丧人；三，摈厥亲。[③] 四赦[④]：一，胜人必羸；[⑤] 二，取威信复；[⑥] 三，人乐生身；四，赦民所恶。凡此七者，陈之来也。[⑦]

【注释】

① 哀：忧也。

② 要：俞樾说为“粟”之讹。羸：当为赢，盈满。

③ 摈：弃也。厥：其。此句指家人彼此失和。

④ 赦：免也，即放弃。

⑤ 嬴：指胜人必有骄矜。此为不足取之心态，故列为舍弃之列。

⑥ 取：去也。信复：相信可以回归。

⑦《北堂书钞》作“阵之乘”，可从。

【译文】

三哀是：一哀粮食不足，二哀丧失人丁，三哀弃其亲人。四赦是：一，放弃胜人必骄之心；二，去掉威严，让兵士相信可以回归；三，人都喜欢活下去，应免除死罪；四，除掉百姓所厌恶的。这七种，是布阵成功的保证。

【原文】

六厉[①]：一，仁厉以行；[②] 二，智厉以道；[③] 三，武厉以勇；四，师厉以士；五，校正厉御；[④] 六，射师厉伍。[⑤] 五卫[⑥]：一，明仁怀恕；[⑦] 二，明智辅谋；三，明武摄勇；[⑧] 四，明材摄士；[⑨] 五，明艺摄官。[⑩] 凡此十一者，战之振也。

【注释】

① 厉：通“励”，激励。

② 行：品行，德行。

③ 道：指礼义规范。

④ 校正：养马官。御：驾驶车马，此指驭手。

⑤ 射师：教射之官，伍：行伍，指步卒。

⑥ 卫：嘉也。

⑦ 明：使明，即嘉卫、表彰。此句即嘉卫仁者使怀恕己之心。下几句句型同此。

⑧ 摄：摄持，控制，有约束义。

⑨ 材：通“才”，能人。

⑩ 艺：技艺之人。官：工。

【译文】

六励是：一，仁人以品德激励；二，智者以礼义激励；三，武士以勇气激励；四，军队以勇士激励；五，马官激励驭手；六，射师激励步卒。五卫是：一，嘉明仁者使各怀恕己之心；二，嘉明智者使出谋划策；三，嘉明威武者以约束勇力之人；四，嘉明有才能者以约束普通之人；五，嘉明技艺之士以约束其他工匠。这十一种是交战时振奋士气的方法。

【原文】

六广[①]：一明令，二明丑，[②]三明赏，四明罚，五利兵，六竞竟。[③]五虞[④]：一，鼓走疑；[⑤]二，备从来；三，佐车举旗；[⑥]四，采虞人谋；[⑦]五，后动撚之。[⑧]凡此十一者，斗之客也。[⑨]

无竞惟[⑩]害，有功无败。

【注释】

① 广：广泛，全面。

② 丑：羞耻。

③ 竟：终。指最终的胜利。

④ 虞：助也。

⑤ 鼓：动词，击鼓。走：去也。疑：不决。

⑥ 佐车：主帅副车。

⑦ 虞人：即众人。

⑧ 后动：即后续部队。撚：接续。

⑨ 此十一种皆可助斗，故为斗之宾客。

⑩ 惟：通“为”。

【译文】

六广是：一，广明号令；二，广明羞耻；三，广明赏赐；四，广明惩罚；五，广磨兵器；六，力争最后的胜利。五虞是：一，击鼓去疑；二，预备后继部队；三，副车举旗向导；四，采纳众人计谋；五，后继部队紧跟在后。这十一种，是搏斗的宾客。

没有竞争是祸害，有功劳就不会衰败。

大明武第九

【题解】

“明武”二字取自篇中。明，明白，通晓。武，武事。此篇前部分讲带兵之法，后部分讲攻城之道。下篇亦名“明武”，一前一后，此篇在前，称“大明武”，下篇称“小明武”在后。

【原文】

畏严大武。① 曰维四方，畏威乃宁。② 天作武，修戎兵，以助义正违顺天行。③ 五官，官候厥政，谓有所亡。④

【注释】

① 畏：威。大武：神圣的武事。

② 曰：发语词。宁：安宁。维：通“唯”。

③ 戎：戎行，指军队。兵：武器。义：宜也，指正义之事。正违：矫正违义之事。

④ 五官：司徒、司马、司空、司士、司冠。候：视也。官候厥政：指官吏视其政事，即恪守其职。谓：通“为”。亡：失，过失。此句意即，为其有失，故五官必恪守其职。

【译文】

威武神圣的战事。只有畏惧它的威严，四方才能安宁。上天安排武事，整治军队兵器，以匡扶正义矫正不义来顺从天意。设五官，为其有失，五官当恪守其职。

【原文】

城廓沟渠，高厚是量。① 既践戎野，备慎其殃。② 敬其严君，乃战赦。③ 十艺必明，加之以十因，靡敌不荒。④ 陈若云布，侵若风行。⑤ 轻车翼卫，在戎二方。[6] 我师之穷，靡人不刚。[7]

【注释】

① 城廓沟渠：内城，外郭，沟渠指护城河。高厚是量：量高量深。宾语“高厚”前置。

② 既践戎野：已经踏入敌之境内。备：全面。慎：警戒。殃：祸事。

③ 敬：认真对待。严君：指武事。乃战赦：乃战乃赦，或战或赦。

④ 十艺：十种作战艺术，见下。因：依靠。靡：无。荒：败。

⑤ 陈：阵。指布阵若云布，言其密。侵：进攻。指进攻若风行，言其速。

⑥ 轻车：战车。戎：中军。

⑦ 穷：指困境。之穷：走往困境。

【译文】

敌人的城墙和护城河，要测量它们的高度深度。已经进入敌人境内，要处处警戒可能发生的灾祸。认真对待战事，决定是战还是不战。十种作战艺术要明白，再加上十种作战的依靠，那就没有敌人不败逃的。布阵要像行云一样密实，进攻要像风行一样迅疾。战车如羽翼护卫在中军两旁。即使我们的军队走到困境，也没有人不勇武刚强。

【原文】

十艺[1]：一，大援；[2] 二，明从；[3] 三，余子；[4] 四，长兴；[5] 五，伐人；[6] 六，刑余；[7] 七，三疑；[8] 八，间书；[9] 九，用少；[10] 十，兴怨。[11]

十因：一树仁，二胜欲；[12] 三宾客；[13] 四通旅；[14] 五亲戚；[15] 六无告；[16] 七同事；[17] 八程巧；[18] 九口能；[19] 十利事。[20]

【注释】

① 艺：术也。指带兵的方法。

② 大援：强有力的援助。省动词，即让士兵知道有大援。与下“明从”对看，当指外有大援。

③ 从：跟随，指后续部队。明从，即让上兵知道有后续部队。

④ 余子：卿大夫的庶子，即嫡长子以外的儿子。省动词，即让士兵知道有卿大

夫的庶子在军中。

⑤ 长兴：长久兴盛。即让士兵知道打仗是为了长久的兴盛。

⑥ 伐人：讨伐有罪之人。

⑦ 刑余：刑余之人指徒隶。古代多以刑余从军，以立功赎罪。

⑧ 三疑：三种疑兵之计。朱右曾说："三疑：一，虚者实之；二，实者虚之；三，虚虚实实。皆使敌人疑而莫测。"

⑨ 间书：离间敌人的文字。即知用反间之书。

⑩ 用少：善用少而精之师。

⑪ 兴怨："如晋侯退舍，致曲于楚，使众怨之。"

⑫ 胜欲：战胜私欲。欲，指个人的各种欲望。

⑬ 宾客：指使者游士之类。

⑭ 通旅：商旅。

⑮ 亲戚：指同姓、姻亲。

⑯ 无告：指孤寡无告之人。

⑰ 同事：指共事之人。

⑱ 程：法。巧：技。程巧指合于规范的技巧。

⑲ □能：黄氏云"疑为'多'"。多能指身怀多种技能之人。

⑳ 利事：利指锋利、锐利、精良之义。事，武事，指武事所用之物。朱右曾云"谓车甲器械"。指依靠精良的作战器物。

【译文】

十艺是：一，告知外有大援；二，告知后有增随；三，告知有庶子从军；四，告知是为长久兴盛；五，告知是讨伐有罪；六，告知徒隶可立功赎罪；七，会使用三种疑兵之计；八，会使用反间之书；九，会指挥少而精的部队；十，会给敌国制造怨恨。

十因是：一，树立仁德；二，战胜私欲；三，使臣游士；四，通旅商人；五，同姓姻亲；六，孤人寡妇；七，共事同僚；八，合于法式的技巧；九，身怀技能之人；十，精良的器物。

【原文】

艺、因代用，[①] 是谓强辅。应天顺时，时有寒暑。[②] 风、雨、饥、疾，民乃不处。③ 移散不败，④ 农乃商贾。

委以淫乐，赂以美女。⑤ 主人若杖，⑥ □至城下。⑦ 高堙临内，⑧ 日夜不解。⑨ 方陈并功，云何能御？⑩ 虽易必敬，是谓明武。⑪

【注释】

① 代：替也。代用，犹言并用，即交替使用。

② 应天顺时：天指大自然，时指四季。即顺应自然与季节。

③ 处：居处。不处指不住下来，即流浪、流散。

④ 败：使败也，即制止移散。

⑤ 委：委派，即赠送。赂：赠送。

⑥ 杖：俗作“仗”。孔云：“谓坚也。”指拒绝。

⑦ □至城下：黄氏云：“缺文疑是‘师’，指我方军队。”

⑧ 堙：可乘坐上城的用具。内：指城内。

⑨ 解：读为懈。

⑩ 方：并列。陈：俗作“阵”，指军队队列。功：通攻。并攻即同时攻。云何：如何。

⑪ 敬：慎重对待。明武：懂得武事。

【译文】

十艺、十因交互使用，这就叫有强大的辅助。要顺应自然与季节，四季有寒有暑。遇上风灾、水灾、饥荒与疾病，百姓就会流离。如果百姓迁移流散不加制止，农民就会转为商贾。

把淫荡的乐传给他们，把美女送给他们。如果敌国君主拒不接受，就把军队开到他的城下。用高堙窥视城内，日夜都不放松。两列队伍一同进攻，他又如何抵挡？即使容易攻下，也一定要认真对待，这才叫作明武。

【原文】

城高难平，湮之以土。① 开以走路；② 俄傅器橹。③ 因风行火，障水水下。④ 惠用元元，不侮其寡。⑤ 旁隧外权，⑥ 隳城湮溪。⑦ 老弱单处，其谋乃离。⑧ 既克和服，使众咸宜。⑨ 竟其金革，是谓大夷。⑩

【注释】

① 湮：填塞。

② 开：放。走路：出逃的路。把出逃的路给他们放开。

③ 俄傅：当为“蛾附”，即蚁附，如蛟附壁。《墨子》有《备蛾傅》篇。器：兵器。橹：大盾。器橹乃攻城士兵所用。

④ 行火：放火，即火攻。障：堵塞。障水水下，先障后决，即用水攻。

⑤ 惠：仁惠，仁爱。元元：指百姓。侮：欺侮。黄氏云“此二句当在‘使众咸宜’句下”，可从。

⑥ 旁隧：旁边挖隧道。权：即烽火。外权即外燃烽火，借以恐吓城内之敌。

⑦ 隳：毁。湮：填塞。溪：指护城河。

⑧ 离：离失，即不成。一本作“难”，指难成，亦通。

⑨ 克：攻克。和服：以柔和服之，与以武力服之相对。咸：皆。宜：适宜。

⑩ 竟：终了。竟其金革，指战事终结。夷：平。

【译文】

城墙很高难于平视，就用土来填塞。把他们的逃路留出来，手持兵器的士兵如蚁附壁地攻城。或顺风放火用火攻，或障水决河用水攻；或从旁边挖隧道，城外燃烽火，或拆毁城墙填塞护城河。让他们的长辈与幼弱单独居处，他们的计谋就不能完成。攻城之后，要柔和服人；役使民众也要适当。仁爱地对待百姓，不欺侮他们的鳏寡。战事到此终了，这样才叫大夷。

小明武第十

【题解】

“明武”亦取自篇中。此篇在后，故为小。此篇讲攻人之道。

【原文】

凡攻之道，必得地势，[1]以顺天时。观之以今，稽之以古。[2]攻其逆政，毁其地阻。[3]立之五教，[4]以惠其下。矜寡无告，实为之主。五教允中，[5]枝叶代兴。[6]

【注释】

① 地势：地形之利。

② 以：且。之：指“攻之道”，即攻敌之法。稽：考。

③ 逆政：害民之政。地阻：指地形险阻。

④ 五教：五常之教。父义、母慈、兄友、弟恭、子孝。见《左传·文公十八年》。

⑤ 允中：正而无邪。

⑥ 枝叶：五教为主干，其他善政为枝叶。代兴：犹迭兴，相继而兴。

【译文】

凡是攻击的方法，一定要占据有利地形，而且要顺应天时。还要学习今人，参考古人。要攻击害人之政，如同毁坏关隘险阻。设立五教，以嘉惠他的下民。使鳏寡没有告求，事实上就成了他们的主人。五教发展正常，其他善政就会相继而兴。

【原文】

国为伪巧，[1]后宫饰女；荒田逐兽，田猎之所；[2]游观崇台，[3]泉池在下；淫乐无既，[4]百姓辛苦；上有困令，[5]乃有极□；[6]上困下腾，戎迁其野。[7]敦行王法，济用金鼓。[8]

【注释】

① 国：都邑。为：行为动词，凡涉及人的行为动作都可使用，相当于今语的“搞”。伪巧：犹言淫巧、奇巧。此段将前“逆政”具体化。

② 荒田：荒芜田地。逐兽：即畋猎。

③ 崇：高，崇台即高台。

④ 淫：过度。既：已，尽。无既指无休止。

⑤ 困：惠之反，困窘。

⑥ 极□：黄氏云："缺文当是'下'，指民。"

⑦ 腾：动。在上者困民则在下者动乱。戎：军队。野：郊外。迁其野指伐有罪。

⑧ 敦：厚。敦行指大行。济：成。金鼓指军队。言以军队成就讨伐有罪之王法。

【译文】

在都邑施行奇巧，在后宫中打扮女人；荒芜田地而追逐禽兽，作为畋猎之所；游玩于高台华屋，池水清流在其下；过度享乐无休无止，老百姓只有含辛茹苦；上面有扰民的政令，下面就有痛苦的平民。在上者扰民下必动乱，军队就开到都邑的郊外。大行讨伐有罪的王法，用武力去成就它。

【原文】

降以列陈，无悗怒□；① 按道攻巷，② 无袭门户；无受货赂，③ 攻用弓弩。上下祷祀，靡神不下。④ 具行冲梯，振以长旗。⑤ 怀戚思终，左右愤勇。⑥ 无食六畜，无聚子女。⑦ 群振若雷，造于城下。⑧ 鼓行参呼，以正什伍。⑨ 上有轩冕，斧钺在下。⑩ 胜国若化，⑪ 故曰明武。

【注释】

① 列陈：列阵。此句指受降于阵前。悗（mèn，闷）：愤也。怒：同悗，愤。黄氏云："缺文当是'之'，指降者。"指不怒斥降者。

② 按道：顺道，指循路而进。

③ 货赂：财物。无受货赂，指不被敌收买。

④ 上下祷祀：祷祀天上地下之神灵。靡：无。下：降。指神灵下来保佑自己。孔晁云：先祈祷而后攻战。

⑤ 具：全。冲：冲车，攻城之具。梯：云梯。振：挥动。长旗：号令旗。

⑥ 戚：亲。愤勇：犹奋勇。

⑦ 聚：通取。子女：女人。大名（子）冠小名（女）。

⑧ 群振：指军队士卒奋厉。若雷：一本作"若电"，指迅速。造：到。

⑨ 鼓行：击鼓助攻。参：加入。呼：呼号。正：不正则乱，故有整齐、规整之义。什伍：队列。

⑩ 轩冕：奖赏。斧钺：刑罚。朱右曾云：“轩冕赏有功，斧钺诛违命。”

⑪ 胜国：指强胜之国，即强敌。若化：如同万物化育。指自然而然地归顺。黄氏按：此段文字错乱严重，当写定如下：

上下祷祀，靡神不下。鼓行参呼，以正什伍。上有轩冕，斧钺在下。怀戚思终，左右愤勇。群振若电，造于城下。具行冲梯，振以长旗。按道攻巷，攻用弓弩。无袭门户，无受货赂。降于列阵，无悗怒之。无食六畜，无聚子女。胜国若化，故曰明武。

【译文】

上下神灵一齐祷祀，所有神灵都来佑助。击鼓助攻并加以呼号，用以整齐队伍。上有轩冕赏有功，下有斧钺诛违命。怀念亲人而思战事结束，大家都奋勇向前。全体振奋如同闪电，迅速攻到敌人城下。使用所有的冲车与云梯，挥动号旗以作指挥。顺着大道攻入街巷，攻击只用弓箭、弩机。不要袭击住户，不要收受财物。投降于阵前的，不要粗暴对待。不杀食六畜，不取用妇女。这样，强敌也会自然地归顺，所以叫作明武。

大匡第十一

【题解】

匡，救。大匡，大救灾。此篇讲文王救灾的种种具体措施。

【原文】

维周王宅程，三年，① 遭天之大荒，作《大匡》，以诏牧其方。②

三州之侯咸率，③ 王乃召冢卿、三老、三吏、大夫、百执事之人朝于大庭，④ 问罢病之故、政事之失、刑罚之戾、哀乐之尤、宾客之盛、用度之费，⑤ 及关市之征、山林之匮、田宅之荒、沟渠之害、怠惰之过、骄顽之虐、水旱之灾。⑥ 曰：“不谷不德，政事不时，⑦ 国家罢病，不能胥匡。⑧ 二三子不尚助不谷？⑨ 官考厥职，乡问其人，⑩ 因其耆老，及其总害。⑪ 慎问其故，无隐乃情，及某日以告于庙。⑫ 有不用命，有常不赦。⑬”

【注释】

① 周王：文王。宅：居。程：地名，古毕程氏之墟，今陕西咸阳东。《竹书纪年》：“（帝辛）三十五年，密人降于周师，遂迁于程。”又：“（帝辛）三十五年，周大饥。西伯自程迁于丰。”帝辛三十三年文王更为受命之元年。三十五年即文王受命三年，宅程亦三年。

② 诏：令。牧：养也。“以《大匡》之法诏诸臣养其民。”纣王封文王为西伯，统西方，故诏牧其方。

③ 三州：指文王统领之西方三州，即雍州、梁州、荆州。咸：皆。率：遵循、恭顺。

④ 冢卿：卿士一类，指文王的执政官。三老：指国老。三吏：司徒、司马、司空，即三公。百执事：众有司。大庭：外朝之廷，即宫中前大院。

⑤ 罢：通“疲”。戾：乖戾，违背，即暴虐。尤：过度。费：浪费。

⑥ 征：税收。匮：乏材用。害：损坏。

⑦ 不谷：犹不善，文王自谦。不德：即无德。时：时宜，合于时宜。

⑧ 罢：通“疲”。胥：相。胥匡即相补救。

⑨ 二三子：各位、诸位。不尚：孔晁云：“不尚，尚也。”故为问句。尚助犹上助，尚通“上”。

⑩ 厥：其。职：职责，即官员任职情况。乡：指地方，各地。即向人们了解各地情况。

⑪ 因：依靠。耆老：老年人。总害：所有害民者，包括害民之事及害民之人。

⑫ 某日：某一天。庙：治事之地。《尔雅 • 释宫》：“室有东西厢曰庙。”

⑬ 用命：尽力。有常：指常刑，固有之刑。

【译文】

周文王居程，第三年，遭受了大灾荒，五谷不收，就作《大匡》以诏令治理他的领地。

三州的诸侯都恭顺之后，文王就召卿士、国老、三公、诸大夫及所有执事官在王宫前大院朝见，询问疲病的缘由、政事的失误、刑罚的乖违、哀乐的过度、宴飨的丰盛、用度的浪费，以及关市的税收、山林的匮乏、田宅的荒芜、沟渠的损坏、怠惰的过错、骄顽的暴虐、水旱的灾害。说道：“我无德行，政事不合时宜，致使国家疲病，不能相救。各位还不帮助我吗？考察官员是否尽职，向人们了解各地情况。通过那些长者，掌握所有害民的人与事。详细追问缘由，不得隐瞒那些真情，直到某一天报告到宫中。凡有不尽力的，将使用固有的刑罚，决不宽恕。”

【原文】

王既发命，入，食不举。① 百官质方，□不食饔。② 及期日质明，王麻衣以朝，朝中无采衣。③

【注释】

① 入：进宫。举：举鼎。君王列鼎而食，以乐侑食，大荒则不举。

② 质：问也。方：道也。质方指仿效君王的食不列鼎。□：朱氏云：“阙处疑是‘咸字’”。饔：熟食，由公家供给。

③ 期日：约定的朝会之日。质明：平明。采衣：彩衣。

【译文】

文王发布命令以后，入内宫，食不列鼎、不奏乐。百官仿效之，不再享用供给的熟食。到约定的朝见日早上，文王穿麻布衣服上朝，朝中没有穿彩服的。

【原文】

官考其职，乡问其利，因谋其菑。① 旁匡于众，无敢有违。② 诘退骄顽，方收不服。③ 慎惟怠惰，什伍相保。④ 动劝游居，事节时茂。⑤ 农夫任户，户尽夫出。⑥ 农廪分乡，乡命受粮。⑦ 程课物征，躬竞比藏。⑧ 藏不粥籴，籴不加均。⑨ 赋洒其币，乡正保贷。⑩ 成年不偿，信诚匡助，以辅殖财。⑪ 财殖足食，克赋为征。⑫ 数口以食，食均有赋。⑬ 外食不赡，开关通粮。⑭ 粮穷不转，孤寡不废。⑮ 滞不转留，戍城不留，众足以守。⑯ 出旅分均，驰车送逝，⑰ 旦夕运粮。

【注释】

① 利：利民之事。前有“乡问其人”，此“乡问其利”，指了解各地该办的利民之

事。菑：同“灾”。谋其灾，指想法救灾。

② 旁：广也。指广救受灾的民众，百官不敢违抗。

③ 诘：查究。退：除去。方：黄氏云：“通‘放’，放逐。”收：收捕。

④ 惟：通“维”，系维，联结。伍：五户。什：十户。保：担保。

⑤ 动：使感动，以行为感化之。劝：勉励。游居：游手闲居者。事节：办事有节度。时茂：一年四季皆好。

⑥ 任：承担。户：家庭。出：出门务农。

⑦ 分乡：分地方（设立仓廪）。乡命受粮：各地命农夫纳粮。

⑧ 程课：按规定征收。物征：谷物之征。躬竞：各地亲自参与竞争。比藏：比赛积蓄。

⑨ 粥：通“鬻”，卖也。籴：买粮。加：更，副词。

⑩ 赋：通“敷”，分布。赋洒：分散、布散，这里指分别借贷。币：钱币。乡正：即乡大夫，乡里长官。保贷：担保而贷，以防奸欺。

⑪ 成年：指丰年。辅：助。殖：生。

⑫ 克：能。赋：本指赋税，这里指应归还的借贷。征：征收，指收回贷款，朱氏云：量其力能供赋而后征之。

⑬ 数：动词。数口：按人口。孔云：均民足食而后征其赋以入官也。

⑭ 外：其他地方，指外乡、外邦。赡：足。

⑮ 转：转运，外运。废：弃。不废：当照顾而不抛弃不管。

⑯ 滞不转留：当为“滞不留转”，指粮有积存（滞）而不保留，当外运他乡。朱氏云：边城谷虽不滞，亦不留，但使其众足资以守而已。

⑰ 出旅：派出众人。分均：助劳，帮助劳动。驰车：驱车。送逝：送回。

【译文】

对官员的任职进行了考察，了解了各地该办的利民之事，就得想法赈救灾荒。广泛救助灾民，官员不得违抗。查究清退骄顽凶残的人，收捕放逐对抗不满的人。谨慎地联系那些怠惰的，使什伍自相担保。感化劝勉游手好闲的，把事情办得合于节度，一年四季都顺顺当当。使农夫各自养家，家家男子都出门耕种。农夫的仓廪分设各地，各地自命农夫纳粮。按规定征收谷物，各自竞相比赛积藏。藏粮不要买卖，买卖就不再均衡。布散公家的钱币，乡正作借贷的担保。丰年也不急于偿还，真诚进行救助，便于辅助百姓生财。

到了财生食足，能够收取再作征收。按人口供给食物，人人有食才可征取赋税。外地食物不足，就开关周济粮食。粮食少的就不转运，但孤寡不得抛弃。粮食多的不必留存，要转运外乡。边城粮食不多，也不必多留，足够众人守城就行。派出众人帮助劳动，赶着车子送回他们，不分早晚运送粮食。

【原文】

于是告四方：

游旅旁生忻通，津济道宿，① 所至如归。币租轻，乃作母以行其子。② 易资，贵贱以均，游旅使无滞。③ 无粥熟，无室市。④ 权内外以立均，无蚤莫。⑤ 闾次均行，均行众从。⑥ 积而勿口，⑦ 以罚助均，无使之穷。⑧ 平均无乏，利民不淫。⑨

无播蔬，无食种。⑩ 以数度多少，省用。⑪ 祈而不宾祭，服漱不制。⑫ 车不雕饰，人不食肉，畜不食谷。⑬ 国不乡射，乐不墙合。⑭ 墙屋有补无作，资农不败务。⑮ 非公卿不宾，宾不过具。⑯ 哭不留日，⑰ 祭降一等。庶人不独葬，伍有植。⑱ 送往迎来亦如之。有不用命，有常不违。⑲

【注释】

① 游旅：指外出经商者。旁：广。生：黄氏云："出"字之误。忻：乐。津：渡口。济：渡。

② 币：钱币。租：朱氏云："租赋，重曰母，轻曰子。币租轻则物贵，故作重币以行之。"《国语·周语下》："古者天降灾戾，于是乎量资币，权轻重，以振救民。民患轻，则作重币以行之，于是乎有母权子而行。"

③ 易：交易。资：货物。滞：停下来。

④ 粥：通"鬻"，卖。熟：熟食。室市：室内交易，即暗中交易，指黑市。

⑤ 权：衡量。内、外：指本地与外地的物价。蚤：通"早"。莫：暮的古字。无早暮，不分早晚，即早晚物价一致。

⑥ 闾：二十五家为闾。次：指相邻。均：均等。行：劳，指劳役。

⑦ 朱氏云：缺处疑是"粥"字。黄氏云：缺文疑是"市"，卖也。

⑧ 以罚助均：指处罚高抬物价者以均衡物价。之：往，走向。穷：困穷。

⑨ 无乏：不使缺乏。利民：取利于民。淫：过。

⑩ 播：弃。种：蔬菜谷物的种子。

⑪ 朱氏云：度日之多少而节其用。又云：已上皆言备荒之政可通行于丰年者，此下乃正言荒政。

⑫ 宾：朱氏云："绎祭宾尸也。"当指死而未葬者。《籴匡》："大荒有祷无祭。"漱：洗涤。不制：不造新。

⑬ 雕饰：彩绘。畜：指马。《曲礼》："岁凶，马不食谷。"

⑭ 乡射：乡间赛射取乐。墙合：即《周礼》之宫悬。指合奏。

⑮ 作：新造。败：害。败务：指危害农事。

⑯ 孔氏云："唯宾公卿酒食而已。"行宾礼必宴飨，即使宴飨公卿，也不过多备办食物。

⑰ 留日：尽日。哭：指丧事。祭降一等：丧祭因大荒降一等，公卿用大夫礼，大夫用士礼。

⑱ 伍：五户为伍。植：通"置"，安放。

⑲ 用命：认真执行。有常：指常规、常法。不违：无违，不要违犯。

【译文】

于是布告四方：

商旅当广泛外出，愉快地交流货物。坐船过渡，路上住宿，感到所至如归。如果钱币轻，就做大钱以代替小钱流行。物资交流，价格高低要公平，要使商务不停顿。不得出售熟食，不得暗中交易。衡量本地与外地物价，制定平均价格，做到早晚不分。邻里劳役要均等，只有均等众人才会顺从。先囤而不出售的，当罚没而帮助均衡，不让有的人沦为贫困。财物平均而不让有人缺乏，取利于民也不得过分。

不要舍弃蔬菜，不要吃掉种子。用数目计算物资的多少，节省用度。只祈祷，不祭祀。服装洗旧不制新。车子不彩绘，人不食肉，马不食谷。国内不举办乡射，奏乐不得合奏。房舍只修补不新建，帮助农民而不危害农事。非公卿不用宾礼，宴飨不备办过多食物。办丧事不超过一天，丧祭规格都降一等。老百姓不单独埋葬，每五户做统一安置。送来迎往也同样简化。有不认真执行者，当用已定刑罚处置，决不违背。

程典第十二

【题解】

程，即“周王宅程”之程，地名。典，法也。作于程，故名程典。此篇讲为官之道，为官应遵循的法则以及如何治理土地与对待民众。

【原文】

维三月既生霸，① 文王合六州之侯奉勤于商。② 商王用宗馋，震怒无疆。③ 诸侯不娱，④ 逆诸文王。文王弗忍，⑤ 乃作《程典》，以命三忠。⑥ 曰：

【注释】

① 既生霸：月相名词。周人记录月相以确定朔闰，主要记朔与望及其相近的日子。既死霸为朔，既生霸为望。朔为初一，望为十五。月相定点，定于一日。此处指三月十五日，无年。皇甫谧说在纣二十年。黄氏云：“帝辛（纣王）三十年三月。”今本《竹书纪年》：“（帝辛）三十五年，周大饥，西伯自程近于丰。”又，《大匡》：“惟周王宅程三年，遭天之大荒。”典作于程，知当在帝辛三十五年或三十四年。帝辛三十五年即公元前 1123 年。

② 合：聚合。六州：禹贡分天下九州，其时三分天下，周有其二，故言六州。奉勤：服事。

③ 商王：帝辛，即纣王。用：因也，即听信。宗：读为崇。崇即崇侯虎。《周本纪》：“崇侯虎谮西伯于殷纣曰：‘西伯积善累德，诸侯皆响之，将不利于帝。’”震怒：愤怒。无疆：不已。

④ 娱：乐。逆：复逆之逆，返也。即去纣归周。

⑤ 弗忍：不忍背商。

⑥ 忠：当是“吏”字，俞樾说。三吏：指司徒、司马、司空，亦即三公。

【译文】

三月十五日，文王集合六州的诸侯要去服事商朝。商纣王听信崇侯虎的谗言，愤怒不已。这就惹得诸侯不高兴，就归附于文王。文王不忍背负商朝，就作《程典》，以之命令司徒、司马、司空三吏。说道：

【原文】

助余体民，无小不敬！[①] 如毛在躬，拔之痛，无不省！[②] 政失患作，作而无备，死，亡不诫。[③] 诫在往事，备必慎。[④] 备，[⑤] 思地思地，慎制思制，慎人思人。[⑥] 慎德德开，乃无患。[⑦]

慎德必躬恕，恕以明德。[⑧] 德当天而慎下，下为上贷。[⑨] 力竞以让，让德乃行。[⑩] 慎下必翼上。[⑪] 上中立而下比。争省，和而顺。[⑫] 携乃争，和乃比。[⑬] 比事无政，无政无选。[⑭] 无选，民乃顽，顽乃害上。故选官以明训，顽民乃顺。[⑮]

【注释】

① 体民：体察民情。无小：不认为事小。敬：慎重。

② 毛：汗毛、毛发。以毛喻其小。躬：身。省：察。

③ 患：灾难。作：兴，发生。亡：通“无”。诫：同“戒”，警戒。

④ 在：用。孔注：以往事诫将来。

⑤ 备：黄氏云：“备”字衍。

⑥ 思地思地：依下文例，当是“慎地思地”。慎地：对土地事要谨慎。思：考虑。制：制度。人：人事。

⑦ 开：通也。古本“开”字重出。即“开乃无患”。

⑧ 躬：亲身实行。恕：忠恕之恕，即以己度人。

⑨ 当：合。天：指法度。慎：通“顺”。慎：使下人顺从。贷：假也。下为上贷，即下属为上司的代表或代理人。刘师培说，贷当是“贰”字误。贰即副，助手。指下属为上司的副手。备此一说。

⑩ 竞：竞争。让德：谦让的美德。

⑪ 翼：敬也，即慎重。翼上即使上翼，指上司要自尊重。

⑫ 中立：不偏倚，即无所偏倚。指不讲是非。比：结党。争省：争斗废止，即消除争斗。

⑬ 携：离也。指有矛盾。和：和顺，离之反。此句即闹矛盾必争斗，讲和气就结党。指“慎下”之难。

⑭ 比事：朋比结党之事。无政：指无从治理国家。无选：不能选拔贤能之人。

⑮ 顽：凶顽，不从上之教令。训：训教。

【译文】

帮助我体察民情，不要因为事小而不重视，如同毛发在身，拔它会痛，不得不仔细。政事失误就有灾难发生。发生灾难而无准备，就会死亡，所以不能不警戒。用往事警戒将来，准备一定要谨慎。慎重对待土地之事，就要考虑到土地；慎重对待制度的事，就要考虑到制度；慎重对待人事，就要考虑到人。慎重对待道德，道德才能通达；道德通达，才没有忧虑。

慎重对待道德，必须亲身实践以己度人，以己度人可以明德。道德合乎法度而使下属顺从，下属会成为上司的代理。大家尽力争着谦让，谦让的美德就会流行。使下属顺从，必须上司要自重。上司无是非，下属就结党。消除争斗才会和顺。闹矛盾就有争斗，一团和气就会结党。结党就无从治国，不治国就无从选拔贤才。无贤才，百姓就会凶顽，凶顽就会危害上司。所以，选择官吏要他们晓明训教，顽民就会顺从。

【原文】

慎守其教，小大有度，以备菑寇。① 协其三族，固其四援，② 明其伍候，习其武诫，依其山川，通其舟车，利其守务。③ 士大夫不杂于工商。④ 商不厚，工不巧，农不力，不可成治。⑤ 士之子不知义，不可以长幼。⑥ 工不族居，不足以给官。⑦ 族不乡别，不可以入惠。⑧ 为上不明，为下不顺，无丑，轻其行，多其愚，不智。⑨

慎地必为之图，以举其物。⑩ 物其善恶，度其高下。⑪ 利其陂沟，爱其农时。修其等列，务其土实。⑫ 差其施赋，设得其宜。⑬ 宜协其务，务应其趣。⑭

【注释】

① 守：遵守。小大：指贵贱尊卑。度：法度，即规定。菑：同“灾”。

② 三族：父族、母族、妻族。四援：四邻友好国家之援。《左传·昭公二十三年》：“慎其四竟，结其四援。”

③ 伍候：杜预注《左传·昭公二十三年》：“使民有部伍，相为候望。”诫：通“戒”。武戒即武备。依：保也。利：便利。守务：守国之务。

④ 杂：掺杂，参与。指士大夫不得务工经商。

⑤ 厚：指资产厚。不力：不尽力。

⑥ 义：做事合宜。长：动词，成长。长幼：使年幼者成长。即教育好下一代。

⑦ 族居：聚族而居，指集中活动。给：供给。

⑧ 乡别：各地分之，即分属各乡不使集中。入：致也。惠：柔顺。入惠即使之顺服。

⑨ 明：明智。无丑：无羞耻，不知耻辱。轻其行：行为轻率，即胡作非为。多其愚：愚昧增多。两处皆使动用法：使其行为轻率，使其愚昧增多。

⑩ 为：作。为图：画地图。举：标举。

⑪ 物：相，察看。《左传·昭公三十二年》："物土方。"《周礼·校人》："物马而颁之。"度：度量。

⑫ 陂：水塘。爱：惜。修：制定。等列：指上地、中地、下地之等。土实：土地所产。

⑬ 差：别也。区分。朱氏云："别其所施，赋敛之法。"即根据不同等次的土地所产物的多少区别租赋。设：施设。指施赋多少的确定。宜：合宜，恰当。

⑭ 协：合。务：所务，所从事的。应：顺应。趣：趣向，指意愿。

【译文】

谨慎地遵从教化，使尊卑贵贱有度，以防备天灾外寇。协和他们的三族，稳定他们的四援，明确部伍的轮流候望，操练好他们的武备，保卫他们的山川，沟通他们的水陆交通，以便利于防务。

士大夫不参与务工经商。商人资财不厚，工匠技艺不巧，农夫不尽力务农，便不能治理。士大夫之子不懂得义，就不能培养好下一代。工匠不集中居处，就不足以供给官府。族人不分属各乡，就不能使之和顺。做上司的不明智，当下属的不会顺从，就不知耻丑，行为轻率，愚昧增多，十足无知。

慎重对待土地，就必须画成地图，标明它的物产。察看土地的好坏，量出它的高低。利用好池塘水沟，珍惜那农事季节。制定土地的等次，致力于它的物产。区别土地的租赋，多少要制定得当。租赋得当以合于农民的耕种，耕种得顺应他们的意愿。

【原文】

慎用必爱。[1] 工攻其材，商通其财，[2] 百物鸟兽鱼鳖无不顺时。生穑省用，不滥其度。[3] 津不行火，薮林不伐，牛羊不尽齿不屠。[4] 土劝不极美，美不害用，用乃思慎。[5] □备不敬，不意多□。[6] 用寡立亲，用胜怀远，远格而迩安。[7]

于安思危，于始思终，于迩思备，[8] 于远思近，于老思行，[9] 不备。[10] 无违，严戒。

【注释】

① 用：消费。爱：吝惜。

② 攻：治也。财：钱粮财货。

③ 穑：通“啬”，爱也。生穑指生爱惜之心。滥：过也。度：限度。

④ 津：滋也。薮：林木聚生之处。尽：全。尽齿：齿牙长全，指成年。

⑤ 土劝：指土地尽其力。不极美：不求最好。害：伤。

⑥ 句首缺文当是“无”，黄氏说。无备不敬即凡备必敬，所有的准备都得认真。多□：依孔注缺文为“用”，多用即多消费、多享用。

⑦ 用：所用之物，指财用。寡：少。立亲：安定亲人。胜：多，寡之反。怀：来。怀远：使远人来。格：至也。迩：近。

⑧ 于迩思备：在靠近你的时候想到防备。

⑨ 于老思行：在年老时要想到多行动。朱氏云：“思行则耄不倦。”

⑩ 不备：不完备。“言所当思者非尽此也。”

【译文】

谨慎所用，一定要珍惜。工匠治理手中的材料，商人交易他们的货物，百物鸟兽鱼鳖无不顺时生长。生爱憎之心必节省财用，不会超过限度。草木滋生之时不放火，树木成林不砍伐，牛羊齿牙不全不宰杀。土地尽其力就可以，不求最美，美以不妨害使用为限度，使用时就想到要谨慎。所有的准备都得认真，不要去想多多享用。财用少可安定亲人，财用多可招来远人。远人到来，近处人就会安宁。

在安宁之时要想到危难，在开头之时要想到终了，在靠近身时要想到防备，在远方之时要想到近处，在年老之时要想到多动……不止这些啊。不要违背，要严加戒备。

程寤第十三（亡）
秦阴第十四（亡）
九政第十五（亡）
九开第十六（亡）
刘法第十七（亡）
文开第十八（亡）
保开第十九（亡）
八繁第二十（亡）

逸周书全译卷三

丰保第二十一

【题解】

丰，丰邑。保，保守。此篇记武王受命并讲保国守位的方法。

【原文】

维二十三祀庚子朔，[①] 九州之侯咸格于周。[②] 王在丰，昧爽，立于少庭。[③] 王告国公旦曰："呜呼！诸侯咸格来庆，辛苦役商，吾何保守，何用行？[④]"旦拜手稽首[⑤]曰："商为无道，弃德刑范，欺侮群臣，辛苦百姓，忍辱诸侯，莫大之纲福其亡，亡人惟庸。[⑥] 王其祀，德纯礼明，允无二，[⑦] 卑位柔色金声以合之。[⑧]"王乃命三公九卿及百姓之人曰：[⑨]"恭敬齐洁，咸格而祀于上帝。[⑩]"商馈始于王。因飨诸侯，重礼庶吏，[⑪] 出送于郊，树昬于崇。[⑫]

【注释】

①《帝王世纪》："文王即位四十二年……更为受命之元年，始称王矣。"今本《竹书纪年》："（帝辛）三十四年，遂伐崇，崇人降。"《周本纪》："伐崇侯虎，而作丰邑。"今本《竹书纪年》："三十五年，周大饥，西伯自程迁于丰。"知文王受命三年迁于丰。文王"终时受命九年"（《毛诗疏》）。武王十一年，周始伐商。武王十二年即"克殷二年，天下未宁而崩"（《史记·封禅书》）。知武王无二十三年。若将文王受命之年延续，文王十三年即武王四年合公元前 1113 年有丑正四月庚子朔。知"二十三祀"当为"一十三祀"。文王虽逝，武王亦用文王受命连属纪年。后文中"王在丰"

指武王而非文王。

② 咸：皆。格：至。

③ 王在丰：武王在丰。丰即丰邑，今西安市长安区沣河西。昧爽：昧，暗也；爽，明也。指将亮未亮之时，犹黎明。少庭：当指后庭。

④ 庆：贺。辛苦役商：受商之役使而感辛苦。何用行：以何行，即如何行动。

⑤ 拜手：头至手与心平，也叫“空首”。稽首：头至地。

⑥ 刑：杀。刑范指违背规定。忍辱：残忍相待而又侮辱之。纲福：黄氏云“指大福”。纣有天下故称“莫大”。亡人：指犯罪而逃的人。庸：用。黄氏云，“亡人惟庸”当在“莫大”句前。

⑦ 德纯礼明：道德纯正，礼仪周到。允无二：诚信不二。

⑧ 卑位：谦恭。柔色：和蔼之态。金声：严肃之态。合之：团结上下。

⑨ 三公：太师、太傅、太保。九卿：众卿士。百姓：有姓氏者，指贵族。

⑩ 祀于上帝：朱右曾云：“董子《繁露》云‘已受命必先祭天乃行事’，是受命后得祭天也。”由此知，文王死后至此，武王才受帝辛之命承继西伯之位，故“诸侯咸格来庆”，才有“维（文王受命之）十三祀庚子朔”的纪日。

⑪ 商馈始于王：黄氏云“商字衍”。馈：归。朱氏云“祭毕馈膰自此始也”。膰指祭祀用的烤肉。祭祀毕就分赠祭祀之膰。飨：宴飨。庶吏：诸侯的从人。

⑫ 郊：指丰邑之郊。砮：即“砥”，美石。树砮于崇，即立石碑于崇地。崇即崇侯之墟，距今沣东不远。

【译文】

文王受命的十三年庚子朔日，各地诸侯都来到周地。武王在丰邑，黎明时候，立在后庭。武王求问周公旦说：“哎呀！诸侯都来庆贺，大家都苦受商王的役使，我们当怎样保国守士，用什么办法呢？”周公旦行叩拜之礼，说道：“商王无道，抛弃道德，违背法度，欺侮群臣，辛苦百姓，残忍并侮辱诸侯，只任用逃犯，让莫大的福分亡失。大王要重祭祀，使道德纯正礼仪周到，诚信不二，以谦恭的心意、柔和的容貌、严肃的态度，团结上下内外之人。”武王就命令三公、九卿及众贵族，说：“你们要恭敬整洁，都来祭祀上帝。”祭祀完毕，分赏祭物从武王开始。接着武王宴飨诸侯，隆重招待随从，送他们到丰邑郊外，并在崇墟立了一块石碑。

【原文】

内备五祥、六卫、七厉、十败、四葛，外用四蠹、五落、六容、七恶。①

【注释】

① 这一段概述碑文的内容，下段起是石碑上文字。内备、外用，指石碑的内面与外面。

【译文】

石碑内面刻有五祥、六卫、七厉、十败、四葛，外面刻的是四蠹、五落、六容、七恶。

【原文】

五祥①：一，君选择；二，官得度；三，务不舍；四，不行赂；五，察民困。②

六卫③：一，明仁怀恕；④二，明智设谋；⑤三，明戒摄勇；四，明才摄士；五，明德摄官；六，明命摄政。⑥

七厉⑦：一，翼勤厉务；⑧二，动正厉民；⑨三，静兆厉武；⑩四，翼艺厉物；⑪五，翼言厉复；⑫六，翼敬厉众；⑬七，翼智厉道。⑭

十败⑮：一，佞人败朴；⑯二，谄言毁积；⑰三，阴资自举；⑱四，女货速祸；⑲五，比党不拣；⑳六，佞说鬻狱；㉑七，神龟败卜；㉒八，宾祭推穀；㉓九，忿言自辱；㉔十，异姓乱族。

四葛㉕：一，葛其农，时不移；二，费其土，虑不化；㉖三，正其赏罚，狱无奸奇；㉗四，葛其戎谋，族乃不罚。㉘

【注释】

① 祥：善。《校释》云："五祥，皆用人行政之大者。"

② 选择：指选择贤能之人。官得度：官吏得其法度。务不舍：事务（主要指农事）不废弛。

③ 卫：嘉，表彰。即下所谓"明"，使明即表彰。

④ 仁：仁人。恕："己所不欲，毋施予人。"即以己度人之心。

⑤ 设：当作"摄"。

⑥ 摄：执持。

⑦ 厉：通“励”，勉励、激励。

⑧ 翼：辅也。务：劳作。

⑨ 动：使动，即减少。正：通“征”，指赋税、力役。

⑩ 静：使静，使安定。兆：指兆民。

⑪ 艺：技艺。物：事，指百工之事。

⑫ 言：指誓言。复：实现誓言。

⑬ 敬：恭敬之人。

⑭ 智：有计谋，善思考的人。道：行动。

⑮ 败：坏，毁。

⑯ 佞人：花言巧语之人。败朴：败坏淳朴。

⑰ 谄：媚也。毁积：毁坏长期形成的好行为。

⑱ 阴资：暗中行贿。举：用。自举：自荐。

⑲ 女货：美女。速：召也。

⑳ 比党：朋比为党。不拣：不知所择。

㉑ 鬻：卖。

㉒ 神龟：过分看重龟卜，即神化龟卜，迷信龟卜。

㉓ 推：求也。穀：善。《校释》云：“临事而求穀，不祥孰甚焉。”如同今语“临时抱佛脚”。此句指借宴宾、祭祀以求善，反而败坏了宴宾与祭祀。

㉔ 忿言：气话。

㉕ 葛：黄氏云：“借为‘恪’，敬也。”

㉖ 费：耗费。化：物生曰化。

㉗ 狱：指讼事。奇：邪。

㉘ 戎：武事。戎谋：指保国守土之机密。《校释》云：“密其戎谋，能保其氏族。”

【译文】

五祥是：一，君王选用贤能；二，官吏得其法度；三，农事不废；四，不行贿赂；五，体察民众疾苦。

六卫是：一，表彰仁人使众人各怀恕心；二，表彰智者以掌握谋士；三，表彰武士以控制有勇力之人；四，表彰有才有能的人以掌握普通士人；五，表彰道德高尚者以控制百官；六，表彰维护教令者以掌握国政。

七厉是：一，辅助勤劳者以勉励劳作；二，减少赋税以劝励民众；三，安定百姓以劝励武事；四，辅助有艺技者以激励百工；五，赞赏誓言以激励实践；六，赞赏恭敬有礼以劝励众人仿效；七，赞赏智谋以激励行动。

十败是：一，佞人败坏淳朴；二，谄媚之言毁坏好行为；三，暗中行贿以自荐；四，美色招来祸患；五，朋比结党不知所择；六，巧言搅乱了刑狱；七，迷信龟卜反败坏占卜；八，临事求善反有害宴宾、祭祀；九，说气话必自辱；十，亲异姓必乱本族。

四葛是：一，敬重农事，不改易农时；二，耗费地力，担心不长庄稼；三，赏罚公正，狱讼没有奸邪；四，认真保守武事机密，氏族才不遭受损失。

【原文】

四蠹[①]：一，美好怪奇以治之；[②]二，淫言流说以服之；[③]三，群巧仍兴以力之；[④]四，神巫灵宠以惑之。[⑤]

五落[⑥]：一，示吾贞，以移其名；[⑦]二，微降霜雪，以取松柏；[⑧]三，信蟜萌，莫能安宅；[⑨]四，厚其祷巫，其谋乃获；[⑩]五，流德飘枉，以明其恶。[⑪]

六容[⑫]：一，游言；[⑬]二，行商工；三，军旅之庸；[⑭]四，外风之所扬；[⑮]五，因失而亡，作事应时时乃丧；[⑯]六，厚使以往，来其所藏。[⑰]

七恶[⑱]：一，以物角兵；[⑲]二，令美其前，而厚其伤；[⑳]三，间于大国，安得吉凶；四，交其所亲，静之以物则，以流其身；[㉑]五，率诸侯以朝贤人，而己犹不往；[㉒]六，令之有求，遂以生尤；[㉓]七，见亲所亲，勿与深谋，命友人疑。[㉔]

【注释】

① 蠹：蛀虫。

② 美：美男。好：美女。怪：异。奇：珍奇。治：音持，化也，即感化、感染、诱惑之义。

③ 淫言：巧言。流说：流言。

④ 群巧：指土木之功，乃众巧匠所为。仍：频仍。力：勤也，劳也。

⑤ 灵宠：犹神巫之类。惑：蛊惑。

⑥ 落：陨落、损失。

⑦ 贞：正。移：改。名：旧名。《校释》云：示贞、移名，言著善以揜不善之名。

⑧ 霜雪：比喻威猛。松柏：喻君子之德行。此句指略施威猛，才显出君子的德行。

⑨ 蛴：毒虫也。萌：蘖也。蛴萌：喻小人。宅：居。

⑩ 厚：厚赂。祷巫：巫师。

⑪ 德：直也。枉：曲也。流德飘枉，指正直者如水之流而下，邪曲者如风之飘而上。

⑫ 容：宽容。

⑬ 游言：游说之言，指虚假的流言。

⑭ 庸：用，军旅之庸。黄氏云，即军旅所用之物。

⑮ 外风之所扬：外地传来的言语。

⑯ 失：过失。亡：逃亡。黄氏云"作事应时，时乃丧"是衍文，当在下文。

⑰ 厚：指重礼。藏：珍藏之物。

⑱ 恶：作恶。

⑲ 角兵：交战。此句指因小事兴兵打仗。

⑳ 令：善也。令美义同。即表面美善，目的是要"厚其伤"。《校释》云："貌恭情险，如勾践豢吴。"

㉑ 静：通"靖"，谋也。物则：处事法则。流：沉溺也。流其身：使其身沉溺于声色。

㉒ 率：劝也。

㉓ 尤：过也。

㉔ 所亲：所当亲者。亲所亲：亲其所当亲者。命：令也。友人：友邦之君。《校释》云：凡此所陈蠹、落、容、恶之目，圣人非以此倾人国，欲子孙知而防之，勿堕其术耳。

【译文】

四蠹是：一，用美男好女、异宝奇珍去诱惑他；二，造出巧语流言让他相信；三，利用工匠不断修造以劳累他；四，让巫师神灵去蛊惑他。

五落是：一，显示我的忠正，以改变原有的称谓；二，略施威猛以显出君子的德行；三，信任小人，没有人能够安居；四，厚赂巫师，就能获取他们的计谋；五，正直者流失遭贬，邪曲者扶摇而上，以表明他们的邪恶。

六容是：一容游说之言，二容来往的商旅工匠，三容军旅所用之物，四容从外地传入的谣言，五容因犯过失而出逃的人，六容带出重礼而换回珍藏。

七恶是：一，借小事而交兵打仗；二，表面谦恭而后重加伤害；三，夹在大国之间，祸福决于大国；四，结交他的亲近，谋取他处事的法则，使他沉溺于声色；五，劝诸侯朝拜贤人，自己则不前往；六，让他们有求于我，于是生出过失。七，看到亲近那些应当亲近的人，不与他们深谈，使友邦之君生疑。

【原文】

旦拜曰："呜呼！王孙其尊天下！①适无见过过適，②无好自益，以明而迹。③呜呼！敬哉！视五祥、六卫、七厉、十败、四葛不修，国乃不固。务周四蠹、五落、六容、七恶。不时不允。④不率不绥，反以自薄。⑤呜呼！深念之哉，重维之哉！⑥不深乃权不重。从权乃慰，不从乃溃，⑦溃不可复。戒后人，其用汝谋。⑧"王曰："允哉！⑨"

【注释】

① 王孙：指武王。尊：敬。尊天下，使天下尊。此指武王受命为西伯侯，九州诸侯来庆，当受天下人敬。

② 適无句：当为"无见过適"，適通"谪"。过谪同义，即指责。

③ 自益：夸耀自己。而：汝。迹：行迹。

④ 不时不允句：黄氏云，前衍文"作事应时""时乃丧"当分别在此句前后，谓作事要应时，不应时或应时不当，时机就会丧失。

⑤ 率：循也。绥：安也。自薄：削弱自己。

⑥ 维：同"惟"，思。重（chóng，崇）维：反复思考。

⑦ 从：顺应。从权：顺应权势。乃溃：无权威可言则民必溃，如瓦解土崩。

⑧ 黄氏云，"其用汝谋"疑是武王语，在"允哉"下。

⑨ 允：当。

【译文】

周公旦拜手道："啊呀！王孙要受天下人敬重了！不要遭人指责，不要喜好夸耀自己以显明你的行迹。啊呀，慎重啊！看那五祥、六卫、七厉、十败、四葛不修治的，国家就不稳固。务必要遍行四蠹、五落、六容、七恶。做事要顺应时机，不顺应或顺应不当，时机就会丧失。不遵循四蠹、五落、六容、七恶，就不能安定，反而会削弱自己。啊呀！要深深思念啊，要反复考虑啊。不深思就权力不重。顺从权势能得到安慰，不顺从权势则民众溃散。一旦溃散就不能恢复。”武王说：“善哉！就采用你的谋略。”

大开第二十二

【题解】

“开”字取于篇中，下篇亦名“开”，此在前为“大开”，在后为“小开”。主要讲八儆、五戒，以启导训教后人。

【原文】

维王二月既生魄，[①] 王在丰，立于少庭，兆蓍《九开》，开厥后人八儆、五戒。[②]

【注释】

① 维：在。既生魄：亦作“既生霸”，指十五。朔为既死魄，望为既生魄。古人记录月相，主要记录朔与望及其相关的日子。月相定点，定于一日。

② 兆蓍《九开》：蓍，旧作“墓”。九开，即第十六篇之书。朱石曾云：兆为臣民，兆以九开之言陈谟于王。谟：计谋，谋略。

【译文】

在二月十五日这天，文王在丰，立于后庭。臣兆以《九开》之书向文王献计，借以启导后人八儆、五戒。

【原文】

八儆[①]：一，□旦于开；[②] 二，躬修九过；[③] 三，族修九禁；[④] 四，无竞维义；[⑤] 五，习用九教；[⑥] 六，□用守备[⑦]：七，足用九利；[⑧] 八，宁用怀□。[⑨]

【注释】

① 儆：警戒、戒备。

② 缺文疑是“旦”字。“旦且于开”，指诚恳在于训教。否则不可解读。

③ 躬：亲身，修：长，远。九过：九种过失。见《文政》。

④ 九禁：九种禁忌。

⑤ 维：于。

⑥ 用：以。“九教”未详。

⑦ 缺文疑是“安”，黄氏说。

⑧ 足：丰足，丰厚。“九利”未详。

⑨ 缺文朱骏声疑是“柔”，即“宁用怀柔”。

【译文】

八儆是：一，人的诚恳在于启导；二，自身要远离九过；三，宗族要远离九禁；四，不竞争于义；五，以九教为习俗；六，以守备求安宁；七，以九利求丰足；八，以怀柔求和平。

【原文】

五戒[①]：一，祗用谋宗；[②]二，经内戒工；[③]三，无远亲戚；[④]四，雕无薄口；[⑤]五，祷无忧玉，及为人尽不足。[⑥]

【注释】

① 戒：告诫。

② 祗（zhī，知）：敬也。宗：主也。谋宗即宗主之谋。

③ 朱氏云：经理内政须戒饰女工。即办好内政要警戒女人参与。足见先周已歧视妇女。

④ 亲戚：指宗族兄弟。

⑤ 缺文疑是“器”字。《荀子·礼论》：“薄器不成用。”黄氏说。

⑥ 忧：同“憂”，王念孙曰“当为爱”。即祈祷不得吝惜玉器。“及为人尽不足”：黄氏说“六字衍”。

【译文】

五戒是：一，恭敬地采用宗主计谋；二，办好内政要警惕女人参与；三，不疏远宗族弟兄；四，雕刻不要使器物太薄；五，祈祷不得吝惜玉器。

【原文】

王拜："儆[①]我后人，谋竞不可以藏。[②]戒[③]后人其用汝谋，维宿不悉，日不足。[④]"

【注释】

① 儆：八儆之儆，即告诫。

② 藏：黄氏云：同"臧"，善也。

③ 戒：五戒之戒，即提示、提醒。

④ 宿不悉，日不足：当为常用语，如同今之成语"夜以继日"。朱氏云："言日夜黾皇，常如不及也。"

【译文】

文王回拜说："告诫我们的后人，图谋竞争没有好结果。提示后人用你的谋略，日夜都不忘。"

小开第二十三

【题解】

此篇讲"开后嗣谋"，即教育后来之人。

【原文】

维三十有五祀，[①]王念曰：多口，[②]正月丙子，拜望食无时。汝开后嗣谋。[③] 曰：

【注释】

① 文有错位。原文顺次当是：维三十有五祀，正月丙子，拜望食无时。王念曰：……指文王三十五年正月望日丙子发生"无时"之月食。文王三十五年乃帝辛二十六年即公元前1132年，正月壬戌朔，十五望丙子。可查对张培瑜《中国先秦史历表》。

② 王念孙曰：多[士]，汝开后嗣谋。黄氏说，缺文当是"士"字。《尚书》有《多士》篇。多士，指众士人。

③ 汝：指多士。开：启。

【译文】

在文王三十五年正月十五丙子日，发生了月食，君臣祭拜。文王心有所思，说道：各位士人，你们要启导后人的思想。要这样说：

【原文】

呜呼，于来后之人！余闻在昔曰："明明非常，维德曰为明。[①]"食无时，[②]汝日夜何修非躬，何慎非言，何择非德。[③]

【注释】

① 在昔：从前。明明：大明。非常：不固定。维：通"唯"，只有。

② 食无时：指月食发生。时间为日（白天）与月（夜间）的运转。日食无日，月食无月，故称无时。

③ 何："何不"之省，同"盍"。（黄氏说）非：读为"彼"。择：选择。

【译文】

啊呀，后世的人啊！我听前人说："大明是不固定的，只有道德才真正叫明。"发生月食了，你们为什么每天不修养你们自身，为什么不谨慎你们的言语，为什么不选择你们的德行？

【原文】

呜呼，敬之哉！汝恭闻不命。[①]贾粥不讐，谋念之哉！[②]不索祸招，无曰“不免、不庸”，不茂不次。[③]人菑不谋，迷弃非人。[④]朕闻用人不以谋说，说恶谄言。[⑤]色不知适，适不知谋，谋泄，汝躬不允。[⑥]

【注释】

① 不：读为“丕”，大也。大命当指天命而言。

② 粥：通“鬻”，卖也。讐：售的古字。

③ 索：思索。庸：功也。茂：勉也。次：安定。

④ 菑：同“灾”。人灾：指人所遭遇之祸事。迷弃：迷惑而被弃。

⑤ 恶（wù，务）：憎恶。谄言：虚假之言。

⑥ 色：颜面之色，指待人的态度。泄：失也。谋泄，指思考失当。允：洽。不允，指有过错。

【译文】

啊呀，要慎重啊！你们要恭敬地听从天命。商贾卖不出货物，就要反省自己了。如不思考必招灾祸。不要说不免灾就不用功，不努力就不能安定。不考虑避免灾祸，就会迷惑而被抛弃，沦为非人。我听说用人不凭他的计谋与言辞，言辞最厌恶虚假。待人不知是否合宜，合宜了又不会思考，思考失当，你们自身必有过失。

【原文】

呜呼，敬之哉，后之人！朕闻曰：谋有共轫，如乃而舍。[①]人之好佚而无穷，贵而不傲，富而不骄，两而不争，闻而不遥，远而不绝，穷而不匮者，鲜矣。[②]汝谋斯何向非翼，[③]维有共枳，枳亡重，大害小，不堪柯引。[④]维德之用，用皆在国。[⑤]谋大，鲜，无害。[⑥]

【注释】

① 轫：推也。乃：汝也。舍：居家。

② 佚：安逸也。无穷：无尽，指有所节制。两：两相等同。遥：通“摇”，飘摇，

指飘飘然。匮：宜作溃，当指思想颓废，意志溃败。

③ 何：何不。非：读为彼，黄氏说。翼：边翼，指与主体相对的部分。

④ 枳：枝也。以枝喻辅佐者。“共枳”难明，疑是“其枳”。重：多也。柯：斧柄。引：取。

⑤ 维德之用：唯用德，只用有道德之人。

⑥ 鲜：善。《诗·新台》：“籧篨不鲜。”《释诂》：“鲜，善也。”

【译文】

啊呀，要慎重啊，后世的人们。我听说：计谋要是有人共同推动，就如你在家（那么轻松）。人喜欢逸乐而又有所节制，地位高而又不傲慢，富有而不骄奢，与同辈相处而不争胜好强，有名望而不飘飘然，被疏远而不绝交友人，遭困穷而不颓唐，这种人很少啊。你们的计谋为何不想到那边翼之处？如同那些树枝，树枝不能多，且大枝害小枝，又经不起斧头砍伐。国家只重用有道德的人，而且都用于国家。你们计谋大事，计谋得好，国家就无危害。

【原文】

呜呼，汝何敬非时，何择非德？[①] 德枳维大人，大人枳维公，公枳维卿，卿枳维大夫，大夫枳维士，[②] 登登皇皇。[③] 君枳维国，国枳维都，都枳维邑，邑枳维家，[④] 家枳维欲无疆。[⑤]

【注释】

① 敬：重，珍重。非：读为“彼”。

② 枳：枝，与“干”相对，指辅佐者。大人：指诸侯。

③ 登登：众也。皇皇：美也。

④ 国：诸侯所居。都：宗子所居。《左传·庄公二十八年》：“凡邑有先君之主曰都，无曰邑。”邑：庶子所居。家：大夫所居。朱氏云：言大小相辅，上下相维，递为藩蔽也。

⑤ 欲：指上进心。无疆：无边。

【译文】

啊呀！你们为何不珍惜那时机，为何不选择那道德？道德的辅佐为诸侯，诸侯的辅佐为公，公的辅佐为卿，卿的辅佐为大夫，大夫的辅佐为士，又多又美啊！君王的辅佐为国，国的辅佐为都，都的辅佐为邑，邑的辅佐为家，家的辅佐是无止境的上进心。

【原文】

动有三极，用有九因，因有四戚、五和。① 极明与与，有畏劝汝。② 何异非义，何畏非世，何劝非乐？③

谋获三极无疆，动获九因无限。④ 务用三德，顺攻奸慝。⑤ 言彼翼翼在意，仞时德。⑥

春育生，素草萧，疏数满；⑦ 夏育长，美柯华；⑧ 务水潦，秋初艺；⑨ 木节落，冬大刈。⑩ 倍信何谋？本□时岁，至天视。⑪

呜呼！汝何监非时，何务非德，何兴非因，何用非极？⑫ 维周于民人；⑬ 谋竞，不可以。后戒后戒。⑭ 宿不悉，日不足。

【注释】

① 动：举动，指举大事。三极：指天时、地利、人和，见《小开武》。用：行，指行事。因：依。九因：四戚、五和也，见《大武》。

② 极明：三级明，即明三级。与与：朱氏云“当作翼翼”。翼：敬也。有畏劝汝：即汝有畏劝。后世改写为韵文，故倒。

③ 何异：朱氏云“当作何翼，敬也”。非：读为彼。何异非义：为何看重那个礼义。畏世：畏惧世道。何劝非乐：为何劝勉享乐。此句强调“极明”的重要，三极明，则无所畏劝。

④ 限：止，阻。

⑤ 三德：即三极。

⑥ 翼翼在意：敬重之情在心。仞：通“牣”，满也。时：是也。

⑦ 素草：百草，众草。萧：读为息，生也。疏数：朱氏“犹云远近”。疏数满：远近皆草木。

⑧ 柯：干。华：花。

⑨ 务：行。水潦：水涝。艺：才也。初艺：始成才也。春生夏长秋成才。

⑩ 节落：枝节解落也。刘：杀也。

⑪ 倍：通背，违背。信：指春生、夏长、秋艺、冬刘的规律。何谋：不成谋。本：以之为本，按照黄氏云：缺文疑是“其”。时岁：四时成岁。至：到，达到。视：古文“示”。

⑫ 监：视也。何：何不。时：岁时。务：修。兴：使兴，使之兴旺。因：九因。极：三极。

⑬ 周：遍也。周于民人：遍告民众。

⑭ 谋竞：图谋争斗。不可以：《大开》：“谋竞，不可以臧。”知下有“臧”字，善也。后戒：诫后人。

【译文】

举大事有三极，办小事有九因，九因含四戚五和。三极明则值得敬重，可你们只知有畏惧与劝勉。为何只看重那些礼义？为何畏惧那世道？为何劝勉那享乐？

谋大事得到三极就无止境，办小事得到九因就无阻碍。尽力利用三极，顺势攻击奸邪。那敬重之情在心，就会充实这个道德。

春季养生，百草出土，遍地皆是；夏季养长，花枝茂美；秋季成才，常发水涝；冬季大杀，树节枯落。违背规律，何以成谋？依照那岁时规律行事，符合上天的昭示。

啊呀！你们何不观察那岁时，何不修养那道德，何不光大那九因，何不利用那三极？要遍告民众：图谋争斗，不得善果。反复告诫后人，要夜以继日地努力。

文儆第二十四

【题解】

文，文王。儆，即敬，戒也。取义于篇中之“敬”。此篇乃文王诫太子发保本行善，“慎守勿失”，统治者只能充当百姓的向导，将百姓引向善处。

【原文】

维文王告梦惧后祀之无保。① 庚辰，诏太子发曰：②“汝敬之哉！民物多变，民何向非利？③ 利维生痛，痛维生乐，④ 乐维生礼，礼维生义，义维生仁。⑤”

【注释】

① 告：告左右之人，省宾语。梦惧：梦中有所惧。后祀：即后嗣。无保：不能保守基业。

② 诏：告，用于上告下，有教诲之义。太子发：姬发，即后来的周武王。庚辰：文王受命九年（前 1117 年）二月甲子朔，十七日庚辰。“春三月，西伯昌薨”。

③ 民物：人为万物之一，民物即民，指民众。敬：即古儆字（刘师培说）。多变：情性易变。何：为何。非：读为彼。

④ 利维生痛：趋利必有害，故生痛苦。有此苦痛教训，必安于分次，则知足而乐。

⑤ 人生得乐则产生礼仪，有礼仪就能处事合宜，能知义则必产生仁爱。义：处事合宜。仁：待人合宜。

【译文】

文王告诉左右之人，连做梦都担心后嗣不能守住基业。庚辰这天，教诲太子发说：“你要警戒啊！百姓的情性多变。百姓为何趋向那有利之处？趋利有害则生苦痛，知苦痛则知足而乐，活得快乐则能守礼节，守礼节则会处事合宜，会处事则待人必好。

【原文】

“呜呼，敬之哉！民之适败，上察下遂信。① 何向非私②？私维生抗，抗维生夺，夺维生乱，乱维生亡，亡维生死。③

“呜呼，敬之哉！汝慎守弗失，以诏有司，夙夜勿忘，若民之向引。④ 汝何慎非遂？⑤ 遂时不远。非本非标，非微非辉。⑥ 壤非壤不高，水非水不流。⑦

“呜呼，敬之哉！倍本者槁。⑧ 汝何葆非监？⑨ 不维一保监顺时，维周于民之适败，无有时盖。⑩ 后戒后戒，谋念勿择。⑪”

【注释】

① 适：往。败：坏。适败，指民无引导则生乱。察：细看。信：诚。

② 非：读如彼。即为何向往那私利？

③ 朱氏云：各逞其私则相抗，抗而不已则相夺，乱谓无法纪也。亡：逃亡。

④ 诏：命令。有司：各级官吏。向引：向导。

⑤ 遂：行为、行动。指行为过分谨慎，该做而未做。

⑥ 非：无。标：高处，指末梢。微：小，指微光。烨：光辉。此二句指统治者与民的关系。

⑦ 壤：土。以土水喻民众，民众向善必须要借外力推动。指出向引的重要。

⑧ 倍：通“背”。槁：枯槁。

⑨ 葆：通“保”。监：当作“坚”，固也（黄氏说）。

⑩ 周：遍，指遍知“民之适败”。盖：覆也，指控制民众。民众不能控制，只有做向导，将其引向善处。

⑪ 择：读为斁（yì），厌也。

【译文】

“啊呀，警惕啊。民众会乱来，在上者细察下面才有诚实。为什么向往那私利？谋私利必生对抗，相对抗就生劫夺，相劫夺就生动乱，动乱就生逃离，逃离必生死亡。

“啊呀，警惕啊。你要慎守不要丢失，命令各级官吏，早晚不要忘记，要像百姓的向导。你为何谨慎你的行为？行动的时机并不遥远。没有根本就没有末梢，没有微亮就没有光辉。土，没有土就不再增高；水，没有水就不流淌。

“啊呀，警惕啊。背离根本的就枯槁。你为何保住那根本的坚固？不只是一个固住根本顺应时机，还要懂得民众会乱来，没有法控制。后诫啊后诫，要反复考虑，不要厌倦！”

文传第二十五

【题解】

文，指文王。传，指篇中“传之子孙”之“传”。此篇记文王临终前告太子发“所保所守”之事，主要讲为官之道以及治国理财之法。

【原文】

文王受命之九年，时维莫春，① 在鄗，② 召太子发曰：“呜呼，我身老矣。吾语汝，我所保与我所守，传之子孙。

“吾厚德而广惠，忠信而志爱：人君之行。③ 不为骄侈，不为泰靡，不淫于美，括柱茅茨，为民爱费。④”

【注释】

①《帝王世纪》：“文王即位四十二年……更为受命之元年。”《毛诗疏》：“文王九十七而终（按：当是七十九），终时受命九年。”《竹书纪年》：“（帝辛）四十一年春三月，西伯昌薨。”文王死于前 1117 年即帝辛四十一年，享年 79 岁。此暮春乃文王临薨之月。

② 鄗：镐京，在丰东二十五里。

③ 惠：施。志：当为慈。孔晁注：“四者君德。”

④ 泰：过分。靡：侈也，浪费。淫：过于沉溺，贪恋之义。括：刮也，刮去其皮，不文饰也。茨：屋顶。爱：惜。

【译文】

文王受命的第九年，时在暮春三月，文王在镐京，告诫太子姬发说：“啊呀，我年纪老了。我告诉你我所保持与我所坚守的，你把它传给子孙。

“吾厚德广施，忠信慈爱，这是人君的行为。不做骄纵奢侈之事，不做过分浪费的事，不贪恋于华美，柱子刮皮不加雕饰，屋顶用茅草覆盖，为百姓珍惜费用。”

【原文】

“山林非时不升斤斧，以成草木之长；[①] 川泽非时不入网罟，以成鱼鳖之长；[②] 不卵不䴏，以成鸟兽之长。[③] 畋猎唯时，不杀童羊，不夭胎，[④] 童牛不服，童马不驰。[⑤] 不骛泽，不行害，[⑥] 土不失其宜，万物不失其性，天下不失其时。”

【注释】

① 非时：不到季节。升：举。成：成就。

② 川泽：河流与湖泊。罟：网。

③ 不卵：不取卵。䴏：通“馔”，饮食。

④ 畋猎唯时：打猎有季节。不夭胎：不杀怀胎的母兽。

⑤ 不服：不拉车。驰：疾驱。

⑥ 其他各本无此六字。

【译文】

“山林不到季节不举斧子，以成就草木的生长；河流湖泊不到季节不下罟网，以成就鱼鳖的生长；不吃鸟卵不吃幼兽，以成就鸟兽的生长。打猎有季节，不杀小羊，不杀怀胎的羊。牛犊不拉车，马驹不驱赶奔跑。土地不失其所宜，万物不失其本性，天下不失其时令。”

【原文】

“土可犯，材可蓄。[①] 润湿不谷，树之竹、苇、莞、蒲；[②] 砾石不可谷，树之葛、木，以为絺绤，以为材用。[③] 故凡土地之间者，圣人裁之，并为民利。[④] 是以鱼鳖归其渊，鸟兽归其林。孤寡辛苦，咸赖其生。

“山林以遂其材，工匠以为其器；百物以平其利，商贾以通其货；[⑤] 工不失其务，农不失其时，是谓和德。[⑥]”

【注释】

① 犯：读为范。陶器用土，得先以土制范（模子）。蓄：积蓄。

② 不谷：不能种谷物。苇：芦苇。莞（guān）：苻蓠。俗称水葱、席子草。蒲：

水草，又名香蒲，可制席。

③ 砾：细石。絺绤（chī xì）：葛布，精为絺，粗为绤。

④ 间：同“闲”。指空闲。裁：裁成、裁制，即治理。并：全。

⑤ 遂：成长、生长。为：制作。物：事也，《左传・哀公元年》杜注。平：均。

⑥ 和：和谐。

【译文】

“泥土可以作陶范，材木可以积蓄。低湿地不能种谷，就种上竹子、芦苇、水葱、香蒲；砾石地不能种谷，就种上葛藤与树木。用以织葛布，为材用。所以凡是空闲的土地，圣人都治理它，全都为民众谋利。因此，鱼类都养在水里，鸟兽归入山林。孤寡困苦的人，都靠它为生。

“山林得以长成林木，工匠得以制成器物；百业得以均其利益，商贾得以流通货物；百工不失掉职业，农夫不失掉农时，这叫作和德。”

【原文】

“土多民少，非其土也；土少人多，非其人也。是故土多发政以漕四方，四方流之；土少安帑而外其务，方输。①《夏箴》曰：‘中不容利，民乃外次。’②《开望》曰：‘土广无守，可袭伐；土狭无食，可围竭。③二祸之来，不称之灾。’④

“天有四殃：水、旱、饥、荒。⑤其至无时。非务积聚，何以备之？⑥《夏箴》曰：‘小人无兼年之食，遇天饥，妻子非其有也；⑦大夫无兼年之食，遇天饥，臣妾舆马非其有也；国无兼年之食，遇天饥，百姓非其有也。’戒之哉！弗思弗行，祸至无日矣。⑧

“明开塞禁舍者，其取天下如化；⑨不明开塞禁舍者，其失天下如化。”

【注释】

① 发政：发布政令。漕：转运。流：归入。帑：通“孥”，指妻儿家室。外：向外。务：做事。方：旁也。

②《夏箴》：夏代箴戒之书。中：指国中、国内。次：居。

③《开望》：古书名。围竭：围之以待其竭。

④ 二祸：指袭伐与围攻。不称：不相称，指人与土多少不相称。

⑤ 殃：灾祸。饥：饥、馑、荒：荒年。《尔雅·释天》："谷不熟为饥，果不熟为荒。"

⑥ 务：从事。

⑦ 小人：一般民众。兼年：两年。天饥：自然灾荒。

⑧ 无日：指不远。

⑨ 明：懂得。开：开放。塞：堵塞、关闭。开塞指开源节流。禁：禁止。指"禁粥熟室市"（丁宗洛说）。舍：施舍，指"舍用振穷"（丁宗洛说）。如化：言其疾。

【译文】

"土地多百姓少，土地就不是他的土地了。土地少百姓多，百姓就不是他的百姓了。因此，土地多，就发布政令以达四方，让四方之人流入：土地少，就让百姓安好家室到外地劳作，向四邻输入。《夏箴》里说：'国内不能容纳利益，百姓就到外地居住。'《开望》里说：'土地宽广无人防守的，可以袭击讨伐；土地狭小没有粮食的，可以围困待其枯竭。两种祸患的发生，都是土地与百姓多少不相称的灾难。'

"天有四种灾祸：水灾、旱灾、饥年、荒年。灾祸的到来没有固定时间。如果不从事积蓄，用什么来防备它？《夏箴》里说：'平民百姓没有够吃两年的粮，遇上饥荒，妻子儿女就不属他所有了；大夫没有够吃两年的粮，遇上饥荒，奴隶、侍妾以及车马就不属他所有了；国家没有够吃两年的粮，遇上饥荒，百姓就不属它所有了。'警惕啊，不思考不实行，灾祸临头就不远了。

"明白以上开放、关闭、禁止、施舍道理的人，他夺取天下就如演化一般快；不明白开放、关闭、禁止、施舍道理的人，他失去天下也如演化一般快。"

【原文】

"人各修其学而尊其名，圣人制之。[①] 故诸横生尽以养从生，从生尽以养一丈夫。[②]

"无杀夭胎，无伐不成材，无堕四时。[③] 如此者十年，有十年之积者王，[④] 有五年之积者霸，无一年之积者亡。生十杀一者物十重，生一杀十者物顿空。十重者王，顿空者亡。[⑤]

"兵强胜人，人强胜天。[⑥] 能制其有者则能制人之有，不能制其有者则人制之。[⑦] 令行禁止，王之始也。[⑧] 出一曰神明，出二曰分光，[⑨] 出三曰无适异，[⑩] 出四曰无适与。[⑪] 无适与者亡。”

【注释】

① 人：指各种人。修：习。尊：重。名：名分。制：控制、利用。

② 横生：万物也。尽：全。从（zòng，纵）生，指人。一丈夫：天子也。

③ 堕：落。无堕四时：不丢了季节。

④ 王（wàng，忘）：动词，称王。

⑤ 重：迭。顿：短暂、顿时。

⑥ 胜人：战胜他人。胜天：战胜自然。

⑦ 制：控制。

⑧ 王：称王、为王。始：开始。

⑨ 出：指出令。神明：《管子·心术》：“独则明，明则神矣。”一：指专一，无可更改。出二：指出令不专，孔晁云：“政出二臣，分君之明。”

⑩ 出三：政令三出。无适异：无法顺应那不同的政令。

⑪ 无适与：与，从也，即无所适从。

【译文】

“人人各自习其所学，而且看重自己的名分，圣人利用他们。所以万物全都可以养育人，人人都得以奉养天子。

“不杀怀胎母兽，不砍未成材的树木。不错过农事季节。像这样下去十年，有十年积蓄的为王，有五年积蓄的称霸，没有一年积蓄的灭亡。生十个杀一个的，用物会堆积十层；生十个杀十个的，用物会顿时空虚。堆积十层的为王，顿时空虚的灭亡。

“兵力强就战胜别人，人心强能战胜自然。能控制自己所有的就能控制别人所有，不能控制自己所有的别人就控制它。令行禁止，是为王的开端。出令专一叫神明，政出二臣叫分光，政令三出叫无适异，政令四出叫无所适从。让臣民无所适从的必灭亡。”

柔武第二十六

【题解】

柔武二字取自篇中。柔，柔和。武，武事。此篇记言，武王告周公治国免戎、胜敌成功之法。

【原文】

维王元祀一月既生魄，[①]王召[②]周公旦曰："呜呼！维在文考之绪功，维周禁五戎。[③]五戎不禁，厥民乃淫。[④]

"一曰土观幸时，政匮不疑；[⑤]二曰狱仇刑蔽，奸吏济贷；[⑥]三曰声乐□□，饰女灭德；[⑦]四曰维势是辅，维祷是怙；[⑧]五曰盘游安居，枝叶维落。[⑨]"

【注释】

① 元祀：孔晁云："此文王卒之明年春也。"武王元年乃前1116年。既生霸，月十五日。推知为前1116年丑正月戊午朔，壬申十五。

② 召：告。

③ 在：察也。考：父死称考，文考即文王。绪：朱氏云"谓未竟之业"。绪功即功业。维：通"为"，是。周：遍。五戎：五种致戎之道，释见下。

④ 淫：邪恶。

⑤ 土观幸时：朱氏云"兴土功筑游观，徼幸于闲暇之时。"政：通"征"，指赋税。疑：虑。不疑指不忧虑。

⑥ 狱仇：动宾词组，使仇人系狱。刑蔽：动宾词组，蔽通"敝"，用刑于疲敝之人（指无力行贿者）。济：成也。贷：指贿赂。此句从黄氏说。

⑦ 声乐：指纵情于歌舞。缺文当是"损志"二字。从黄氏说。饰女：美女，指贪女色。灭：损。德：身性。

⑧ 维势是辅：句型同"唯利是图"，即唯辅势。辅：附也，即只依附权势。维祷是怙：句型同上，唯怙祷，即只依靠祈祷。怙：恃。

⑨ 盘：乐也。盘游即乐游，指游手好闲。安居：无所事事。枝叶维落：朱氏云

“言臣民解体”。

【译文】

武王元年正月十五，武王告诉周公说：“啊呀！考察先父文王的业绩，是他普遍禁止了五戎。五戎不禁止，那些百姓就会变得邪恶。

“一是兴土木筑游观，侥幸于闲日，赋税匮乏也不忧虑；二是让仇人系狱，用刑于敝弱，赃官受贿；三是纵情歌舞以损其心志，贪恋美色以灭身性；四是只依附权势，只依靠祈祷；五是游手好闲无所事事，臣民解体。”

【原文】

“五者不距，自生戎旅。① 故必以德为本，以义为术，以信为动，以成为心，以决为计，以节为胜。② 务在审时，纪纲为序。③ 和均道里，以匡辛苦。④ 见寇□戚，靡适无□。⑤ 胜国若化，不动金鼓。善战不斗，故曰柔武。⑥ 四方无拂，奄有天下。⑦”

【注释】

① 距：通“拒”，绝也。戎旅：军队。

② 术：方术，指具体的办法。成：朱氏云：“成其功也。”以成为心，即以成功为主旨、为目标。节：节度。以节为胜，即胜他人要有节度。

③ 务：从事、致力。序：次序，指先后大小顺次。

④ 和：和睦。匡：救也。辛苦：穷也。

⑤ □：黄氏云：“缺文疑是‘必’。”见寇必戚，即寇见必戚。戚：忧戚，指胆怯。靡：无。适：王念孙曰“适与敌同”。“无”下缺文当是“下”字。靡敌无下，即任何敌人都可攻下。

⑥ 若化：如化，如同化育、演化般快。

⑦ 拂：违也。奄：全、包。

【译文】

“这五戎不禁绝，自会生出军旅之祸。所以必须以仁德为根本，以礼义为措施，以守信为行动，以成功为目标，以决断为谋虑，以节度为胜利。致力于审时度势，以法纪为次第。和谐均衡邻里，以救助贫穷。贼寇见此必胆怯，任何敌人可攻下。战胜他国如演化般快，不需动用军队。善战的不需搏斗，所以叫柔武。四方没有违抗，包有整个天下。”

大开武第二十七

【题解】

开，启也。开武，启导武王。与下篇主旨同，一大一小，前为大，后为小。

【原文】

维王一祀二月，王在丰，密命访于周公旦曰①：“呜呼！余夙夜维商，密不显，谁和？② 告岁之有秋，今余不获，其落若何？③”

周公曰：“兹在德敬。在周，其维天命。④ 王其敬命。⑤ 远戚无干，和无再失。⑥ 维明德无佚，佚不可还。⑦ 维文考恪勤战战，⑧ 何敬、何好、何恶。时不敬，殆哉！⑨”

【注释】

① 一祀：元年。密命：指暗中进行。

② 夙夜：早晚。维：通“惟”，思也。不显：不显露。和：响应。

③ 告：黄氏据《史略》，断为“若”字之讹。秋：指庄稼成熟之期。获：收割。落：指颗粒自然落地。

④ 兹：此，指灭商这件事。德敬：即敬德。

⑤ 在周：指周的存在。敬命：敬重天命。

⑥ 戚：近。干：犯。和：和好。

⑦ 明德：修好道德。佚：安逸。无佚：不图安逸。还：返。

⑧ 维：思。恪：敬。战战：谨慎的样子。

⑨ 时：通“是”。敬：重视。

【译文】

武王元年二月，武王在丰邑。暗地里询问周公说："啊呀！我日夜在想灭商之事，保密而不公开，诸侯有谁响应呢？如同庄稼成熟的季节，现在我不去收割，颗粒落地怎么办？"

周公说："这就在敬重道德。周的存在，那是天命，大王要敬重天命。远近诸侯都不得罪，已和好的不再失去。要想到修明道德不图安逸，图安逸就不可逆转。要想到先父文王勤恳谨慎的样子，想到他敬重什么、爱好什么、厌恶什么。这些方面不予重视，就危险了。"

【原文】

王拜曰："允哉！① 余闻国有四戚、五和、七失、九因、十淫，非不敬，不知。今而言维格，② 余非废善以自塞，③ 维明戒是祗。④"

【注释】

① 允：允恰、合适。

② 而：你。格：指格言，至善之言。

③ 塞：满也。自塞：自我满足。

④ 明戒：指周公所戒。祗：恭敬。此句句型同维利是图，即"维祗明戒"。

【译文】

武王行礼道："好啊！我听说国家有四戚、五和、七失、九因、十淫，并非不重视，只是不明白。如今你讲的都是格言，我不会废弃善言而自我满足，我只敬重你的明戒。"

【原文】

周公拜曰："兹顺天。① 天降寤于程，程降因于商。② 商今生葛，③ 葛，右有周。④ 维王其明，用《开和》之言，⑤ 言，孰敢不格？⑥

四戚⑦：一，内同姓；二，外婚姻；⑧ 三，官同师；⑨ 四，哀同劳。⑩

五和⑪：一，有天维国；⑫ 二，有地维义；⑬ 三，同好维乐；四，同恶维哀；五，远方不争。⑭"

【注释】

① 兹：此，指前“维明戒是祗”。顺天：顺从天意。

② 降寤于程：《程寤》所记，太姒在程梦商庭生棘，借以告文王。此指太姒之梦乃上天所为。程降因于商：上天于程降梦太姒，本于商之将亡。因：原因。

③ 葛：蔓延之草，喻政乱也。指太姒梦商庭生棘。庭生棘，喻商之将亡。

④ 右：佑助。

⑤ 开和：当是书名，见《武儆》。

⑥ 格：至、来。

⑦ 戚：亲。

⑧ 朱氏云：妻父曰婚，婿父曰姻。

⑨ 师：长也。同师：同出于师门者。

⑩ 哀：哀怜。同劳：共同劳作。

⑪ 和：和睦。

⑫ 有天：得天之助。维：犹则。国：黄氏云：“当作德，音误。”

⑬ 有地：得地利。义：宜。

⑭ 不争：不相争，指友好相处。

【译文】

周公行礼道：“这样就顺从了天意。上天曾在程邑降梦于太姒，程邑降梦是由于商之将亡。现在商庭果真生了葛藤，生葛藤，是上天佑助周人。只要大王英明，能用《开和》中的话，采用那些话，诸侯谁敢不来？

“四戚是：一，亲近国内的同姓；二，亲近国外的姻亲；三，任用同出师门的人为官；四，哀怜与自己共同劳作过的人。

“五和是：一，得天助则有德；二，得地利则有义；三，有共同爱好就高兴；四，有共同厌恶就哀伤；五，与远方人不争斗。”

【原文】

七失①：一，立在废；②二，废在祗；③三，比在门；④四，谄在内；⑤五，私在外；⑥六，私在公；⑦七，公不违。⑧

九因⑨：一，神有不飨；⑩二，德有不守；三，才有不官；⑪四，事有不均；⑫

五，两有必争；[13] 六，富有别；[14] 七，贪有匮；[15] 八，好有遂；[16] 九，敌有胜。[17]

【注释】

① 失：失误。

② 立在废：所设立的正是要废弃的。

③ 废在祇：所废弃的正是当敬重的。

④ 比：结党。

⑤ 谄：谄谀之人。内：朝内。

⑥ 私在外：朱氏云："外宠也。"指私心在外，即有外宠。

⑦ 私在公：朱氏云："假公济私也。"

⑧ 违：黄氏云："当作'卫'，保卫、爱护。"违与卫，同声符，可相通。

⑨ 因：依。指机会，可以利用的时机。

⑩ 神有不飨；即神不飨，指不祭祀神灵，足见其心不诚。以下句中的"有"字，表肯定。

⑪ 才：才能之士。不官：不任用为官。

⑫ 事：力役之事（黄氏说）。

⑬ 两有必争：即两必争，指势均者必争斗。

⑭ 富有别：富人背离。

⑮ 贪有匮：贪乃"贫"字之误，匮当作"溃"（黄氏说）。指贫穷人逃亡。

⑯ 好有遂：爱好得以遂心，即爱好已满足。

⑰ 敌有胜：胜指好胜，即敌人好胜。

【译文】

"七失是：一，所设立的正是该废弃的；二，所废弃的正是当敬重的；三，结党在家门；四，谄谀之人在朝内；五，有外宠；六，假公济私；七，公物不爱护。

"九因：一，神灵不祭祀；二，道德不遵守；三，才能之士不任用；四，力役之事不均等；五，势均力敌者相争斗；六，富人背离；七，穷人逃亡；八，私欲得以满足；九，敌人争强好胜。

【原文】

“十淫[1]：一，淫政破国。动不时，民乃不保。[2]二，淫好破义。言不协，民乃不和。[3]三，淫乐破德。德不纯，民乃失常。[4]四，淫动破丑。丑不足，民乃不让。[5]五，淫中破礼。礼不同，民乃不协。[6]六，淫采破服。服不度，民乃不顺。[7]七，淫文破典。典不式教，民乃不类。[8]八，淫权破故。故不法官，民乃无法。[9]九，淫贷破职。百官令不承。[10]十，淫巧破用。用不足，百意不成。[11]

“呜呼！十淫不违，[12]危哉！今商维兹，其唯第！兹命不承，殆哉！[13]若人之有政令，废令无赦，乃废天之命[14]？讫文考之功绪，忍民之苦，不祥。[15]若农之服田，务耕而不耨，维草其宅之，[16]既秋而不获，维禽其飨之，人而获饥，云谁哀之[17]？”

【注释】

①淫：过分、过度。

②政：通“征”。赋税徭役。淫政，指赋税徭役频繁。破：败。动不时：动民不分季节。不保：流失。黄氏云：动不时，“民乃不保”为解语。十淫，每一淫最后的判词均为解语。

③好：嗜好、偏爱。言不协：当是“义不协”（黄氏校改）。

④乐：欢乐。纯：纯正。失常：失去常态。

⑤动：举止。丑：耻丑。不让：不谦让。

⑥中：不上不下，不左不右，恰到好处，指符合礼义。协：协和、合洽。

⑦采：色彩。指穿戴花俏。顺：顺从。

⑧文：文字。淫文，朱氏云“巧言深文，变乱旧章”，指文字过于华丽的华而不实。式：用也。类：善也。

⑨权：权势。故：旧典。法官：规范官吏。

⑩贷：假也，指代理职务。依文例，此句当是：职不□□，百官令不承（黄氏云）。承：受。脱文之意当是：正职没有权威。

⑪巧：工巧。用：财用。意：事。朱氏云：“淫巧必费财，财匮则事不成。”

⑫违：去也。

⑬今商维兹：商纣所行如此。维：通为。第：次第。指周当继商。兹命：指周

当继商之命。承：受。

⑭ 若：如同。乃：犹况。

⑮ 讫：终。功绪：功业。忍民之苦：忍心看着民众受苦。孔晁云："废政令则罪不赦，而乃废天命、绝父业、忍民患，是不祥也。"

⑯ 服田：力田也。务：尽力从事。耨：锄草。草：长草。宅：居。

⑰ 秋：指庄稼成熟之期。飨：享受、食用。而：却。哀：怜。云谁哀之：谁会可怜他？卢文弨云："盖即肯播肯获之意，周公欲武王缵承文考之功绪也。

【译文】

"十淫是：一，频繁地赋税徭役破国家。役使百姓不分季节，百姓就会流失。二，过度的嗜好破义。义不协洽，百姓就不和睦。三，过度的享乐败坏道德。道德不纯正，百姓就失去常态。四，举止过分败坏廉耻。廉耻不足，百姓就不谦让。五，过分讲求礼仪则坏了礼仪。礼仪不一，百姓就不合洽。六，穿戴过分鲜艳有损服饰。服饰不合法度，百姓就不顺从。七，过于华丽的文字有害典籍。典籍不能用于教化，百姓就不善良。八，过分的权势坏了制度。制度不能规范官吏，百姓就没有法规。九，过多的代职有损于正职。[正职没有权威]，百官号令就不被接受。十，过度的工巧消耗财用。财用不足，百事不成。

啊呀！十淫不去，就危险了。如今商朝人正是这样，那是要取代它啊。这是上天之命，不承受的话，危险啊！如同人有政令，废弃政令就不可赦免，何况废弃上天之命？终止先父文王的功业，忍看百姓受苦，不吉利。如同农夫种田，从事耕作而不锄草，任草长在庄稼地，庄稼已经成熟而不去收获，任禽兽去吃它，人却受到饥饿，叫谁去可怜他？"

【原文】

王拜曰："格乃言！①呜呼！夙夜战战，②何畏非道，何恶非是？③不敬，殆哉！"

【注释】

① 格：至。乃：你。格乃言：你的话最好。

② 战战：谨慎的样子。

③ 非：犹彼。非是：即《小开》"何畏非世"的"非世"。

【译文】

武王行礼道："你的话太好了！啊呀！我得日夜谨慎，何必畏惧那法则，何必厌恶那世道？我不重视这些，就危险了。"

小开武第二十八

【题解】

此篇亦记周公开导武王。前为大开武，此为小开武。

【原文】

维王二祀一月既生魄，[①] 王召周公旦曰："余夙夜忌[②]商，不知道极。[③] 敬听以勤[④]天命。"

【注释】

①既生魄：指月十五。武王二年即前1115年，丑正月癸丑朔，既生魄十五丁卯。
②忌：恶也，恶其淫乱（朱氏说）。
③道：方法。极：至，不知道极，不知怎么对付，不知怎么办。
④ 勤：尽力。

【译文】

武王二年正月十五，武王告诉周公旦说："我日夜都痛恨商朝，可不知怎么才好。我敬听你的，当为天下尽力。"

【原文】

周公拜于稽首曰："在我文考，顺明三极，躬是四察，循用五行，戒视七顺，顺道九纪。[①]三极既明，五行乃常；[②]四察既是，七顺乃辨；明势天道，九纪咸当。[③]顺德以谋，罔惟不行。[④]"

【注释】

① 在我：《史略》作"在昔"，可从。躬：亲自。是：动词，正也。订正，使之正。戒：警也。道：法，依循。

② 常：常规，固定不变。

③ 辨：分辨，分明。势：通"艺"（同声符"埶"），法也。天道：天之道，指自然规律。咸当：全都得当，不出偏差。

④ 罔：无。惟：思惟之惟。行：成。

【译文】

周公作揖叩头道："从前先父文王，顺应通晓三极，亲自端正四察，遵循运用五行，警戒看待七顺，顺势依照九纪。三极已明，五行就固定；四察已端正，七顺就分明；懂得依照自然规律，九纪就全都得当。顺应道德谋事，想到的无有不成。"

【原文】

"三极：一，维天九星；二，维地九州；三，维人四左。[①]

"四察：一，目察维极；二，耳察维声；三，口察维言；四，心察维念。[②]

"五行：一，黑位水；二，赤位火；三，苍位木；四，白位金；五，黄位土。[③]

"七顺[④]：一，顺天得时；二，顺地得助；三，顺民得和；四，顺利财足；五，顺得助明；六，顺仁无失；七，顺道有功。[⑤]

"九纪[⑥]：一，辰以纪日；二，宿以纪月；[⑦]三，日以纪德；四，月以纪刑；[⑧]五，春以纪生；六，夏以纪长；七，秋以纪杀；[⑨]八，冬以纪藏；九，岁以纪终。

"时候天视可监。[⑩]时[⑪]不失，以知吉凶。"

【注释】

①极：标准。维：语气。九星：指苍龙、玄武、白虎、朱鸟、金、木、水、火、土。又见《成开》。左：通“佐”。人之四佐指内体的肝、脾、肺、肾（见黄氏《成开》注）。

②察：细审。极：当为“色”。维：通“为”。念：思想。

③位：居，位水，即属水。

④顺：逆之反，顺应、顺从。

⑤顺利：顺应有利之处。顺得：朱氏云“当为顺德”。助明：辅助者明。无失：无误失。有功：成功。

⑥纪：顺次而记，有显示义。

⑦宿：指天上列宿。二十八宿为实指，列宿则泛指天上之星。

⑧刑：刑杀。日明，故纪德；月阴，故纪刑。《管子·四时》：“日掌阳，月掌阴。阳为德，阴为刑。”

⑨杀：肃杀。岁：指一岁，即岁末。

⑩时：季节。候：五日一候，指物候。视：同“示”。监：监视。

⑪时：通“是”，此。

【译文】

“三极是：一，天有九星；二，地有九州；三，人有四佐。

“四察是：一，眼睛察的是颜色；二，耳朵察的是声音；三，嘴里察的是言语；四，心里察的是意念。

“五行是：一，黑色属水；二，红色属火；三，青色属木；四，白色属金；五，黄色属土。

“七顺是：一，顺应自然得天时；二，顺应地利得地助；三，顺应民心得安宁；四，顺应利益财用足；五，顺应道德助手明：六，顺应仁义无过错；七，顺应天道必成功。

“九纪是：一，时辰纪日；二，列宿纪月；三，太阳显示有德；四，月亮显示刑杀；五，春季显示出生：六，夏季显示成长；七，秋季显现肃杀；八，冬季显示收藏；九，岁末显示终结。

“季节物候是上天所示，应当看清楚。这些方面无过错，便可预知吉凶。”

【原文】

王拜曰："允哉！余闻在昔，训典中规。[①]非时，罔有恪言日正余不足。[②]"

【注释】

① 允：恰当。训典：训教的法典。中（zòng，纵）规：合于法规。

② 时：是，指以上周公之言。恪：惠栋曰"古文格字"。恪言，即格言，至善之言。正：修正。

【译文】

武王行礼道："好啊！我听说从前，训典都合于法规。要不是有你这番话，就没有格言能每天修正我的不足。"

宝典第二十九

【题解】

宝典，言宝之典。重点讲信、义、仁，以之为宝。通篇是周公谆谆教诲之言，周王恭听。像是周公对年幼的成王的启导。

【原文】

维王三祀二月丙辰朔，[①]王在鄗，召周公旦。曰：[②]"呜呼！敬哉！朕闻曰：何修非躬？[③]躬有四位、九德。[④]何择非人？人有十奸。何有非谋？[⑤]谋有十散，不图我哉！[⑥]何慎非言？言有三信。信以生宝，宝以贵物，物周为器。美好宝物无常，[⑦]维其所贵，信无不行。行之以神，[⑧]振之以宝，顺之以事，明众以备，改□以庸，[⑨]庶格怀患。[⑩]"

【注释】

① 二月丙辰朔：历日合成王亲政三年（前1095年）二月丙辰朔。《唐书》引作“元祀”，与武王元年或三年历朔绝不合，足见乃周公与成王言，非武王。

② 召：会面。鄗：镐京。曰：乃周公之言。

③ 何：何不。非：彼。躬：自身。

④ 四位、九德：见下。后十奸、十散、三信，亦见下。

⑤ 何有非谋：黄氏云，当为“何善非谋”。

⑥ 圉：本为牢狱，此处有约束之义。孔注引“惠云读曰御”，乃阻止之义，亦通。

⑦ 无常：不固定。

⑧ 神：指无形的规律。

⑨ 黄氏据孔注，校为“攻之以庸”，庸同“用”。

⑩ 怀患：黄氏云，当是怀惠。

【译文】

成王亲政三年二月丙辰朔日，成王见周公旦。周公说：“啊呀！要重视啊！我听说：为何不修养自身？因为人身有四位、九德。对人为何不加选择？因为人有十奸。为何不完善那计谋？因为谋有十散，谋散就不能约束我了。为何不谨慎地说话？因为言语有三信。信可以生宝，宝可以贵物，物品皆可做器用。美好的宝物并不固定，仅在于它被人看重，信用它就无处不行。按规律去实行，用宝物去振奋，用事实去顺应，以完备告知民众，按用途攻治它。这样，众人都会来归，而且心怀感激。”

【原文】

“四位①：一曰定，②二曰正，三曰静，四曰敬。敬位丕哉！③静乃时非，正位不废，定得安宅。④

“九德⑤：一孝：孝子畏哉，乃不乱谋。⑥二悌：悌乃知序，序乃伦；伦不腾，上乃不崩。⑦三慈惠：知长幼；⑧知长幼，乐养老。四忠恕：是谓四仪；风言大极，意定不移。⑨五中正：是谓权断，补损知选。⑩六恭逊：是谓容德；以法从权，安上无慝。⑪七宽弘：是谓宽宇；准德以义，乐获纯嘏。⑫八温直：是谓明德；喜怒不郄，主人乃服。⑬九兼武：是谓明刑；惠而能忍，尊天大经。[14] 九德广备，次世有声。[15]”

【注释】

① 位：朱氏云“位所以立”，指立身。

② 定：指定居。

③ 丕：大也。哉：始也。

④ 时：是。非：犹次（黄氏说）。废：失也。宅：居也。

⑤ 德：朱氏云“德所以行”，即德用以处世。

⑥ 孝子畏哉：黄氏校为“子畏裁”，云：“子畏裁，则不违父命，是为孝。此为解语。”乱：指不顺从。

⑦ 悌：兄弟友好。序：次序。伦：伦理次序。不腾：不相超越。崩：坠失。

⑧ 知长幼：旧本“兹知长幼”，黄氏校为“慈知长幼”，云“承上指慈惠”。长幼：使幼成长，即养育小辈。

⑨ 忠：忠诚。恕：“己所不欲，毋施于人”，即能以己度人。四仪：黄氏校为“己仪”。即自己的仪度。风言：流言也。大极：已甚也。

⑩ 中正：不偏。权：衡量。断：裁断。补损：补不足损有余。

⑪ 恭逊：恭敬谦逊。容德：有容之德，容指仪容，即有容有德。安上：使上安。慝：作恶。

⑫ 宇：大。准：准则。纯：大也。嘏：福也。

⑬ 郄：间也，指间隙。服：用。

⑭ 兼武：黄氏校为“廉武”，云“不好威杀”。明：使明，即昭示。尊：敬。经：道。

⑮ 广备：即大备、全备。次世：累世。声：名声。

【译文】

“四位所指：一是定居，二是正直，三是安静，四是恭敬。恭敬一位为大为首，安静就是其次，正直一位不失去，定居一位才能安家。

“九德所指：一是孝：儿辈畏惧制裁，就没有不顺父母之心；二是悌：兄弟友善就知次序，有次序才有伦理，伦理不错乱，在上者就不会低下；三是慈惠：慈惠才知养幼，知道养幼，就乐于养老；四是忠恕：这是说自己的仪度，即使流言盛行，也坚定不移；五是中正不偏：说的是权衡裁断，或补或损知道选择。六是恭敬谦逊：这是说有容有德，按法度去服从权力，主上安稳，无作恶行为。七是宽弘：这是说要宽宏大量，德为准则，义为依据，乐于获得大福；八是温和正直：这是说彰明道德，或喜或怒都不生嫌隙，主人才会重用；九是廉武：这是说的昭示刑法，惠爱而能容忍，这是尊敬上天的大道。九德全面具备，世世代代都有好名声。”

【原文】

“十奸[①]：一，穷□干静；[②]二，酒行干理；三，辩惠干智；[③]四，移洁干清；[④]五，死勇干武；[⑤]六，展允干信；[⑥]七，比誉干让；[⑦]八，阿众干名；[⑧]九，专愚干果；[⑨]十，愎孤干贞。[⑩]”

【注释】

① 奸：奸与干通用。干：犯、伤。
② 穷□：黄氏校为“穷居”，云“过清平日子”。
③ 辩：争辩。惠：读为慧，指聪明。
④ 移：读为侈，侈洁即过分求洁。
⑤ 死勇：为显示勇力而死，即拼死之义。
⑥ 展允：显示诚信。
⑦ 比誉：计较名誉。
⑧ 阿众：迎合众人。名：名节。
⑨ 专愚：愚而自专也。果：成功。
⑩ 愎：自用，即过分自信。愎孤：愎谏者必孤立。贞：坚贞。

【译文】

“十奸是：一，清平居处伤清静；二，酗酒行事伤正理；三，显示聪明伤智慧；四，过分干净伤清洁；五，拼死显勇伤武事；六，展示忠诚伤诚信；七，计较名誉伤谦让；八，迎合众人伤名节；九，愚而自专伤成功；十，自信而孤立伤坚贞。”

【原文】

“十散[①]：一，废□□□，□行乃泄；[②]□□□□□□□□□；三，浅薄闲瞒，其谋乃获，[③]四，说咷轻意，乃伤营立；[④]五，行恕而不愿，弗忧其图；[⑤]

六，极言不度，其谋乃费；[⑥]七，以亲为疏，其谋乃虚；[⑦]八，心私虑适，百事乃僻；[⑧]九，愚而自信，不知所守；[⑨]十，不释大约，[⑩]见利忘亲。”

【注释】

① 散：失。

② 黄氏校为“其行乃泄”。其余缺文不详。

③ 浅薄：考虑得肤浅。间：间借为简。简瞒，保密不严（黄氏说）。获：误也（朱氏说）。

④ 说咷：卢文弨云“即倪佻”，轻脱，疏忽大意。营立：所经营，所置立。

⑤ 行恕而不愿：当行恕而不愿，即与人不恕，不能以己度人。

⑥ 极言：甚言，即过头话。费：拂也，悖逆义。

⑦ 虚：不实、落空。

⑧ 心私：心有私念。虑适：思虑恰当。僻：偏。

⑨ 守：自守。即只知谋人，不知自守（黄氏说）。

⑩ 释：解也。约：要也。大约：主要之处。

【译文】

“十散是：一，废弃□□，他的行动就会泄露；二，□□□□，□□□□；三，考虑肤浅保密不严，他的计谋就会失误；四，马虎大意，就伤害所经营所置立；五，不能以己度人，就不能深入考虑他的计谋；六，说过头话而没有节制，他的计谋必有违事理；七，把亲近的人当外人，他的计谋就会落空；八，心有私念而想把事办妥，结果百事都会偏离；九，愚蠢而自信，必然不知自守；十，不解决主要问题，见到利益就忘了亲人。”

【原文】

“三信[①]：一，春生夏长无私，[②]民乃不迷；二，秋落冬杀有常，[③]政乃盛行；三，人治百物，物德其德，是谓信极。[④]

“信既极矣，嗜欲□在。[⑤]在不知义，欲在美好有义，是谓生宝。[⑥]”

【注释】

① 信：信用。

② 春生夏长：借时令喻养民增财的政令。无私：无偏私，生长不错乱。

③ 秋落冬杀：借时令喻赏罚的政令。常：常规、固定。

④ 人：指人主。百物：指万民、百姓（黄氏说）。德其德：感戴其德。极：至。

⑤ □在：黄氏云“缺文当是‘唯’字”。

⑥ 在不：黄氏云：“当作‘嗜在’，‘美好’二字衍。”

【译文】

“三信是：一，春生夏长不错乱，百姓就不迷惑；二，秋落冬杀有常规，政教就盛行；三，人主治万民，万民感戴其德，这叫作信极。

信极已经做到了，就只在嗜欲两方面。嗜在于知义，欲在于有义，这叫作生宝。”

【原文】

周公拜手稽首，兴曰①：“既能生宝，恐未有，②臣子孙其败；既能生宝，未能生仁，恐无后亲。③王宝生之，④恐失王会，道维其废。⑤”

【注释】

① 兴，起来。旧本“臣”在“曰”字下，作“臣既能生宝”。

② 生宝：讲明什么是宝。恐未有：黄氏云：“下当脱一字，疑是‘仁’”。

③ 后亲：后继之人。

④ 王宝：王之宝，即所指信、义、仁。

⑤ 王会：朱氏云“可王之机也”，即当个好人君的时机。人君不称职，自然就“道维其废”。道：指王道，治民的方法。

【译文】

周公作揖叩头，起来说：“我虽能讲清那个宝，恐怕缺乏仁，子孙将会衰败。即使能讲清什么是宝，未能生仁，恐怕还是没有后继人。王之宝虽然产生，又担心失掉做个好人君的机会，王道就只有废弃了。”

【原文】

王拜曰：“格尔言！维时余劝之以安位，教之广。①用宝而乱，亦非我咎。[②] 上设荣禄，不患莫仁。[③] 仁以爱禄，允维典程。[④] 既得其禄，又增其名，上下咸劝，孰不敬仁？维子孙之谋，宝以为常。”

【注释】

① 维：通“为”。时：是。维时即为此。劝：勉。安位：安以四位。教之广：教以九德。朱氏云：“安以四位则能择仁，教以九德则民兴仁。”

② 咎：过错。

③ 荣禄：荣誉俸禄。莫仁：没有谁不仁。

④ 允：诚。典程：典式、典范。

【译文】

成王行礼，说道：“你的话最好了。为此我要劝勉百姓安以四位，教他们都懂得九德。如果因行用信、义、仁而发生混乱，那就不是我的过错了。上面设置荣誉俸禄，就不怕谁个不仁。行仁而又珍爱俸禄，确实会成为典范。既能得到他的俸禄，又增加了他的名誉，上上下下都相互劝勉，谁能不竞相为仁？为子孙后代考虑，这个宝要长久不变。”

丰谋第三十

【题解】

丰，丰邑。记武王与周公旦在丰相谋兴师伐商。

【原文】

维王三祀，[①] 王在丰。谋言告闻，[②] 王召周公旦曰：“呜呼！商其咸辜，维日望谋建功。谋言多信，今如其何？[③]”

周公曰：“时至矣！”乃兴师循故。[④] 初用三同：一，戚取同；[⑤] 二，任用能；三，矢无声。[⑥] 三让[⑦]：一，近市；[⑧] 二，贱粥；[⑨] 三，施资。[⑩] 三虞[⑪]：一，边不侵内；二，道不殴牧；[12] 三，郊不留人。[13]

【注释】

① 三祀：指武王三年即商纣四十四年，公元前 1114 年。

② 谋言：商谋伐周之言。告闻：以其谋告武王。

③ 咸辜：黄氏据《史略》校为“成辜”。辜：罪。孔晁云：“言商君臣皆罪周，日望以周建功也。”《史略》作“维日望建功”，无“谋”字。信：真实、可靠。

④ 循故：按照原计划进行备战。

⑤ 戚：亲也。戚取同，指核心集团步调一致。

⑥ 矢：誓也。誓无声，发誓保密不声张。

⑦ 让：让财利。

⑧ 近市：使市进，即使市场靠近民居。

⑨ 粥：通鬻，卖也。贱粥，即贱卖，降低物价。

⑩ 施资：施舍资本给商人。

⑪ 虞：安稳，安全。

⑫ 殴：遁驱。驱牧：驱赶牛羊。

⑬ 郊：邑之外。人居邑中必安。

【译文】

武王三年，王在丰邑。有人将商谋伐周相告，武王见周公旦说：“啊呀！商纣已经成为罪孽，他们天天盼望伐周建功。商纣之谋多是可靠的，现今当怎么办？”

周公说：“时机到了！”就起兵依原计划进行战备。开始采用三同：一，亲近人步调一致；二，任用能人为官；三，发誓保密不声张。三让是：一，使市场靠近民居；二，降低物价；三，给商贾施舍资本。三虞是：一，边民不迁入内地；二，道路上不驱赶牛羊；三，城邑以外不住人。

【原文】

王曰：“呜呼，允从！[1] 三三为咈，厥徵可因。[2] 与周同爱！[3] 爱微无疾，疾取不取，[4] 疾至致备。[5] 曲祷不德，不德不成。[6] 害不在小，终维实大，悔后乃无。[7] 帝命不谄，应时作谋。[8] 不敏，殆哉[9]！”

周公曰："言斯允格，[⑩] 谁从己出。[⑪] 出而不允，乃菑；[⑫] 往而不往，[⑬] 乃弱。士卒咸若周一心。[⑭]"

【注释】

① 允：真实。从：遵从。

② 三三：指前三周、三让、三虞。咈：违。徵：好征兆，好的开头。因：依，利用。

③ 与：助也。与周同爱：助周又共同爱周。

④ 微：无。疾：恶（wù，务）也。爱微无疾：虽无爱亦不恶周。疾取不取：指商恶周取周而不能取。

⑤ 疾至；指商伐周之谋。致备：使我有所准备。

⑥ 曲祷：指不加准备而临时祈祷。曲，指邪，不正，即不诚心。面临灾祸时祈祷，即曲祷。不德：神灵不助。不成：事不成。

⑦ 小、大：祸事开初小，最终实为大祸。无：无及，指后悔已不可及。

⑧ 帝命：天命。谄：疑。应时：顺应时机。

⑨ 敏：快速。殆：危。

⑩ 允：当。格：至、极。

⑪ 谁从：黄氏校为"唯从己出"。乃诫诸侯之辞。

⑫ 菑：同"灾"。

⑬ 往而不往：黄氏作"允而不往"，即说得好却不实行。

⑭ 若：与。

【译文】

武王说："啊呀！要切实执行。三同、三让、三虞不违背，好的征兆可利用。帮助我周人，共同爱我周人。即使不爱也要不恶我周人。这样，商纣虽恨我，想取我，则不能取。商欲伐周使我有所防备。不防范而临时祈祷，神灵不会佑助。神灵不助则大事不成。祸事不在乎开始很小，最终实在要变大，后悔就无及了。天命不要怀疑，要顺应时机先做谋划。不尽快行动，就危险了。"

周公说："这些话允当至极，只有由你们自己说出才好。如果说得不允当，就会有灾祸；说得好而不实行，就削弱了自己。要教士兵们与我们周人一条心！"

寤儆第三十一

【题解】

武王惊梦，周公为之解说，借以阐述兴周的一些措施。

【原文】

维四月朔，王告儆，召周公旦曰："呜呼，谋泄哉！今朕寤，有商惊予。[①] 欲与无□则，欲攻无庸，以王不足。[②] 戒乃不兴，忧其深矣！[③]"

【注释】

① 儆：诫。谋：对付商纣的计划。寤：睡醒，此指从梦中醒来。有商：商。有乃词头，无义。一说训大，表敬。惊予：惊吓了我。孔晁云："梦为纣所伐，故惊。"

② 与：从。□：黄氏以为"衍"，后人所增。则：法则，这里指机会。庸：用。王：动词，去声，称王。

③ 戒：同诫。告诫的话，指出个主意。兴：出。

【译文】

四月初一这天，武王求诫，告诉周公说："啊呀，对付商纣的计谋泄露了。今天我做梦，商朝人惊吓了我。想顺从没有好机会，想进攻又无作用，就此称王又不够条件。如果你不出个好主意，忧虑就深了。"

【原文】

周公曰："天下不虞周，惊以寤王，王其敬命。[①] 奉若稽古维王，克明三德维则，戚和远人维庸。[②] 致王祷，赦有罪，怀庶有，兹封福。[③] 监戒善败，护守勿失，无为虎傅翼，[④] 将飞入邑，择人而食。不骄不吝，时乃无敌。[⑤]"

【注释】

① 虞：度也。不虞周：不担心周会叛商。寤王：使王清醒。

② 奉：承也。若：顺也。稽古：遵循古道。维：通“为”。三德：孔晁云“刚、柔、正直”。戚：亲。戚和远人。维用：近人戚和则远人可用。

③ 怀：安。庶有：朱氏云：“庶有犹庶类也。”封：大也。

④ 监：通鉴。善败：成败。傅翼：添翼。

⑤ 时：是。敌：对手，匹敌。

【译文】

周公说：“天下人不会想到周会叛商，惊梦是让王清醒，王要敬重天命。顺应天命遵循古道就可称王，能够晓明三德就是法则，近人亲和远人就可利用。王要祈祷，赦免有罪之人，安抚众人，这就是大福。鉴戒成败的教训，守护着不要丢失。不给老虎增添翅膀。添上翅膀，就会飞进城邑，挑着吃人。不骄傲，不吝啬，这样就无对手了。”

【原文】

王拜曰：“允哉！余闻曰：‘维乃予谋，谋是用臧。[①]不泄不竭，维天而已。’余维与汝监旧之葆，咸祇曰戒戒维宿！[②]”

【注释】

① 乃：汝也。臧：善也。予：通预。

② 竭：匮竭。监：通“鉴”，借鉴。旧之葆：指前人的经验。祇：敬。曰：朱氏云“当为日”。宿：古文夙，早。戒戒：指谨慎。

【译文】

武王行礼道：“好啊。我听说：‘只有那些预先的谋划，才能完善。不泄漏不匮竭的，只有上天而已。’我只有与你借鉴前人成功的经验。都恭恭敬敬每天一早就谨慎从事。”

逸周书全译卷四

武顺第三十二

【题解】

“武顺”二字取自篇中“武礼右旋，顺地以利兵”一句。主要讲军制及军中之官。

【原文】

天道尚左，日月西移；地道尚右，水道东流；人道尚中，耳目役心。①心有四佐，不和曰废；②地有五行，不通曰恶；③天有四时，不时曰凶。④

天道曰祥，地道曰义，人道曰礼。⑤知祥则寿，知义则立，知礼则行。礼、义顺祥曰吉。吉礼左还，顺天以利本；武礼右旋，顺地以利兵；⑥将居中军，顺人以利阵。

【注释】

① 役心：孔晁云：“耳目为心所欲也。”

② 四佐：指脾、肾、肺、肝。废：疾病。

③ 五行：水、木、火、土、金。五行须相生相尅。朱氏云：“不生则气化绝，不相胜则功用匮。”所以“不通曰恶”。

④ 不时：指季节不合。凶：灾也。《左传·宣公十五年》：“天反时为灾。”

⑤ 道：指规律。祥：象也。“天事恒象”(朱氏云)。义：宜也。礼：礼仪。

⑥ 吉礼：礼分吉礼、嘉礼、宾礼、军礼、凶礼，合称五礼。凡祭祀之事为吉礼。

武礼即军礼。朱氏云:“阳主生,阴主杀,故丧礼亦尚右也。”军礼、凶礼皆主杀。左还:从左向右旋转。天道以左为上,故日月从东向西移动。吉礼尚左,也是从东(左)向西(右)旋转,顺应天道。本:治国之本。

【译文】

上天的规律以左为上,所以日月向西移动;大地的规律是以右为上,所以河川向东流动;人事的规律是以中正为上,所以耳目受心役使。心内有肝、肺、脾、肾四佐,四佐不和叫废;地上有木、火、土、金、水五行,五行不相生叫恶;上天有春、夏、秋、冬四季,季节不合叫凶。

上天的规律是象,大地的规律是宜,人事的规律是礼。知天象则长寿,知义则立身,知礼仪则事行。礼、义顺应天象叫专。吉礼从左向右旋转,顺应天道以利国本;武礼从右向左旋转,顺应大地以利于用兵;将帅居中军,顺应人事以利于布阵。

【原文】

人有中曰参,无中曰两。两争曰弱,参和曰强。① 男生而成三,女生而成两。五以成室,室成以生民,民生以度。② 左右手各握五,左右足各履五,曰四枝。③ 元首曰末。④ 五五二十五,曰元卒。⑤ 一卒居前曰开,一卒居后曰敦。⑥ 左右一卒曰间,四卒成卫曰伯。⑦ 三伯一长曰佐,三佐一长曰右,三右一长曰正,三正一长曰卿,三卿一长曰辟。⑧

辟必明,卿必仁,正必智,右必肃,佐必和,伯必勤,卒必力。辟不明,无以虑官;⑨ 卿不仁,无以集众;⑩ 伯不勤,无以行令;卒不力,无以承训。

【注释】

① 有中、无中:指男女形体。参:三。弱、强:指男女体力。三、两:男奇女偶,即阳奇阴偶。

② 五:指男三女二相配。室:家。民:人。度:度数。

③ 枝:肢。履:践、踩。

④ 元首:头。末:指上部。

⑤ 五五二十五:男女和为五,四肢加头又是五。军事编制,以“五”为法,成“伍”(五人为伍),五伍二十五为一元卒。元:始。卒为军制的基本单位。

⑥ 居前、居后：就布阵而言。开：启也。敦：厚也，即殿也。

⑦ 朱氏云："左右一卒如里之有门，故曰闾。四卒百人。"卫：通"围"。在四周而成围（黄氏说）。

⑧ 卢文弨云：伯统四卒百人。以下皆三三而益：佐十二卒三百人，右三十六卒九百人，正百八卒二千七百人，卿三百二十四卒八千一百人，辟九百七十二卒二万四千三百人。朱氏云："此周初三军之制，卿为军帅，则正为中大夫，右为下大夫，佐为上士，伯为中士乎？"辟：君，《世俘》："武王成辟。"

⑨ 虑官：任用卿、正、右、佐、伯各级官员。

⑩ 集：聚合。此下句当脱"正不智，无以 ××；右不肃，无以 ××；佐不和，无以 ××"三句。

【译文】

人体有中的叫三，无中的叫两。两相争故力弱，三相和故力强。男人生来就成三，女人生来就成两。三二为五就成家室，家室成就生人，人生下来就有定数。左右手各握五，左右足各踩五，叫四肢。头叫作末。五五二十五个兵叫一元卒。一元卒居前的阵式叫开，一元卒居后的阵式叫敦。左右各一元卒的阵式叫闾，四元卒成围的阵式叫伯。每三伯立一长叫佐，每三佐立一长叫右，每三右立一长叫正，每三正立一长叫卿，三卿立一长叫辟。

人君一定要英明，卿一定要仁慈，正一定要聪慧，右一定要严肃，佐一定要平和，伯一定要勤劳，士卒一定要尽力。人君不英明，就不能选用下级官吏；卿不仁慈，就不能聚集众人；正不聪慧，就不能□□□□；右不严肃，就不能□□□□；佐不平和，就不能□□□□；伯不勤劳，就不能执行命令；卒不尽力，就不能接受训导。

【原文】

均卒力貌而无比，比则不顺；① 均伯勤劳而无携，携则不和；② 均佐和敬而无留，留则无成；均右肃恭而无羞，羞则不兴。③

辟必文，圣如度，元忠尚让，亲均惠下，集固介德。④ 危言不干德曰正，⑤ 正及神、人曰极，世世能极曰帝。

【注释】

① 均：同也，指人人相同：貌：黄氏云："竞字之误。力竞、力争向上。"力竞，即争相尽力。比：王念孙曰，比当为北，古文背字。指背违。

② 携：离心。

③ 留：滞留。羞：辱，指辱人。兴：奋发也。

④ 文：有文德。元忠：忠之大者。让：谦让，朱氏云："谓不争功，不伐善。"亲均：指亲近他人态度一致。惠下：惠爱下级。集固：积聚加固。介：大也。

⑤ 危言：高言、厉言。不干：不犯也。

【译文】

士卒尽力等同而无背违，背违则不顺从；伯勤劳等同而不离心，离心则不和睦；佐温和一贯而不怠慢，怠慢则没有成功；右严肃一致而不辱人，辱人则人不奋发。

君王必有文德，神圣如法度，高度诚信而崇尚谦让，待人一致而惠爱下人，就能安集固守大德。厉言而不伤德叫正，正兼及神和人叫极，世世代代能极叫帝。

武穆第三十三

【题解】

穆，敬也。武穆，武事所当敬。主要讲昌德、和乱、成功之法。朱氏云：前篇训军制，此篇训军政也。

【原文】

曰若稽古。[①] 曰[②]：昭天之道，熙帝之载，揆民之任，夷德之用[③]。总之以咸殷，[④] 等之以□禁，成之以□和。[⑤] 咸康于民，卿格维时，监于列辟。[⑥]

敬惟三事，永有休哉！[⑦]

【注释】

① 曰若：叫作，属于。稽：考。《尚书·尧典》有“曰若稽古”语。

② 黄氏云：“曰”上当有其主，疑是周公旦或武王。

③ 昭：明。熙：广也。载：事。揆：度量。任：使用。揆民之任，即揆任民，量力而用民。夷：常也。夷德之用，即常用德。

④ 咸：和。咸殷，使殷民和顺。总之以咸殷，即以和顺殷民为主体。

⑤ 朱氏云：缺处疑是“九禁”“五和”。“九禁”见《大开》篇，“五和”见《大开武》篇。即以九禁等之，以五和成之。之，指德。

⑥ 咸：皆。格：行。时：是，正确。监：通鉴。列辟：周上世之贤君也，子孙臣民所当取法也。

⑦ 惟：思。三事：即下倡德、和乱、终齐。休：美。

【译文】

这属于稽考典籍。[周公]说：昭明天道，广大帝业，量力用民，常施文德。以和顺殷民为目标，以九禁整齐文德，以五和成就文德。使百姓全都安康，使卿士行为端正，鉴视于前代列位君王。认真地思考“三事”，就有永久的美善了。

【原文】

三事：一，倡德；二，和乱，三，终齐。[①]

德有七伦，乱有五遂，齐有五备。[②]

五备：一，同往路，以揆远迩；[③] 二，明要丑友德，以众尔庸；[④] 三，明辟章远，以肃民教；[⑤] 四，明义倡尔众，教之以服；[⑥] 五，要权文德，不畏强宠。[⑦]

五遂：一，道其通以决其壅；[⑧] 二，绝□无赦，不疑；[⑨] 三，挫锐无赦，不危；[⑩] 四，闲兵无用，不害；[⑪] 五，复尊离群，不敌。[⑫]

七伦：一，毁城寡守不路；[⑬] 二，通道不战；三，小国不凶不伐；[⑭] 四，正维昌静不疑；[⑮] 五，睦忍宁于百姓；[⑯] 六，禁害求济民；七，一德训民，民乃章。[⑰]

钦哉钦哉！余夙夜求之无射。[⑱]

【注释】

① 倡：通“昌”，昌大。齐：通“济”，成。

② 伦：理也。遂：通也。备：具也。

③ 往路：行路。揆：量度。迩：近。朱氏云：揆远迩以节劳逸。

④ 黄氏校为“明丑友德”。“要”字衍。丑：类，善恶之类。明丑即明善恶。友德：顺德也。众：多，即加多。庸：功也。

⑤ 辟：法也。章：通“彰”，明也。肃：严肃。

⑥ 黄氏校为“明义倡众”，“尔”字衍。倡：率也，即倡导。服：行也。

⑦ 要：通“邀”，相约。权：动词，看重，重视。强宠：指权贵。居尊为宠。

⑧ 道其通：即使其道路通畅。以：而。决：开。壅：塞也。此句为比喻，指平乱如同行路，使其通畅，开其壅塞。决壅即攻其抗拒者。

⑨ 绝：除去。黄氏云：缺文疑是“谄”。疑：惑。

⑩ 挫：折也。锐：指作乱者之锐气。

⑪ 闲：黄氏云“习也”。不害：无害。

⑫ 复尊：恢复尊卑上下之序。离群：离散作乱者之群。不敌：无敌。

⑬ 毁城：残缺不全的城墙，指无防备。不路：朱氏云“师不入其境”。

⑭ 凶：恶也。

⑮ 朱氏云：“正其纲维，昌明安静，言有道之邦也。”

⑯ 朱氏云：“和睦容忍以安百姓。”

⑰ 一：纯一。章：通“彰”，明也，指明德。

⑱ 钦：敬。夙夜：早晚。射：厌也。

【译文】

三事是：一，昌大文德；二，平和纷乱；三，终其成功。

昌大文德有七伦，平乱有五遂，成功有五备。

五备是：一，共同行路，要量度远近；二，明辨善恶，友爱文德，以加多你的功劳；三，明示法纪告晓远方，以严肃民教；四，彰明礼义倡导众人，教他们实行；五，相约敬重文德，不畏强权。

五遂是：一，通畅道路，打开壅塞；二，除去谄谀，不宽恕坏人，就不迷惑；三，挫其锐气不加宽恕，就没有危险；四，操练军队而不使用，就没有祸害；五，恢复尊卑，离散乱党，就没有敌对了。

七伦是：一，城墙残缺少防守的，不进入其境；二，通衢大道上不作战；三，小国没有罪恶不讨伐；四，国泰民安的，不怀疑；五，和睦忍让使百姓安宁；六，禁绝祸害以救济百姓；七，纯洁道德训教百姓，百姓就会明德。

敬重啊敬重！我早晚探求它都不会厌倦。

和寤第三十四

【题解】

此篇记武王伐商至于鲜原而嘉奖大臣等事，文义不全，似有脱文。篇名的“和”，指和顺，而“寤”字当在脱文之中。

【原文】

王乃出图商。[①] 至于鲜原，[②] 召邵公奭、毕公高。[③] 王曰：“呜呼！敬之哉！无竞惟人，人允忠。[④] 惟事惟敬，小人难保。[⑤] 后降惠于民，民罔不格。[⑥] 惟风行贿，贿无成事。[⑦] 绵绵不绝，蔓蔓若何？[⑧] 豪末不掇，将成斧柯。[⑨]”

王乃厉翼于尹氏八士。[⑩] 唯固允让。[⑪] 德降为则，振于四方。[⑫] 行有令问，成和不逆。[⑬] 加用祷巫，神人允顺。

【注释】

① 图商：伐商。

② 鲜原：地名。《纪年》：“（帝辛）五十二年秋，周师次于鲜原。”朱氏云：“鲜原近程邑。”

③ 邵公奭、毕公高，皆文王庶子，武王庶兄。邵、毕皆采地。今岐山县境有邵亭，咸阳北有毕原。

④ 竞：争。人允忠：黄氏据《史略》校为“人惟允忠”。

⑤ 惟事惟敬：即唯事为敬。小人：百姓。保：养。

⑥ 后：君王、人主。罔：元。格：至。

⑦ 惟风行贿：孔晁云“人之归惠如草应风”，知当为“行惠”。惟：犹若。贿：财物。贿无成事，即以财利于人则事不成，强调“降惠于民”。

⑧ 绵绵：细微的样子，指草而言。蔓蔓：蔓延长大。若何：怎么办。

⑨ 豪末：细小，指树木而言。掇：拔。《战国策·魏策》引作“毫毛不拔”。

⑩ 厉：通“励”。厉：嘉奖。翼：佐也。尹氏八士：指辅佐的众大臣。

⑪ 固：坚。允：诚。让：辞让。

⑫ 德：指上句辞让的美德。则：典范。振：通震，指影响所及。

⑬ 行：指大臣们的所作所为。令：善。问：当为“闻”。令闻，即好名声。成和不逆：事成民和无违逆。

【译文】

武王于是出兵伐商。到了鲜原，诏告邵公奭、毕公高。武王说：“啊呀，重视它啊！不与民争利，百姓就会忠诚。办事要认认真真，百姓是很难抚养的啊。人主降恩惠给百姓，百姓没有不来归服的。百姓归惠如草应风，仅用财利不会成事。小草细弱时候不根除，蔓延长大了拿它怎么办？树苗如毫毛细小时不拔除，将会长成斧柄那样粗。”

武王于是就嘉奖众大臣。众大臣坚决诚恳地辞让。大臣的美德传出成为典范，影响及于远近四方。众大臣行事有美名，事成民和不违逆。加之祈祷祭祀神灵，神与人都因此和顺。

武寤第三十五

【题解】

记述伐商之事，颂扬武王功德。用四言诗体，犹显独特。篇名的“寤”，不知何出，或有脱文。

【原文】

王赫奋烈，八方咸发。[①] 高城若地，商庶若化。[②] 约期于牧，案用师旅，商不足灭。[③] 分祷上下，王食无疆。[④] 王不食言。庶赦定宗。[⑤] 尹氏八士，大师三公，咸作有绩。[⑥] 神无不飨。王克配天，合于四海。[⑦] 惟乃永宁。

【注释】

① 赫：显赫。奋：奋发。烈：威。八方：指八方诸侯。《史记·周本纪》："不期而会孟津者八百诸侯。"

② 高城若地：指无阻碍，不可阻挡。庶：众，指百姓。若化：指归服如化。

③ 牧：指商郊牧野。案：查。商不足灭：指商纣的兵卒不多，必灭无疑。

④ 上下：指天地。王食无疆：黄氏校为"王寿无疆"，"当在'惟乃永宁'上"。

⑤ 不食言：丁宗洛云："先有此庶赦定宗之言，克纣后必不食之。"指守信用。庶赦：指胁从不治罪。定宗：指立武庚为宗主。

⑥ 尹氏八士：指众大臣。大师：指姜尚。三公：周公旦、召公奭、毕公高。作绩：建立功劳。

⑦ 克：能。配天：堪配于天。指武王之德配天合地。故孔晁云"德合四表"。

【译文】

武王赫然奋发威烈，八方诸侯全都发兵响应。高高的城墙若履平地，殷商百姓归服如化。相约会师在牧野，查点军队，商纣王兵力不足，必灭无疑。分别祷告天地，武王恪守信用，赦免纣王手下民众，立武庚为宗主。众大臣和太师、三公，全都立下功劳。武王恩德堪配于天，合于四海。祝王万寿无疆，永远安康。

克殷第三十六

【题解】

记克殷经过及克殷后的善后处置，兼及武王即位的仪式。

【原文】

周车三百五十乘，陈于牧野。帝辛从。[①] 武王使尚父与伯夫致师。[②] 王既誓，以虎贲戎车驰商师，商师大崩。[③] 商辛奔内，登于鹿台之上，屏遮而自燔于火。[④]

【注释】

① 陈：古"阵"字，列阵。从：指迎战。

② 尚父：师尚父，即姜尚。与：使伯夫与，即率伯夫。伯夫：即百夫，四卒百人。致师：挑战也。朱氏云："古者将战，先使勇力之士犯敌焉。"

③ 誓：誓师。即《尚书·牧誓》所记。虎贲：勇士。《孟子》云："武王伐殷，虎贲三千人。"戎车：有护甲的兵车。

④ 商辛：商王纣，即帝辛。内：朝歌城内。鹿台：《新亭》云："纣为鹿台，七年而成。其大三里，高于尺，临云望雨。"鹿台乃纣王聚敛财宝之处。屏遮：黄氏云："以玉蔽体。"《史记》："纣衣其宝玉衣，赴火而死。"

【译文】

周人的战车三百五十辆，列阵在牧野。商王纣率兵迎战。武王派太师姜尚率一百人挑战。武王誓师以后，用武贲勇士与装甲战车冲向商王的军队，商军溃败。商王纣奔回城内，登上鹿台，穿上宝玉衣蔽体，在火中自焚。

【原文】

武王乃手大白以麾诸侯，诸侯毕拜，遂揖之。[①] 商庶百姓咸俟于郊，群宾佥进，[②] 曰："上天降休！"再拜稽首。武王答拜，先入。[③] 适王所，乃克射之三发。[4]而后下车，而击之以轻吕，斩之以黄钺，折悬诸太白。[5]适二女之所，乃既缢。王又射之三发，乃击之以轻吕，斩之以玄钺，[6]悬诸小白。乃出，场，[7]于厥军。

【注释】

①手：动词，手大白即手执大白。大白：即太白，旗名。麾：通"挥"。揖：作揖，指武王还礼。

②庶：庶民。百姓：指贵族。俟：等待。群宾：指周之群臣，于商为宾。佥：皆。进：进至王前。

③休：美也。入：入城。

④适：往。王所：商王纣住所。克射：黄氏校为"亲射"。

⑤轻吕：剑名。黄钺：黄铜大斧。折：断其首。

⑥二女：纣王二妃。玄钺：铁质大斧。

⑦场：平也。指治理纣王之宫室。

【译文】

武王乃手执太白旗向诸侯挥动示意，诸侯礼拜完毕，武王于是作揖还礼。商朝的庶民贵族都等候在郊外，周的群臣都进至王前，贺道："上天降下的大喜事！"然后又两次行大礼。武王答拜毕，先行入城。去往纣王所在的地方，就亲手射了尸身三箭。然后下车，用轻吕剑刺纣王尸身，用黄钺大斧砍下首级，悬挂在太白旗上示众。又去往两个王妃所在的地方，她们已经自缢。武王又射了她们三箭，用轻吕剑刺向尸身，用铁质大斧砍下首级，悬挂在小白旗上示众。然后武王出城，派人治宫屋，回到他的军中。

【原文】

及期，百夫荷素质之旗于王前，叔振铎奏拜假，又陈常车。[1]周公把大钺，召公把小钺以夹王。泰颠、闳夭皆执轻吕以奏王。[2]王入，即位于社。[3]太卒之左，群臣毕从。[4]毛叔郑奉明水，[5]卫叔傅礼，[6]召公奭赞采，[7]师尚父牵牲。尹逸策曰：[8]"殷末孙受，德迷先成汤之明，侮灭神祇不祀，昏暴商邑百姓，其章显闻于昊天上帝。[9]"武王再拜稽首，乃出。

【注释】

① 期：定好的日子。荷：扛。素质：白色。振铎：武王同母弟，后封于曹，称曹叔。孔晁云："群臣诸侯应拜假者，则曹叔振（铎）奏行也。"知曹叔接待群臣诸侯，相当于今之大会秘书长。陈：陈列。常车：威仪车也。

② 召公：《周本纪》作"毕公"，是。夹王：在王左右。泰颠、闳夭：周之贤臣。奏：通"凑"，凑王，即在王的身边作护卫。

③ 入：入纣旧宫。即位：即天子之位。社：社庙，祭后土之所。即位于社，以示主天下。

④ 太卒：即《武顺》之"元卒"，二十五人。之：往。左：《周本纪》作"左右"。当指游动卫士，左右往还。

⑤ 毛叔郑：武王庶弟，名郑，封于毛，称毛叔。奉：古"捧"字。明水：日夜于高处所得的雨露。《周礼·司恒氏》："以鉴取明水于月。"

⑥ 卫叔：名封，武王庶弟，即卫康叔。《索隐》引宋忠曰："康叔从康徙封卫。"傅礼：相礼也。

⑦ 赞：佐也。采：事也。指协助卫康叔料事。

⑧ 尹逸：《史记》作尹佚，掌文史，亦称史佚。乃尹氏八士之一。策：动词，宣读策文。

⑨ 末孙：商朝始于成汤，止于纣，故称亡国之君为末孙。受：即商王纣。灭：蔑。神祇：天地也。章显闻：孔晁云："言上天五帝皆知纣恶也。"

【译文】

到约定的日子，一百人各扛一面白旗走在武王前开路，曹叔振铎接待群臣诸侯，又陈列若干威仪车。周公旦手持大钺，毕公高手握小钺夹辅武王，泰颠、闳夭都手持轻吕剑紧随武王。武王进入王宫，在社庙南面即天子之位。二十五名士卒左右往返，大臣们全都跟随。毛叔郑捧着明水，卫康叔相礼，召公奭协助办事，师尚父姜尚牵着祭祀用的牛羊。尹逸宣读策文道："殷人亡国之君纣，道德惑乱成汤之英明，侮慢蔑视神祇不祭祀，施狂暴于商朝贵族百姓，恶迹昭著，上天五帝也知晓。"武王两次作揖叩头，才出了王宫。

【原文】

立王子武庚，命管叔相。[①] 乃命召公释箕子之囚，命毕公、卫叔出百姓之囚，[②] 乃命南宫忽振鹿台之财、巨桥之粟。[③] 乃命南高百达、史佚迁九鼎三巫。[④] 乃命闳夭封比干之墓。[⑤] 乃命宗祝崇宾，飨祷之于军。[⑥] 乃班。[⑦]

【注释】

① 王子：纣王之子。管叔：名鲜，武王同母弟，封于管，故称管叔。管叔、蔡叔、霍叔为三监，监殷人。

② 箕子：纣王父辈。出：使出，放。毕公：毕公高，武王庶兄。

③ 南宫忽：即南宫括，周之贤臣。振：通“赈”。巨桥：国仓之名。《史记》作“散巨桥之粟”。

④ 南宫百达：《论语》作“南宫伯达”，周之贤臣。九鼎：世传夏禹铸九鼎，作为王权的象征。三巫：黄氏校为“于夾”。夾，即郏鄏。《汉书·地理志》注：“故郏鄏地，周武王迁九鼎。”

⑤ 封：益其塚也。比干：纣王父辈，直谏而遭剖心。

⑥ 宗祝：主祭祀之官。崇宾：礼敬来宾。飨：宴享。祷：宴享前的祭祀活动。

⑦ 班：班师还鄗京。

【译文】

立纣王之子武庚为殷人宗主，命管叔鲜为相监视他。又命召公奭释放被囚的箕子，命毕公高、卫叔封放出被囚的贵族。又命南宫括发放鹿台的财宝，分发巨桥的粮食。又命南宫百达和史佚迁九鼎到郏鄏。又命闳夭为比干聚土为冢。又命主祭官礼敬宾客，在军中宴享他们。然后才班师回鄗京。

世俘第三十七

【题解】

原作“第四十”，朱右曾氏“移此，使与《克殷》相次”。此篇记伐殷经过及战果——俘、馘。世训大，世俘犹大俘。

【原文】

维四月乙未日，[①] 武王成辟。[②] 四方通殷命，[③] 有国。[④]

【注释】

① 维：语词。四月乙未日：四月己丑朔，乙未初七。

② 辟（bì，闭）：君主。《诗·文王有声》：“皇王维辟。”武王成辟：指武王克商（二月初五甲子日）后，经九十余日对殷商残余势力的攻伐征讨，至此才取得了普天之下的实际控制权。“武王成辟”是本篇原名“武成”之证。

③ 通：达。四方通殷命：武王攻下朝歌后，立即派遣诸将征伐殷商的各方国。至此，从四方归来的将领向武王汇报执行伐殷命令的战果。

④ 国：天下。伐殷至此而全有天下，故言“有国”。

【译文】

四月初七乙未日，武王成了国君。奉命征伐的将领从四方归来，汇报伐殷的战果。至此，武王始有天下。

【原文】

维一月丙午旁生魄，若翼日丁未，[①] 王乃步自于周，征伐商王纣。[②]

越若来二月既死魄，越五日甲子朝至接于商，[③] 则咸刘商王纣，[④] 执矢恶臣百人。[⑤]

【注释】

① 丙午旁生魄：旁生魄指十六，即十六丙午。若：语词。翼：即“翌（yì）”的借字。翌日：明日。《汉书·律历志》引《武成》作：“惟一月壬辰旁死霸，若翌日癸巳，武王乃朝步自周，于征伐纣。”可见，《武成》立足于朔，初二旁死霸壬辰；《世俘》立足于望，十六旁生魄（霸）丙午。日序一致，二者并不矛盾。当是初三起兵出发，中间有停留，十七丁未又出发。

② 步自于周：从周（宗周）出发。

③ 越若：语词。既死魄：指初一。越：过。从既死魄初一算起，过五天甲子日。知一月小，二月庚申朔。

④ 咸：全，毕。刘：杀。

⑤ 矢：旧本作“夫”，又作“天”。《左传·文公十八年》：“杀而埋之马矢之中。”矢指粪便。矢恶臣，指屎臭般的邪恶大臣。

【译文】

一月十六丙午，第二天丁未，武王带兵从宗周来，又起兵出发，去征伐商纣王。

到了二月初一，过五天甲子日早上到了商都，杀了商纣王，捉了那些邪恶大臣近百人。

【原文】

太公望命御方来。① 丁卯望至，告以馘、俘。②

戊辰，王遂御循追祀文王。时日，王立政。③

吕他命伐越戏方。④ 壬申，荒新至，告以馘、俘。⑤

侯来命伐靡集于陈。⑥

辛巳，至，告以馘、俘。⑦ 甲申，百弇以虎贲誓，命伐卫。⑧ 告以馘、俘。

【注释】

① 命：受命，受武王之命。方来：小国名，纣党。

② 馘：所杀敌之左耳，用以计杀敌之数。丁卯：初八日。

③ 戊辰：初九。御：于鬯《香草校书》谓：“盖‘柴’字之误。”《说文》：“柴，烧柴

燎祭天也。”涉上“御方来”而误为“御”。循：犹追述，循追连文。言武王于戊辰日追祀文王。时日：是日。政：通“正”，长。立正，指任命长官，即下文吕他、侯来等征讨纣党的将领。

④ 命：受命。戏方：即戏。《左传·襄公九年》：“戏，郑也”。越：通“于”。

⑤ 壬申：十三日。荒新至：“荒新”涉下衍，指吕他归至王所。（黄氏说）

⑥ 靡集于陈：孔晁注：“靡、陈，纣二邑也。”《路史》引作“伐靡及陈”，是。

⑦ 辛巳：二十二日。

⑧ 百弇：将名。虎贲：勇士。《吕氏春秋·简选》：“武王虎贲三千人，简车三百乘，以要甲子之事于牧野而纣为禽。”卫：纣邑名，在商畿内。李学勤氏云：“武王三分商之王畿，置三监。自纣城而北谓之邶，南谓之鄘，东谓之卫。”依前文例，此未言“至”。李学勤氏云：“不记‘至’的，当系派人报告，并非亲至。”大体可从。

【译文】

太公望受命阻击纣党方来，丁卯初八归至王所，汇报杀敌数及生俘者。

初九戊辰，武王于是烧柴燎祭天，追祀文王。这一天，武王还任命了带兵的长官。

吕他受武王命讨伐戏方。十三日壬申，吕他归至王所，汇报杀敌数及生俘者。

侯来受武王命伐靡及陈。二十二日辛巳，侯来归至王所，汇报杀敌数及生俘者。

伯弇率勇士誓师，受命伐卫。二十五日甲申，派人向武王汇报杀敌数及生俘者。

【原文】

辛亥，荐俘殷王鼎。……三终王定。[①]

【注释】

① 朱右曾云：“此篇非一人所记，故错出于此。”黄怀信氏校文，此段移于“用籥于天”之后，可从。

【原文】

庚子，陈本命伐磨，百韦命伐宣方，新荒命伐蜀。①

乙巳，陈本、荒新、蜀、磨至，告禽霍侯、艾侯，俘佚侯小臣四十有六，禽御八百有三十两，告以馘、俘。② 百韦至，告以禽宣方，禽御三十两，告以馘、俘。百韦命伐厉，告以馘、俘。③

【注释】

① 庚子：顺时而记，正月辛卯朔，二月庚申朔，闰月庚寅朔。庚子为十一日。磨："磿"之讹，方国名。卢文弨校："案黄歇说秦云：'割濮磿之北'，磿近濮，在商畿内可知。见《秦策》。《新序》作'濮历'。"宣方：方国名。李学勤氏云："卜辞《后编》上24•7有'弜宣方燎'，当系同一方国。"蜀：方国名。李学勤氏云："甲骨卜辞有地名'罚'，易误读为'蜀'，实乃荀地，在今山西新绛。"

② 乙巳：闰二月十六日。御：车的一种。两：古"辆"字。佚：通"逸"。佚侯小臣：指逃逸的商朝诸侯臣属。

③ 厉：方国名。李学勤氏云："厉在今湖州北，周初封厉侯，见《太保玉戈》铭文。"

【译文】

庚子日，陈本受武王命伐磨，伯韦受武王命伐宣方，新荒受武王命伐蜀。

乙巳日，陈本、荒新带蜀、磨二国君主至，告诉武王，擒了霍国、艾国的君长，俘获了外逃的商朝诸侯臣属四十六人，还取得车子八百三十辆，汇报了杀敌数及生俘者。百韦至，告诉武王，擒了宣方君主，取得车子三十辆，汇报了杀敌数及生俘者。百韦还受命攻打厉国，也派人汇报了杀敌数及生俘者。

【原文】

武王狩，禽虎二十有二、猫二、麋五千二百三十五、犀十有二、氂七百二十有一、熊百五十有一、罴百一十有八、豕三百五十有二、貉十有八、麈十有六、麝五十、麇三十、鹿三千五百有八。

武王遂征四方，凡憝国九十有九国，① 馘磿亿有十万七千七百七十有九，② 俘人三亿万有二百三十，凡服国六百五十有二。

【注释】

① 憝：黄怀信氏云：当读为“敦”，即《诗》“敦商之旅”，当是攻灭，灭亡之义。

② 磿：本作“魔”。馘魔连用，指杀死之敌，与“俘人”相对。十万：古以十万为亿。“亿”下不得再言“十万”，从章太炎说改“十”为“七”。

【译文】

在此期间，武王外出狩猎，总擒获虎二十二只，猫二只，麋五千二百三十五只，犀十二只，氂七百二十一只，熊一百五十一只，罴一百一十八只，野猪三百五十二只，貉十八只，麈十六只，麝五十只，麋三十只，鹿三千五百又八只。

武王向四方征讨，计攻灭九十九国，杀敌一十七万七千七百七十九人，生俘三十万又二百三十人，总计征服六百五十二国。

【原文】

时四月既旁生魄，越六日庚戌，[①] 武王朝至燎于周，[②] 维予冲子绥文。[③] 武王降自东，乃俾史佚繇书于天号。[④] 武王乃废于纣矢恶臣百人，伐右厥甲小子鼎大师，伐厥四十夫家君鼎帅。[⑤] 司徒、司马初厥于郊号。[⑥] 武王乃夹于南门。用俘，皆施佩衣衣，先馘入。[⑦]

武王在祀，[⑧] 大师负商王纣悬首白旂、妻二首赤旂乃以先馘入。燎于周庙。[⑨]

若翼日辛亥，祀于位，用籥于天位。[⑩]

【注释】

① 既旁生魄：月相。既生魄（霸）为望为十五，旁生魄（霸）为既望为十六，既旁生魄当为十七，越六日庚戌，当是四月二十二日。知四月己丑朔。

② 至燎于周：下句有“降自车”，知“燎”字衍入。至于周，指伐殷回归，到达宗周。

③ 此句蒙后衍入。

④ 史佚：史臣。繇书：读书，宣读文字。天号：上帝。

⑤ 废：使其残废，即残其肢体。伐：杀。甲小子：指军中小吏。“右”乃衍文。鼎大师：黄氏云：“疑为司九鼎之官。”夫家君：小氏族首领。鼎帅：他本作“鼎师”，

小氏族的守鼎之官。

⑥ 厥：读为“禘”(黄氏说)，大祭曰禘。“号”字衍

⑦ 夹于南门：在南门中。用俘：献俘。施：加。佩衣：号衣。“衣”字衍一。

⑧ 在祀：宰祀，主祀。

⑨ 燎：点火于地。

⑩ 籥：借为“乐”。

【译文】

在四月二十二庚戌日，武王到达宗周。武王下车后，就让史佚向上帝献辞。武王命人将纣之邪恶臣百人断手断足，又杀掉抓获的军中小吏及守鼎官，还杀了四十个小氏族首领及他们的守鼎官。

司徒、司马开始祭上帝于南郊。武王在南门中。献上俘虏，生俘皆加号衣，先于死鬼耳朵入城。

武王主持祭祀。太师姜尚背着悬挂商王纣首级的白旗和悬挂纣王两个妻子首级的红旗，先于割下的死鬼耳朵进入周庙，并在庙中点起了火堆。

第二天辛亥，在周庙大庭举行祭祀，并向上天用乐。

【原文】

辛亥，① 荐殷俘殷王鼎。② 武王乃翼矢珪、矢宪，③ 告天宗上帝。王不革服，格于庙，秉黄钺，语治庶国，籥人九终。④ 王烈祖自大王、大伯、王季、虞公、文王、邑考以列升。⑤ 维告殷罪，籥人造，王秉黄钺正国伯。⑥

壬子，王服衮衣矢琰格庙。籥人造，王秉黄钺正邦君。⑦

癸丑，荐殷俘王士百人。籥人造，王矢琰秉黄钺，执戈。王入，奏庸《大享》一终。王拜手稽首。王定，奏庸《大享》三终。⑧

甲寅，谒戎殷于牧野。⑨ 王佩赤、白旂。籥人奏《武》。王入。进《万》、献《明明》三终。⑩

乙卯，籥人奏《崇禹生开》三终，王定。⑪

【注释】

① 将此段移于“辛亥”日记事之下，使相衔接。

② 王鼎：即九鼎，象征王权。

③ 翼：严敬也。矢珪：施珪，即执圭。朱氏云："镇珪，长尺二寸。"矢宪：施宪。宪乃服属，指法服。施宪即穿法服。

④ 不革服：不改祭天之服。秉黄钺：朱氏云："示当断制天下焉。"语：告。九终：九节。是时舞凡九节，为最隆重之仪式。指乐人奏乐凡九节。籥：本为乐器，"如笛，长三尺三"，六孔。

⑤ 大王：太壬，古公亶父。大伯：太王长子。王季：太王小子，文王之父。虞公，太王次子。邑考：即伯邑考，文王长子。列：次列。升：指悬其神位。

⑥ 维：通"为"。造：进也。国伯：八州之伯，即方伯。正：定，任命。

⑦ 衮衣：天子之服。矢：同"施"(黄氏说)。琰：琰圭，"尺二寸，征伐诛讨之象"。邦君：诸侯。

⑧ 王士：纣王之士。庸：大钟。大享：乐曲名。定：指所办事已完。

⑨ 谒：告也。以克殷牧野之事告也。戎殷：征伐殷。

⑩ 武：乐名。王国维有《周大武乐章考》。万：武舞名。明明：乐章名。

⑪ 崇禹生开：崇禹即大禹，指禹娶涂山氏生启之事。汉代避景帝（启）讳，改为"开"。当指夏代乐舞。

【译文】

辛亥这天，武王献上所获殷之九鼎。武王恭敬地手执玉圭，身披法服，敬告天神上苍。

武王未改换祭服就来到周庙。手持黄色大斧，把统治众诸侯国之事敬告祖庙。乐师奏乐九节。武王有功业之祖，从太王、太伯、王季、虞公、文王、伯邑考，依次列其神位于庙堂。武王向先辈神位历数殷纣之罪。乐师奏乐，武王手持黄色大斧任命方伯为各方诸侯之长。

壬子这天，武王穿上天子之服，执琰圭，来到周庙。乐师奏乐，武王持黄色大斧任命诸侯。

癸丑这天，献上所俘殷之王士百人。乐师奏乐，武王执琰圭，持黄色大斧，武士执戈守护。王入庙，乐师击金乐《大享》一节。武王拜手稽首，敬礼毕。乐师又击金乐《大事》三节。

甲寅这天，武王以牧野克商事告先王。武王披上赤旂、白旂。乐师奏《武》乐。王入庙，乐师进《万》舞曲，又献《明明》之曲，演奏三节。

乙卯日，乐师演奏《崇禹生启》乐三节。武王的礼仪结束。

【原文】

越五日乙卯，武王乃以庶国祀馘于周庙。[①] 翼予冲子。[②] 断牛六，断羊二。庶国乃竟。告于周庙曰："古朕闻文考脩商人典，以斩纣身。"告于天、于稷，[③] 用小牲羊、犬、豕于百神水土于誓社，[④] 曰："维予冲子，绥文考，[⑤] 至于冲子。"用牛于天、于稷五百有四，用小牲羊、豕于百神水土社二千七百有一。

【注释】

① 四月己丑朔，乙卯二十七。接辛亥，故"越五日"。庶国：指众诸侯国。祀馘于周庙：黄氏以为"馘"字衍，即祀于周庙。

② 翼予冲子：翼，佐助也。予冲子：武王自称。"武王戒诸侯于乙卯助祭也"。

③ 脩：卢文弨改为"循"，遵循成汤吊伐之典。天：天神。稷：谷神。

④ 此十四字蒙后衍入，黄氏说。

⑤ 绥："绥"字之误。绥，继也。（黄氏说）

【译文】

过了五天的乙卯日，武王就率领众诸侯君长到周庙祭祀，要众诸侯佐助他。杀牛六头，杀羊两只作为祭礼。诸侯君长助祭已毕。武王告于庙堂先祖："我曾听先父文王讲过，要遵循成汤吊伐之典。因此杀了纣王，祭祀我先祖。"武王又告于天神、谷神，说道："我要承继先父文王的事业，敬望神灵佑助我。"祭祀天神、谷神用牛五百又四头，祭祀山川土地众神用羊、犬、猪二千七百又一只。

【原文】

商王纣于商郊。时甲子夕，商王纣取天智玉琰五，环身厚以自焚，凡厥有庶告焚玉四千。[①] 五日，武王乃俾千人求之。[②] 四千庶玉则销，天智玉五在火中不销。凡天智玉，武王则宝与同。[③] 凡武王俘商宝玉万四千，佩玉亿又八万。

【注释】

① 有庶告：孔晁注"众人告武王"。

② 俾：使。千人：黄氏云："即千夫长。"

③ 宝与同：视同宝物。

【译文】

商王纣在商都郊外打了败仗。甲子当天晚上，纣王取天智玉五枚佩在身上而纵火自焚。又有众人告武王，纣王焚玉四千之事。五日后，武王命千夫长带人寻找。四千庶玉已于火中销毁，五枚天智玉未销。那天智玉，武王视之如宝物。武王总共得商王宝玉一万四千，佩带玉一十八万。

大匡第三十八

【题解】

大匡，大安之意。记武王在管训导管、蔡之辞。讲治民安邦之法。前第十一有大匡，指救助灾荒，与此不同。

【原文】

惟十有三祀，王在管。① 管叔自作殷之监，东隅之侯咸受赐于王。② 王乃旅之，以上陈诰。③ 用大匡，顺九则、八宅、六位。④

【注释】

① 对照史料，《逸周书》纪年多有不符。《竹书纪年》《尚书·泰誓》均记"武王十一年，周始伐殷"。《尚书·金縢》《史记·封禅书》均记"武王克殷二年，天下未宁而崩"。武王不当有十三年。从后文《武儆》"惟十有二祀四月，王告梦"推知，此篇当是武王十一年即灭商之年的秋季，武王东巡在管。十一年二月初五甲子日灭商，四月已回到宗周。东巡只能在秋季。管：地名，今郑州。

②《史略》作"管叔、蔡叔"。东隅：自殷以东。

③ 旅：谒，指接见。陈诰：陈其政事。

④ 黄氏云“八宅、六位上当分别有脱文”，即“□八宅、□六位”。此句下当有“武王曰”字样。

【译文】

十一年，武王在管城。管叔鲜和蔡叔度自愿作殷人的监国。东方诸侯也都受到武王的赏赐。武王还接见他们，让他们各自陈述政事。武王训导管叔、蔡叔要用大臣、顺九则、□八宅、□六位。武王说：

【原文】

宽俭恭敬，夙夜有严。① 昭质非朴，朴有不明；② 明执于私，私回不中；③ 中忠于欲，思慧丑诈。④ 昭信非展，展尽不伊；伊言于允，思复丑谮。⑤ 昭让非背，背党雍德；德让于敬，思贤丑争。⑥ 昭位非忿，忿非□直；直立于众，思直丑比。⑦ 昭政非闲，闲非远节；节进于政，思正丑残。⑧ 昭静非穷，穷居非意；意动于行，思静丑躁。⑨ 昭洁非为，为穷非涓；涓洁于利，思义丑贪。⑩ 昭因非疾，疾非不贞；贞固于事，思任丑诞。⑪

【注释】

① 宽：宽缓。俭：节俭，指廉洁。有：副词。严：威严。有严，真威严。

② 昭：昭明，使明。质：质朴。非：不。朴：大实，大朴，较质为甚。有：犹“则”。

③ 执：当是“质”。黄氏云：“依文例文义‘明质子’下脱‘×，思 × 丑 ×。昭忠非’八字。”私：指私交。回：回曲，与“中”相对。中：正。

④ 欲：贪欲。丑：憎恶，以为丑。诈：虚伪，诈则不忠。

⑤ 信：通“伸”，伸展。展：完全展开。伊：屈。允：允当。复：回屈。谮：通“僭”，过头。伊言，黄氏校为“伊信”。即伊信于允。

⑥ 让：推让。背：背离。党：言其人多，指众人。雍：蔽塞也。争：争斗。

⑦ 位：通“立”，直身曰立。忿：恚也。忿非□直：黄氏校为“忿有不直”，即忿则不直。直：正直。比：朋比，相互勾结。

⑧ 政：指节制。闲：禁闲，即限制。闲非：黄氏校为“闲有”，即闲则远节。思正即思政。残：毁伤。残乃非政（节制）。

⑨ 穷：指清贫。非意：违意。丑躁：躁则不静，故丑躁。

⑩ 洁：干净。为：通“伪”，人所造作。为穷：黄氏校为“为有”，即伪则不涓。涓：亦洁也。

⑪ 因：黄氏校为“固”，指坚固。疾：急速。疾非：黄氏校为“疾有”，即疾则不贞。任：任事。与“诞”相对。诞：虚也，指不干实事。

【译文】

宽缓廉洁，恭敬有礼，早晚都显得威严。倡导质朴而不过分，过分朴实则不显明；昭明质朴于□，思慕□□憎恶□□。倡导忠诚而不私交，私交则奸邪不正；端正忠诚于物欲，思慕聪慧憎恶伪诈。倡导伸展而不展尽，展尽就不能回屈；回屈伸展得恰当，思慕回复憎恶过僭。倡导推让而不背离，背离众人必蔽塞道德；道德推让在于礼敬，思慕贤才憎恶争斗。倡导直立而不忿恚，忿恚则不正直；正直立身于众人，思慕正直憎恶勾结。倡导节制而不限制，限制则远离节度；节度只达于节制，思慕节制憎恶毁伤。倡导清静而不穷居，穷居则非本意；心意活动于行为，思慕清静憎恶急躁。倡导清洁而不造作，造作则不干净；干净清洁于财利，思慕合宜憎恶贪心。倡导坚固而不疾速，疾速则不贞定，贞定坚固于行事，思慕任事憎恶虚华。

【原文】

昭明九则，九丑自齐。① 齐则曰知，悖则死勇。② 勇如害上，则不登于明堂。③ 明堂，所以明道。明道惟法，明法惟人，人惟重老，重老惟宝。④ 呜呼！在昔文考，战战惟时祗祗。⑤ 汝其夙夜济济，无竞惟人，惟允惟让，不远群正，不迩谗邪。⑥ 汝不时行，汝害于上。士惟都人，孝悌子孙。⑦

【注释】

① 九则：即上文所昭所非之九事。九丑：即上文“丑诈”等九丑。齐：正也，即正九丑。

② 朱氏云：“明则去丑谓之知，遂丑悖则必不得其死，死于勇，非知也。”知：古“智”字。悖：指背九则。

③ 害上：威害国君（黄氏说）。明堂：天子宣明政教的地方。

④ 惟：通“唯”。法：效法。惟宝：即为宝。

⑤ 战战：谨慎的样子。惟时：即唯此。祗祗：敬也。

⑥ 济济：敬也。无竞惟人：即无竞于人，与人无争。惟允惟让：即唯允唯让，只有公允只有谦让。迩：近。

⑦ 时：是，此。汝不时行即汝不行是。士：士人，指贤士。都人：居都邑者。

【译文】

昭明了九则，九丑自会得以纠正。正丑就叫作智，违背九则就必死于勇力。死勇如果威害国君，使国君不能登上明堂。明堂，是用以明道的地方。明道只有效法，知效法才是正人，人必重视老人，重老人是国家之宝。啊呀！从前先父文王，谨谨慎慎，唯此为敬。你们要早晚恭敬，与人无争，做到公允做到谦让，不远离正人，不接近小人。你们不做到这些，必有害贤士。贤士就是都邑中人士的孝悌子孙。

【原文】

不官则不长，官戒有敬。[①] 官、□、朝、道、舍、宾、祭、器曰八宅。[②] 绥比新故、外内、贵贱曰六位。[③]

大官备武，小官承长。[④] 大臣封摄，外用和大；[⑤] 中匡用均，劳故礼新；小匡用惠，施舍静众。[⑥] 禁请无怨，顺生分杀。不忘不惮，俾若九则。[⑦]

生敬在国，国咸顺。顺维敬，敬维让，让维礼。辟不及，宽有永假。[⑧]

【注释】

① 不官：不用官吏。不长：无长（zhǎng，掌），无头。官戒：为官必有教戒。

② □：黄氏云："疑是'民'，为民。"器：黄氏云"丧字之误"，居丧。朝：在朝。道：在野。

③ 绥：安。比：合。新故：新旧，指新旧大臣。外内：在外即在野，在内犹在朝。

④ 武：威武。承长：从其长也。

⑤ 黄氏云："当作'大匡用和，封摄外大'。"封：分封。摄：摄制。外：畿外。大匡：大安。

⑥ 均：均等。劳：慰劳。静众：使众静，安定众人。

⑦ 禁请：抑其所请。分：明也。惮：畏惧。俾：使。

⑧ 假：通"嘏（gǔ）"，福也。辟：君。宽：远，指其难。

【译文】

不任用官吏则无首领，为官教戒必敬上。居官、为民、在朝、在野、居家、为宾、居祭、居丧，叫八宅。安抚协调新旧、内外、贵贱，叫六位。

大官备威武，小官从其上。大安用和法，分时摄持于畿外；中安于均法，赏劳旧臣礼遇新臣；小安用恩惠，施舍以安定民众。禁其所请不使有怨，顺其生理昭明刑杀。牢记而不畏惧，使顺九则。

使全国上下产生恭敬，全国都会和顺。要和顺只有恭敬，要恭敬只有谦让，要谦让只有知礼。君王如果做不到，就难有长久之福。

文政第三十九[①]

【题解】

此篇主要讲“禁九慝、昭九行、济九丑、尊九德、止九过、务九胜、倾九戒、固九守、顺九典”等文王之政，故名文政。

【原文】

惟十又三祀，[①]王在管，管、蔡开宗循。[②]王禁九慝、昭九行、济九丑、尊九德、止九过、务九胜、倾九戒、固九守、顺九典。

【注释】

① 与上篇同年，当是克商之年，武王十一年。

② 黄氏校为“命管蔡开宗循政”。

【译文】

武王十一年，王在管城，命管叔、蔡叔开导下属遵循文王之政。武王提出禁绝九慝、昭明九行、纠正九丑、尊重九德、防止九过、从事九胜、倾荡九戒，坚固九守、顺行九典。

【原文】

九慝：一，不类；二，不服；三，不则；[①] 四，务有不功；五，外与内通；[②] 六，幼不观国；七，闾不通径；[③] 八，家不开刑；九，大禁不令。[④]

九行[⑤]：一仁、二行[⑥]、三让、四信、五固、六治[⑦]、七义、八意[⑧]、九勇。

九丑：思勇丑忌，[⑨] 思意丑变。[⑩] 思治丑乱，思固丑转，[⑪] 思信丑奸，[⑫] 思让丑残，思行丑顽，[⑬] 思仁丑衅。[⑭]

【注释】

① 慝：邪恶。类：善也。不服：不从教也。不则：不循法则。

② 务：做事。外与内通：外臣交结近侍。

③ 黄氏校为“不观德”，即不学好。闾：门。闾不通径指隐居（黄氏说）。

④ 黄氏校为“家不开列”。列：分。令：禁。

⑤ 行：行为。

⑥ 行：施舍。

⑦ 治：平安。

⑧ 意：朱氏云：“意当为慧，智也。”

⑨ 忌：怨也，报私怨也。

⑩ 意：当作慧。变：犹诈也。

⑪ 转：迁，指不固。

⑫ 奸：“信”之反，即伪。

⑬ 行：施舍。顽：贪。

⑭ 衅：朱氏云：“自矜奋以诗人也。”即向人展示己之长。

【译文】

九慝是：一，行为不善；二，不从教化；三，不循法则；四，做事不用力；五，外臣交结内侍；六，幼小不学德；七，家门不通路；八，家庭不分居；九，大禁不能止。

九行是：一仁爱，二施舍，三谦让，四诚实，五坚定，六安稳，七合宜，八智慧，九勇敢。

九丑是：思慕勇敢，以结怨为耻；思慕聪慧，以狡诈为耻；思慕平稳，以紊乱为耻；思慕坚定，以变迁为耻；思慕诚实，以奸伪为耻；思慕谦让，以毁伤为耻；思慕施舍，以贪婪为耻；思慕仁爱，以自夸为耻。

【原文】

九德[①]：一、忠，二、慈，三、禄，四、赏，五、民之利，[②]六、商工受资，七、祗民之死，[③]八、无夺农，[④]九、足民之财。

九过[⑤]：一、视民傲，二、听民暴，三、远慎而近貌，[⑥]四、法令口乱，[⑦]五、仁善是诛，[⑧]六、不察而好杀，七、不念而害行，八、不思前后，九、偷其身不路而助无渔。[⑨]

九胜[⑩]：一、□□□□，二、□□□□，三、同恶潜谋，[⑪]四、同好和固，[⑫]五、师□征恶，[⑬]六、迎旋便路，[⑭]七、明赂施舍，[⑮]八、幼子移成，[⑯]九、迪名书新。[⑰]

【注释】

① 德：指上对下的恩德。

② 黄氏校为“兴民之利”。

③ 祗：敬。敬民死，即哀民之丧。

④ 黄氏校为“无夺农时”。

⑤ 过：过失。

⑥ 慎：诚也。貌：无实也。远慎近貌：疏远诚信之士而亲近虚华之人。

⑦ 黄氏校为“舛乱”。

⑧ 即“诛仁善”。

⑨ 偷：苟且。不路：不走正道。“无”字衍。渔：侵渔也。

⑩ 胜：举措。九胜指九种举措。

⑪ 恶（wù，务）：憎恶。潜：深。

⑫ 固：当是“因”。因：依。朱本误。

⑬ 黄氏校为“师旅征恶”。

⑭ 迎旋：犹云迎送。

⑮ 明：公开。赂：送财物。

⑯ 移成：孔晁注“谓易子而教也”。

⑰ 迪：蹈也。名：声誉。即蹈旧名书新名，在已有声誉之上再立新功。

【译文】

九德是：一、忠于下民，二、爱护下民，三、赐民爵禄，四、赏赐下民，五、兴民之利，六、使商工得到资本，七、哀痛下民的死丧，八、不影响农事季节，九、使下民财物足用。

九过是：一、对百姓傲慢，二、处理民事粗暴，三、疏远诚信之士而接近虚华之人，四、法令矛盾混乱，五、诛杀仁人善士，六、不加审察而杀人，七、不加思索而伤害行动，八、办事不思前想后，九、苟且偷生，不走正道，帮助坏人侵渔百姓。

九胜是：一、□□□□，二、□□□□，三、共同憎恶的，就深谋设法除去，四、共同爱好的，就融洽相依，五、用军队征伐有罪恶的，六、送往迎来要有好道路，七、公开送财物，公开施舍，八、幼儿互为教育成人，九、在旧声誉上再立新功。

【原文】

九戒①：一、内有柔成，② 二、示有危倾，③ 三、旅有罢置，④ 四、乱有立信，⑤ 五、教用康经，⑥ 六、合详毁成，⑦ 七、邑守维人，八、饥有兆积，⑧ 九、劳休无期。

九守⑨：一、仁守以均，二、智守以等，三、固守以典，⑩ 四、信守维假，⑪ 五、城沟守立，⑫ 六、廉守以名，七、戒守以信，⑬ 八、竞守以备，⑭ 九、国守以谋。

九典⑮：一、祇道以明之，⑯ 二、称贤以赏之，三、典师以教之，⑰ 四、因戚以劳之，五、位长以遵之，⑱ 六、群长以老之，⑲ 七、群丑以移之，⑳ 八、什长以行之，㉑ 九、戒卒以将之。㉒

呜呼！充虚为害。㉓ 无由不通，㉔ 无虚不败。

【注释】

① 戒：禁制。

② 内：朝内。柔成：孔晁注“善柔谄人也”，指谄谀之臣。

③ 示：标示。危倾：高而不正。

④ 旅：众。罢：通“疲”。

⑤ 乱：乱臣，作乱之人。立：受任用。信：受信任。

⑥ 康经：黄氏校为“康淫”，指淫逸。

⑦ 合详：共谋详审。毁成：毁坏已成。

⑧ 兆积：朱氏云：“谓积聚财谷不赈穷乏。”积，指屯粮。

⑨ 守：保守。

⑩ 固：坚固。典：常、经常。

⑪ 假：音 gé，通“格”。假：至也。指到达目的地，即把事办好。

⑫ 立：设置。指设置障碍以守城池。

⑬ 戒：禁戒。

⑭ 竞：黄氏云：“借为‘境’，边境。”

⑮ 典：法典、法则。

⑯ 祗：敬。道：指规律。

⑰ 称：举也。典：主管。师：众。

⑱ 位：通“立”。遵：从。

⑲ 群长：和年长者为群。老：养老。

⑳ 群丑：和无耻之人为群。移：指流放。

㉑ 什长：黄氏校为“什伍”。

㉒ 戒：教戒。将：率领。

㉓ 充：居。充虚：谓无所事事（黄氏云）。

㉔ 由：行。

【译文】

九戒是：一、朝内有谄谀之臣，二、设立的标志高而不正，三、民众有疲敝闲散的，四、乱臣有受重用受信任的，五、用淫逸作为教化，六、共谋详审而毁坏已成，七、城邑只靠人守，八、有人挨饿却广有积粮，九、劳作休息没有期限。

九守是：一、仁以均衡守，二、智以等同守，三、坚固以典常守，四、承诺以办好守，五、城地以设障守，六、廉洁以名誉守，七、禁制以诚实守，八、边境以防备守，九、国都以计谋守。

九典是：一、敬重规律而昭明之，二、推举贤能而赏赐之，三、主管众人而教化之，四、依靠亲人而慰劳之，五、设立官长而遵从之，六、聚合老人而奉养之，七、聚合无耻之徒而流放之，八、编制什伍之制而推行之，九、教戒士卒而统领之。

啊呀！无事可做是祸害。没有笃行而不通的，没有空虚而不败的。

大聚第四十

【题解】

聚，指聚民成邑。此篇以周公口吻讲因地营邑，建立什伍，以及相关的措施。

【原文】

维武王胜殷，抚国绥民，① 乃观于殷政，告周公旦曰："呜呼！殷政总总，若风草，有所积，有所虚，和此如何？②"

【注释】

① 绥：安定。

② 总总：纷乱。风草：风中之草。积：聚积。和：调和。

【译文】

武王灭殷以后，为了稳定国家安定民众，就考察了殷朝的政令，并对周公旦说："啊呀！殷朝的政令乱纷纷，如风中之草，有时积聚一起，有时空空。对它进行调和，怎么样？"

【原文】

周公曰："闻之文考，来远宾，廉近者，道别其阴阳之利，相土地之宜、水土之便，营邑制，命之曰大聚。① 先诱之以四郊。王亲在之，宾大夫免列以选。[②] 赦刑以宽，复亡解辱，削赦轻重皆有数，此谓行风。[③]

“乃命县鄙商旅曰：能来三室者，与之一室之禄。[④] 辟关修道，五里有郊，十里有井，二十里有舍。[⑤] 远旅来至，关人易资。舍有委，市有五均；早莫如一，送行逆来。[⑥] 振乏救穷，[⑦] 老弱疾病，孤子寡独，惟政所先，民有欲畜。[⑧]”

【注释】

① 来：使之来，招来。廉：黄氏云，借为“敛”，聚也。道别：即导别，犹辨别（黄氏说）。阴阳：指地势。相：视。

② 诱：招引。在：察也。宾大夫：黄氏云，当作“卿大夫”。免列以选：指从众人之中选任。

③ 复亡：使逃亡者回来。解辱：使受辱者解除羞辱。削：指削其职。赦：赦其罪。数：定数。

④ 县鄙：指边远地区。室：家。孔晁云：以一夫之耕禄之。

⑤ 朱氏云：天子近郊五十里，此下邑之制。故得十里一井以解渴。舍，庌（yǎ，哑）舍，可止宿，便行旅也。

⑥ 易：交易。资：货物。委：委积也。舍有委，指止宿处有存放货物的地方。均：平也。五均：黄氏云，平均物价的官员。莫：古“暮”字。如一，指早晚一个价。逆：迎。

⑦ 振：通赈，赈济。惟政：为政。

⑧ 畜：通“蓄”，指蓄养孤子寡独者。

【译文】

周公回答说：“听先父文王说，招来远方的人，集聚近处的人，辨别南北地势的优势，审视土地是否宜种，水利是否方便，营建居邑，称之为大聚。先从四郊招引百姓。君王要亲自考察，卿大夫要从众人中选任。赦免及刑罚要宽松，使逃亡者回来，使受辱者除去羞辱，削职赦罪的轻重都有规定，这叫作实行风化。

“然后才传令给边远地方的商旅说：‘能够带来三户人家的，赏给一户的食用为报酬。’开辟关口，修筑道路。五里之内为邑之郊，每十里有水井，每二十里有庐舍。远方商旅来此，与人交易货物。庐舍有存放货物的地方，市场有平均物价的官员。早晚物价一致，不断送往迎来。赈济贫乏，救助穷困以及老弱、残疾、孤儿、寡妇、独身者，是为政的先务。这样，百姓也就愿意蓄养他们。”

【原文】

“发令：以国为邑，以邑为乡，以乡为闾。① 灾祸相邺，资丧比服。五户为伍，以首为长，十夫为什，以年为长；合闾立教，以威为长；合旅同亲，以敬为长，② 饮食相约，兴弹相庸，耦耕俱耘。③ 男女有婚，坟墓相连，民乃有亲。六畜有群，室屋既完，民乃归之。④

“乡立巫医，具百药以备疾灾，畜百草以备五味。立勤人以职孤，立正长以顺幼。⑤ 立职丧以邺死，立大葬以正同；⑥ 立君子以修礼乐，立小人以教用兵；⑦ 立乡射以习和容，春猎耕耘以习迁行，教茅与树艺。⑧ 比长立职，与田畴皆通。立祭祀，与岁谷登下厚薄。⑨ 此谓德教。⑩”

【注释】

① 以国为邑：指国分为邑。《鹖冠子》云：“五家为伍，十伍为里，四里为扁，十扁为乡。”则乡为两千家。闾：二十五家。

② 邺：通“恤”，救助。资：助也。比：合也。服：事也。比服：犹云通力合作。首：第一家。年：指最年长者。威：有威信、威严者。合旅：当是“合族”。敬：可尊敬者。

③ 约：制约。兴弹：朱氏引赵本：“功作则互相劝是兴，游惰则互相纠是弹。”庸：同“用”。耦耕俱耘：协力耕种之义。

④ 六畜：牛马猪羊犬鸡。群：指多。完：成。

⑤ 畜：通“蓄”。黄氏据俞樾说校为“立正长以勤人，立职孤以顺幼”。正长：乡正、乡长。勤人：勤劳民事。职：司。顺：读为“训”。

⑥ 职丧：办丧事者。上“职孤”即管理孤儿者，乃执事人员。大葬：办理坟茔埋葬者。正同：使不乱葬。

⑦ 君子：有文德之人。小人：技勇之人。

⑧ 乡射：乡间赛射。和：合。容：容仪。茅：黄氏云“与字音误，犹以。下与字衍”，即“教与树艺”。当校为“立乡射以习容，春合猎耕耘以习迁行，教与树艺”。可理解为：春合猎以习迁行，春耕耘教与树艺。

⑨ 与：随。岁谷：年成。登下：丰收与歉收。

⑩ 德教：当是“教德”，有教化之德。

【译文】

“发令：把国分为邑，把邑分为乡，把乡分为闾。发生灾祸，互相救助，通力合作办丧事。五家为一伍，以第一家为伍长；十个成年男子为一什，以年长者为什长；各闾设立教化，以威信高的为闾长；全宗族相互亲近，以可尊敬者为族长。饮食相互制约。鼓励勤劳纠正游惰相互为用，耕作互相协作。男女各有婚配，死后夫妇坟墓相连，百姓就有亲人。六畜成群，房屋落成以后，百姓就会聚到那里去。

“各乡设置巫医，备办各样药物以防疾病与灾难；积蓄各种草药以备齐酸、苦、甘、辛、咸五味。设立乡正以勤劳民事，设立职孤以训教幼儿；设立职丧以料理死者，设立大葬以处理安埋；立文德君子以修明礼乐，立技勇之士教人使用兵器；立乡射之礼以练习容仪，春季合猎以练习迁行，春季耕耘以教人种植。设立官长，使田上得到开垦。立祭祀，随年成丰歉而用祭物。这叫作教德。”

【原文】

“若其凶土陋民，贱食贵货，是不知政。[①] 山林薮泽，以因其利。工匠役工，以攻其材；商贾趣市，以合其用。[②] 外商资贵而来，贵物益贱；资贵物出贱物，以通其器。[③] 夫然，则关夷市平，财无郁废。[④] 商不乏资，百工不失其时，无愚不教，则无穷乏。此谓和德。

“若有不言，乃政其凶。陂沟道路，丛苴丘坟，不可树谷者树以材木；[⑤] 春发枯槁，夏发叶荣，秋发实蔬，冬发薪烝，以匡穷困。[⑥] 揖其民力，相更为师。因其土宜，以为民资，[⑦] 则生无乏用，死无传尸。[⑧] 此谓仁德。”

【注释】

① 凶土：使土凶，即使土地荒芜。陋民：使民陋，即使民不知礼。

② 薮：泽无水曰薮。役：事。趣：通“趋”。合：汇合，即交易。用：用物。

③ 资：读为“赍（jī）”，携带。资贵而来：带来本地昂贵的物品。器：用也。出贱物：带走本地便宜物品。

④ 夷：平。郁：积压。废：闲置。

⑤ 言：教也。乃政其凶：即其政乃凶。苴：草。丛苴：杂草丛生处。

⑥ 发：开发，利用。荣：花。实蔬：草木之实可食者。烝：通“蒸”，柴。粗为薪，细为烝。

⑦ 揖：读为“辑”，聚也。因：顺。资：资用。

⑧ 传：通“转”。转：迁。转尸，即弃尸沟壑。

【译文】

“如果土地荒芜，民众不被教化，轻粮食重财货，就是不懂为政。山林与湖泊，要加以利用。使工匠做工，以加工那些材料；使商贾往市场，以流通用物。外商携带本地价高货物而来，高价货就会便宜。要使外商带来高价货，带走便宜物，借以流通器用。这样，关市平稳，财物就不积压、不闲置。商贾不缺乏资本，各种工匠不荒废时日，愚昧得到教育，就会没有贫穷。这叫作和德。

“如果不加教导，其国政就会凶险。池塘边，道路旁，杂草丛生地以及土丘土堆，凡不能种粮食的地方都栽上树木；春季利用枯槁的树干，夏季利用树叶与花朵，秋季利用可食的果实，冬季利用柴薪，以救助穷困的人家。聚合民力，使他们相互为师。顺应土地性质耕种，作为百姓的资财，百姓就不会缺少财用，死了也不会弃尸荒野。这叫作仁德。”

【原文】

“旦闻禹之禁：春三月山林不登斧，① 以成草木之长；夏三月川泽不入网罟，以成鱼鳖之长。且以并农力执，成男女之功。② 夫然，则土不失其宜，万物不失其性，人不失其事，天不失其时，以成万财。万财既成，放以为人，天下利之而勿德。是谓大仁。③

“渊深而鱼鳖归之，草木茂而鸟兽归之，称贤使能官有材而士归之，关市平商贾归之，分地薄敛农民归之。④ 水性归下，民性归利。王若欲来天下民，先设其利，而民自至。譬之若冬日之阳、夏日之阴，不召而民自来。此谓归德。

“五德既明，民乃知常。”

【注释】

① 登：升、举。

② 并：合。力执：努力操办。男女之功：男耕女织之事。

③ 他本作“万财既成，放以为人。此谓正德”。

④ 归：聚。称：举。

【译文】

“我听说禹的禁令：春季三个月，山林中不准用斧子砍伐，以成就草木的生长；夏季三个月，江湖中不准下网罟，以成就鱼类的生长。并且聚合农民努力操作，以成就男耕女织之事。这样，土地不会失去它的地力，万物不会失去它的功用，人们不会失去他的职事，加之上天不误了季节，就能成就各样财富。种种财富成就以后，发放以供人享用。这叫作正德。

“潭水深，鱼鳖就聚到里面；草木茂，鸟兽就聚到里面；举用贤德任用有才之人为官，士人就聚到那里；关市平稳，商贾就聚到那里；分土地、轻赋税，农民就聚到那里。水的本性是向低处流，人的本性是往有利方向去。君王若想招来天下百姓，就先备好给他们的利益，百姓就会自己到来。如同冬天的向阳地、夏天的阴凉处，不召而人自来。这叫作归德。

“五德既已修明，百姓就知道过正常生活。”

【原文】

武王再拜曰：“呜呼，允哉！天民侧侧，余知其极有宜。[①]”乃召昆吾，冶而铭之金版、藏府而朔之。[②]

【注释】

① 天民：天之民。侧侧：喻民之多。朱氏引“丁（宗洛）曰，言人民虽多，自有治之之道。”极：标准。

② 昆吾：掌冶炼之官。朔之：月朔省之也。

【译文】

武王两拜行礼，说道：“啊呀，好啊！百姓真多，我知道治民的办法了。”

就召来冶官，把周公之言冶铸在铜版上，放入府中供每月朔日省视。

箕子第四十一（亡）

考德第四十二（亡）

逸周书全译卷五

商誓第四十三

【题解】

此武王灭商后对商的旧臣、百姓的一篇诰辞。誓，读为“哲”。篇名取自文中“商先誓王”。

【原文】

王若曰：“告尔伊旧何父□□□□、几、耿、肃、执，① 乃殷之旧官人序文□□□□，② 及太史比小史昔，③ 及百官里居献民：④ □□□来尹师之敬诸戒，⑤ 疾听朕言，用胥生蠲尹！⑥”

王曰：“嗟！尔众，予言若敢顾天命，⑦ 予来致上帝之威命明罚。⑧ 今惟新诰命尔，敬诸！⑨ 朕话言自一言至于十话言，⑩ 其惟明命尔。”

【注释】

① 伊：通“殷”。何父：黄氏校为“庶父”。父：族长。几：即饥氏。《左传》“殷民七族”有饥氏。肃：即萧氏，《左传》“殷民六族”有萧氏。执：即挚氏。几、耿、肃、执：皆殷之世族大家也。前缺文亦当“□氏”。

② 黄氏云“涉上文衍且误”，校为“及殷之旧官人”。

③ 比、昔：皆人名（朱氏说）。太史、小史：皆史官。

④ 百官：黄氏校为“百姓”，指贵族。里居：黄氏校为“里君”。献民：即贤民。

⑤ 尹师：治事之官。来尹师，即派来的尹师。黄氏云“缺文当是从信之意”。

“敬诸”涉后文衍。即要信从新来官员的告诫。

⑥ 用：以。胥：相与。蠲：明。尹：衍文。

⑦ 言字衍。若：顺也。顾：反。若敢顾天命，即顺天命岂敢违反天命乎？

⑧ 明罚：昭明惩罚。

⑨ 新：初次。敬诸：重视它。诸：“之乎”的合音。

⑩ 黄氏校为“朕言自一话言至于十话言”。话言：善言也。

【译文】

武王如此说：“告诉你们殷商旧族长□氏、□氏、□氏、□氏、饥氏、耿氏、萧氏、挚氏，以及殷商旧官员，以及太史比、小史昔，以及众贵族、里君、贤民们，要信从新任官员的告诫，快听我的话，以此生出你们的光明前程。”

武王说：“喂！你们听着，我顺应天命岂敢违背天命？我来这里是执行上帝威严的命令并昭示惩罚。现今是初次诰命你们，要重视它啊。我的话从头至尾每一句都是明白地教诫你们。”

【原文】

王曰：“在昔后稷，惟上帝之言，克播百谷，登禹之绩。① 凡在天下之庶民，罔不维后稷之元谷用蒸享。② 在商先誓王，明祀上帝，□□□□，亦维我后稷之元谷用告和，用胥饮食。③ 肆商先誓王维厥故，斯用显我两土。④

“今在商纣，昏忧天下，弗显上帝，昏虐百姓，弃天之命。⑤ 上帝弗显，乃命朕文考曰：‘殪商之多罪纣！⑥’肆予小子发弗敢忘天命。朕考胥翕稷政，肆上帝曰必伐之。⑦ 予惟甲子克致天之大罚，⑧ □帝之来，革纣之□。予亦无敢违大命。⑨”

【注释】

① 言：犹命也。登：成也。

② 元谷：嘉谷也。蒸：祭也。享：食也。

③ 明祀：祭祀天神。朱氏云：“阙处当是‘社稷宗庙’四字。”告和：告民和，即祭祀时，向神灵求民平安。

④ 肆：故。斯用：即用斯，以此。

⑤ 昏忧天下：昏乱使天下忧。“弗显上帝”乃涉下衍（黄氏说）。

⑥ 弗显：不使之显，即不佑助之。殪：杀。

⑦ 此处黄氏校为“昔在西上，朕考胥翕稷政，肆上帝曰必伐之。肆予小子发弗敢忘天命”。考：指文王。胥：皆。翕：顺也。

⑧ 惟甲子：在甲子日。克：成。

⑨ 黄氏校为“蒙帝之来（赉），革纣之命”。即蒙上帝恩赐（赉），革了纣王之命。

【译文】

武王说：“从前，先祖后稷顺应天命，成功地播种百谷，赶上了大禹的功绩。凡是天下的民众，没有不用先祖后稷的嘉谷去祭祀、去食用。商朝的先哲王祭祀上帝、祭祀社稷宗庙，也只用我们后稷的嘉谷以求民和，并用以食用。所以，商先哲王因此之故，就显大我们西土。

“而今商纣王昏乱，使天下忧，残虐百姓，背弃上天之命。上天不佑助他，就命我父文王说：‘杀掉商朝多罪的纣王！’从前在我们西土，我父全都顺应先祖后稷之政，故上帝说一定要讨伐纣王。故我姬发不能忘记天命。我在甲子日执行上天的大罚，蒙上帝恩赐，革了纣王的命。我也不敢违背天命。”

【原文】

“敬诸！昔在西土，我其有言胥告，商之百无罪，其维一夫。[①] 予既殛纣，承天命，予亦来休命尔百姓、里居、君子，其周即命。[②] □□□□□□□□□□□□□□□□□□□□□尔冢邦君无敢其有不告见于我有周。其比冢邦君我无攸爱，上帝曰必伐之。[③] 今予惟明告尔：予其往追□纣，遂逮集之于上帝，天王其有命，尔百姓献民其有缀艿。[④] 夫自敬其有斯天命，不令尔百姓无告。

“西土疾勤，其斯有何重？天维用重，勤兴起我，罪勤我无克乃一心。[⑤] 尔多子其人自敬，助天永休于我西土，尔百姓其亦有安处在彼。宜在天命，弗反侧兴乱，予保奭其介。[⑥] 有斯勿用天命，若朕言在周，曰商百姓无罪，朕命在周。其乃先作，我肆罪疾。[⑦] 予维以先王之道御复正尔百姓。越则非朕，负乱惟尔，在我。[⑧]”

【注释】

①“昔在西土”当在上段，见上注⑦。“百”下当脱“姓”字。“一夫”指纣王。

②来：送来，即下达。休命：美命。里居：即里君。即：就也，言当受命于周。

③冢：大也。缺处，孔晁本缺29字，朱本缺28字。据上下文义，缺文当指有不就周命而借机作乱者。比：众。攸爱：所爱。

④溱：同“臻”，乃也。黄氏云：“缺文当是‘亡’字。”集：成也，告成功于上帝。天王，当指上帝。缀：连也。芀（rén，仁）：指草根上长出的新草。缀芀：新生。

⑤疾：憎恶。重：重复，再一次。罪勤我：责怪我，“勤”字衍。无克：不能。乃：你们。

⑥在：察审。保：安也。奭：盛也。介：大也。

⑦“有斯勿用天命”句当在“其乃先作”之上。先：率先。作：作乱。“朕命在周”当作“朕命在天”。肆：遂。

⑧维：通“惟”，只。御复：即复御。正：治理。越则：超越法度。负乱：即怙乱，恃乱。黄氏云“在我二字衍”。

【译文】

“注意啊，我有言相告：商朝的百姓没有罪，有罪的只是纣王一人。我已经诛杀了纣王，秉承天命，我又下达美好的命令给你们百姓、里君、君子，今后要听命于周。如有不听周命而敢于作乱者，你们大邦君长不敢有不报告我们周人的。即使是大邦君长我们也无所爱怜，因为上帝说一定要讨伐你们。现今我明白地告诉你们：我从前追讨纣王，向上帝告以成功，上帝有命令说：你们百姓将获得新生。你们自己要重视有此天命，不要让百姓无所求告。

“我们西土人也厌恶劳累，这样的用兵岂可重复？如果上天要二次征伐，让我们劳苦兴兵，那是怪罪我们不能使你们与周人一条心。你们各位要人人自重，帮助上天永远嘉美我西土，你们百姓也会在那里得到安身之地。应该审视天命，不要造反作乱，我会保证你们的大安。虽然我是在周土这么讲，说商朝的百姓无罪，而我的命令出自上天。如有人不听从天命，敢于率先作乱，我便要致罪于他。我只是用先王的政令再次治理你们。超越法度的不是我，而依势作乱的是你们。”

【原文】

王曰："百姓，我闻古商先誓王成汤克辟上帝，保生商民，克用三德，疑商民弗怀，用辟厥辟。[①] 今纣弃成汤之典，肆上帝命我小国曰：'革商国！'肆予明命汝百姓：只斯弗用朕命，其斯尔家邦君商庶百姓，予则□刘灭之。[②]"

王曰："霍！予天命维既，咸汝克承天休于我有周，斯小国于有命不易。[③] 昔我盟津，帝休辨商，其有何国？[④] 命予小子肆我殷戎，亦辨百度，□□美左右，予予肆刘殷之命。[⑤] 今予维笃佑尔，予史太史违我，寔视尔靖疑。[⑥] 胥敬诰！其斯一话敢逸僭，予则上帝之明命。[⑦] 予尔屏屏尔百姓，越尔庶义庶刑。[⑧] 予维及西土，我乃其来即刑。[⑨] 乃敬之哉！庶听朕言，罔胥告！[⑩]"

【注释】

① 克：能。辟："襞"，助也（黄氏说）。三德：三种品德，指刚、柔、正直，见《尚书·洪范》。疑：定也。疑商民，使商民安定。弗怀：无他想。用辟：以助。厥辟：其君。

②"其斯尔家邦君商庶百姓"乃衍文。"其斯"涉上衍。"尔家邦君商庶百姓"当在下文"王曰霍"下。缺文当是"咸"，皆。（黄氏说）刘：杀。

③ 霍：喝喊之声。既：已，已定。"咸"字衍，即上文缺处之"咸"。

④ 盟津：指盟津观兵。休：美。辨：明。休辨：指佑助。

⑤ 予小子：姬发自谓。我殷戎：当是"伐殷戎"。辨百度：指明百事。美左右：指好的辅臣。予予：衍一予。

⑥ 笃：厚。佑：福佑。靖疑：偏义于"疑"。

⑦ 胥敬诰：黄氏校为"胥敬诸"。逸：放逸。僭：不信也。则明命：执行（上帝的）明命。

⑧ 屏：放流之也。庶义庶刑：指以义用刑。

⑨ 维：读为"虽"。及：回到。

⑩ 乃：汝。庶听：黄氏校为"胥听"。"罔胥告"校为"罔告"。

【译文】

武王说："商朝的百姓们，我听说商朝的先哲王成汤能帮助上帝，保护商民，能利用三德，使商民安定无他想，用以帮助他们的君王。今纣王背弃了成汤的旧典，故上帝命令我们小国说：‘革灭商国！’所以我明白告诉你们百姓：如果不听从我的命令，我就要全部杀掉你们。”

武王说：“霍！你们大邦的君长与百姓：我的天命已定，你们要是能从我们周人这里承受上天嘉美，我们小国将有成命而不改变。当年我们盟津观兵，而上帝佑助商朝，我们怎能享有国家？现在上帝命我伐殷戎，指明百事，给我好的辅臣，我于是灭掉了殷商。现今我要赐福给你们，而我的太史不同意，实际是看到你们还有疑虑。你们都要注意：我讲的这些话敢有不听不信的，我就依上帝的明命。我要流放你们，还要以义用刑。我虽然要回到西土，可我还会回东方用刑。你们要记住，全都要听我的话，不用再说。”

度邑第四十四

【题解】

邑，指洛邑。度邑，即规划洛邑。文末“兹曰度邑”，取为篇名。

【原文】

维王克殷国、君诸侯，乃徵厥献民九牧之师见王于殷郊。① 王乃升汾之阜，以望商邑，② 永叹曰：“呜呼！不淑充天对，遂命一日，维显畏，弗忘！③”

王至于周，自鹿至于丘中，具明不寝。④ 王小子御告叔旦，叔旦亟奔即王，⑤ 曰：“久忧劳！”问害不寝，曰：“安，予告汝。⑥”

【注释】

① 徵：召集。献民：贤民。九牧：九州之牧。师：佐牧之人，即牧的下属。

② 升：登上。汾：殷郊近处的地名。阜：土山。商邑：指朝歌。

③ 永叹：长叹。不淑：不善。充：当也。对：答也。指纣王不顺天意。遂：通坠，坠命即殒命。显畏：明显的可畏。

④ 具明：达旦也，即到天明，指通宵不眠。

⑤ 王小子御：指王之内竖，名御。叔旦：指周公。亟：急速。即：就也。

⑥ 害：何也。安：坐也。

【译文】

武王灭了殷商，成了诸侯的君主之后，就召集殷的贤民及诸侯的下属在朝歌郊外见武王。武王登上汾地的小土山，遥望朝歌，长叹道："啊呀，纣王不善充当天对，所以坠命于一日。明显地令人害怕，不能忘啊。"

武王返回宗周，从鹿地到丘中，通宵不眠。武王的内竖御报告了王弟姬旦，叔旦急忙跪到武王近前说："长久这样要疲劳生病的。"问为何不睡觉。武王说："坐！我告诉你。"

【原文】

王曰："呜呼，旦！维天不享于殷，发之未生至于今六十年。① 夷羊在牧，飞鸿满野，天自幽，不享于殷，乃今有成。② 维天建殷，厥征天民名三百六十夫，弗顾亦不宾威，用戾于今。③ 呜呼！予忧兹难，近饱于邮；④ 辰是不室，我未定天保，何寝能欲？⑤"

王曰："旦！予克致天之明命，定天保，依天室。⑥ 志我其恶，専从殷王纣。⑦ 日夜劳来定我于西土。⑧ 我维显服，及德之方明。⑨"

叔旦泣涕于常，悲不能对。⑩

【注释】

① 享：助。发：武王姬发。

② 夷羊：韦昭云"神兽"，《史记》作"麋鹿"。牧：指郊外。飞鸿：即飞蝗，《淮南子》作"飞蛩'。天自幽：指天昏暗。

③ 建殷：即殷朝建立。天民名：《史记》作"名民"，名民即贤民，如前文之"献民"。宾：通"摈"，弃也。威：灭也。戾：至也。朱氏云：(殷）其后嗣虽不顾天，天亦不即摈灭。顾：眷顾，指回报。《史记》作"不显亦不宾灭"。

④ 饱：满。邮：通"恤"，忧。饱于邮，言忧甚多也。

⑤ 辰：通"宸"，居也。黄氏校作"辰是天室，我未定天保"。天室，指嵩山。殷周人视阳城为地中，阳城即今嵩山下告成镇，有周公"测景台"。天保：天之所保，指东都洛邑，武王有心建都于此。欲：安也。

⑥ 克：能。致：招至，即得到。定天保：即确定都邑。

⑦ 其恶：指不服周的殷顽民。専：古贬字，《史记》作“贬”，指惩处之。

⑧ 黄氏校为“四方亦肯来定我于西士”，指四方诸侯愿意来西土帮助我们。录此供参考。

⑨ 维：通“惟”，思也。显服：大服，使天下人服我周人。德之方明：威德正明。

⑩ 常：通“裳”，指下衣。

【译文】

武王说：“啊呀，姬旦！上天不佑助殷人，从我未生到现今的六十年前就开始了。当时夷羊出现在朝歌郊外，飞蝗遍野，天昏地暗。上天不佑助殷人，到现在才有了结果。当初上天建立殷朝，也征用了贤民三百六十名。殷的后嗣虽不回报上天，上天也不弃灭他们，一直延续到现在。哎呀！我担心这种灾难，几乎随时都在忧虑。我们住在天堂附近，没有确定天保，岂能安心睡觉？”

武王说：“姬旦！我能得到上天的明命，确定天保，依傍天室。要记住我们厌恶的那些殷王恶臣及顽民，惩处如同对待纣王。我们要日夜操劳安定我西土，我想大服天下，趁现今威德正明的时候。”

姬旦哭泣，泪水掉在下衣上，悲痛得不能答话。

【原文】

王□□传于后。[①] 王曰：“旦，汝维朕达弟，予有使汝。[②] 汝播食不遑暇食，矧其有乃室？[③] 今维天使予，惟二神授朕灵期。[④] 予未致于休，予近怀于朕室，汝维幼子，大有知。[⑤]

昔皇祖厎于今，勖厥遗得显义，告期付于朕身。[⑥] 肆若农服田，饥以望获。予有不显，朕卑皇祖不得高位于上帝。[⑦] 汝幼子庚厥心，庶乃来班朕大环。[⑧] 兹于有虞。[⑨] 意乃怀厥妻子，德不可追于上，民亦不可答于下，朕不宾在高祖。[⑩] 维天不嘉，于降来省。汝其可瘳于兹？[⑪] 乃今我兄弟相后，我筮龟其何所即？[⑫] 今用建庶建。[⑬]”

叔旦恐，泣涕共手。[⑭]

王曰：“呜呼，旦！我图夷兹殷，其惟依天室。其有宪命，求兹无远。[⑮] 天有求绎，相我不难。[⑯] 自雒汭延于伊汭，居易无固，其有夏之居。[⑰] 我南望过于三途，我北望过于岳，鄙顾瞻过于有河，宛瞻延于伊、雒，无远天室。⑱其名兹曰度邑。”

【注释】

① 朱氏云：阙处当是“欲旦”二字。传：承继。

② 维：通“为”，达：明达也。有：表肯定。使：犹命也。

③ 播食：摆上食物。遑：闲暇。遑暇同义。矧：况。室：家室。

④ 二神：指天、地二神。灵：读为“零”，落也。灵期：徂落之期，指死期。

⑤ 休：嘉也。未致于休：未能让国家达到休美。近怀于朕室：最近想到我们的家族，惟旦可托付也。维：通“虽”。幼子：年轻。知：智。

⑥ 厎：至也。勖：通“叙”，叙说（黄氏说）。遗得：遗德，遗训也。期付：期望付托也。

⑦ 肆：故。服田：耕地。饥以望获：喻急迫，急于治好天下。不显：不显明，不显美，即有不完美之处。卑：读为“俾”，使也。不得高位于上帝：不能上升到上帝那里，享配天之祭也。

⑧ 庚：赓续。庶：庶几，差不多。来：能（黄氏说）。班：治理（黄氏说）。大环：大寰，指天下。

⑨ 兹于：这样。有虞：安定，指放心。

⑩ 追于上：赶上祖先之德。答于下：配合于下。宾：列也。

⑪ 不嘉：不嘉美，即不佑助。省：通“眚”，灾也（黄氏说）。瘳：愈也，指消灾。

⑫ 相后：相先后，即相继。即：就，动词。何所即：即什么？谓不用就筮龟。

⑬ 建：立。朱氏云“不传子而传弟，故曰庶建”。黄氏云：庶建当作“叔旦”。

⑭ 共手：拱手。

⑮ 图：考虑。夷：平也。宪：法也。宪命，指法令。求兹：即求天。

⑯ 绎：通“怿”，悦也。相我：帮助我。

⑰ 汭：水之北。延：及也易：平也。

⑱ 三途：山名，在河南嵩县西南，今陆浑县境。岳：司马贞以为大行山。鄙：都鄙。顾瞻：回头看。宛：顺。

【译文】

武王想让姬旦承继王位。武王说：“姬旦！你是我明达的弟弟，我要命令你。你摆上食物也无暇进食，何况说岂能顾及家室？现在是上天使唤我，只是天地二神给了我的死期。我未能使国家休美，我最近想到我们的家族成员，你虽然年轻，却大有智慧。从先世皇至于今，你能叙说他们的遗德显义，并告知期望付托于我。故我如同农夫耕地，急于要得到收获。我有不显美的行为，使皇祖们不得高升到上帝那里。你年轻人能承继我那心愿，差不多才能治理好我们广大的寰宇。这样我才安心。如果你心里只怀恋妻儿，德行就赶不上先祖，百姓也不会配合于下，我也不能列位于高祖。如果天不佑助，要降来灾祸。你岂可消除它呢？而今我们兄弟先后相继，我还接触龟筮干什么？我现在就立你，老弟。”

姬旦恐惧，流着泪拱手施礼。

武王说：“哎呀，姬旦！我想平息这些殷人，只有依傍天室。如果有重要法令，求告上天也不遥远。上天要是高兴，从那里获得帮助也不困难。从洛水以北直到伊水以北，地势平坦而无险固，那曾是夏人的居地。我从那儿向南望望过三途，向北望望过太岳，从都鄙回头后望望过黄河，顺势望去望过伊水、洛水，这儿离天室嵩山不远。就叫这为度邑吧！”

武儆第四十五

【题解】

儆，诫也。记武王诏周公旦立后嗣，训诫太子姬诵之事。

【原文】

惟十有二祀四月，王告梦。[①] 丙辰，出金枝校《郊宝》《开和》细书，命诏周公旦立后嗣，属小子诵，文及《宝典》。[②]

王曰：“呜呼，敬之哉！汝勤之无盖[③]。□周未知，所周不知，商□无也。[④] 朕不敢望[⑤]。敬守勿失！”以诏宥小子曰：“允哉！汝夙夜勤，心之无穷也。[⑥]”

【注释】

① 今本《竹书纪年》:“(纣王)五十二年,周始伐殷。”古本《竹书纪年》:“武王十一年,周始伐商。”《尚书·泰誓》:“惟十有一年,武王伐殷。”《史记·封禅书》:“武王克殷二年,天下未宁而崩。”此十二祀即灭商后第二年,四月癸未朔,五月初四丙辰。王告梦:朱氏云“疑即二神授朕灵期之梦”。

② 金枝:黄氏校为“金板”,板同版。《郊宝》《开和》乃书名。细书:细录之书。黄氏云:“命诏”句当在“告梦”下。属:通“嘱”。

③ 盖:借为“怠”(黄氏说)。

④ 黄氏此句校补为:所周末知,所知不周,商其无(亡)也。无:借为“亡”。

⑤ 望:借为“忘”。

⑥ 宥:俗本作“寘”。寘同置,示也。心:黄氏云,“念”字之误。

【译文】

十二年四月,武王告人他做了噩梦,并命令周公给他立后嗣。丙辰日,拿出铸在铜版上的《郊宝》和写得细密的《开和》,讲给太子姬诵,又讲到了《宝典》。

武王说:“啊呀,重视它啊。你要勤奋不懈。不知道该做什么,而知道了又不去做,商纣王由此灭亡了。我不敢忘记这一教训。你要谨慎地守着它,不要丢失。”又把书拿给太子看,说:“讲得好啊!你要早晚勤奋。不断地诵读它。”

五权第四十六

【题解】

记武王嘱告周公辅佐太子,并告以为政之法。“五权”取自篇中。

【原文】

维王不豫，于五日召周公旦曰：[①]“呜呼，敬之哉！昔天初降命于周，维在文考，克致天之命。[②]汝惟敬哉！先后小子，勤在维政之失。[③]政有三机、五权，汝敬格之哉！[④]克中无苗，[⑤]以保小子于位。”

【注释】

① 不豫：不悦也。天子有疾称不豫。五日：即十二年五月五日，上篇丙辰乃五月初四。此篇承前，所记为第二日事。召：告。

② 克：能。致天之命：得到上天之命，即得到上天的信任。

③ 先后：相导也，指辅佐。小子：指太子姬诵。在：察也。

④ 格：量度也，即研究之义。

⑤ 克：能。中：持中，指抓根本、抓大事。苗：末也。无苗，即无务细末。

【译文】

武王生病，于初五日告诉周公旦说：“啊呀，要重视它啊！从前上天开始降命给周，是在先父文王之时，文王能得到上天之命。你要认真辅助太子诵，勤察为政的失误。为政有三机、五权，你要认真研究它啊。要能持中不偏，无务细枝末节，以确保太子在位。”

【原文】

“三机：一疑家，二疑德，三质士。[①]

“疑家无授众，疑德无举士，质士无远齐。[②]吁，敬之哉！天命无常，敬在三机。[③]”

【注释】

① 疑：乖戾，不和（黄氏说）。疑家：与家族不和。疑德：与道德不合。质士：不学之士。

② 举士：举而任之事。齐：通“济”。无远齐：不能委以重任。

③ 在：察。

【译文】

“三机是：一，与家族背离；二，不合道德；三，不学无术。

“背离家族者不让他管理众人，违背道德者不举荐他任事，不学无术者不委以重任。唉，重视它啊！天命没有定准，要认真审察三机。”

【原文】

“五权：一曰地，地以权民；二曰物，物以权官；[①] 三曰鄙，鄙以权庶；[②] 四曰刑，刑以权常；五曰食，食以权爵。[③]

“不遵承括，食不宣。[④] 极赏则淈，淈不得食。[⑤] 极刑则仇，仇至乃别。[⑥] 鄙庶则奴，奴乃不灭。国大则骄，骄乃不给。[⑦] 官庶则荷，荷至乃辛。[⑧] 物庶则攤，攤乃不和。地庶则荒，荒则聂。人庶则匮，匮乃匿。[⑨] 呜呼，敬之哉！汝慎和称五权，维中是以，以长小子于位，实维永宁。[⑩]”

【注释】

① 权：权衡，调整，调节，调控。权民，即调节人口的多少。物：事也物以权官，事务多少就调控着官员的多少，事繁官多，事简官省。

② 鄙：鄙邑。庶：庶人，指城镇人口。

③ 常：通赏。同事符相通。食：指俸禄。

④ 遵承：二字同义，遵守。括：法也。宣：布。食不宣，即不发给俸禄。

⑤ 淈：通“屈”，竭也，指财用枯竭。

⑥ 别：别离，即反叛。

⑦ 奴：奴婢。国：封国。给：供应，指奉上。

⑧ 荷：通“苛”，指繁多如小草。辛：卢文弨“疑丵（zhuó）字之讹”，《说文》“丛生草也”，指柯细烦碎。此句与“物以权官”相应，官多事繁。

⑨ 攤：通“粸”，杂也。聂：当为“慑”，惧也。朱氏云：“土广无守，可袭伐，故惧。”匿：逃匿，逃亡。

⑩ 和：协调。称：度也。长小子：使小子长，即抚养小子。实维：即实为。

【译文】

“五权：一是土地，土地用以调控人口；二是事务，事务用以调控官员；

三是都邑，都邑用以调控城镇居民；四是刑法，刑法用以调控赏赐；五是俸禄，俸禄用以调控爵位。

“不遵守法令，就不发俸禄。过度赏赐则财用屈竭；财用屈竭就不得食用。过度施刑就会结仇，结仇过深会反叛。都邑之外人作为奴隶，奴隶才不会灭绝。封国太多就会自满，自满就不会奉上。官多了就事物繁多，多得过分就烦碎了。事情多就杂乱，杂乱了就不和谐。土地多就会荒芜，荒芜了就令人担心。人多了就会溃散，溃散就会逃亡。唉，重视它啊。你要认真协调衡量五权，用得适中，以抚养太子在位，实际上就有永久的安宁。”

成开第四十七

【题解】

篇名“成开”二字取于首句。此篇记周公教导成王要以文王“躬修五典，勉兹九功”为榜样理政。

【原文】

成王元年，大开告用。周公曰：[①]“呜呼！余夙夜之勤，今商孽竞时逋播以辅，[②]余何循何循何慎？[③]

“王其敬天命无易，天不虞。[④]在昔文考，躬修五典，勉兹九功，敬人畏天，教以六则、四守、五示、三极，祗应八方，立忠协义，乃作。[⑤]”

【注释】

① 大开告用：朱氏云，“周公大开告成王以所当用者也”，即告成王所当实行的事。

② 商孽：商纣余孽。旧说指纣子武庚，似不确。竞：竞求。逋播：逃亡流散者。

③ 何循：遵循什么，即做些什么。“何循”衍一（黄氏说）。何慎：思考些什么。何循指现实，何慎指往后。

④ 虞：助。指天不助商之余孽。

⑤ 祇：敬也。应：顺应。协：合也。忠：通“中”，不偏。

【译文】

成王元年，周公大力开导成王并告诉所当实行的事。周公说：“啊呀，我早晚勤勉，今商纣余孽还在网罗逃亡流散之人以辅助他们，我们当做些什么，考虑些什么呢？君王您要敬重天命，不要改易，上天不会帮助他们的。从前先父文王亲自修治五典，勤勉九功，尊重人而又敬重天，教给我们六则、四守、五示、三极，敬顺八方，立中合宜才去做。”

【原文】

“三极：一，天有九列，别时阴阳；① 二，地有九州，别处五行；② 三，人有四佐，佐官维明。③

“五示显允，明所望。④

“五示：一，明位示士；⑤ 二，明惠示众；三，明主示宁；四，安宅示孥；五，利用示产。⑥

“产足不穷，家怀思终，主为之宗，德以抚众，众和乃同。⑦

“四守⑧：一，政尽人材，材尽致死；⑨ 二，土守其城沟；⑩ 三，障水以御寇；⑪ 四，大有沙炭之政。⑫

“六则⑬：一和众，二发郁，⑭ 三明怨，四转怒，⑮ 五惧疑，⑯ 六因欲。⑰

【注释】

① 极：中。三极：指天、地、人之中。亦见《小开武》，九列：九星。《文选注》引《周书》指星、辰、日、月、四时、岁。朱氏云“苍龙、朱雀、岁星、荧惑、填星，阳也；咸池、元武、太白、辰星，阴也。”大体得之。古人将天上恒星四分之：东苍龙七宿、北玄武七宿、西白虎七宿、南朱鸟七宿，加上五大行星——金（太白）、木（岁星）、水（辰星）、火（荧惑）、土（填星），即“天有九星”。别时阴阳：指分别昼夜二时。

② 九州：《职方第六十二》指扬州、荆州、豫州、青州、兖州、雍州、幽州、冀州、并州。五行：指东、南、西、北、中所隐含的金、木、水、火、土五行。朱氏云：“冀、并，水也；幽、兖、青，木也；荆、扬，火也；豫，土也；雍，金也。”

③ 四佐：孔晁云：“谓天子前疑、后丞、右辅、左弼也。”黄氏云：“指肝、脾、肺、肾四脏。官指心脏。”黄氏将“人”视为个体的人，似不确。录此备考。疑：谓博闻

多识可决疑惑者”，朱氏说。

④ 显：明。允：诚。望：期望。

⑤ 示：给人看。位：爵位。

⑥ 主：指主从关系。宅：居。孥：妻子儿女。用：器物，器用。利用：利于用，即使用器。产：生产，制作。

⑦ 怀：安也。终：守终，指不离家。宗：宗长，所当尊奉者。德：与上“惠”相应。众和：与“示士”相应，当为“士和”，黄氏云“涉上误”。同：和同也。

⑧ 守：防守。

⑨ 此言守政。指任人各尽其才，才尽则死力报效。

⑩ 此言守土。城沟：城墙壕沟以守疆土。

⑪ 此言守边。障：堵塞。

⑫ 此言守城。刘师培说：当作“矢石沙炭之攻”。即矢、石、沙、炭用于对付敌人攻城。

⑬ 则：原则，方法。指牧民而言。

⑭ 郁：谓谷帛积蓄。

⑮ 转怒：转移怒气，即缓和矛盾。

⑯ 惧疑：疑则惧之，有疑虑则使之畏惧。

⑰ 因：依，顺。因欲：利用其欲。

【译文】

“三极是：一，天上有九星，分别昼夜时间；二，地上有九州，分别处在东、南、西、北、中；三，人之中有四佐，帮助上司明断。

“五示当显明真实，显出所期望的。

“五示是：一，明确爵位给士人看；二，明确恩惠给众人看；三，分明主从以示安宁；四，安定居室给妻儿看；五，使用器物以兴制作。

“制作得多，器物用不完；家室安定，妻儿就想守终；主人是他们的宗长；恩德用以安抚众人；士人和睦，才能同心。

“四守是：一，守政要人尽其才，才尽就会死力相报；二，守土得用城墙濠沟；三，堵塞河流以防御外寇；四，守城用箭矢、石块、沙包、火炭。

“六则是：一，使众人和睦；二，发放积蓄的谷帛；三，明白他们的怨恨；四，转移他们的怒气；五，有疑虑者使之畏惧；六，利用他们的欲望。

【原文】

“九功①：一，宾好在笥；②二，淫巧破制；③三，好危破事；④四，任利败功；⑤五，神巫动众；⑥六，尽哀民匮；⑦七，荒乐无别；⑧八，无制破教；⑨九，任谋生诈。

“五典⑩：一，言父典祭。祭祀昭天，百姓若敬。⑪二，显父登德。德降为则，则信民宁。⑫三，正父登过。过慎于武，设备无盈。⑬四，讥父登失。修政戒官，官无不敬。⑭五，□□□□。制哀节用，政治民怀。⑮

“五典有常，政乃重开。⑯内则顺意，外则顺敬。内外不爽，是曰明王。⑰”

【注释】

① 功：成功，指成功之法。

② 笥：方形竹器，盛币帛用。在笥：谓实币于笥。宾好：即好宾。此句指好受贿。当禁此则事成。朱氏云“不犯此则成功也”。下皆类此。

③ 淫：过度。淫巧：过于工巧，指豪华。破：败。制：法制。

④ 危：高。好色：指好高骛远，企图侥幸成功。

⑤ 任利：贪利也。

⑥ 神：动词，认为神，指迷信。动：动摇。动众：即惑乱众人。

⑦ 尽哀：送终过制也（孔晁说）。匮：匮乏。

⑧ 荒：荒废。乐：礼乐。无别：无尊卑上下之别。

⑨ 制：制度。教：教化。

⑩ 典：主，指主持某事。

⑪ 父：尊称。言父：指善于言辞的长老。若：顺也。

⑫ 显父：有显明德行者。登：举。则：法则，法典。则信：指法则切合时事。

⑬ 正父：指刚正不阿的长老。过：过头、过分。武：威严。过慎：即十分谨慎。

⑭ 讥父：善于讥刺的长老。失：过失。戒：指讽诫。

⑮ 黄氏云：缺文疑是“×父典丧”。用：丧葬之用。治：太平。怀：归之也。

⑯ 常：常规，一定。重开：指四通八达，即无处不顺。

⑰ 内：朝内之臣。外：外臣。爽：差错。《诗·氓》：“女也不爽。”

【译文】

“九功是：一，喜好宾客在于受贿；二，过于豪华败法度；三，好高骛远败事业；四，贪图利益败功绩；五，迷信巫师惑众人；六，送终过制民众匮乏；七，荒废礼乐则上下无别；八，没有法制败坏教化；九，任用权谋产生欺诈。

“五典是：一，使能言的长老主持祭祀。祭祀能昭示天意，百姓自会敬顺。二，使有显德的长老举明道德。道德可降为法典，法典切实则百姓安宁。三，使刚正的长老举明过失行为。十分谨慎则有威严，设置就完备而不盈满。四，使善讥刺之士举明过失。修明政事，讽诫官员，官员无人不敬服。五，使□□之士主持丧葬。节制丧事，节约用度。国政太平，百姓怀归。

“五典有了一定，国政就会通达。内臣会顺从君意，外臣也和顺恭敬。朝廷内外皆无差错，就叫作明王。”

【原文】

王拜曰：“允哉！维予闻曰：‘何乡非怀？怀人惟思。①思若不及，祸格无日。②’式皇敬哉！③余小子思继厥常，④以昭文祖之守，定武考之烈。呜呼！余夙夜不宁。⑤”

【注释】

① 允：恰当。乡：向往。非：读为“彼”。怀：安。

② 格：至。无日：不以日计，即随时可以发生。

③ 式：语词。皇：大也。

④ 继厥常：继承那典常、典则。

⑤ 夙夜：早晚。

【译文】

成王拜手行礼道：“讲得好啊！我听说：‘为何不向往安定？安定民众在于思虑立政。思虑若不到，灾祸随时可来。’高度重视啊！我小子想继承那典则，以昭祖父文王的基业，稳定先父文王的功绩。哎呀！我早晚都感到不安宁。”

作雒第四十八

【题解】

雒，同洛，指洛邑。作雒，即营造洛邑。此篇记周公在武王殁后的政绩以及洛邑的城制之类。

【原文】

武王克殷，乃立王子禄父，俾守商祀。① 建管叔于东，建蔡叔、霍叔于殷，俾监殷臣。② 王既归，乃岁十二月崩镐，肂于岐周。③

周公立，相天子，三叔及殷、东徐、奄及熊盈以略。④ 周公、召公内弭父兄，外抚诸侯。元年夏六月，葬武王于毕。⑤ 二年，又作师旅，临卫政殷。⑥ 殷大震溃，降辟三叔。王子禄父北奔，管叔经而卒，乃囚蔡叔于郭凌。⑦ 凡所征熊盈族十有七国，俘维九邑。俘殷献民。迁于九毕。⑧ 俾康叔宇于殷，俾中旄父宇于东。⑨

【注释】

① 王子：纣王子武庚。商王子姓。禄父：武庚之名。俾：使。

② 朱氏云：管叔监殷东之诸侯，蔡叔、霍叔相武庚。

③ 肂：暂殡。岐周：朱氏云："谓镐京之周庙耳"，"岐周在镐西北三百余里，毕在镐东数十里，不应殡远而葬近"。

④ 立：指周公摄政。殷：指禄父。东徐、奄：指殷之东的徐戎及奄。徐，盈姓国；奄，殷之诸侯，熊姓国。熊盈：谓徐奄之同姓国。略：一本作"畔"，通"叛"。

⑤ 弭：安也。毕：地名。朱氏云"镐东数十里"。今咸阳北。

⑥ 作：兴。卫：在殷东。政：通"征"。

⑦ 震：惧也。辟：法也。经：缢杀之也。郭凌：地名。

⑧ 俘：指虏归。献民：指殷之士大夫。九毕：朱氏云"指洛邑"。

⑨ 宇：宅也，居处。中（zhòng，仲）旄父：康叔之子康伯，孙诒让说。

【译文】

武王灭殷以后，就立纣王儿子禄父，使他维守商人的祭祀。立管叔于殷东，让蔡叔、霍叔在殷都，使他们监视殷商旧臣。武王回到宗周以后，那年的十二月在镐京离世，棺柩暂殡于周庙。

周公执政，辅佐天子，三叔及禄父，殷东徐戎、奄国及熊姓盈姓族因此叛乱。周公与召公内安父子兄弟，外抚诸侯方国。成王元年夏六月，安葬武王在毕。二年，又兴师开赴殷东卫地征伐殷人。殷人大为恐惧，迅速溃散。于是将三叔治罪。王子禄父逃往北方，缢杀管叔，把蔡叔囚禁在郭凌。总共征服熊盈族有十七国，虏回九个城邑的人。俘虏殷朝的士大夫，迁往洛阳以北。使康叔居在殷都，使中旄父居在殷东。

【原文】

周公敬念于后，曰："予畏周室不延，俾中天下。"① 及将致政，乃作大邑成周于土中。② 立城方千七百二十丈，郭方七十里，③ 南系于雒水，地因于郏山，以为天下之大凑。④

制郊甸，方六百里，因西土为方千里，分以百县。⑤ 县有四郡，郡有四鄙。⑥ 大县立城方王城三之一，小县立城方王城九之一。都鄙不过百室，以便野事。⑦ 农居鄙，得以庶士；士居国家，得以诸公、大夫。凡工、贾、胥士、臣仆，州里俾无交为。⑧

【注释】

① 延：长也。中天下：天下之中，使都城建在天下之中心地。

② 土中：国土中央。

③ 郛：廓，指外城。

④ 系：连接也。因：依。郏山：即邙山。凑：会也。

⑤ 郊：邑外。甸：郊外。因：连接。

⑥ 鄙：《周礼·遂人》："五家为邻，五邻为里，五里为酂，五酂为鄙。"鄙、郡乃行政区划。

⑦ 立城：筑城墙。野事：耕桑之事也。

⑧ 居：当即管理，指管理能力。以：用也，即任用。胥市：朱氏云"谓庶人"，服

徭役者。黄氏校为"庶士"。臣仆：私家奴隶。交为：交相混杂。孔晁云："各异州里而居，不相杂交也。"

【译文】

周公认真地为后世谋虑，说道："我担心周室不能长久，就让都城建在天下之中心地。"到了即将返政成王之时，就在国土中央营建大都邑成周。筑内城墙方一千七百二十丈，筑外城方七十里，南连洛水，北靠邙山，把它作为天下的大都会。

制定郊甸之制，方六百里，连着西土共方千里，分为一百县。每县分四郡，每郡分四鄙。大县筑城比王城的三分之一，小县筑城比王城的九分之一。都邑不超过一百家，以便利耕作。

农夫能管理一鄙，就可用为庶士；士能管一国或一家，就可用为诸公或大夫。凡工匠、商贾、庶士、奴仆，各州里不使他们交杂混居。

【原文】

乃设丘兆于南郊，以祀上帝，配以后稷。① 日月星辰，先王皆与食。② 封人社壝。③ 诸侯受命于周，乃建大社于国中。其壝东青土、南赤土、西白土、北骊土，中央亹以黄土。④ 将建诸侯，凿取其方一面之土，焘以黄土，苴以白茅，⑤ 以为社之封，故曰受列土于周室。⑥

乃位五宫⑦：大庙、宗宫、考宫、路寝、明堂。⑧ 咸有四阿、反坫。⑨ 重亢，重郎，常累，復格，藻棁，⑩ 设移，旅楹，舂常，画旅。⑪ 内阶玄阶，隄唐山廧。⑫ 应门、库台玄阃。⑬

【注释】

① 丘：圜丘，指祭坛。兆：域也。后稷：周之始祖弃。

② 日月星辰：他书引作"农星"。先王：朱氏云："谓太昊、炎帝、黄帝、少昊、颛顼五德之帝。"与食：受飨。

③ 社壝（wěi，伟）：《周礼·大司徒》："设其社稷之壝。"郑玄注："壝，坛与埒埒也。"壝：指周围有矮墙（埒埒）的坛。封人：地官之属，当是主管祭坛者。

④ 骊：黑色。亹：一本作"疊"，黄氏校为"叠"。亹：隙罅也，以黄土弥四土之隙（朱氏说）。

⑤ 焘：覆也，指用黄土包。苴：藉也，指以物衬垫。苴以白茅，指将土放在白茅上。

⑥ 列土：即裂土。

⑦ 位：立。

⑧ 大庙：即太庙，指先祖庙。宗宫：文王庙。考宫：武王庙。路寝：时王所居。明堂：在都城之南，乃施政之处。

⑨ 咸：皆也。阿：曲檐。坫：放礼器、酒具的土台。反坫，在两楹之间。

⑩ 亢：栋梁。郎：即廊、厢房。常累：疑指设有栏杆的过道。復格：即复格（王念孙说）。《广雅》云“榕谓之窄”，柱头斗拱也，即所谓斗。藻：彩画。棁：梁上短柱。

⑪ 移：即簃，堂边小屋。旅楹：排列的柱子。春：藻井之饰。常：本是画有日月的旗帜，此指画的日月。春常，指藻井上画有日月，藻井类似屏风。画旅：黄氏校为“画梠”，梠指门上横木。

⑫ 内：读为“纳”。内阶，“内陛”之误。指殿基上凿出的台阶。玄阶：黑色台阶。唐：中庭之路。隄：指高。庸：同“墉”，山庸，指画有山云的墙。

⑬ 应门：正门。天子五门：皋、库、雉、应、路。库台：库门之台，库门即内门。阃：门槛。

【译文】

又在南郊设立祭坛、划定范围，用以祭祀上帝，以先祖后稷配享。日月星辰与五帝都同时受飨。封人主管社坛。天下诸侯从周王室受命，就在都城中建立大社。社坛的东面是青土，南面赤土，西面白土，北面黑土，中央与各方交接处用黄土。要立诸侯的时候，凿取其所在方位一边的土，用黄土包上，放在白茅之上，以此作为分封的象征，所以就说从周王室受到裂土。

又立五宫，指太庙、宗宫、考宫、路寝、明堂。都是四角曲檐，两柱间有放置礼器、酒具的土台。还有重梁、两庑、栏杆、双斗、绘彩短柱。大堂旁有小屋，有排柱，藻井画有日月，门上横梁也绘彩。殿基上凿出的台阶涂成黑色，中庭路面高起，墙上画有山云。正门和内门高台都是黑色门槛。

皇门第四十九

【题解】

皇门即闳门。此乃记周公于闳门会群臣的一篇诰辞。其意是告群臣推荐贤才，助己勤政。《纪年》“元年正月庚午，周公诰诸侯于皇门”所指即此。

【原文】

维正月庚午，周公格于左闳门，会群臣。① 曰：

呜呼！下邑小国克有考耇老据屏位，建沈人。② 罔不用明刑，维其开告予于嘉德之说，命我辟王小至于大。③ 我闻在昔有国誓王之不绥于恤。④ 乃维其有大门宗子势臣，罔不茂扬肃德，讫亦有孚，以助厥辟勤王国王家。⑤ 乃方求论择元圣武夫，羞于王所。⑥ 自其善臣以至有分私子，苟克有常，罔不允通，咸献言在于王所。⑦ 人斯是助王恭明祀，敷明刑。⑧ 王用有监，明宪朕命，用克和有成，用能承天嘏命。⑨ 百姓兆民，用罔不茂在王庭，克用有劝，永有孚于上下。⑩

【注释】

① 正月庚午：指成王元年正月二十二日，从《周师旦鼎》历日推知，正月己酉朔。格：至也。闳门：皇门，在路门旁。

② 下邑小国：指周，相对“大邑商”言。克：能。耇（gǒu，苟）老：指老成人。屏：屏蔽、屏藩。建：立。沈人：沈伏在下之人。

③ 刑：法也。辟：君也。小至于大：从小到大。

④ 誓：当为哲。绥：安。恤：同“恤”，忧也。

⑤ 大门：大族也。宗子：嫡长子。势臣：重臣。茂：勤勉。扬举也，奋发向上。肃：敬也。讫：既尽也。孚：信也。

⑥ 方：通“旁”，广也。元圣：大智大圣。羞：进也。

⑦ 分：职分。私子：庶子。常：常德。允：诚。

⑧ 人：指所有人。敷：布。

⑨ 监：通鉴。明宪：先王之法，即明法。克和：能和谐。有成：指政事顺畅。嘏：大也。

⑩ 茂：通“懋”，勉励。孚：取信。

【译文】

在正月庚午日，周公到左闳门会见群臣。

周公说：啊呀！我们这个下邑小国能有前辈处于屏藩之位，又起用下层民众。并非不用明法，是他们将美尚德行的道理告诉了我，使我君王不断成长。我听说以前有国的哲王不以忧虑为安，那是因为有大族嫡子、重臣，无不勤勉奋发，肃敬道德，全都诚信可靠。以帮助他们的君王勤于国事、家事。更广求广选大智大圣以及武夫，推荐给朝廷。从那些忠良之臣以至于有职事的庶子，如果能有常德，无不诚实通达，都能向朝廷进言。人人都这样帮助君王恭敬明祀，宣扬明刑，君王因此有了借鉴。明法王令，因此能和谐有成，能承担上命大命。百姓兆民，因此而无不为朝廷用力，能够有所勤勉，永远取信于天下。

【原文】

人斯既助厥辟，勤劳王家，先人神祇报职用休，俾嗣在王家。[①]四国用宁，小人用格。[②]□能稼穑，咸祀天神。[③]戎兵克慎，军用克多。[④]王用奄有四邻，远土丕承，万子孙用末被先王之灵光。[⑤]

【注释】

① 斯：若。既：尽。祇：地神，神祇指神灵。职：之（黄氏说）。休：美也。嗣：承继。王家：一作“厥家”。

② 小人：细民，小民。格：来也。四国：一作“王国”。

③ 黄氏云“缺处当是‘农’字”。咸：和也。

④ 多：战功曰多（朱氏说）。

⑤ 奄：包。丕：大也。承：奉承，指顺服。末：终也。

【译文】

人若都帮助君王，勤劳王事，先王的神灵以美好报答他，使他继承家业。国家因此安宁，小民因此来归。农民能够耕种，都会敬祀天神。军事能够慎重，征战因此有战功。君王因此包有四邻，远方也会臣服，万千子孙因此永远蒙受先王的灵光。

【原文】

至于厥后嗣，弗见先王之明刑，维时乃胥学于非夷，以家相厥室，弗恤王国王家维德是用。① 以昏臣作威，不详，不屑惠听无辜之辞，乃维不顺之辞，是羞于王。② 王阜求良言，于是人斯乃非维直以应，维作诬以对，俾无依无助。③ 譬若畋，犬骄，用逐禽，其犹不克有获。④ 是人斯乃谗贼娼嫉，以不利于厥家国。⑤ 譬若匹夫之有婚妻，曰："予独服在寝。"以自露厥家。⑥ 媚夫有迩无远，乃食盖善夫，俾莫通在于王所。⑦ 乃维有奉狂夫，是阳是绳，是以为上，是授司事于正长。⑧ 命用迷乱，狱用无成。小民率穑，保用无用。⑨ 寿亡以嗣，天用弗保。媚夫先受殄罚，国亦不宁。⑩

【注释】

① 时：是也。胥：相也。非夷：非常也。以家相厥室：言唯顾其家室（朱氏说）。恤：忧。

② 详：善也。无辜：无罪。羞：进。

③ 阜：大也。良：善也。诬：假话。俾：使。

④ 畋：打猎。

⑤ 朱氏云：巧辞伤善曰谗，险心害人曰贼。娼（mào，冒）嫉：嫉妒。

⑥ 婚：通"昏"，犹愚。服：事也。寝：室也。露：败也。

⑦ 媚夫：谄媚之人。食：通"蚀"，与盖同义，指掩盖。

⑧ 奉：用。阳：通"扬"，举用。绳：通"誉"，赞誉。

⑨ 命：政令。率：相率，一个接一个。穑：通"啬"（sè，色），悲意。保用：指安民之用。无用：无所施用。

⑩ 寿：长寿。亡：夭亡。殄：灭绝。

【译文】

到了他的后辈，看不到先王的明刑，为此就相学于非常之事，只顾其家室，不虑及国家的用德。因为乱臣仗势作威，行不善，不肯听从好言语，就以不顺理的话上告君王。君王广求善言，这些人不用正直的话应对，编造谎言来回答，使君王无依无助。譬如打猎，猎犬骄纵，用来追逐禽兽，还不能有所猎获呢。这些人谗言伤人，相互嫉妒，以不利于国家。比如男子有个蠢妇，说："我独自在家服侍他。"以自败其家。谗媚之徒得到亲近不被疏远，就掩盖良善之士，使他们不能通达朝廷。君王就只有任用狂妄之徒，提拔他们、赞扬他们，让他们官居高位，授给他们正长之职以主事。这一来，政令迷乱，狱讼不能有成。百姓彼此悲哀，安民之法不能施用。狂妄之辈老少相继，上天不保佑他们。谗媚之徒即使先受到惩处并被灭绝，国家也不会安宁。

【原文】

呜呼，敬哉！监于兹，朕维其及。① 朕荩臣，大明尔德，以助予一人忧，无维乃身之暴皆恤。② 尔假予德宪，资告予元。③ 譬若众畋，常扶予险，乃而予于济。④ 汝无作。⑤

【注释】

① 及：黄氏校为"反"，反其道而行。

② 荩：进也。暴：疾苦。皆恤：黄氏校为"是恤"。恤，忧也。

③ 假：给予，指帮助我。德宪：动词，制定法规之义。资：用也。元：元元，指百姓。

④ 而：通"耐"，能也。予于济：济于予。

⑤ 无作：黄氏校为"无诈"。

【译文】

啊呀，注意啊！有鉴于此，我将反其道而行。我进用的大臣们：要充分发挥你们的才能，以帮助我一人忧天下，不要只忧虑你们自身的疾苦。你们要助我制定法规，用以告知我的百姓。譬如大家去打猎，经常在我遇险时扶持我，才能使我渡过危险。你们不要欺骗我啊。

大戒第五十

【题解】

记成王求教周公，周公诫告成王之言。戒之至，故曰大戒。

【原文】

维正月既生魄，① 王访于周公曰："呜呼！朕闻维时兆厥工，非不显，朕实不明，以侥伯父。② 维士非不务，而不得助。大则骄，小则慑，慑谋不极。③ 予重位与轻服，非共得福，厚用遗。④ 庸止生郄，庸行信贰。⑤ 众辑群政，⑥ 不辑自匿。呜呼！予夙勤之，无或告予。非不念，念不知。⑦"

【注释】

① 既生魄：指十五日。既，尽也，取生魄（受光面）尽现之义。

② 维：通"唯"。时：是，指正直。兆：兆示。工：官也。显：显明。侥（huì，会）：问。伯父：指周公。

③ 务：求（黄氏说）。大：指大官。慑：畏惧。极：至，尽。

④ 重位：使爵位重，即提高爵位。与：犹而。服：事，职事。轻服：使职事轻。遗：音为（wèi），赠予。

⑤ 庸：用。郄：同"隙"，嫌隙。信：诚信。贰：副职，副手。

⑥ 辑：和。政：治。匿：通"慝（tè，特）"，奸慝。

⑦ 夙：早。勤：勉。念：思念，思虑。

【译文】

在正月十五那天，成王询问周公，说："啊呀！我听说只有正直才兆示他的官职。并非此话不明显，而我实在是不明白，以此来问伯父。并非我不访求士人，而是得不到他们的帮助。官大的就骄纵，官小的就畏惧，心存畏惧，智谋就不能完全展示。我提高他们的爵位又减少他们的职事，并非要共享清福、厚赠爵禄。想以此防止产生嫌隙，以此让诚实的副职行事。只有众人和睦，群体才能治理；不和睦自有奸慝。啊呀，我早就想为之努力，而没有人告诉我。并非不常加思虑，而是思虑了还不明白。”

【原文】

周公曰：“於！敢称乃武考之言曰①：‘微言人心，夙喻动众，大乃不骄；行惠于小，小乃不慑。②连官集乘，同忧若一，谋有不行？③’予惟重告尔：庸厉□以饵士，权先伸之，明约必遗之。④其位不尊，其谋不阳。我不畏敬，材在四方。⑤无擅于人，塞匿勿行，惠戚咸服，孝悌乃明，⑥明立威、耻乱、使众之道，抚之以惠，内姓无感，外姓无谪。⑦人知其罪，上之明审，教幼乃勤，贫贱制□，设九备，乃无乱谋。⑧

【注释】

①於（wū，乌）：叹词。称：举。

②微言：微妙之言。夙喻：朱氏云：“以身率之，不待言而喻也。”黄氏校为“素言”，供参考。行惠：施惠。

③连官：聚官。集乘：当作“集众”。有不行：“言必行也”（朱氏语），此句当为反问句。

④重（chóng，崇）：复，再次。庸：用。厉：厚重。缺文疑是“禄”字（黄氏说）。饵：引诱。伸之：申之，申明之。明约：指赏罚。遗（wèi，为）之：交给他，即告诉他。

⑤畏敬：指尊重人才。材：人才。

⑥擅：专断。匿：通“慝”，奸慝。戚：忧抚。

⑦耻乱：羞辱乱臣。使众：役使众人。感：通“憾”，怨恨。外姓：异姓。谪：责怪。

⑧上之：黄氏校为“上知”。缺处疑是“节”，制节，有节制（黄氏说）。

【译文】

周公说：“啊！让我用你父亲武王的话说：‘微妙之言入人心，做出榜样打动众人，大官就不骄纵；施惠给小官，小官就不畏惧。团结官员与民众，大家想的都一样，计谋还有不成的？’我再告诉你，用优厚待遇引诱士人，权力给他要先加申明，赏罚一定告诉他。地位不尊，他的计谋就不显露。我们不敬重人才，人才就散于四方。对人不要专断，阻塞奸慝，不让他公行，恩惠与抚恤同时并行，孝悌之道才能显明。公开树立权威、羞辱乱臣、役使众人的方法，是用恩惠抚慰他们，使同姓的无怨恨，让异姓没有责怪。下民知道他的罪过，上官知道要明审，教育幼辈要用心，贫贱要有节制，再设立九备，就没有被打乱的计谋。

【原文】

九备：一，忠正不荒美好，乃不作恶；① 四，□说声色，忧乐盈匿；② 五，硕信伤辩，曰费□□；③ 六，出观好怪，内方淫巧；④ 七，□□谋躁，内乃荒异；⑤ 八，□□好威，民众日逃；⑥ 九，富宠极足是大极，内心其离。⑦

【注释】

① 备：戒备。黄氏按："忠正"以下有脱文，"不荒"以下当属三。荒：沉醉，沉湎。

② □：当是"怡"（黄氏说）。说：读为"悦"。忧：通"优"。盈：生。匿：通"慝"，奸慝。

③ 硕信：黄氏校为"硕言"，指说大话。

④ 出观：出外观光。内方：一本作"内乃"。

⑤ 躁：急躁。缺处朱骏声补为"虑残"，指思虑不周全。荒异：荒乱偏颇。

⑥ 缺处朱骏声补为"迷德"，指迷失道德，违背道德。

⑦ 黄氏云："极足是"三字疑衍。大极：太甚。内：指内臣。

【译文】

九备是：一，忠正□□，□□□□；二，□□□□，□□□□；三，不沉湎美酒、玩物，就不会作恶；四，喜好音乐美女，享乐必生奸慝；五，说大话有害论辩，叫作耗费□□；六，外出观光，喜好怪异，朝内就会出现淫技奇巧；七，思虑不周，谋事急躁，内臣就会荒乱偏激；八，违背道德，好耍威风，民众就会日益逃避；九，富贵与宠信过分，内臣就会背离。

【原文】

九备既明，我贵宝之。应协以物，远迩同功，谋和适用。① 覆以观之，上明仁义，援贡有备。② 聚财多□，以援成功。③ 克禁淫谋，众匿乃雍。④ 顺得以动人，以立行。⑤ 辑佐之道，上必尽其志，然后得其谋。⑥ 无转其信，虽危不动。⑦ 贞信以昭，其乃得人。⑧ 上危而转，下乃不亲。”

王拜曰：“允哉允哉！敬行天道。⑨”

【注释】

① 宝之：一作“保之”。保，守也。应：顺应。物：事。适往，指目的、目标。适用：一本作“适同”。

② 覆：反过来。上：尚也。上明仁义：崇尚仁义。贡：进也，指所进之物，黄氏指贡赋。

③ 财：通“材”，指人才。多：犹增。黄氏云：“缺处疑是‘力’。”

④ 克：能。雍：塞也，即不发生。

⑤ 顺得：当为“顺德”。行（xìng，杏）：德行。

⑥ 辑：辑求。

⑦ 转：移也。元刊本作“弃”，亦通。

⑧ 昭：通“招”，招揽。

⑨ 天道：天之道，即周公所讲的大道理。

【译文】

九备已明白，我们要珍惜保守它。顺应和谐地办事，不分远近都同心协力，想的一样，目标一致。反过来加以审察，只要崇尚仁义，援助与贡赋就会具备。招揽人才，增加力量，以帮助他成事。能够禁绝邪恶的计谋，众多的奸慝就不会发生。顺应道德去感动人，以此树立自己的品行。辑求辅佐的办法，主上一定要尽其心志，然后才能得到他的智谋。不要转变对臣下的信任，即使危险臣下也不会动摇。坚定而诚心地招引，就能得到所求的人才。主上遇到危险而动摇，臣下就不会亲近他。”

成王拜手行礼道：“真好，真好！我将认真执行这天大的道理。”

逸周书全译卷六

周月第五十一

【题解】

文起于周正一月，故称周月。此篇讲日月权舆、四时成岁，以及三代改正朔之事。明显是春秋人的文字。最值得重视的是，肯定“夏数得天，百王所同”，“敬授民时”亦用夏历。

【原文】

惟一月既南至，昏，昴、毕见，日短极，基践长。① 微阳动于黄泉，阴降惨于万物。② 是月，斗柄建子，始昏，北指，阳气亏，草木萌荡，日月俱起于牵牛之初，右回而行。月周天进一次，而与日合宿。③ 日行，月一次而周天，历舍于十有二辰，终则复始，是谓日月权舆。④ 周正岁首，数起于一而成于十次，一为首，其义则然。⑤

【注释】

① 既：已。南至：日南至，即冬至之日。一月：夏正十一月，即周正一月。昴、毕见：二十八宿中的昴、毕现于南天。基：始也。践：履也，指太阳行动。

② 朱氏云：“阳伏泉下故泉动而温，阳气盛于地上，故物惨而死惨，惨，寒气惨烈也。”

③ 荡：动。初：四分术分周天 $365\frac{1}{4}$度，起于牛宿初度。次：分周天十二次，

一月进一次，指月行距离。合宿：即合辰，日月之会是谓辰。

④ 历舍：经历。十二辰，指地平十二辰。权舆：起始，此处指日月运动。

⑤ 成于十次：指周正从一起，而在夏正的十月归结，一月一次，故称十次。

【译文】

在一月冬至过后，黄昏时，昴宿、毕宿现于中天，白昼短到极点，又开始变长起来。微微阳气在地下活动，阴气降于地上惨烈万物。这个月，斗柄立向子位，刚黄昏，就向北指着。由于阳气亏损，草木开始萌动。太阳、月亮都起于牵牛初度，向右运转而西行。月亮绕天一周，每月进一次而与太阳会合。太阳运行，每月行一次，绕天一周经历十二辰。这样终而复始，这就叫日月权舆。周正的岁首，从一数起而归结在（夏正的）十月。一月为岁首，其意义就是这样。

【原文】

凡四时成岁，岁有春、夏、秋、冬，各有孟、仲、季，以名十有二月。月有中气，以著时应。[①]春三月中气：惊蛰、春分、清明；夏三月中气：小满、夏至、大暑；秋三月中气：处暑、秋分、霜降；冬三月中气：小雪、冬至、大寒。闰无中气，斗指两辰之间。万物春生、夏长、秋收、冬藏。天地之正，四时之极，不易之道。[②]

【注释】

① 中气：中国古代特有的二十四节气历，源于农作，用于农作。包括有十二节，十二气，气指中气，除闰月外，每月一气。春三月中气，汉以后改为“雨水、春分、谷雨”。足见二十四节气历行用已久。著：标明。时应：四季的对应，指季节特征。

② 正：指正理。极：标准。

【译文】

凡四季成一年，每年春、夏、秋、冬。四季各有孟、仲、季，用以称名十二月，每月有中气，以标明季节的特点。春季三月的中气是：惊蛰、春分、清明；夏季三月的中气是：小满、夏至、大暑；秋季三月的中气是：处暑、秋分、霜降；冬季三月的中气是：小雪、冬至、大寒。闰月没有中气，北斗柄指在两辰之间。万物春季萌发，夏季生长，秋季收获，冬季闭藏。这是天地的正理，四季的标准，是不可改变的规律。

【原文】

夏数得天，百王所同。① 其在商汤，用师于夏，除民之灾，顺天革命。改正朔，变服殊号，一文一质，示不相沿。从建丑之月为正，② 易民之视，若天时大变，亦一代之事。亦越我周王，致伐于商，改正异械，以垂三统。③ 至于敬授民时，巡守祭享，犹自夏焉。④

是谓周月，以纪于政。⑤

【注释】

① 夏数：指以寅为正的夏历。得天：得天地之正理，即寅正符合时令。百王所同：前代百王都采用。

② 建丑之月：斗柄指丑位，相当于寅正的十二月。

③ 三统：朱氏云"寅为人统，丑为地统，子为天统"。指建正不同的三种历，周正以子月为正月，子正又称天正；殷正即丑正，夏正即寅正。这便是春秋时代各国用历的岁首不同的如实反映。并非夏代用夏正，殷商用丑正，周代用子正。"三正"说不足信。刘歆创制《三统历》，称孟统、仲统、季统，当是借用此"三统"为名。越：至。械：指礼乐之器。

④ 巡守：即巡狩，《孟子》："天子适诸侯曰巡狩。"自：从也。

⑤ 政：政事，国家之事。

【译文】

夏正的历数符合天地的正理，是前代百王都行用的。到商汤时候，向夏桀用兵，消除百姓灾难，顺应天意革夏之命。改换正朔，变化服饰，区别称号，形式与内容，以示不相沿袭。以斗柄指丑位为正月，变更百姓的视听，顺应天时的大变，也是一代的大事。又到了我们周王，伐灭商朝，改正朔，换礼器，以垂续三统。至于认真地传授时令给百姓，以及天子巡狩或祭祀宴享等，还是采用从夏以来的历数。

这叫作周月，用以统纪政事。

时训第五十二

【题解】

时训，关于时令的训教。此篇记二十四节气及七十二候，以及时令反常所预兆的祸事。《淮南子·天文训》《礼记·月令》当本于此。与上篇《周月》，都出于春秋时代。

【原文】

立春之日东风解冻，又五日蛰虫始振，又五日鱼上冰。风不解冻，号令不行；蛰虫不振，阴气奸阳；鱼不上冰，甲胄私藏。①

惊蛰之日獭祭鱼，又五日鸿雁来，又五日草木萌动。獭不祭鱼，国多盗贼；鸿雁不来，远人不服；草木不萌动，果蔬不熟。②

雨水之日桃始华，又五日仓庚鸣，又五日鹰化为鸠。桃始不华，是谓阳否；仓庚不鸣，臣不从主；鹰不化鸠，寇戎数起。③

春分之日玄鸟至，又五日雷乃发声，又五日始电。玄鸟不至，妇人不娠；雷不发生，诸侯失民；不始电，君无威震。④

谷雨之日桐始华，又五日田鼠化为鴽，又五日虹始见。桐不华，岁有大寒；田鼠不化鴽，国多贪残；虹不见，妇人苞乱。⑤

清明之日萍始生，又五日鸣鸠拂其羽，又五日戴胜降于桑。萍不生，阴气愤盈；鸣鸠不拂其羽，国不治兵；戴胜不降于桑，政教不中。⑥

【注释】

①《易乾凿度》云："天气三微而成一著。"郑康成曰："五日为一微，十五日为一著。"故五日为一侯，十五成一气。蛰虫：冬眠动物。振：动也。阳气升故鱼上负冰。风者，天之号令。人君政失则气候乖，乃上天示警，使之修省。奸：通"干"，犯也。阳不胜阴，故蛰虫不振。鱼有鳞，甲胄之象。凡此灾祥之应有三：蛰虫不振，阴犯阳之义；鸿雁不来，远人不服之象；草木不萌动，果蔬不熟之类。余下仿此而释。

② 獭祭鱼：冰解而鱼多，獭得鱼多而食不完，陈放水边。此为祭鱼之象。

③ 现今节气，雨水与惊蛰互易。清明与谷雨互易。此乃汉以前习用的古节气，见《汉书·次度》。足见二十四节气历行用日久，至西汉始可更改。仓庚：黄鹂鸟。鸠：鸤鸠，即布谷鸟。鹰化为鸠及下田鼠化为鴽，实指因节气不同而鸠多鹰少，鴽多田鼠少，非某变为某。否：塞也。

④ 玄鸟：燕子。

⑤ 苞：丛也。苞乱：淫也。《御览》引作"妇人乱色"，亦通。黄氏校为"妇人色乱"。

⑥ 鸣鸠：斑鸠。拂：摩擦。戴胜：鸟名，似雀而头上有花成胜，故名戴胜。愤盈：盛也，满也，指阴气多多。

【译文】

立春这一天，东风吹，冰动解。过五天，冬眠动物动起来。又过五天，鱼儿背上还有冰层。如果东风不能消解冰冻，那么号令就不能执行。冬眠动物不活动，是阴气冲犯了阳气。鱼儿不上有冰的水面，预示民间私藏铠甲、头盔等武器。

惊蛰这一天，水獭捕鱼多，将鱼摆放在水边。过五天，鸿雁自南向北飞过来。又过五天，草木萌芽，将茁茁而生。如果水獭不摆放鱼儿，国内将多发盗贼。鸿雁不向北飞来，远方之人则不臣服。草木不萌芽生长，瓜果蔬菜不会成熟。

雨水这一天，桃花初开。过五天，黄鹂开始歌唱。又过五天，老鹰化为布谷鸟。桃树不开花，说明阳气闭塞。黄鹂不唱歌，臣下不服从君王。老鹰不化为布谷鸟，贼寇屡屡发生。

春分这一天，燕子飞来。过五天，春雷隆隆响。又过五天，第一次出现闪电。燕子不来，妇女不会怀孕。春雷发不出响声，诸侯国丧失百姓。不出现闪电，君王就没有威严。

谷雨这一天，桐树首次开花。过五天，田鼠化为鹌鹑。又过五天，彩虹开始出现。桐树不开花，当年必有大寒。田鼠不化鹌鹑，国家多有贪婪残暴之人。彩虹不出现，预示妇女淫乱。

清明这一天，水面生出浮萍。过五天，斑鸠擦磨翅膀。又过五天，戴胜鸟飞落桑枝上。水面不生浮萍，阴气过盛。斑鸠不擦摩翅膀，国家不能治军。戴胜鸟不落桑树上，政令教化会落空。

【原文】

立夏之日蝼蝈鸣，又五日蚯蚓出，又五日王瓜生。[①]蝼蝈不鸣，水潦淫漫；蚯蚓不出，嬖夺后命；王瓜不生，困于百姓。

小满之日苦菜秀，又五日靡草死，又五日小暑至。苦菜不秀，贤人潜伏；靡草不死，国纵盗贼；小暑不至，是谓阴慝。[②]

芒种之日螳螂生，又五日鵙始鸣，又五日反舌无声。螳螂不生，是谓阴息；鵙不始鸣，令奸壅逼；反舌有声，佞人在侧。[③]

夏至之日鹿角解，又五日蜩始鸣，又五日半夏生。鹿角不解，兵革不息；蜩不鸣，贵臣放逸；半夏不生，民多厉疾。[④]

小暑之日温风至，又五日蟋蟀居辟，又五日鹰乃学习。温风不生，国无宽教；蟋蟀不居辟，恒急之暴；[⑤]鹰不学习，不备戎盗。

大暑之日腐草为蠲，又五日土润溽暑，又五日大雨时行。腐草不为蠲，谷实鲜落；土润不溽暑，物不应罚；[⑥]大雨不时行，国无恩泽。

【注释】

① 蝼蝈：蛙类。王瓜：又叫土瓜，蔓生植物。

② 苦菜：荼也，生于秋，凌冬不凋，至夏乃秀。靡草：即靡芜，一种香草。纵：放纵，指泛滥。纵盗贼，指盗贼放纵。慝：恶也。

③ 鵙：伯劳鸟。反舌：反舌可效百鸟之鸣，即百舌鸟。息：停息。令奸壅逼：朱氏“言令壅塞而奸僭逼也”。黄氏校为“号令壅逼”，指号令不畅。佞人：巧语谄媚之小人。

④ 鹿角解：鹿乃阳兽，感阴气而解角。蜩：蝉。半夏：草名，可入药。放逸：放荡，放纵。厉疾：疟也。黄氏以为指癞疮。

⑤ 蟋蟀：即蟋蟀。居辟：即居壁。习：拍肢膀练飞行。恒：通“横”，蛮横。恒急之暴，指蛮横人的强暴，即强暴人横行无法。

⑥ 腐草为蠲：一作腐草经为萤。萤：萤火虫。溽：温也。鲜落：早落，未熟而堕落也。物：指事。物不应罚，指事不当罚，即刑罚不当。

【译文】

立夏这一天蝼蝈叫，过五天蚯蚓从地下爬出。又过五天，土瓜开始生长。蝼蝈不叫，地面积水漫溢。蚯蚓不出，宠妃会夺去王后性命；土瓜不生，贵族要遭困穷。

小满这一天苦菜开花，过五天靡草枯死。又过五天，气候由温变热。苦菜不开花，贤人潜伏不出。靡草不枯死，国内盗贼泛滥，气候不变热，那是阴气太凶恶。

芒种这一天，螳螂生出来。过五天，伯劳鸟开始鸣叫。又过五天，百舌鸟不再出声。螳螂不生出，这叫阴气灭息。伯劳鸟不叫，政令不行而奸邪逼人。百舌鸟还在叫，定有巧佞之人在君侧。

夏至这一天，鹿角脱落。过五天，蝉子开始鸣叫。又过五天，半夏长出。鹿角不脱落，战祸不停止。蝉子不鸣叫，贵臣放荡淫乱。半夏不长出，老百姓会得传染病。

小暑这一天，温风吹来。过五天，蟋蟀上墙壁。又过五天，小鹰开始学飞翔。温风不吹来，国家没有宽松的政令。蟋蟀不上墙壁，就有强暴者横行。小鹰不学飞，就不能防御敌寇。

大暑这一天，腐草变为萤火虫。过五天，土地潮湿，空气暑热，又过五天，大雨按季节下起来。腐草不变为萤火虫，庄稼颗粒会提早脱落。土地潮湿而不暑热，就会刑罚不当。大雨不按时下，国家没有恩惠给百姓。

【原文】

立秋之日凉风至，又五日白露降，又五日寒蝉鸣。凉风不至，国无严政；白露不降，民多欬病；寒蝉不鸣，人皆力争。①

处暑之日鹰乃祭鸟，又五日天地始肃，又五日禾乃登。鹰不祭鸟，师旅无功；天地不肃，君臣乃□；农不登谷，暖气为凶。②

白露之日鸿雁来，又五日玄鸟归，又五日群鸟养羞，鸿雁不来，远人背畔；玄鸟不归，室家离散；群鸟不养羞，下臣骄慢。③

秋分之日雷始收声，又五日蛰虫培户，又五日水始涸。雷不始收声，诸侯淫汏；蛰虫不培户，民靡有赖；水不始涸，甲虫为害。④

寒露之日鸿雁来宾，又五日爵入大水为蛤，又五日菊有黄华。鸿雁不来，小民不服；爵不入大水，失时之极；菊无黄华，土不稼穑。⑤

霜降之日豺乃祭兽，又五日草木黄落，又五日蛰虫咸俯。豺不祭兽，爪牙不良；草木不黄落，是为愆阳；蛰虫不咸俯，民多流亡。⑥

【注释】

① 白露：秋露色白似霜。寒蝉：蝉的一种，似蝉而小，天寒才不叫。欬：即咳。人皆：黄氏校为“人臣”。

② 祭鸟：捕鸟多而陈放，有如祭鸟。为凶：旧作为灾。□：郑慧生氏意补为“嬉”。

③ 来：自北而来。养：蓄存。羞：珍馐，指食品。畔：通“叛”。

④ 培：培修，指加固。户：穴也。淫汏：旧作淫佚，亦通。

⑤ 宾：先至者为主，后至者为宾。来宾，指最后来者，与前“鸿雁来”有别。大水：海也。爵：通雀。极：过也。失时之极，指季节错乱。

⑥ 爪牙：指武士。俯：低头，指进入冬眠。愆：差错。愆阳，指阳气当藏而不藏。

【译文】

立秋这一天，凉风吹来。过五日，早上白色露水降。又过五日，寒蝉开始鸣叫。凉风不吹来，国家政令无威严。早上白色露水不降，老百姓多患咳喘。寒蝉不鸣叫，大臣们会以力逞强。

处暑这一天，老鹰会陈放捕到的鸟。过五天，天地开始肃杀。又过五天，庄稼成熟可收割。老鹰不陈放鸟雀，征战会劳而无功。天地不肃杀，君臣之间会不分上下。农田里收不到五谷，温暖的气候造成大灾。

白露这一天，大雁从北方飞过来。过五天，燕子向南飞回去。又过五天，众鸟开始积存食物。大雁不飞过来，远方之人会背叛。燕子不南归，家庭会离散。鸟类不积存食物，下臣会骄横傲慢。

秋分这一天，雷震不再声响。过五天，冬眠动物培修洞穴。又过五天，地上积水逐渐干涸。雷震不停止声响，诸侯纵欲放荡。冬眠动物不培修洞穴，老百姓会失去依靠。积水不干涸，带甲的动物要成灾。

寒露这天，最后一批大雁飞过来。过五天，麻雀掉入大水变为蛤蜊。又过五天，秋菊开出黄花。最后一批大雁不飞来，小民不驯服。麻雀不掉入海中变蛤蜊，季节会错乱。秋菊不开黄花，土地不能耕种。

霜降这一天，豺把捕来的鸟兽陈放起来拜祭。过五天，草木枯黄落叶。又过五天，冬眠动物都蛰伏在地。豺不摆放鸟兽，武士们将无所作为。草木不枯黄落叶，这就是阳气有差错。冬眠动物不蛰伏，老百姓会四处流浪。

【原文】

立冬之日水始冰，又五日地始冻，又五日雉入大水为蜃。水不冰，是为阴负；地不始冻，咎征之咎；[①] 雉不入大水，国多淫妇。

小雪之日虹藏不见，又五日天气上腾地气下降，又五日闭塞而成冬。虹不藏，妇不专一；天气不上腾，地气不下降，君臣相嫉；[②] 不闭塞而成冬，母后淫佚。

大雪之日鹖旦不鸣，又五日虎始交，又五日荔挺生。鹖旦犹鸣，国有讹言；[③] 虎不始交，将帅不和；荔挺不生，卿士专权。

冬至之日蚯蚓结，又五日麋角解，[④] 又五日水泉动。蚯蚓不结，君政不行；麋角不解，兵甲不藏；水泉不动，阴不承阳。

小寒之日雁北向，又五日鹊始巢，又五日雉始雊。[⑤] 雁不北向，民不怀主；鹊不始巢，国不宁；雉不始雊，国大水。

大寒之日鸡始乳，又五日鸷鸟厉疾，又五日水泽腹坚。鸡不始乳，淫女乱男；鸷鸟不厉，国不除奸；水泽不腹坚，言乃不从。[⑥]

【注释】

① 大水：指海。蜃：大蛤蜊。负：偝（bèi）也，言阴败也。咎征之咎：黄氏校为“灾咎之征”。咎：过。征：征兆。

② 天气句：朱氏云：“六阳尽消，天不近物，故云‘上腾’。纯阴用事地体凝冻，故云‘下降’。”嫉：憎恨。

③ 鹖旦：一作鹖鴠，一作鹖鸟，即寒号鸟。交：交配。荔挺：香草，又名马薤（xiè，泄），马蔺草。讹言：妖言也。

④ 结：盘屈如结也。麋：麋鹿。

⑤ 雊：鸣叫。

⑥ 乳：产蛋。鸷鸟：鹰隼一类的猛禽。厉：猛。疾：速，指迅飞。腹坚：指中央冰冻坚实。言：指君王的政令。

【译文】

立冬这一天，水面开始结冰。过五天，地面开始封冻。又过五天，野鸡飞入大海化为大蛤。水面不开始结冰，就是阴气不足。地面不开始封冻，是灾祸的征兆。野鸡不飞入大海化为大蛤，国中会出现大批淫妇。

小雪这一天，彩虹隐藏不再现。过五天，阳气升上天，阴气降地面。又过五天，天地凝结，闭塞而成冬。彩虹不隐藏，妻子不忠于丈夫。阳气不升天，阴气不落地，君臣间相互憎恨。天地不闭塞成冬，国内淫乱放荡。

大雪这一天，寒号鸟不再鸣叫。过五天，老虎开始交配。又过五天，马蔺草生长出来。寒号鸟还在啼叫，国内有妖言惑众。老虎不交配，将帅不和睦。马蔺草不长出来，卿士们会专权欺主。

冬至这一天，蚯蚓盘结。过五天，麋鹿角开始脱落。又过五天，地下水泉会涌动。蚯蚓不盘结，国君政令行不通。麋鹿角不脱落，兵甲武器不能收藏。地下水泉不涌动，阴气没有阳气来承接。

小寒这一天，大雁开始向北飞。过五天，喜鹊开始筑巢。又过五天，野鸡开始啼叫。大雁不向北飞，百姓不会心向君王。野鸡不开始啼叫，国内会发大水。

大寒这一天，母鸡开始产蛋。过五天，猛禽凌空疾飞。又过五天，水塘中央结坚冰。母鸡不开始产蛋，淫妇会迷乱男人。猛禽不高飞，国家不能剪除奸邪。水中不结坚冰，国君的政令无人听从。

月令第五十三

《周书序》云：“周公制十二月赋政之法，作《月令》。”此篇缺失，说者多以为即今《礼记》之《月令》、《吕氏春秋》之十二纪首、《淮南子》之《时则》。比较文字，《礼记·月令》当源于《逸周书》之《时训》与《月令》。《礼记》作为儒家经典广为流传，传《逸周书》者反而不载，故付阙如。

谥法第五十四

【题解】

谥，据生前行事评定褒贬，给一称号。此篇言给谥的法则。

【原文】

维三月既生魄，周公旦、大师望相嗣王。发既赋宪受胪于牧之野，将葬，乃制作谥。①

谥者，行之迹也；号者，功之表也；车服者，位之章也。是以大行受大名，细行受细名，行出于己，名生于人。②

【注释】

① 此段旧作："维周公旦、太公望开嗣王业。建功于牧之野，终将葬，乃制谥，遂叙谥法。"此乃朱氏据《困学纪闻》订。两相比较，旧文似更顺畅，译文依旧文。嗣王：指成王。终将葬：指武王。三月既生魄：指成王元年三月十五日。

② 迹：遗迹。号：生前的名号。表：标志。车服：车马服饰，皆分等差。章：指纹饰，与"标志"义同。大行（xìng，杏）：指高尚道德。

【译文】

周公旦与太公望开创了成王基业。因为武王在牧野建了大功，死后将安葬，就制定了谥号，于是叙明制谥法则。

谥，是行为的记录；号，是功劳的标志；车马服饰，是地位的表现。所以，道德高尚就得到大名号；道德低下就得到小名号。道德行为出于自身，而名号生于别人。

【原文】

民无能名曰"神"。①

称善赋简曰"圣"，敬宾厚礼曰"圣"。②

德象天地曰“帝”。
静民则法曰“皇”。③
仁义所在曰“王”。
赏庆刑威曰“君”，从之成群曰“君”。
立制及众曰“公”。
执应八方曰“侯”。④

【注释】

① 名：称名，命名。神：朱氏云：“圣之至妙，无形无方。”
② 赋：布也。简：选择。赋简，指选贤能。
③ 静：使静。静民，指安定百姓。则：动词，作准则。则法，即以法为准则。
④ 执：执守，即行为。黄氏按：“以上皆生号，非死谥。”

【译文】

无法让人给他命名的称“神”。
举良善选贤才的称“圣”，敬宾客厚礼仪的称“圣”。
德行如天高地厚的称“帝”。
安定百姓以法为准的称“皇”。
集仁、义在身的称“王”。
赏罚公道的称“君”，民众都归从他的称“君”。
为大家设立制度的称“公”。
行为被八方响应的称“侯”。

【原文】

壹德不解曰“简”，平易不疵曰“简”。①

经纬天地曰“文”，道德博厚曰“文”，勤学好问曰“文”，慈惠爱民曰“文”，愍民惠礼曰“文”，锡民爵位曰“文’。②

刚强理直曰“武”，威强叡德曰“武”，克定祸乱曰“武”，刑民克服曰“武”，夸志多穷曰“武”。③

敬事尊上曰“恭”，尊贤贵义曰“恭”，尊贤敬让曰“恭”，既过能改曰“恭”，执事坚固曰“恭”，爱民长弟曰“恭”，执礼御宾曰“恭”，芘亲之阙曰

"恭",尊贤让善曰"恭"。④

照临四方曰"明",谮诉不行曰"明"。⑤

威仪表备曰"钦"。⑥

【注释】

① 壹德:道德专一。解:通"懈"。疵:指非议他人。卢文弨云:"简不优于文而列在文前,盖篇中错简多矣。"

② 文:与武相对,指文德、文化、文辞。愍:同"悯"。

③ 武:勇武、尚武之类,与文对。叡:同睿,智慧。刑民克服:法以正民而民服法。夸:大也。穷:指穷兵黩武,即屡用兵。

④ 恭:指恭敬有礼之类。坚固:坚定。长弟:使弟长,即抚养幼弟。御宾:迎宾。芘:护。亲:指父母。阙:阙失,指过失。

⑤ 照临:指明白。谮:诬陷。诉:诽谤。

⑥ 钦:钦佩、敬重。表:表里之表,指威仪外露。旧作"悉备",全都具备。

【译文】

道德专一而不懈怠的谥号"简",平易而不诋毁他人的谥号"简"。

顺应天地自然规律的谥号"文",道德广博深厚的谥号"文",勤学好问的谥号"文",慈惠爱民的谥号"文",怜悯百姓又施恩惠有礼貌的谥号"文",赐给百姓爵位的谥号"文"。

刚强而理端的谥号"武",威猛而英明有德的谥号"武",战胜祸灾又平定动乱的谥号"武",以法治民能使民服的谥号"武",贪大功而屡用兵的谥号"武"。

认真办事又遵从主上的谥号"恭",尊重贤才又崇尚礼义的谥号"恭",尊重贤能又恭敬谦让的谥号"恭",已有过错能够改正的谥号"恭",办事坚定不动摇的谥号"恭",爱护百姓、抚养兄弟的谥号"恭",讲礼仪、迎宾客的谥号"恭",庇护父母过失的谥号"恭",尊重贤良、礼让友善的谥号"恭"。

了解四方安危的谥号"明",诬陷怨谤不生的谥号"明"。

威仪见于外表的谥号"钦"。

【原文】

大虑静民曰“定”，安民法古曰“定”，纯行不爽曰“定”[①]

谏争不威曰“德”，绥柔士民曰“德”。[②]

辟地有德曰“襄”，甲胄有劳曰“襄”。[③]

有伐而还曰“釐”，质渊受谏曰“釐”，小心畏忌曰“釐”。[④]

博闻多能曰“宪”。[⑤]

聪明叡哲曰“献”，知质有圣曰“献”。[⑥]

温柔圣善曰“懿”。

五宗安之曰“孝”，慈惠爱亲曰“孝”，协时肇享曰“孝”。[⑦]

秉德不回曰“考”，大虑行节曰“考”。[⑧]

执心克庄曰“齐”，资辅共就曰“齐”。[⑨]

渊源流通曰“康”，丰年好乐曰“康”，安乐抚民曰“康”，令民安乐曰“康”。

安民立政曰“成”。

【注释】

① 大虑：深思远虑也。静：安也。纯：正。爽：差错。《诗·氓》：“女也不爽。”

② 谏争：即谏诤，这里指接受规劝。不威：不利用权势。即不因为有权势而拒绝规劝。

③ 辟地：扩大地盘。甲胄有劳：能消除外患。

④ 釐：亦作“僖”。质：指思虑。渊：深也。畏忌：指谨慎。

⑤ 博闻多能：朱氏云：“通古今，多才能，故能制宪令。”

⑥ 知质：指智虑。有圣：通达事理。

⑦ 五宗：五服内之族属也。协：合也。肇：始也。

⑧ 回：邪也。行节：成其节操。

⑨ 执心：控制心欲。克庄：能庄重。资辅：辅佐。共就：使之成功。

【译文】

深谋远虑又安定百姓的谥号“定”，安定百姓又效法古人的谥号“定”，行为纯正无差错的谥号“定”。

征战能返回的谥号“釐”，思虑深远又接受规劝的谥号“釐”。

通古今又多才能的谥号“宪”。

聪明而富于哲理的谥号“献’，心性通达事理的谥号“献”。

性温柔，明事理又善良的谥号“懿”。

使五世同宗祖的都安宁，谥号“孝”；惠顾下民，尊爱长辈的谥号“孝”；祭祀适时的谥号“孝”。

秉承遗德而不违背的谥号“考”，深谋远虑而成就气节的谥号“考”。

控制心性，能使行为庄重的谥号“齐”，出力辅佐促使成功的谥号“齐”。

源头远长而流动通畅的谥号“康”，年成丰而民和乐的谥号“康”，以安乐抚慰民众的谥号“康”，使百姓自得安乐的谥号“康”。

安定百姓设立政令的谥号“成”。

【原文】

布德执义曰“穆”，中情见貌曰“穆”。①

敏以敬顺曰“顷”，祗勤追惧曰“顷”，慈仁和民曰“顷”。②

昭德有劳曰“昭”，威仪恭明曰“昭”，圣闻周达曰“昭”。③

保民耆艾曰“胡”，弥年寿考曰“胡”。④

强毅果敢曰“刚”，追补前过曰“刚”。⑤

柔德考众曰“静”，恭己鲜言曰“静”，宽乐令终曰“静”⑥

治而无眚曰“平”，执事有制曰“平”，布纲持纪曰“平”。⑦

由义而济曰“景”，布义行刚曰“景”，耆意大虑曰“景”。⑧

清白守节曰“贞”，大虑克就曰“贞”，不隐无屈曰“贞”，外内用情曰“贞”⑨

猛以刚果曰“威”，猛以强果曰“威”，强毅信正曰“威”。⑩

治典不杀曰“祁”。⑪

辟土服远曰“桓”，克敬勤民曰“桓”，辟土兼国曰“桓”。⑫

道德纯备曰“思”，大省兆民曰“思”，外内思索曰“思”，追悔前过曰“思”。⑬

【注释】

① 中情：内心情感。见（xiàn，现）貌：现于外表。此句指表里如一。

② 敏：敏捷。顺：当为慎。顷：敬也。祗（zhī，脂）：敬也。追惧：能悔过也。

慈仁：即慈人。

③ 昭：昭示，彰明。劳：功也。恭明：恭敬昭明也。圣闻：美好名声。威仪恭明，旧作容仪恭美。

④ 耆艾：六十曰耆，七十曰艾。弥：久。考：老。胡：长寿。

⑤ 刚：刚强。果敢：勇敢也。

⑥ 考众：黄氏校为“安众”。恭己：使自己恭敬，指懂礼仪。鲜言：沉静少言。令终：善终。静：亦作“靖”。

⑦ 眚：过也。制：有法度，不偏私。持纪：把握准则。

⑧ 景：强也，大也。济：渡过。耆意：久远之思。

⑨ 贞：坚定守节。贞亦通“真”，指真实。就：成也。无屈：无私。外内用情，内外如一。

⑩ 猛：不宽和。果：敢行也。信：通“伸”。朱氏云：“刚在心，强在力。强于行，毅于断，以伸其正。”

⑪ 祁：大也。治：理。典：典常。不杀：不衰。

⑫ 服远：使远国归服。克敬：当作“克敌”。勤：勉励。桓：威武。

⑬ 纯备：纯正完美。思：有思想。省：察疾苦。外内思索：指通盘考虑，事事考虑。

【译文】

推行道德又主持正义的谥号“穆”，内心所想表露于外的谥号“穆”。

敏捷而慎重的谥号“顷”，勤勉能追悔过失的谥号“顷”，爱护百姓又协和万民的谥号“顷”。

彰明道德而有功的谥号“昭”，仪容恭敬而美好的谥号“昭”，美名传播四方的谥号“昭”。

保护百姓中的老年人的谥号“胡”，年高寿长的谥号“胡”。

意志坚毅又行为果敢的谥号“刚”，追补以往过失的谥号“刚”。

以宽和之德安定众人的谥号“静”，谦恭有礼又沉静少言的谥号“静”，宽宏乐观而善终的谥号“静”。

治理政事而无过失的谥号“平”，办事依章法的谥号“平”，传布纲纪把握准则的谥号“平”。

依照正义而达到目的的谥号“景”，推行正义而行为果断的谥号“景”，想得久远又深思熟虑的谥号“景”。

行为清白而守节操的谥号“贞”，深谋远虑又能成功的谥号“贞”，不隐瞒又公正无私的谥号“贞”，表里如一的谥号“贞”。

勇猛而刚毅果敢的谥号“威”，勇猛而强力果敢的谥号“威”，果断行事以伸张正义的谥号“威”。

治理政事依法典而不衰的谥号“祁”。

开辟疆土使远国归服的谥号“桓”，能慎重行事又勉励民众的谥号“桓”，开辟疆土兼并方国的谥号“桓”。

道德纯一完备的谥号“思”，普察万民疾苦的谥号“思”，通盘考虑事事用心的谥号“思”，能追悔先前过失的谥号“思”。

【原文】

柔质慈民曰“惠”，爱民好与曰“惠”。①

柔质受谏曰“慧”。②

能思辨众曰“元”，行义说民曰“元”，始建国都曰“元”，主义行德曰“元”。③

兵甲亟作曰“庄”，叡圉克服曰“庄”，胜敌志强曰“庄”，死于厚野曰“庄”，屡征杀伐曰“庄”，武而不遂曰“庄”。④

克杀秉政曰“夷”，安民好静曰“夷”。⑤

执义扬善曰“怀”，慈仁短折曰“怀”。⑥

夙夜警戒曰“敬”，夙夜恭事曰“敬”，善合法典曰“敬”。⑦

述义不克曰“丁”，迷而不悌曰“丁”。⑧

有功安民曰“烈”，秉德遵业曰“烈”。⑨

刚克为伐曰“翼”，思虑深远曰“翼”⑩

刚德克就曰“肃”，执心决断曰“肃”。⑪

爱民好治曰“戴”，典礼不寋曰“戴”。⑫

死而志成曰“灵”，乱而不损曰“灵”，报知鬼神曰“灵”，不勤成名曰“灵”，死见神能曰“灵”，好祭鬼神曰“灵”。⑬

【注释】

① 柔质：宽厚柔和的性格。惠：恩惠。《孟子》：“分人以财谓之惠。”与：施予也。

② 慧：智也，能受谏则慧矣。

③ 元：长也，有始、大、善之义。辨众：指分辨众人（的等级地位）。说民：读“悦民”。

④ 亟：屡次。叡：聪慧。圉：强也。志强：《左传》释文作“克乱”。遂：成也。

⑤ 夷：平易。克：克制。

⑥ 怀：怀念，令人怀念之义。短：不到六十岁。折：不到三十岁。

⑦ 敬：有敬重、严肃、认真之义。

⑧ 丁：强也，有强壮义。不悌：不顺。

⑨ 有功：孔晁云“以武立功”。遵业：遵循先祖之业。

⑩ 伐：功也。翼：小心谨慎。

⑪ 刚德：刚强之德。克就：能成功。肃：严肃。

⑫ 蹇：同“愆”，过也。

⑬ 灵：神灵，灵性。乱：指弃法行私。损：减也。见：读现。能：读態。

【译文】

性格宽柔又慈爱百姓的谥号“惠”，爱百姓好施舍的谥号“惠”。

性格温和又能接受规劝的谥号“慧”。

善思考又能区别人的地位的谥号“元”，多行义事而百姓高兴的谥号“元”，开始建立国都的谥号“元”，主持正义又推行德政的谥号“元”。

屡次发动战事的谥号“庄”，聪慧而坚强使人顺服的谥号“庄”，战胜敌人克服动乱的谥号“庄”，为国捐躯死于原野的谥号“庄”，屡次征战讨伐的谥号“庄”，使用武力而不成功的谥号“庄”。

克制杀伐执掌国政的谥号“夷”，安定百姓喜好安静的谥号“夷”。

主持正义赞扬善事的谥号“怀”，慈惠仁德而短寿的谥号“怀”。

早晚警戒自己的谥号“敬”，早晚认真办事的谥号“敬”，善于顺合法典的谥号“敬”。

口说仁义而不能兑现的谥号“丁”，糊涂而不顺从的谥号“丁”。

以武立功又安定百姓的谥号“烈”，主持德政又遵循祖业的谥号“烈”。

刚强而能成功的谥号“翼”，有深谋远虑的谥号“翼”。

刚强有德能成事的谥号“肃”，成竹在胸而能决断的谥号“肃”。

爱护百姓而喜欢办事的谥号“戴”，典礼不出现差错的谥号“戴”。

死后心愿得以实现的谥号“灵”，乱法行私而不知减的谥号“灵”，尽知鬼神之事的谥号“灵”，不经努力而成名的谥号“灵”，死后现出鬼神之态的谥号“灵”，喜好祭祀鬼神的谥号“灵”。

【原文】

短折不成曰“殇”，未家短折曰“殇”。①

不显尸国曰“隐”，隐拂不成曰“隐”。②

年中早夭曰“悼”，恐惧从处曰“悼”。③

不思忘爱曰“刺”，愎佷遂过曰“刺”。④

外内从乱曰“荒”，好乐怠政曰“荒”。⑤

在国逢难曰“愍”，使民折伤曰“愍”，在国连忧曰“愍”，祸乱方作曰“愍”。⑥

蚤孤短折曰“哀”，恭仁短折曰“哀”。⑦

蚤孤陨位曰“幽”，壅遏不通曰“幽”，动静乱常曰“幽”。⑧

克威捷行曰“魏”，克威惠礼曰“魏”。⑨

去礼远众曰“炀”，好内远礼曰“炀”，好内怠政曰“炀”，肆行劳神曰“炀”。⑩

丑心动惧曰“甄”。⑪

【注释】

① 不成：未成人也。《丧服》传曰：“十九至十六曰长殇，十五至十二曰中殇，十一至八岁为下殇。”未家：未成家。

② 尸：主也。尸国：尸于君位，即空占君位。隐拂：违拂，拂有违义，指不愿居君位。朱氏云：“如鲁隐公欲让国而不成。”

③ 年中：中年。恐惧从处：恐惧相随于居处，指在恐惧中度日。

④ 忘爱：孔晁云，“忘真爱己者”。刺：违背。愎：固执。佷：(hěn，很)：反常。

⑤ 外内：朝廷内外，家庭内外。指不治政，不治家。从乱：任其紊乱。荒：荒废，放纵。

⑥ 难：指外患。忧：内患，指灾疠水旱。方作：滋长也，指灾害并起，方有并义。在国：在位。

⑦ 蚤：通“早”。

⑧ 陨位：失其位也。壅遏：指心思遭堵塞，结果是昏乱暗昧。动静：指起居。

乱常：乱了常规。

⑨ 魏：音“巍”，通作“微”，鲁魏公即鲁微公。

⑩ 去：除。好内：指宣淫，近女色之义。肆行劳神：放纵行为，疲劳其神。

⑪ 丑：耻也。丑心：心知耻辱。动惧：动则戒惧。甄：读为“真”，有鲁真公、卫真侯。

【译文】

短寿夭折未成人的谥号“殇”，未成家而短命夭折的谥号“殇”。

德行不明而空占君位的谥号“隐”，无心在位而偏又不成的谥号“隐”。

中年早逝的谥号“悼”，在恐惧中度日的谥号“悼”。

不思恩惠又忘记恩惠的谥号“刺”，固执反常又坚持错误的谥号“刺”。

不理政事不治家任其紊乱的谥号“荒”，喜好逸乐懈怠政事的谥号“荒”。

在位期间遭遇外患的谥号“愍”，使百姓死伤的谥号“愍”，在位期间连续发生水旱疫灾的谥号“愍”，灾害与暴乱同时发生的谥号“愍”。

早年孤单又短寿夭折的谥号“哀”，谦恭仁惠而短寿夭折的谥号“哀”。

早年孤单而失去君位的谥号“幽”，心思蔽塞而昏乱的谥号“幽”，起居无节号令不时的谥号“幽”。

能有威严而行动敏捷的谥号“魏”，能有威严而仁惠有礼的谥号“魏”。

废弃礼仪又疏远众人的谥号“炀”，好女色又远礼仪的谥号“炀”，好女色又荒政事的谥号“炀”，行为放纵而精神衰疲的谥号“炀”。

心知耻丑而动则戒惧的谥号“甄”。

【原文】

威德刚武曰“圉”。①

善闻周达曰“宣”。

治民克尽曰“使”。②

行见中外曰“慤”。③

胜敌壮志曰“勇”。

昭功宁民曰“商”。④

状古述今曰“誉”。⑤

心能制义曰“度”。⑥

好和不争曰“安”。

外内贞复曰“白”。⑦

不生其国曰“声”。

暴慢无亲曰“厉”，杀戮无辜曰“厉”。

官人应实曰“知”。⑧

凶年无谷曰“穅”。⑨

【注释】

① 圉：御也。孔晁云“能御乱患也”。

② 克尽：孔晁云“无恩惠也”。

③ 愨（què，确）：诚实。

④ 昭功：明有功者也。孔晁说。

⑤ 誉：美也。“以文章状述古今”，朱氏云。

⑥ 度：朱氏云“心如度，能度万事也”。

⑦ 贞：正。孔晁云“正而复，终始一也”。

⑧ 官人：以官与人，即用人做官。应：符合。

⑨ 穅：虚空。

【译文】

有威德又刚强勇武的谥号“圉”。

名声好又通情达理的谥号“宣”。

治理百姓而没有恩德的谥号“使”。

所作所为表里如一的谥号“愨”。

战胜敌人又有壮志雄心的谥号“勇”。

昭示功劳以安定百姓的谥号“商”。

以文章描述古今的谥号“誉”。

心里能揣度诸事是否合宜的谥号“度”。

爱好平和不与人争的谥号“安”。

表里中正又始终如一的谥号“白”。

不出生在自己的国家的谥号“声”。

暴戾而不认亲情的谥号“厉”，杀戮无罪之人的谥号“厉”。

任人为官能符合他的实际能力的谥号“知”。
遭遇荒年而没有粮食的谥号“穅”。

【原文】

名实不爽曰“质”。
不悔前过曰“戾”。
温良好乐曰“良”。
怙威肆行曰“丑”。①
德正应和曰“莫”。
勤施无私曰“类。②
好变动民曰“躁”。
慈和偏服曰“顺”。
满志多穷曰“感”。③
危身奉上曰“忠”。
思虑果远曰“赶”。④
怠政外交曰“携”。⑤
疏远继位曰“绍”。
彰义掩过曰“坚”。
肇敏行成曰“直”。⑥
内外宾服曰“正”。
华言无实曰“夸”。
教诲不倦曰“长”。⑦
爱民在刑曰“克”。
啬于赐与曰“爱”。
逆天虐民曰“抗”。
好廉自克曰“节”。
择善而从曰“比”。
好更改旧曰“易”。
名与实爽曰“缪”。⑧
思虑不爽曰“厚”。
贞心大度曰“匡”。⑨

【注释】

① 怙威：恃其威势。

② 勤施：尽力施舍。

③ 感：古“憾”字，卢文弨说。穷：不得志。

④ 赶：当作“悍”，金履祥说。

⑤ 㩦：背离之义。

⑥ 肇：始。

⑦ 长：使之长，即抚养义。

⑧ 爽：差错，指名与实相违。

⑨ 贞：正。贞心：心正。

【译文】

名与实相符合的谥号“质”。

不追悔以前的过错的谥号“戾”。

温厚贤良令人爱之乐之的谥号“良”。

恃仗威势而行为放纵的谥号“丑”。

道德纯正令天下响应的谥号“莫”。

尽力施舍而无私心的谥号“类”。

好变易而动乱百姓的谥号“躁”。

仁慈祥和普遍顺从的谥号“顺”。

满怀志向而多不得志的谥号“感”。

身冒危险而事奉主上的谥号“忠”。

思虑果断而深远的谥号“赶”。

懈怠国政而与外国交通的谥号“㩦”。

遭疏远而又承继大位的谥号“绍”。

显明义行而掩盖过错的谥号“坚”。

一开始就敏捷行事而行事得成的谥号“直”。

内内外外都归顺的谥号“正”。

言华美而无实质的谥号“夸”。

教诲人而不知倦的谥号“长”。

爱护百姓表现在用刑的谥号“克”。

对赐予显得吝啬的谥号“爱”。

违天理害百姓的谥号“抗”。

喜欢廉洁又能自我克制的谥号“节”。

选择好的跟着去做的谥号“比”。

喜欢改换旧有的谥号“易”。

名与实不相符合的谥号“缪”。

思虑未出现差错的谥号“厚”。

心地纯正有大度的谥号“匡”。

【原文】

隐，哀之方；景，武之方也。施，为文也；除，为武也。辟地为襄，服远为桓。刚克为发，柔克为懿。履正为庄，有过为僖。施而不成为宣，惠无内德为平。失志无转，则以其明，余皆象也。①

和，会也。②勤，劳也，遵，循也。爽，伤也。肇，始也。乂，③治也。康，安也。怙，恃也。享，祀也。胡，大也。服，败也。秉，顺也。就，会也。寋④，过也。锡，与也。典，常也。肆，放也。穅，虚也。叡，圣也。惠，爱也。绥，安也。坚，长也。耆，彊也。考，成也。周，至也。怀，思也。式，法也。布，施也。敏，疾也。捷，克也。载，事也。弥，久也。

【注释】

① 失：当为矢。矢志无转，指取谥号之义坚定不移。明：明显（的待征）。象：象其事迹，指取类相同。

②“和，会也”以下皆《广训篇》内字义，卢文弨说。

③ 乂（yì，义）：治理。

④ 寋：通“塞（sài）”。

【译文】

谥“隐”，有哀怜之类的意思。谥“景”，有勇武之类的意思。施德，是“文”；除恶，是“武”。开辟土地是“襄”。征服远方是“桓”。以刚克人是“发”，以柔克人是“懿”。履行正道是“庄”，犯有过失是“僖”。敢做而不成功是“宣”，欲惠爱而内无德是“平”。取意坚定不移，以其明显特征为准，其余都与其相象。

“和”，是会合之意。“勤”，是操劳之意。“遵”，是遵循之意。“爽”，是伤的意思。“肇”，是开始之意。“乂”，是治理之意。“康”，是安宁之意。“怙”，是依仗之意。“享”，是祭祀之意。“胡”，是大的意思。“服”，是战败使服之意。“秉”，是顺从之意。“就”，是聚合之意。“蹇”，是过的意思。“锡”，是给予之意。“典”，是常的意思。“肆”，是放纵之意。“穅”，是虚空之意。“睿”，是圣明之意。“惠”，是仁爱之意。“绥”，是安抚之意。“坚”，是增长之意。“耆”，是强的意思。“考”，是完成之意。“周”，是至极之意。“怀”，是思念之意。“式”，是法式之意。“布”，是施放之意。“敏”，是疾速之意。“捷”，是攻克之意。“载”，是记事之意。“弥”，是长久之意。

明堂第五十五

【题解】

明堂，天子布政朝诸侯的地方。主要讲天子、三公、侯、伯、子、男以及九夷、八蛮、六戎、五狄、四塞在明堂中的位置安排。

【原文】

大维商纣暴虐，脯鬼侯以享诸侯，天下患之。四海兆民欣戴文武，是以周公相武王以伐纣，夷定天下。① 既克纣六年而武王崩，成王嗣，幼弱，未能践天子之位。周公摄政君天下，弭乱六年而天下大治，乃会方国诸侯于宗周，大朝诸侯明堂之位。②

【注释】

① 维：通“为”，因为。脯：干肉，此处作动词用。鬼侯：即《史记》中之“九侯”。享：宴享。夷：平也。

② 克纣六年：当是“克纣二年”。《史记·封禅书》：“武王克殷二年，天下未宁而崩。”涉下文“六年”而误。弭乱：平息叛乱。摄政：代理政务。方国：四方之国。宗周：指洛邑。

【译文】

主要是因为商纣王暴虐，杀了鬼侯做成肉干以宴享诸侯，天下诸侯都很忧虑。四海万民百姓欢欣拥戴文王、武王，因此周公辅助武王讨伐商纣，平定了天下。已战胜商纣二年，武王去世，成王继位。成王年幼，没有登天子之位。周公代理政务而君临天下，他平息叛乱用了六年，才使天下太平，就在宗周朝会方国诸侯。在大朝诸侯之时，明确明堂的位置。

【原文】

天子之位：负斧扆、南面立，群公卿士侍于左右；① 三公之位：中阶之前，北面东上；诸侯之位：阼阶之东，西面北上；诸伯之位；西阶之西，东面北上；诸子之位：门内之东，北面东上；② 诸男之位：门内之西，北面东上。九夷之国；③ 东门之外，西面北上；八蛮之国：南门之外，北面东上；六戎之国：西门之外，东面南上；五狄之国：北门之外，南面东上；四塞九采之国、世告至者：④ 应门之外，⑤ 北面东上。此宗周明堂之位也。

【注释】

① 位：位置，指在明堂中的位置。负：背也。扆（yǐ，椅）：屏风。斧扆：绘有斧纹的屏风。南面：面朝南。

② 东上：以东为上。

③ 九夷：指东方各部族。下八蛮、六戎、五狄，指南方、西方、北方各部族，非实指，泛言其多。

④ 四塞九采：指九州之外，塞外荒远的部族。黄氏校为“四塞九服”。“九服”见《职方》第六十二。世告至：一世一告至。

⑤ 应门：正门。

【译文】

天子的位置：背靠绘有斧纹的屏风，面朝南站立，众公卿陪侍在左右。

二公的位置：在堂上中阶之前，面朝北以东为上。众侯爵诸侯的位置：在堂上东边台阶以东，面朝西以北为上。众伯爵诸侯的位置：在堂上西阶的西边，面朝东以北为上。众子爵诸侯的位置：在内门东边，面朝北以东为上。众男爵诸侯的位置：在内门西边，面朝北以东为上。东方各部族，在东门外边，面朝西以北为上；南方各部族，在南门外边，面朝北以东为上；西方各部族，在西门外边，面朝东以南为上；北方各部族，在北门外边，面朝南以东为上；塞外荒远的方国以及一世来见一次的方国，都在正门外边，面朝北以东为上。这就是宗周明堂的位置安排。

【原文】

明堂者，明诸侯之尊卑也，故周公建焉，而朝诸侯于明堂之位。制礼作乐，颁度量，[①] 而天下大服，万国各致其方贿。[②] 七年，致政于成王。

【注释】

① 颁：颁布。度：指丈尺长短之制。量：指斗斛容量之制。

② 方贿："土之所有"，即地方土特产。

【译文】

这个明堂，是标明诸侯尊卑的地方，所以周公建造了它，并依明堂的位置安排朝会诸侯。又制定礼仪，创作礼乐，颁布度制量制，从而天下大服，万国各自献上他们的土特产。七年后，把政务交给成王。

尝麦第五十六

【题解】

"尝麦"二字取自篇首"乃尝麦于太祖"。主要记成王命大正正刑书的经过。

【原文】

维四月孟夏，王初祈祷于宗庙，乃尝麦于太祖。[①] 是月，王命大正正刑书。[②]

爽明，仆告既驾，少祝导王、亚祝迎王降阶，即假于。[③] 大宗、小宗、少祕于社，各牡羊一牡豕三。[④] 史导王于北阶。王陟阶，在东序。[⑤] 乃命太史尚，太正即居于户西，南向。[⑥] 九州牧伯咸进在中，西向。宰乃承王中升自客阶。[⑦] 作策执策从中。[⑧] 宰坐，尊中于大正之前。太祝以王命作策告太宗，王命□□秘。[⑨] 作策许诺，乃北向繇书于两楹之间。[⑩]

【注释】

① 四月孟夏：指成王亲政元年之四月，故云初祈祷。太祖：指文王。

② 大正：即大司寇，主刑之官。

③ 爽明：黎明时候。仆：太仆。《周礼》："太仆掌正王之服位，出入王之大命。"少祝：即小祝。《周礼》："小祝，掌小祭祀。"亚祝：祭祀之官，位在少祝之上。朱氏云"少祝，中士。亚祝，上士。"假：读为"格"，至也。当为"假于庙"，黄氏补"庙"字。阶：路寝（寝宫）之阶。

④ 大宗、小宗：即大宗伯、小宗伯。《周礼》："大宗伯之职，掌建邦之天神、人鬼、地祇之礼"，"小宗伯之职，掌建国之神位，右社稷，左宗庙"。少祕：内史也。于社：黄氏补为"用牲于社"。社：祭土地神的地方。

⑤ 史：大史。北阶：黄氏校为"阼阶"，大堂前东面的台阶。此处指社庙的阼阶。陟：登。序：大堂东西墙谓之序。

⑥ 尚：上也，指在其右。太正：即大正。即居：就位。户：社庙侧门。

⑦ 中：指中庭。宰：大宰。《周礼》："大宰之职，掌建邦之六典，以佐王治邦国。"承：奉也，即捧。"王"字衍（黄氏说）。中：本盛算之器，此指盛作策之器。

⑧ 作策：即作册，史官。从中：跟随着"中"，"中"乃大宰手捧着，即跟随着大宰。

⑨ 尊：犹奠也。太祝：即大祝。《周礼》："大祝，掌六祝之辞。"太宗：即大宗，大宗伯。王命□□秘：遂以王命命少秘。

⑩ 繇：宣读。

【译文】

在孟夏四月，成王第一次在宗庙作祈祷，还向太祖文王祭献新麦。这一月，成王命令大正修订刑书。

黎明时候，太仆报告车驾已备好，于是少祝在王前引路，亚祝迎上去接成王走下寝宫台阶，就去到宗庙。大宗伯、小宗伯和内史到社庙祭祀，用公羊一只、公猪三头。太史引导成王走向大堂前东边的台阶。成王登上台阶，立于堂内东墙跟前，就命令太史在右，大正就位偏门之西，都面朝南。九州的首领都进门立于中庭，面朝西。大宰就手捧盛简册的“中”从客阶登上大堂。作册手执简册跟随在大宰之后。大宰坐下，把“中”敬放在大正前面。大祝以成王之命命令作册告大宗伯，以成王命命令内史。作册答应，就面朝北在两楹之间宣读册书。

【原文】

王若曰[①]：“宗揜、大正：昔天之初诞作二后，乃设建典。命赤帝分正二卿，命蚩尤宇于少昊，以临四方，司□□上天未成之庆。[②]蚩尤乃逐帝，争于涿鹿之河，九隅无遗。[③]赤帝大慑，乃说于黄帝，执蚩尤，杀之于中冀。以甲兵释怒，用大正顺天思序。[④]纪于大帝，用名之曰绝辔之野。[⑤]乃命少昊清司马鸟师，以正五帝之官，故名曰质。[⑥]天用大成，至于今不乱。[⑦]其在启之五子，忘伯禹之命，假国无正，用胥兴作乱，遂凶厥国。[⑧]皇天哀禹，赐以彭寿，思正夏略。[⑨]今予小子闻有古遗训予亦述，朕文考之言不易，予用皇威，不忘祇天之明典，令□我大治。[⑩]用我九宗正州伯教告于我，相在大国有殷之□辟，自其作□于古，是威厥邑，无类于冀州。[⑪]嘉我小国，其命余克长王国。呜呼，敬之哉！如木既颠厥巢，其犹有枝叶作休。尔弗敬恤尔执以屏助予一人集天之显，[⑫]亦尔子孙其能常忧恤乃事？勿畏多宠，无爱乃嚚，亦无或刑于鳏寡，非罪惠乃其常，无别于民。[⑬]”

【注释】

① 若曰：如此说。以下即宣读的册书原文。

② 宗：大宗。揜：大宗之名。诞：延续之意。二后：指赤帝、黄帝。赤帝即炎帝。建典：犹法典。正：使正，即治。二卿：指蚩尤、少昊。宇：通“御”。临：视，

监视。司：主持。庆：奖赏。

③ 帝：即炎帝。涿鹿：今河北保定境。河：一本作“阿”。隅：山阿之隅。九：言其众。

④ 中冀：冀中。释怒：消除民之怒气。顺天：顺和天意。思序：心有秩序。

⑤ 纪于大帝：《尚书·君牙》：“厥有成绩，纪于太常。”太常，“王之旌旗书日月曰太常”(传文)。黄氏校为“太常”。

⑥《左传·昭公十七年》郯子曰：“我高祖少皞挚之立也，凤鸟适至，故纪于鸟，为鸟师而鸟名。”黄氏校为“乃命少昊清为鸟师”。质：正也，亦作挚。

⑦ 天：天下。成：和解。

⑧ 启：夏启，禹之子。五子：即五观，亦作武观。启之子，太康昆弟也。《纪年》“帝启十一年，放王季子武观于西河。假：借。假国：借国政于人。无正：无大正之官。胥：相。

⑨ 彭寿：彭，大彭，夏之诸侯。寿，其名也。略：疆土。今本《纪年》：“启十五年，武观以西河叛。彭伯寿帅师征西河，武观来归。”

⑩ 文考：当作“文祖”，指文王。皇：大地。祇：敬也。令□我：黄氏校补为“令我周”。

⑪ 九宗正：即九族。相：审视。辟：君。□辟，当是“末辟”，指殷纣。黄氏说。作□：黄氏补为作乱。威：威字之讹(王念孙说)，即“灭”字。

⑫ 木：大树。休：美。敬恤尔执：敬念所执之事。屏助：辅助。集：成。显：显命。

⑬ 宠：贵宠。嚚：指愚蠢。罪：用刑。惠：恩惠。乃：仍。无别于民：对人不加区别，即人人相同。

【译文】

王如此说：“大宗拚和大正：从前上天开始造就炎帝、黄帝的时候，就制定了法典。命令炎帝分管两位卿士——蚩尤与少昊。于是炎帝命蚩尤抵御少昊，以监视四方，并主持上天尚未完成的奖赏。而蚩尤却追赶炎帝，与炎帝在涿鹿山下争斗，打斗之声传遍各个山角。炎帝十分恐惧，就求救于黄帝。黄帝抓住蚩尤，在冀中杀了他。黄帝用武力消除了心中怒气，用大正顺和天意，让人们念及秩序。把黄帝的功绩记录在太常旗上，把杀蚩尤的地方命名为绝辔之野。黄帝又命令少昊为鸟师，以修正后来五帝沿用的职官，所以少昊名叫质。天下因此十分和解，到现今仍不混乱。后来启的儿子五观，忘了大禹的训诫，把国政借与他人，没有大正，因此国人相与作乱，终于使国家遭受凶险。皇天哀怜大禹，赐给夏朝彭伯寿，要他安定夏朝疆土。如今我小子听到古代遗训而不述说，因为有我祖父文王的话不会改变，我利用皇天的功德，不忘敬重上天的法典，使我们周朝大治。因此，我们众位族长和州伯教诲于我，要审视大国殷朝的末代君王有背古训，自行作乱，使其国灭，在冀州的族类也失掉了这一教训。上天嘉惠我们小国，让我们能够长久地做国家的君王。啊呀，重视它啊！如同树上的鸟巢已经颠落，却还有枝叶作美。你们不认真顾恤你们的职事，并辅助我一人成就上天的显命，你们的子孙岂能经常顾念你们的事呢？不要畏惧权贵，不要施爱于愚蠢之徒，也不要对鳏寡老人用刑。不罚罪以及施予恩惠一仍其旧，对百姓要一样对待。”

【原文】

众臣咸兴，受大正书，乃降。① 太史策刑书九篇，以升授大正，乃左还自两柱之间。② □箴大正曰：“钦之哉，诸正！敬功尔颂，审三节，无思民因顺，尔临狱无颇，正刑有掇。③ 夫循乃德，式监不远。以有此人，保宁尔国，克戒尔服，世世是其不殆。维公咸若。④”太史乃降，大正坐举书乃中降，再拜稽首。王命大正升，拜于上，王则退。

【注释】

① 兴：起。受：授。书：册书。

② 策：动词，指写在简策上。

③ 缺文当是“王”字，黄氏说。箴：规诫。诸正：指大正及其下属。三节：即前所述蚩尤、五观、殷纣三事。颇：偏。掇：选择。

④ 式监：法式。服：事。殆：通“怠”。若：顺。

【译文】

众臣们都站起来，作册把册书交给大正，就下了堂。太史在简册上写了九篇刑书，上堂来交给大正，就向左从两根柱子之间回到原位。成王规诫大正说：“敬重它啊，诸位刑官！认真背诵你们的刑书，审视蚩尤、五观、殷纣三事，不要让百姓因循守旧，你们处理官司不要有偏颇，使用刑罚要有选择。遵循你们的道德，榜样就不远。因为自有人会安宁你们的国家，能规诫你们的职事，世世代代不会怠惰。希望诸位都能顺从。”太史就退了下来，大正坐举刑节然后从中阶下堂，两行叩拜大礼。成王命令大正上堂，在堂上礼拜，王才退堂。

【原文】

是月，士师乃命太宗序于天时，祠大暑；乃命少宗祠风雨，百享。① 士师用受其胾，以为之资；② 邑乃命百姓遂享于家，无思民疾。③ 供百享归祭，闾率、里君以为之资；④ 野宰乃命家邑县都祠于太祠。宰用受其职胾，⑤ 以为之资；采君乃命天御丰穑，⑥ 享祠为资。

箴，⑦ 太史乃藏之于盟府，以为岁典。

【注释】

① 士师：刑狱官。《周礼》：“士师之职，掌国之五禁之法，以左右刑罚。”太宗：即大宗伯。序：顺序。祠：祭祀。百享：言供奉的食物很多。

② 胾（zì，自）：大块的胙肉。

③ 百姓：指百官。享于家：他本作“享于富”，即由富家祭献。

④ 闾率：即闾长。“里君”下当脱“受其胾”三字，黄氏说。

⑤ 职胾：“职”字衍。

⑥ 天御：或云太御之讹。黄氏云：“乃命”下有脱文。

⑦ 箴：借为“终”，指诸事终了，黄氏说。岁典：当年的重要典籍。

【译文】

这一月，士师就命令大宗伯按天时顺序祭祀大暑，命令小宗伯祭祀风雨，供奉的食物很多。士师因而接受了胙肉，作为他的资财。各城邑就命令百官到富家祭献，不让民众受苦。各种祭品以供祭祀，闾长、里君接受胙肉作为他们的资财。郊野长官就命令各大城邑和县城在大祠堂举行祭祀，长官因而接受胙肉，作为他们的资财。采邑之君就命令……处理丰收，祭祀祠堂，并给以施舍，大夫接受施舍，作为他们的资财。

诸事完毕，太史就将各种文件收藏在盟府之中，把它作为当年的要典。

本典第五十七

【题解】

本典，根本法典。标题取自篇末“以为本典”句。主要讲周公为成王讲述治国之法。

【原文】

维四月既生魄，① 王在东宫，告周公曰：“呜呼！朕闻武考不知乃问，不得乃学，俾资不肖永无惑矣。② 今朕不知明德所则、政教所行、字民之道、礼乐所生，非不念，念而不知，敬问伯父。③”

【注释】

① 既生魄：指每月十五，即望。

② 闻武考：即闻之武考，听武王说。不肖：不贤。

③ 字：养。字民：指养民、爱民。念：虑也。

【译文】

在四月十五那天，成王在东宫，对周公说：“啊呀！我听先父武王说过：不懂就问，问不到就学，即使天资不好也永无疑惑。现今我不懂，修明道德当依据什么，施行政教当做些什么，以及养育百姓的措施和礼乐产生于何处？并非我不思考，而是思考了还不明白，特以敬问伯父。”

【原文】

周公再拜稽首曰：“臣闻之文考：能求士者，智也；与民利者，仁也；能收民狱者，义也；能督民过者，德也；为民犯难者，武也。① 智能亲智，仁能亲仁，义能亲义，德能亲德，武能亲武：五者昌于国曰明。明能见物，高能致物，物备咸至曰帝。② 帝乡在地曰本，③ 本生万物曰世，世可则效曰至。至德照天，百姓□惊；④ 备有好丑，民无不戒。

【注释】

① 收：受理。督：正也，即纠正。

② 物：人物。高：指道德高尚。致物：招致人才。物备：指各类人物。

③ 乡：同“向”，指面向。

④ 缺文疑是“不”(黄氏说)。

【译文】

周公两拜叩头，说道：“我听先父文王说：能求到贤士的，是智；给予百姓好处的，是仁；能受理百姓官司的，是义；能纠正百姓过失的，是德；为百姓冒犯危难的，是武。智者能亲近智，仁者能亲近仁，义者能亲近义，德者能亲近德，武者能亲近武：这五样都昌盛于国的国君叫英明。英明能发现人物，德高能招致人才。各类人才齐备叫帝，帝面对土地叫本，本生万物叫世，世可效法叫至。至高的道德照临天下，百姓就不会惊恐。人才多就有好有坏，百姓就无不戒惧。

【原文】

“显父登德，德降则信，信则民宁。① 为畏为极，民无淫慝。② 生民知常利之道则国强。序明好丑，必先固其务。均分以算之则民安，利用以资之则民乐，明德以师之则民让。③ 生之乐之，则母之礼也；政之教之，遂以成之，则父之礼也。④ 父母之礼以加于民，其慈□□。古之圣王，乐体其政。⑤

【注释】

① 显父（fǔ，甫）：著名人物，指德高望重者。

② 极：准则。为畏为极：有所畏惧，有所依准。慝：邪恶。

③ 算：指明示，公开化。资：资助。师：表率。

④ 礼：指职责（黄氏说）。政之：使之正。遂：终。成：成其名古，即有所成就。

⑤ □□：黄氏以为“疑是‘乃至’”。至：至极。体：体现，实行。

【译文】

德高望重者举明道德，道德普及世间就能取信于人，百姓信从就会安宁。有所畏惧又有所依准，百姓就没有淫邪。百姓知道平时取利的方法，国家就强盛。好的坏的秩序明确，百姓会首先固守自己的本职。分配均等又公开，百姓会安定。以物资助他们，百姓会快乐。修明道德作百姓的表率，百姓就会谦让。让他生长，让他快乐，是母亲的职责。让他正直，让他受教育，最终有所成就，是父亲的职责。父母的职责尽到百姓身上，他的仁慈就到了极点。古代的圣王，都乐于实现这种政治。

【原文】

"士有九等，皆得其宜曰材多；① 人有八政，皆得其则曰礼服。② 士乐其生而务其宜，是故奏鼓以章乐，奏舞以观礼，奏歌以观和。③ 礼乐既和，其上乃不危。"

王拜曰："允哉！幼愚敬守以为本典。④"

【注释】

① 九等：指忠、信、敬、刚、柔、和、贞、固、顺，各人的不同品德、个性。材：人才。

② 八政：指夫妇、父子、兄弟、君臣。又见《常训》。则：准则。服：适宜。

③ 章：同"彰"。乐：音乐。奏舞：朱氏云"舞有揖让之容，故可观礼"。观：显示之义。

④ 允：善，好。幼愚：成王谦称。

【译文】

士有九等，都得到适宜的安置叫人才多；人有八政，都合于各自的准则叫礼仪适当。士喜欢他自己的活法而从事合宜的公务。所以敲鼓以彰明音乐，跳舞以显示礼仪，唱歌以显示融洽。礼仪和音乐谐和以后，他们的主上就不会有危险。"

成王合手行礼道："好啊！我这愚幼之人将恭敬地遵循着它，把它作为治国的根本法典。"

逸周书全译卷七

官人第五十八

【题解】

官人，即用人为官。内容为周公给成王讲述六种选官察人的方法，所谓“六征”。对读《大戴礼记》之《文王官人》，可看出其大体相同，当出一源。

【原文】

王曰：“呜呼，太师！朕惟民务官，论、用有征：① 观诚、考志、视声、观色、观隐、揆德，可得闻乎？②”

周公曰：“亦有六征。呜呼，乃齐以揆之！③”

【注释】

① 太师：指周公。惟：通“为”。务官：求官。论：评。征：验也。

② 闻：使我知道。

③ 乃：你。齐：辨也。揆：揣度。

【译文】

成王说：“啊呀，太师！我要为民求官，考评与任用都有依据，即所谓视诚、考志、视声、观色、观隐、揆德，能讲给我听吗？”

周公说：“那也有六种验证的方法，啊呀，你要分辨揣摩它们！”

【原文】

“一曰：富贵者观其有礼施，贫贱者观其有德守，嬖宠者观其不骄奢，隐约者观其不慑惧。[①] 其少者，观其恭敬好学而能悌；其壮者，观其廉洁务行而胜私；其老者，观其思慎，强其所不足而不逾。[②] 父子之间，观其孝慈；兄弟之间，观其和友；君臣之间，观其忠惠；乡党之间，观其诚信。[③] 省其居处，观其义方；省其丧哀，观其贞良；省其出入，观其交友；省其交友，观其任廉。[④] 设之以谋，以观其智；示之以难，以观其勇；烦之以事，以观其治；临之以利，以观其不贪；滥之以乐，以观其不荒。[⑤] 喜之，以观其轻；怒之，以观其重。醉之酒，以观其恭；从之色，以观其常。[⑥] 远之，以观其不二；昵之，以观其不狎。[⑦] 复征其言，以观其精；曲省其行，以观其备。[⑧] 此之谓观诚。”

【注释】

① 礼施：有礼而施惠。德守：操守也。嬖宠：受宠爱。隐约者：指在下位者。

② 悌：此指尊兄。胜私：克服私利。不逾：不过头。黄氏校为“不偷”，即不苟且，可备一说。

③ 孝慈：子孝父慈。和友：和睦友爱。忠惠：臣忠君惠。

④ 省：察看。义方：《左传・隐公三年》：“教之以义方。”杜注：“义之宜者。”指处世之道。任廉：信任、廉直。

⑤ 治：治理，此指办事能力。荒：指享乐过度。

⑥ 喜之：使之喜。轻：轻浮。从：读为“纵”。

⑦ 二：读为“贰”，指有二心。狎：不庄重，有违礼仪。

⑧ 精：微也。曲：直之反。曲省：从反面观察。备：完全。

【译文】

“一是说：富贵的人看他有无礼数和施舍，贫贱的人看他有无道德和操守，受宠的人看他是否骄横放纵，地位低下的人看他是否胆怯畏惧。那年少的，看他是否恭敬好学而且能顺从兄长；那壮年的，看他是否廉洁办事而克服私利；那年老的，看他是否思虑谨慎，努力弥补不足而又不过头。父子之间，看是否子孝父慈；兄弟之间，看是否和睦友爱；君臣之间，看是否臣忠君惠；乡党之间，看是否诚实守信。检查他的居处，看出他的处世方法；检查他对丧事的哀伤程度，看出他的忠贞善良；检查他进出的人家，看出他的交际与朋友；检查他的交际与朋友，看出他的诚信与廉直。给他设一个计谋，以观察他的智慧；让他看到危难，以观察他的勇敢；用杂事烦扰他，以观察他的办事能力；把利益摆在面前，以观察他是否贪婪；用享乐不断地施与他，看他是否逸乐过度。让他高兴，以观察他是否轻浮；让他生气，以观察他是否稳重。用酒灌醉他，以观察他是否恭谨；用女色放纵他，以观察他是否保持常态。疏远他，以观察他是否有二心；亲昵他，以观察他是否庄重。反复验征他说的话，以观察他的细枝末节；多方面察看他的行为，以观察他的方方面面。这就叫作观诚。”

【原文】

“二曰：方与之言，以观其志。志殷以渊，其气宽以柔。① 其色俭而不谄，其礼先人，其言后人，见其所不足，曰日益者也。② 好临人以色，高人以气，贤人以言，防其所不足，发其所能，曰日损者也。③ 其貌直而不止，其言正而不私，不饰其美，不隐其恶，不防其过，曰有质者也。④ 其貌曲媚，其言工巧，饰其见物，务其小证，以故自说，曰无质者也。⑤ 喜怒以物而色不变，烦乱以事而志不淫，深导以利而以不移，临摄以威而气不卑，曰平心而固守者也。⑥ 喜怒以物而心变易，烦乱以事而志不治，导之以利而心迁移，临慑以威而气慄惧，曰鄙心而假气者也。⑦ 设之以物而数决，敬之以卒而度应，不文而辩，曰有虑者也。⑧ 难决以物，难说以言，守一而不可变，困而不知止，曰愚依人也。⑨ 营之以物而不误，犯之以卒而不惧，置义而不可迁，临之货色而不过，曰果敢者也。⑩ 易移以言志不能固，已诺无决，曰弱志者也。顺予之弗为喜，非夺之弗为怒，沈静而寡言，多稽而险貌，曰质静者也。⑪ 屏言而弗顾，自顺而弗让，非是而强之，曰妒诬者也。⑫ 微而能发，察而能深，宽顺而恭俭，温柔而能断，果敢而能屈，曰志治者也。⑬ 华废而诬，巧言令色，皆以无为有者也。⑭ 此之谓考志。”

【注释】

① 方：常也。殷：正也。渊：深也。

② 俭：指态度谦恭。谄：谄媚。见：古“现”字。

③ 贤：胜。防：蔽也。发：读为“伐”，自夸。

④ 止:《大戴礼记》作“侮”,指轻慢。质:诚实。有质者:指诚恳的人。

⑤ 曲媚:曲己以媚人。见物:指显现之事。务:求。小证:小节之证。故:通“固”。以故其说:以此维护自己的看法。

⑥ 淫:依注文当是“营”字,他本亦作“营”。营:惑乱也。摄:胁迫。

⑦ 慄:亦惧也。鄙心:指心志浅陋。假气:指志气虚伪。

⑧ 物:事。数:速也。敬:当作“惊”。卒:仓猝。度应:以法度应之。不文:不华美。辩:慧也。

⑨ 愚依人:依,当为“隐”,暗也。《大戴礼记》作“愚赣者”。

⑩ 置:立也。不过:犹云不顾。

⑪ 多稽:稽,考。多稽,指博学。险:读为俭,俭貌指行为廉洁。质:本质。

⑫ 屏:当为辨。自顺:恣意自遂,即依自己所想行事。妒诬:指妒贤诬善。

⑬ 微:隐微。发:发而显之。察:审视。志治者:其志不乱也。

⑭ 华:浮华。废:大也。诬:无实也。

【译文】

“二是说:常与他交谈,以观察他的志向。心志纯正而深远的,他的气度宽广而柔和,他的情态谦恭而不谄媚,他的礼貌在人之先,他的言语在人之后,总是表现出自己的不足,叫作日益进步者。喜欢给别人以脸色,以气势高出他人,以言语胜过他人,遮掩自己的不足,夸耀自己的能干,叫作日益退步者。他的性格正直而不轻慢,他的言辞公正而不偏私,不装饰自己的优点,不隐瞒自己的缺点,不遮掩自己的错误,叫作有质者。他的外表邪曲而谄媚,他的言辞精美而巧妙,修饰那些显眼的事,求取小节之证以维护自己的看法,叫作无质者。用实物让他高兴或生气而他的表情不变,用杂事烦扰他而心意不乱,用利益深深引诱他而他的意志不转移,面对恐吓威胁而他的气节不卑下,叫作平心而固守者。用实物使他高兴或生气而他的心意改变,用杂事烦扰他就心志不静,以利益引诱他就意志转移,面对恐吓威胁他的神气恐惧,叫作心志浅陋而志气虚伪者。设一件事能够迅速处理,惊吓他而能在仓促之间揆度应变,言辞不华美而聪慧,叫作有志虑者,处理事情困难,语言表达困难,守着一事一物而不能变通,因循旧例而不知停止。叫作愚昧之人。用杂事扰乱他而不会有错,突然惊恐他而心不畏惧,立身于义而不会使他转变,面对钱财美色而不顾盼,叫作果敢者。叫他改变主意而他的心志不能固守，已经许诺又不能决断，叫作弱志者也。和顺地给他而不为之高兴，无理地夺走他也不会生气，性格沉静少说话，博学而行为廉洁，叫作本质平静者。善辩而不顾他人之言，依自己所想行事，以是为非而强行，叫作妒贤诬善者。隐微之事而能显发之，审视而能显其深远，宽顺而恭俭，温柔而能决断，果敢而能委曲，叫作心志平稳者。言语浮夸而不实，花言巧语而表情虚伪，都是以无为有者。这就叫作考言。”

【原文】

“三曰：诚在于中，必见诸外。以其声，处其气。① 气初生物，物生有声。声有刚柔、清浊、好恶，咸发于声。心气华诞者，其声流散；② 心气顺信者，其声顺节；心气鄙戾者，其声醒丑；③ 心气宽柔者，其声温和。信气中易，义气时舒，④ 知气简备，勇气壮力。⑤ 听其声，处其气。考其所为，观其所由。⑥ 以其前，观其后。以其显，观其隐。以其小，占其大。⑦ 此之谓视声。”

【注释】

① 诚：实。见：古“现”字。处：定也。

② 好恶：指美丑。发于声：黄氏说，当作“发于气”。华诞：虚妄。流散：散漫无根。

③ 顺：平顺。顺节：顺畅有节。醒：当作“斯”，裂。

④ 中易：适中而平易。时：通“是”，正也（黄氏说）。

⑤ 知：古“智”字。简：精要。壮力：雄壮有力。

⑥ 由：缘由，指出发点。

⑦ 隐：显之反，藏而不显之处。占：预测。

【译文】

“三是说：实物在内里，一定会表现在外面。用他的声音，判断他的气息。气最早生于实体，实体产生才有声音。声音有刚柔、清浊、美丑，都产生于气。心气虚妄不实的，他的声音漂移不定；心气平稳实在的人，他的声音顺畅有节奏；心气鄙陋乖戾的，他的声音嘶哑难听；心气宽广柔顺的人，他的声音温柔平和。诚信之气适中而平易，仁义之气纯正而舒缓，智慧之气精要而完备，勇武之气雄壮有力。听听他的声音，就能断定他的气息。考察他所做的事，就能看出他的出发点。凭他的前事，看他的将来。以他的显现，看他的隐微。以他的小处，预测他的大处。这叫作视声。”

【原文】

“四曰：民有五气：喜、怒、欲、惧、忧。喜气内蓄，虽欲隐之，阳喜必见；[①] 怒气内蓄，虽欲隐之，阳怒必见；欲气、惧气、忧悲之气皆隐之，阳气必见。五气诚于中，发形于外，民情不可隐也。喜色犹然已出，怒色荐然以侮，欲色妪然以愉，惧色薄然已下，忧悲之色瞿然以静。[②] 诚智必有难尽之色，诚仁必有可尊之色，诚勇必有难慑之色，诚忠必有可新之色，诚洁必有难污之色，诚静必有可信之色。[③] 质浩然，固以安；伪蔓然，乱以烦。[④] 虽欲改之，中色弗听。[⑤] 此之谓观色。”

【注释】

① 隐：匿，指有意为之。阳：犹真（黄氏说）。

② 犹然：舒和的样子。荐然：“茀然”之误，发怒的样子。妪然：将要获取的样子。愉：通“偷”，苟且。薄然，畏惧的样子。瞿然：瞪视若有所失的样子。

③ 尽：全。难尽，即难于全面了解。可新：可亲。

④ 质：实质，指真实之物，与下“伪”相对。蔓然：枝蔓的样子。

⑤ 中色：内在之色。听：听从。

【译文】

“四是说，人有五气，即喜气、怒气、贪欲之气、畏惧之气、悲忧之气。喜气积蓄内心，即使想隐藏它，真正的喜悦一定会表现出来。怒气积蓄内心，即使想隐藏起来，真正的愤怒一定会表露出来。贪欲之气、畏惧之气、忧悲之气都想隐藏起来，真正的贪欲、畏惧、忧悲也一定会表现出来。五气真实地存于内心，表现在外面，人的情感是不可隐藏的。喜悦之情自然地表达，愤怒之情火爆爆地欺人，贪欲之情贪婪地苟安，畏惧之情被吓得卑下，忧悲之情令人若有所失地沉静。真正的智慧，一定有难于尽知的表情；真正的仁爱，一定有值得尊敬的表情；真正的勇敢，一定有难以威慑的表情；真正的忠诚，一定有值得亲近的表情；真正的干净，一定有难以污染的表情；

真正的安静，一定有值得信任的表情。真实的，浩然纯正，坚固而安稳；虚假的，枝枝蔓蔓，杂乱而烦琐。即使想改变，内心的感情也不听从。这就叫观色。”

【原文】

“五曰：民生则有阴有阳。人多隐其情饰其伪，以攻其名。① 有隐于仁贤者，有隐于智理者，有隐于文艺者，有隐于廉勇者，有隐于忠孝者，有隐于交友者：如此，不可不察也。

“小施而好德，小让而争大。言愿以为质，伪爱以为忠，尊其德以攻其名②：如此，隐于仁贤者也。

“前总唱功，虑诚弗及，佯为不言。内诚不足，色示有余。自顺而不让，措辞而不遂：此隐于智理者也。③

“动人以言，竭而弗终，问则不对，佯为不穷，貌而有余，假道而自顺，因之□初，穷则托深：如此，隐于文艺者也。④

“□言以为廉，矫厉以为勇，内恐外夸，亟称其说，以诈临人：如此，隐于廉勇者也。⑤

“自事其亲，而好以告人，饰其见物，不诚于内，发名以事亲，自以名私其身：如此，隐于忠孝者也。⑥

“比周以相誉，知贤可征而左右，不同而交，交必重己。心悦而身弗近，身近而实不至。惧不尽，见于众而貌克⑦：如此，隐于交友者也。

“此之谓观隐。”

【注释】

① 情：真实。攻：取。

② 愿：谨慎之义。质：朴质。尊其德：注重某一方面的美德。

③ 前：开始。唱：通“倡”，倡导。弗及：达不到。色示：外表上显出。自顺：顺随自己。遂：达。

④ 竭：尽，指意尽而言不尽。貌而：外表上如同。□初：黄氏云，当是“本初”。托深：托为艰深。

⑤ □言：黄氏云，疑是“高言”。矫厉：矫情厉色，指感情偏激，外表粗烈。亟：多次，反复。

⑥ 事：侍奉。见物：见读“现”，指人人可见之事。发：通“伐”，自夸。私其身：为自身谋私利。

⑦ 比周：指结党。相誉：彼此标榜。征：求。不同：指高低等次不同。重己：抬高自己。心悦：能重己，故心悦。实不至：内心达不到。惧不尽：指始终担心（别人不知他能交贤士）。貌克：外表上能做到交友亲密。

【译文】

“五是说：人生来就有阴的一面，有阳的一面。多数人隐瞒其实情而修饰而其虚伪，以求取好名声。有隐饰在仁贤的人，有隐饰在智理的人，有隐饰在文艺的人，有隐饰在廉勇的人，有隐饰在忠孝的人，有隐饰在交友的人。像这样，不能不加审察。

“做点小施舍而喜好别人感恩戴德，做点小谦让而争取大回报。言语谨慎以表示质朴，假装友爱以表示忠诚，注重某方面美德以求取好名声。像这样，就是隐饰于仁贤的人。

“一开始总是倡导办事，智虑实际上没有达到，却假装不完全表达。内心实际是不足，而表面上显出有余。顺随己意而不让人，措辞又不能达意。这是隐饰于智理的人。

“用言语打动别人，意尽而言不尽。所答非所问，假装有说不完的话。外表上也看似有余，借故其他而顺随己意。老是开初的那些话，辞穷就假托深奥。像这样，就是隐饰于文艺的人。

“说大话以显示自己廉正，故作粗暴以显示自己勇敢。内心恐惧而口出狂言，反复称道自己的观点，以狡诈待人。像这样，就是隐饰于廉勇的人。

“自己侍奉父母，又喜欢把它告诉别人。有意巧饰那些显眼的事情，内心并不诚实。自夸孝名而侍奉父母，以孝名谋求私利。像这样，就是隐饰于忠孝的人。

“结党以彼此吹捧，知道贤士而求为左右。志向不同而结交他，结交在于抬高自己。结交贤士而心喜却并不靠近他，身虽靠近贤士而内心又保持距离。始终担心别人不知他能交结贤士，在众人面前能做到与贤士表面上亲密。像这样，就是隐饰于交友的人。

“这就叫观隐。”

【原文】

“六曰：言行不类，终始相悖，外内不合，虽有假节见行，曰非诚质者也。① 言忠行夷，争靡及私，施弗求多，情忠而宽，貌庄而安，曰有仁者也。② 事变而能治，效穷而能达，措身立方而能遂，曰有知者也。③ 少言以行，恭俭以让，有知而言弗发，有施而心弗德，曰谦良者也。④ 微忽之言，久而可复；幽间之行，独而弗克其行，亡如存，曰顺信者也。⑤ 贵富恭俭而能施，严威有礼而不骄，曰有德者也。隐约而不慑，⑥ 安乐而不奢，勤劳而不变，喜怒而有度，曰有守者也。直方而不毁，廉洁而不戾，强立而无私，曰有经者也。⑦ 虚以待命，不召不至，不问不言，言不过行，行不过道，曰沉静者也。忠爱以事亲，欢以敬之，尽力而不固，敬以安之，曰忠孝者也。⑧ 合志而同方，共其忧而任其难，行忠信而不疑，迹隐远而不舍，曰交友者也。⑨ 志色辞气，其入人甚俞，进退工故。其与人甚巧，就人甚速，叛人甚易，曰位志者也。⑩ 饮食以亲，货贿以交，接利以合，故得望誉征利，而依隐于物，曰贪鄙者也。质不断，辞不至，少其所不足，谋而不已，曰伪诈者也。⑪ 言行亟变，从容克易，好恶无常，行身不笃，曰无诚者也。⑫ 少知而不大决，少能而不大成，规小物而不知大伦，曰华诞者也。⑬ 规谏而不类，道行而不平，曰窃名者也。⑭ 故曰：事阻者不夷，时□者不回，面誉者不忠，饰貌者不静，假节者不平，多私者不义，扬言者寡信，此之谓揆德。⑮”

【注释】

① 类：相似。悖：逆也。假：借。见（xiàn，现）行：显现的行为。

② 忠：通“中”，指不偏不倚。夷：平。靡：无。情：指内心情感。

③ 效穷：指事功受困。措身：立身。方：方术。遂：成。知：智。

④ 发：通“伐”，夸耀。

⑤ 微忽：细小。幽间：指隐蔽之处。弗克：不变。亡如存：虽死犹生。顺信：慎信。

⑥ 隐约：不显，指不得志。慑：服。不慑，指不甘心。

⑦ 直：通“置”。戾：乖戾。经：常也。

⑧ 固：朱氏云：“当依《礼》作‘面’。”力竭而不现于面。

⑨ 同方：志向相同。隐：指踪迹不明。远：指相距遥远。不舍：不舍弃，仍视为

朋友。

⑩ 志：心中所想。入人：随人。俞：然也，表示应允。入人甚俞，指轻易随人。工故：工于诈谋。就人：指未得志时之投靠别人。叛人：指得志后的表现。位志：心意移动，即心志不专一。

⑪ 质：指内心。少：使其少，指遮掩。已：止。

⑫ 不笃：不实。黄氏校为："言辞亟变，从容交易。"

⑬ 少知：缺少智慧。小物：小事。大伦：大类。华诞：指虚华。

⑭ 道：读为"导"，导行，引导下人行为。

⑮ 时□者不回：当依《大戴礼记》作"畸鬼者不仁"。畸鬼即奇诡。静：当作"情"，实也（黄氏说）。假节：借人节操。揆：度。

【译文】

"六是说：言行不一致，终始相背违，表里不相合，即使有假借的节操和显眼的行为，还是叫非诚实者。言语公平，行为平和，有得而不私用，施舍不求多，心态忠正宽厚，外貌端庄而稳重，叫作有仁者。事情变化而能治理，事功受困而能达目的，立身处事而能成功，叫作有智者。少言语多行动，恭敬礼让，有智慧而不说大话，有施舍而不求感恩戴德，叫作谦良者。细微的言语，过很久还能再现；暗地里办的事，独自办好而不变动，虽死犹存，叫作顺信者。富贵而恭谦，能施舍，威严有礼貌而不骄傲，叫作有德者。不得志而不泄气，生活安乐而不奢侈，勤劳而不变本色，喜与怒都有节制，叫作有守者。身有方术而不丢弃，廉洁自爱而不休止，刚强自立而无私心，叫作有经者。虚心以等待受命，不征召就不到，不问就不讲，言语不超过行为，行为不超越规矩，叫作沉静者。忠心以侍奉父母，愉快地敬奉，尽其力而不表露，敬奉父母使之安泰，叫作忠孝者。心意合又志向同，共忧患又同灾难，行为忠诚而不猜疑，友人遥远或隐匿都不舍弃，叫作交友者。心态、表情、言辞、气势，很容易随人变化，进与退都工于计谋，为人很灵巧，靠拢人很迅速，背叛人也很轻易，叫作位志者。靠吃喝亲近人，用财物结交人，以利交往，有心贪取声誉，求得利益，依靠他人，叫作贪鄙者。内心无决断，表达不清楚，遮掩其不足，而谋事不止，叫作伪诈者。言辞多变，行为错乱，好恶无常，行事不实，叫作无诚者。缺乏智慧不能决大事，缺乏才能不能成大事，规划小事而不识大体，叫作华诞者。规劝上级而不合宜，导引下属而不正派，叫作窃名者。所以说：事情阻隔的不平顺，特别诡诈的不仁慈，当面吹捧的不忠诚，修饰容貌的不实在，假借节操的不正当，私心重的不正义，说大话的少信用。这就叫作揆德。”

王会第五十九

【题解】

王会，周王之会。此篇记周成王成周之会诸侯的盛况以及各方国的贡献。

【原文】

成周之会，墠上张赤帟阴羽，天子南面立，絻无繁露，朝服八十物，搢珽。① 唐叔、荀叔、周公在左，太公望在右，皆絻，亦无繁露，朝服七十物，搢笏，旁天子而立于堂上。②

堂下之右，唐公、虞公南面立焉；堂下之左，殷公、夏公立焉。③ 皆南面，絻有繁露，朝服五十物，皆搢笏。

【注释】

① 墠：同“坛”。帟：帐。以黑羽饰赤帟，故云“赤帟阴羽”。絻：同“冕”。繁露：冠冕缀玉下垂如繁露。十：当作“才”，通“采”，下“七十”“五十”皆“七彩”“五彩”之义。孙诒让说。物：色（黄氏说）。搢：插。珽：大圭，长三尺。

② 唐：诸侯国名，成王弟名虞，封于唐。荀：即《左传》之“郇”，周武王庶子，封于荀，今山西新绛县西有故荀城。周公：姬旦。黄氏云：“疑‘周公’二字当在‘太公望’上。”堂上：即坛上。

③ 唐公：唐尧之后。虞公：虞舜之后，即陈侯。殷公：殷商之后，指宋。夏公：夏禹之后，指杞。

【译文】

成周朝会诸侯，坛上挂着红帐子，用黑羽毛作装饰。天子成王面朝南方，冠冕上没有垂珠，朝服八彩色，腰间插着大圭。唐叔、郇叔在左，周公、太公望在右，都有冠冕，也没有垂珠，朝服七彩色，都腰插笏板，依傍天子站在坛上。

坛下右边，唐公、虞公面朝南站在那里；坛下左边，殷公、夏公站在那里。都是面朝南，冠冕上有垂珠，朝服五彩色，都腰插笏板。

【原文】

为诸侯之有疾病者。① 阼阶之南，祝淮氏、荣氏次之，珪瓒次之，皆西面。② 弥宗旁之，为诸侯有疾病者之医药所居。相者太史鱼、大行人皆朝服，有繁露。③ 堂下之东面，郭叔掌为天子菉币焉，绝云繁露。④

内台西面正北方：应侯、曹叔、伯舅、中舅，比服次之、要服次之、荒服次之。⑤ 西方东面正北方：伯父、中子次之。⑥ 方千里之内为比服，方二千里之内为要服，方三千里之内为荒服。是皆朝于内者。

堂后东北，为赤帟焉，浴盆在其中；其西，天子车立马乘，六青阴羽凫旌。⑦

中台之外，其左泰士，台右弥士。受赞者八人，东面者四人。⑧

陈币当外台，⑨ 天玄毼宗马十二、玉玄缭璧綦十二、叁方玄缭璧豹虎皮十二、四方玄缭璧琰十二。⑩

外台之四隅，张赤帟，为诸侯欲息者皆息焉，命之曰爻闾。⑪ 周公旦主东方所之，青马黑毼，谓之母儿。其守营墙者，衣青操弓执矛。⑫

【注释】

① 此句涉下文衍（依黄氏说）。

② 阼阶：坛的中阶。祝：太祝，掌祝告之人。淮、荣：指二祝的姓氏。珪瓒：以珪为柄的盛酒器。

③ 弥宗：掌医药之官。居：掌也。相者：司仪。鱼：太史之名。大行人：官名，掌天子诸侯间的礼仪，此无名。

④ 郭叔：孔晁云，即虢叔，文王之弟。菉：同“録”，即登记。币：指诸侯的礼品。

⑤ 台：即坛。坛有两层，上为堂，中为内台，下为外台。应侯：成王弟，封于应，今河南宝丰。曹叔：武王弟，封于曹，今山东定陶。伯舅、中舅：指成王之舅，姜姓弟兄。服：服于王事。比：近。要：中。荒：远。

⑥ 伯父、中子：指同姓诸侯。

⑦ 车立马乘：指不卸车马，随时可乘用。六青：六马皆青色。凫旌：画有凫纹的旌旗。凫，鸭子。黑羽饰车盖，凫旌建车上。

⑧ 泰士：上士。弥士：中士。贽：礼物。

⑨ 币：礼品。当：摆放。

⑩ 天、玉：当是天、王。指上方、下方，与下文“三方”“四方”相配。玄：黑色。䍦（hè 鹤）：黄氏以为是“蘺”，同“鬣”liè（猎）：马颈上的毛。下文“黑蘺”同。宗：通“騌”。缭：缠绕。綦：玉琪。琰：珪长尺二寸，又称玉琰。

⑪ 爻间：朱氏云，设于台之四隅，如卦爻，故曰爻间。

⑫ 所之：指所送礼品。营墙：即环墙，围墙。

【译文】

坛的中阶南面，太祝淮氏、荣氏依次站着，旁边放着以珪为柄的盛酒器，都面朝西。弥宗傍着太祝，弥宗是掌管生病诸侯医药事务的。司仪太史鱼和大行人都穿朝服，冠冕上有垂珠，坛下的东面，郭叔掌管替天子登录礼品，冠冕上无垂珠。

内台面朝西以北为上，站着应侯、曹叔及伯舅、中舅等，以下依次是比服、要服、荒服的方国。内台面朝东以北为上，依次是伯父、中子等人。一千里见方以内为比服，二千里见方以内为要服，三千里见方以内为荒服。这些诸侯都是朝于坛内的。

坛后东北角，挂着红帐子，里面是浴盆；它的西面，天子的车马在那里，六匹青马，黑羽饰车盖，凫旌建车上。

中台外面，左边是泰士，右边是弥士。接收礼品共八人，面朝东四人，面朝西四人。

陈放的礼品摆在外台上。上方是黑騌马十二匹，下方是黑丝带缠绕的玉琪十二块，第三方是黑丝带缠绕的豹虎皮十二张及璧玉十二块，第四方是黑丝带缠绕的玉琰十二块。

外台的四角，挂着红色帐子，是想休息的诸侯休息的地方，称之为爻闾。周公旦主管东方所贡礼品，有黑鬃毛青马，叫作母儿。那些守护围墙的，穿青色衣服，操弓执矛。

【原文】

西面者正北方：

稷慎大麈。①

秽人前儿。② 前儿若猕猴，立行，声似小儿。

良夷在子，在子币身人首，脂其腹炙之霍则鸣曰“在子”。③

扬州禺。禺，鱼名。④

解隃冠。⑤

发人麃。麃者若鹿，迅走。⑥

俞人虽马。⑦

青丘狐九尾。⑥

周头煇羝。⑨ 煇羝者羊也。

黑齿白鹿、白马。⑩

白民乘黄。⑪ 乘黄者似狐，其背有两角。

东越海盒。⑫

欧人蝉蛇。蝉蛇顺，食之美。⑬

于越纳。⑭

姑妹珍。⑮

具区文蜃。⑯

共人玄贝。⑰

海阳大蟹。⑱

自深桂。⑲

会稽以鼍。⑳

皆西向。

【注释】

① 稷慎至会稽共二十六国，皆列于台东，朝西，其序则自北而南。稷慎：即肃慎，古国，在今黑龙江。麈：似鹿，乃肃慎贡物。

② 秽：古国，亦作“涉”，地在今朝鲜境。《后汉书 · 东夷列传》：“涉北与高句丽、

沃沮，南与辰韩接，东穷大海，西至乐浪。前：读为“翦”，浅黑色。儿：鲵鱼。《尔雅》注：“今鲵鱼似鲇，四脚，前似猕猴，后似狗声，如小儿啼，大者长八九尺。”鲵鱼乃秽国贡物，后句为贡物的说解。以下同此。

③ 良夷：即乐浪，今朝鲜平安道。在子：所贡之奇兽。幣（币）：当是“鳖”字。脂其腹：油脂涂在腹部。炙之藿：用藿草（豆叶）炙。

④ 扬州：或曰扬岛，地在朝鲜境。禺：所贡的鰅。《说文》：“鰅，鱼名，皮有文，出乐浪东。”

⑤ 解：古国。黄氏引何秋涛云：“解国在东北陬。盖今之费雅喀部人，俗谓之鱼皮岛。”隃冠：孔晁云：“亦奇鱼也。”

⑥ 发：古国，即北发。麃（biāo，彪）：《汉书》师古注，麃形如麞，牛尾，一角。

⑦ 俞：孔晁云“东北夷”。黄氏云：当作“渝”，故地在今辽宁锦州附近。虽马：即䮽。《尔雅》：“䮽，如马，一角。”

⑧ 青丘：古国。海东地名。

⑨ 周头：东海岛国。黄氏云：“亦曰周绕，又作焦绕，音转又作侏儒。”羝：公羊。

⑩ 黑齿：国名，在青丘之北。

⑪ 白民：孔晁注：“亦东南夷。”《山海经·海外西经》：“白民之国，在龙鱼北，白身被发，有乘黄，其状如狐，背上有角。”

⑫ 东越：古国，今福州一带。盒：蛤。

⑬ 欧：同“瓯”，即东瓯，今浙江温州、永嘉一带。蝉同鳣，鳣蛇即鳝鱼。顺：温顺。

⑭ 于越：越也。纳：同“魶”，《说文》：“魶鱼似鳖，无甲，有尾无足，口在腹下。”

⑮ 姑妹：即姑蔑，亦属越人。珍：俞樾说，当作“珧”，蜃之小者。

⑯ 具区：今苏州西南太湖一带。文蜃：大蛤有纹者。

⑰ 共人：亦作“供人”（见《路史》），南越之属。玄贝：即贻贝，黑色贝。

⑱ 海阳：东越小国，今江苏常熟。

⑲ 自深：孔晁云“亦南蛮也”。黄氏校为“目深”，云“故地在深水流域，今桂阳一带”。桂：桂树。

⑳ 会稽：古国，今浙江会稽南。鼍：同鼉，鲤鱼的一种，皮可蒙鼓，即扬子鳄。

【译文】

外台东边朝西以北为上，依次是：

肃慎，贡物是大麈。

秽人，贡物是浅黑鲵。浅黑鲵像猕猴，可站着走，叫声像小儿。

良夷，贡在子。在子鳖身人头，用油脂涂在腹上用藿草一炙，就会发出“在子”的叫声。

扬州，贡物是鰅。鰅，是鱼名。

解国，贡的奇鱼叫隃冠。

发人，贡麃。麃就像鹿，跑得很快。

俞人，贡的虪马。

青丘，贡的九尾狐狸。

周头，贡的煇羝，煇羝是一种羊。

黑齿国，贡的白鹿、白马。

白民，贡的乘黄。乘黄像狐狸，背上有两只角。

东越，贡的海蛤。

瓯人，贡的蝉鱼。蝉鱼温顺，肉味鲜美。

于越，贡的鲔鱼。

姑蔑，贡小蜃蛤。

具瓯，贡有纹的大蜃蛤。

供人，贡的黑色海贝。

海阳，贡的大蟹。

自深，贡的桂树。

会稽，贡的扬子鳄。

都面向西方。

【原文】

正北方[①]：

义渠以兹白。[②]兹白者若白马，锯牙，食虎豹。

央林以酋耳。[③]酋耳者身若虎豹，尾长，参其身，食虎豹。

北唐以闾。[④]闾似隃冠。

渠叟以鼩犬。[⑤]鼩犬者，露犬也，能飞，食虎豹。

楼烦以星施。[⑥]星施者珥旄。

卜卢以纨牛。[⑦]纨牛者牛之小者也。

区阳以鳖封。鳖封者若彘，前后有首。[⑧]

规规以麟。麟者仁兽也。⑨

西申以凤鸟。凤鸟者戴仁、抱义、掖信。⑩

氐羌以鸾鸟。⑪

巴人以比翼鸟。⑫

方炀以皇鸟。⑬

蜀人以文翰。文翰者，若皋鸡。⑭

方人以孔鸟。⑮

卜人以丹沙。⑯

夷用闟木。⑰

康民以桴苡。桴苡者其实如李，食之宜子。⑱

州靡费费。其形人身反踵，自笑，笑则上唇弇其目，食人，北方谓之土蝼。⑲

都郭生生、欺羽。生生，若黄狗，人面，能言。⑳

奇干善芳。善芳者，头若雄鸡，佩之令人不昧。㉑

皆东向。

【注释】

① 自此至奇干二十国列于台西，朝东，依次自北而南。依上段文例，当有“东面”二字。即外台西边，面朝东，以北为上，依次是……

② 义渠：古国。今甘肃庆阳一带。兹白：所贡兽名，一名驳。“兹白者”以下为解说，下同。

③ 央林：即《山海经》之林氏国。酋耳：兽名，亦称驺吾、驺虞。《诗•驺虞》毛传：“义兽也，白质黑文，不食生物，有至信之德则应之。”

④ 北唐：古国，今山西晋阳以北乃旧唐国地。闾：通“驴”。隃冠：隃，作“羭”，“冠”字衍。《山海经》注云：“闾即羭也。”羭：母羊。

⑤ 渠叟：亦作渠搜。地在今内蒙乌拉特前旗东南。鼩：《说文》作“蚼犬”。

⑥ 楼烦：晋北古国。星施：《文选•甘泉赋》引作“星旄”。知为旗属。珥旄：垂旄于旗，若珥然。知“星施（yí）”当是旗子上的必不可少的装饰物。

⑦ 卡卢：古国，西北戎。纨：通“觟”，亦作“纨”。

⑧ 区（ōu，欧）阳：一说在武陵郡西。依文例当在西北。黄氏云：“今陕北安塞南有区水，或是。”鳖封：《山海经》作“并封”。闻一多以为，乃兽牝牡相合之象。

⑨ 规规：即邽邽，汉称上邽，今天水一带。

⑩ 西申：古国，又见之于《后汉书》，今陕北安塞县有申山。凤鸟：即凤凰。仁：指青色。义：指白色。信：指黄色。黄氏引葛洪《抱朴子》："木行为仁为青，金行为义为白，土行为信为黄。"五行与五德、五色配。

⑪ 氐羌：古国，今陇东。鸾鸟：大于凤鸟。

⑫ 巴：今重庆川东一带。

⑬ 方炀：一作方扬。皇鸟：雌凤为凰。

⑭ 蜀：古国，今成都一带。文翰：锦鸡，天鸡。

⑮ 方：古音，与"彭"通，故孙诒让疑为《牧誓》中的彭国。彭，在今湖北谷城、房县之间。

⑯ 卜：即《牧誓》中之濮国，在今湖北郧县之北。丹沙：即朱砂。

⑰ 夷：孔晁注谓东北夷。依文例当在西，黄氏云："当是'矛'误，即《牧誓》之'髳'，故地在今晋南黄河北岸。"阘（jiāo，焦）木：一名鸟文木，色黑而光，其坚若铁，生水中。

⑱ 康：孔晁云："西戎别名。"黄氏云："当是'庸'误。即《牧誓》之'庸'，故地在今湖北竹山西南。"桴苡：朱氏云"即芣苢"，指贡物。芣苢即车前子，可入药。

⑲ 州靡：古国。黄氏以为，《山海经》有"寿靡"，汉有"收靡"，皆一音之转。故地在今四川境。费费：即狒狒，猿属。反踵：指脚跟在前。弇：通"掩"。

⑳ 都郭：古国。黄氏引，何秋涛谓当即交州西南之都昆国。生生：即狌狌，猩猩。黄氏校本无"欺羽"二字。朱氏云："欺羽当是鸟名。"

㉑ 奇干：《山海经》中有"奇肱"，故地在今青海境。善芳：一作献芳，鸟名。昧：昏昧。

【译文】

外台西边，朝东，北为上，依次是：

义渠，贡以兹白。兹白像白马，长着锯牙，吃虎豹。

央林，贡以酋耳。酋耳身子像虎豹，尾巴有身子三倍长，吃虎豹。

北唐，贡以驴。驴像母羊。

渠叟，贡以鼩犬。鼩犬又叫露犬，能飞奔，吃虎豹。

楼烦，贡星施。星施是旗子上的垂珥。

卡卢，贡纨牛。纨牛是一种小牛。

区阳，贡鳖封。鳖封像猪，前后都有头。

规规，贡麟。麟是一种灵性的兽。

西申，贡凤鸟。凤鸟头顶青色，怀抱白色，腋下黄色。

氐羌，贡鸾鸟。

巴人，贡比翼鸟。

方炀，贡皇鸟。

蜀人，贡天鸡。天鸡像五彩鸡。

方人，贡孔雀。

卜人，贡丹砂。

髳人，贡阘木。

庸人，贡桴苡。桴苡的果实像李子，妇女吃了容易怀孩子。

州靡，贡狒狒。形状像人身，脚踵是反的，爱笑，一笑嘴唇就掩住眼睛，吃人，北方人叫土蝼。

都郭，贡猩猩和欺羽鸟。猩猩像黄狗，人脸，能说话。

奇干，贡善芳。善芳头像雄鸡，佩戴在身上使人不昏昧。

以上方国的人都面向东方。

【原文】

北方台正东[①]：

高夷嗛羊。嗛羊者，羊而四角。[②]

独鹿邛邛。邛邛，善走者也。[③]

孤竹距虚。[④]

不令支玄獏。[⑤]

不屠何青熊。[⑥]

东胡黄罴。[⑦]

山戎戎菽。[⑧]

其西[⑨]：

般吾白虎黑文。[⑩]

屠州黑豹。[⑪]

禺氏騊駼。[⑫]

大夏兹白牛。兹白牛，野兽也，牛形而象齿。[⑬]

犬戎文马。文马赤鬣缟身，目若黄金，名吉黄之乘。⑭
数楚每牛。每牛者，牛之小者也。⑮
匈奴狡犬。狡犬者，巨身，四足果。⑯
皆北向。⑰

【注释】

① 北方：指外台北边。正东：台北之东。

② 高夷：高句丽。嗛（qiàn，欠）羊：黄氏云："即羬羊。"《尔雅》："羊六尺曰羬。"

③ 独鹿：即涿鹿。邛邛：即蛩蛩（qióng，穷），状如马。

④ 孤竹：古国，今河北卢龙县南。距虚：驴骡之属，似骡而小，亦善跑。

⑤ 不：发语词，犹如古文常见的"夫"。令支：古国，朱氏以为在河北迁安市西。玄：黑色。獏：熊属。

⑥ 屠何：《管子》载"（齐）桓公破屠何"。《汉书》有徒河县。在今辽宁凌海市西北。

⑦ 东胡：乌桓（后称鲜卑）之先，今燕北一带。罴：熊属，黄白纹，长头，高脚。

⑧ 山戎：春秋时无终之先，今天津蓟县境。戎菽：亦作荏菽，胡豆。

⑨ 其西：指台北以西。

⑩ 般吾：古国，即番吾。汉代有番吾县，地在今河北平山一带。白虎黑文：《经典释文》称之为"驺虞"，《山海经》："有珍兽名曰驺吾。"

⑪ 屠州：孔晁以为狄的一支。黄氏引"何秋涛疑即休屠"，故地在今甘肃凉州。

⑫ 禺氏：古国，汉称月氏，在今敦煌、祁连山间。

⑬ 大夏：古国，《史记》"禹凿龙门以通大夏"，当在今太原、晋阳一带。兹白牛：即驳牛（黄氏说）。

⑭ 犬戎：一作畎夷，今陇西一带。文马：多色马。鬣：颈毛。缟：白色。

⑮ 数楚：北戎，黄氏以为"地在今陕西陇县数历山、楚水一带"。每牛：《尔雅》有"犤牛"，身矮小，俗名果下牛。

⑯ 匈奴：尧时称荤粥，周称猃狁，秦称匈奴。狡犬：犬属，巨口而黑身。果：通"裸"，无毛。

⑰ 北向：在外台之北，当是"南向"，面朝南。

【译文】

外台北边，靠东一边，依次是：

高夷，贡的嗛羊。嗛羊，是四角羊。

独鹿，贡的蛩蛩。蛩蛩，善于奔跑。

孤竹，贡的距虚。

令支，贡的黑貘。

屠何，贡的黑熊。

东胡，贡的黄罴。

山戎，贡的胡豆。

靠西一边，依次是：

番吾，贡的白虎。

屠州，贡的黑豹。

禺氏，贡的騊駼。

大夏，贡的兹白牛。兹白牛是一种野兽，有牛的形体和大象的牙齿。

犬戎，贡的文马。文马是红鬃白身，眼睛亮如黄金，名叫吉黄之乘。

数楚，贡的每牛。每牛，是一种小牛。

匈奴，贡的狡犬。狡犬者，体大，四条腿无毛。

以上都面朝南方。

【原文】

权扶玉目。①

白州比闾。比闾者，其华若羽，伐其木以为车，终行不败。②

禽人菅。③

路人大竹。④

长沙鳖。⑤

其西：

鱼復鼓钟。钟牛。⑥

扬蛮之翟。⑦

苍吾翡翠。翡翠者，所以取羽。其余皆可知。⑧

自古之政，南人至众。⑨

皆北向。

【注释】

① 依文例此句前当有"南方台正东"五字，即外台的南边，靠东一边，依次是：权扶……权扶：古国，黄氏以为"或春秋权国之先"，今湖北当阳有权城古迹。玉目：玉的一种，俗名猫眼石。

② 白州：故地在今福建延平白水流域。比间：即并间，今之棕榈。华：古"花"字。

③ 禽：古国。《路史》有"高阳氏之后有禽人"。菅：香茅草。

④ 路：朱氏云"疑即骆越"，今广西南宁一带。

⑤ 长沙：古国。

⑥ 鱼復：亦称鱼人，地在今四川奉节一带。钟牛：钟如牛形。

⑦ 扬蛮：扬州之蛮。翟：长尾山鸡。

⑧ 苍吾：古国，汉有苍梧郡，地在今广西梧州一带。

⑨ 至众：黄氏校为"致象"，即南越人自古来就贡大象。南人：指南越。

【译文】

外台的南边，靠东一边，依次是：

权扶，贡物是猫眼玉。

白州，贡物是棕榈。棕榈树，其华像羽毛，砍树作车，至终不腐朽。

禽人，贡物是菅草。

路人，贡物是大竹。

长沙，贡物是鳖。

靠西一边，依次是：

鱼復，贡物是鼓、钟。钟似牛形。

扬州蛮，贡物是翟鸟。

苍吾，贡物是翡翠鸟。翡翠鸟，用来拔取羽毛。其余的贡物，用途也就可以知道了。

自古以来，南越都贡大象。以上，都面朝北方。

【原文】

《伊尹朝献·商书》[1]

汤问伊尹曰[2]："诸侯来献，或无牛马之所生，而献远方之物，事实相反，不利。[3]今吾欲因其地势所有献之，必易得而不贵。其为四方献令！"

伊尹受命，于是为四方令曰：[4]

"臣请正东符娄[5]、仇州[6]、伊虑[7]、沤深[8]、九夷[9]、十蛮[10]、越[11]、沤[12]、鬋发文身，[13]请令以鱼皮之鞞、鲗鲗之酱、鲛瞂、利剑为献；[14]正南瓯、邓、桂国、损子、产里、百濮、九菌，[15]请令以珠玑、瑇瑁、象齿、文犀、翠羽、菌鹤、短狗为献；[16]正西昆仑、狗国、鬼亲、枳巳、阘耳、贯胸、雕题、离身、漆齿，[17]请令以丹青、白旄、纰罽、江历、龙角，神龟为献；[18]正北空同、大厦、莎车、姑他、旦略、豹胡、代翟、匈奴、楼烦、月氏、孅犂、其龙、东胡，[19]请令以橐驰、白玉、野马、騊駼、駃騠、良弓为献。[20]"

汤曰："善！"

【注释】

① 此乃《商书》中的一篇，"古者篇题皆大题退在小题下"。孔晁注"不（在）《周书》，录中，以事类来附。"因为诸侯朝献所贡之贽，乃伊尹所制，自古而然。以《伊尹朝献》解读《王会》乃编书者本意。

② 汤：商汤，商代开国之君。伊尹：汤臣。

③ 牛马之所生：指本地土产。利：便。

④ 四方令：即上"四方献令"之省。

⑤ 符娄：《吕氏春秋》有"傅娄"，《后汉书》有"夫余"，《拾遗记》有"扶娄"，地在今辽东。

⑥ 仇（qiú，求）州：黄氏引"何秋涛疑即琉球古国"。

⑦ 伊虑：即医闾，地在今辽东。《尔雅》作医无闾。

⑧ 沤深：黄氏云"或言即目深"。前文作"自深桂"。

⑨ 九夷：《后汉书》夷有九种：畎夷、千夷、方夷、黄夷、白夷、赤夷、玄夷、风夷、阳夷。地在今胶东地区。

⑩ 十蛮：指诸蛮，地在今江浙一带。

⑪ 越：禹之后，地在今会稽。

⑫ 沤：通“瓯”，即东瓯。

⑬ 鬋发文身：即有断发文身习俗之部族。

⑭ 鞞：刀鞘。鲗鲗：即乌贼。鲛：鲨鱼。瞂：盾。

⑮ 瓯：朱氏以为即瓯骆，今广西境。邓、桂：古国，今桂阳一带。损子：黄氏“疑即春秋郧国之先，地在今湖北安陵境”。朱氏“疑即瞫都。今广东琼山县东南”。产里：即车里，今云南普洱。百濮：朱氏“或云在巴中，或云今云南曲靖府地”。黄氏以为“在今福建建宁南”。九菌：黄氏说，菌即《禹贡》之箘，春秋在麇国，地在今湖北当阳一带。

⑯ 瑇瑁：即玳瑁，一种大海龟。文犀：有纹的犀牛角。菌鹤：菌地所出之鹤。短狗：矮足狗。

⑰ 昆仑：地在今兰州一带。狗国：犬戎。鬼亲：即鬼方。枳巳：黄氏校为“枳巴”，云“川东古国”。阘耳：《吕氏春秋》有“北怀阘耳”，《山海经》有聂耳、离耳国。或即聂耳。贯胸：《山海经》有贯胸国。有刺胸之俗，故名。雕题：指刻其额头，涂以丹青，因其俗而名之。离身：《尔雅·释地》有比肩民，刘师培疑即指此。漆齿：即黑齿国，其齿如漆。

⑱ 纰罽（jì，记）：指毛毡之类。江历：孔晁以为“珠名”，黄氏云：“一种香草，即靡芜。”

⑲ 空同：一作崆峒，今甘肃平凉西。大夏：非西域之大夏，其时当在中原之北，内蒙古中部一带。莎车：靠近大夏，其时亦不在西域。姑他：或云即“滹沱”之音转，地当在今滹沱河流域。旦略：一作且略，或云且居之先，“且居”见《史记·匈奴列传》。豹胡：北胡。黄氏云“与‘貊’通，《山海经》有貊国”，地近于燕。代翟：代狄，地在今河北蔚县一带。孅犂：《史记·匈奴列传》有新犁国，在匈奴之北。其龙：或云《匈奴传》之茏城，地在今蒙古国。东胡：在燕北，今承德东。

⑳ 橐驰：即骆驼。駒騟：一种好马。駃騠：马驴相配所生。

【译文】

《商书·伊尹朝献》

商汤对伊尹说：“诸侯来进贡，有的没有土产而贡献远方的物品，事与实相反，不方便。现今我想依据土地所出作贡物，一定要容易到手又不珍贵。你就制定四方进献的法令吧！”

伊尹接受命令，于是就作《四方令》道：

“我要求正东的符娄、仇州、伊虑、沤深、九夷、十蛮、越、瓯及断发文身的部族，要命令他们以鱼皮制的刀鞘、乌贼鱼酱、鲨鱼皮制的盾牌、利剑作为贡物；正南方的瓯骆、邓国、桂国、损子、产里、百濮、九菌等国，要命令他们以珍珠、玳瑁、象牙、犀牛角、翠鸟羽毛、菌地的鹤、矮脚狗作为贡物；正西方的昆仑、犬戎、鬼方、枳巳、阘耳、贯胸、刺额、离身、黑齿的方国，要命令他们以朱砂、白旄牛尾、毛毡、江历、龙角、神龟为贡物；正北方的崆峒、大夏、莎车、姑他、旦略、貊胡、代狄、匈奴、楼烦、月氏、新犁、其龙、东胡等方国，要命令他们用骆驼、白玉、野马、騊駼、駃騠、良弓作为贡物。”

商汤道：“好！”

逸周书全译卷八

祭公第六十

【题解】

记祭公谋父以有关勤政守位之事训诫穆王及其三公。《礼记·缁衣》引作《祭（叶）公之顾命》，当是本名。顾命，最后之命。可视为祭公临终前的训诫。祭，音 zài（寨），周公儿子的封国。父，音 fǔ。谋父为周公旦之孙，第二代祭公，死于穆王二十一年。

【原文】

王若曰："祖祭公，予小子虔虔在位！① 昊天疾威，予多时溥愆。我闻祖不豫有加，予惟敬省。② 不吊天降疾病，予畏天威。公其告予懿德！③"

祭公拜手稽首曰："天子！谋父疾维不瘳。④ 朕身尚在兹，朕魂在于天。昭王之所勖，宅天命！⑤"

【注释】

① 祖：祭公乃穆王祖父辈。虔虔：虔诚。

② 昊天：昊训大，上天。疾：急。溥：大也。不豫：指有病。省：省视。

③ 不吊：不善。畏天威：害怕上天的威严，意思是担心老天爷夺去祭公的生命。懿德：美德，意思是给我以好的指示。

④ 瘳：愈。

⑤ 昭王：穆王姬满之父姬瑕。勖：勉励。这里当是"佑助"之义。宅：居。

【译文】

穆王这样说："叔祖祭公，我是虔诚地在位执政。上天急于施威，我多有大错。我听说叔祖病势加重，我是郑重地前来探视。不善的老天降下这疾病，我害怕它的威严。请您告诉我美好的德行。"

祭公行叩拜大礼，说："天子！谋父我的病已不会好。我的身子还在这里，我的魂魄已经在天上。昭王在保佑着你，就安居天命吧！"

【原文】

王曰："呜呼，公！朕皇祖文王、烈祖武王，度下国，作陈周。[①] 维皇皇上帝度其心，置之明德，付畀于四方，用应受天命，敷文在下。[②] 我亦维有若文祖周公暨列祖召公兹申。[③] 予小子追学于文武之蔑，用克龛绍成康之业，以将大命，用夷居大商之众。[④] 我亦维有若祖祭公之执和周国，保乂王家。[⑤]"

王曰："公！称丕显之德，以予小子扬文、武大勳，弘成、康、昭考之烈。[⑥]"

王曰："公，无困我哉！俾百僚乃心率辅弼予一人。[⑦]"

【注释】

① 烈祖：有功业之祖。度：居也。作陈周：指办事周到无差错。

② 度：揣度、了解。付畀：付与。应：受也。应受天命：指有天下。敷文：布施文德。

③ 维有：指借助。若：您。列祖：叔祖。申：申告，诫训。

④ 蔑：通"末"，微末，言其小。克：能。龛：通"堪"，亦"克"，克龛连文。绍：续，继承。将：行也。大命：天命。夷：平也。

⑤ 执：执持，指担负国家重任。和：和谐。保：安定。乂（yì，义）：安定。

⑥ 称：举也。扬：续也，指继承。昭考：指其父昭王。

⑦ 乃心：尽心。率：用也。

【译文】

穆王说："啊呀，祭公！我皇祖文王和烈祖武王，身处小国，办事周到无误。只有上天知晓他们的心思，把明德加于其身，把四方付与他们。他们接受天命，布施文德在下土。我也借助于您文祖周公和叔祖召公的训导。我小子追学文王武王的微德，因而能够继承成王、康王的业绩，以执行天命，使大商的民众过得平稳。我也借助您叔祖祭公执持和谐我们周朝，安定王室。”

穆王说：“祭公！列举您的美德，以帮助我小子发扬文王、武王的功勋，光大成王、康王以及我父昭王的业绩。”

穆王又说：“祭公！不要让我困惑啊！要让百官尽心，用来辅佐我呀！”

【原文】

祭公拜手稽首曰：“允乃诏！毕桓于黎民般。①”

公曰：“天子！谋父疾维不瘳，敢告天子：皇天改大殷之命，维文王受之，维武王大克之，咸茂厥功。②维天贞文王，之董用威，亦尚宽壮厥心，康受乂之式用休。③亦先王茂绥厥心，敬恭承之。维武王申大命，戡厥敌。④”

公曰：“天子！自三公上下，辟于文、武，文、武之子孙大开封，方于下土。⑤天之所锡武王时疆土，丕维周之基，丕维后稷之受命，是永宅之。⑥维我后嗣旁建宗子，丕维周之始并。⑦呜呼，天子，三公！监于夏商之既败，丕则无遗后难，至于万亿年，守序终之。⑧既毕，丕乃有利宗，丕维文王由之。⑨”

【注释】

① 允乃诏：“乃诏允”的倒装句。允，允当。毕：全。桓：忧也。般：读为盘，乐也。意思是，考虑到百姓的安乐。

② 茂：丰也。茂厥功，即建立了丰功。

③ 之董用威：孔晁注为“董之用威”，董一作重，读 chóng，指两次采用武力，故注言“伐崇、黎也飞”。贞：正也，天使文王持正。康：定，指制定。乂：治。休：美。

④ 绥：安。申大命：重申天命。戡：战。

⑤ 辟（bì，比）：法也。三公：太师、太傅、太保。封：读为邦，指邦国。方：读为旁。旁于下土，指邦国分布在各地。

⑥ 丕：发语词。维：思。时：通“是”。后稷：周的始祖，名弃。宅：居。

⑦ 宗子：嫡子，非庶出。旁建：广建。并：通“屏”，指屏障，以藩王室。

⑧ 监：鉴戒。难：患难。亿：十万。序：次序，一代传一代。

⑨ 既毕：指代代相传到底。由之：指文王的初衷。

【译文】

祭公行叩拜大礼道："你的诏告很适当啊，全是考虑到老百姓的安乐。"

祭公又说："天子！谋父我的病好不了，敬告天子：上天改易殷商之命，是文王接受的，是武王灭了殷商，他们都建了丰功。是上天让文王持正，两次使用武力，又开阔壮大他的心思，制定治国的法式，得以完美。又有先王多次安定他的信念，文王都恭敬地接受。是武王重申天命，战胜了他的敌人。"

祭公说："天子！自三公以下，都效法文王、武王，文王、武王的子孙大建邦国，分布于各地。上天赐给武王的这片疆土，是周朝的基业，也是始祖后稷受命的地方，当永远守住它。我们后继者广建嫡子为诸侯，作为周王室的屏障。啊呀，天子，三公！以夏商的灭亡为鉴戒，就不会留下后患，传到万年、十万年，守着次序传到底。如果传承到底，就有利于宗族，也是文王的初衷。"

【原文】

公曰："呜呼，天子！我丕则寅哉寅哉。① 汝无以戾反罪疾丧时二王大功。② 汝无以嬖御固庄后，汝无以小谋败大作，③ 汝无以嬖御士疾庄士、大夫、卿士，④ 汝无以家相乱王室而莫恤其外！⑤ 尚皆以时中乂万国。⑥

"呜呼，三公！汝念哉！汝无泯泯芬芬，厚颜忍丑。时维大不吊哉！⑦ 昔在先王，我亦维丕以我辟险于难，不失于正，我亦以免没我世。⑧ 呜呼，三公！予维不起朕疾，汝其皇敬哉！⑨ 兹皆保之。曰：康子之攸保，勖教诲之，世祀无绝。⑩ 不，我周有常刑！⑪"

王拜手稽首党言。⑫

【注释】

① 丕：发语词。寅：敬也。

② 戾：乖违。反：反常。疾：通"嫉"。时：是。

③ 嬖御：宠妾。庄后：正妻，正宫。固：通"锢"，指蔽塞。大作：大事。

④ 嬖御士：外宠，指佞臣。庄士：正人君子。

⑤ 家相：陪臣，指谋私利的小人。恤：忧虑。外：王室之外。

⑥ 时：是。中：中正之道。乂：治。万国：指诸侯。

⑦ 泯泯芬芬：昏乱。不吊：不善。

⑧ 我辟：我的君王，指昭王。险：远也。免：通“勉”，尽力。没：终。此句指尽力到死。

⑨ 皇：大也。

⑩ 曰：当指承诺之言。康：安也。子：指三公。康子之攸保，指明确你们的所作所为。勖：勉励。

⑪ 不：读若“否”。常刑：一定的刑罚。

⑫ 党：同“谠”，善也。

【译文】

祭公说：“啊呀，天子！我是慎重又慎重。你不要因乖戾、反常、罚罪、嫉妒丧失了这二王的大功。你不要用嬖妾蔽塞正宫，你不要因小打算而败坏大事，你不要以宠信的佞臣蔽塞正派之士及大夫、卿士，你不要用陪臣扰乱王室而不忧虑王室以外的事，要以这中正之道治理天下万国。

“啊呀，三公！你们要多思考啊！你们不要昏昏糊糊，厚着脸皮忍受耻辱，这样就是大不善了。从前在先王的时候，我总是考虑让我们君王远离患难，不失去正道，我也就尽力度过我这一生。啊呀，三公！我想我的病好不了啦，你们要大加重视啊，这样天下都会安定。你们要承诺：明确你们的责任，勉励教诲天子，使世代的祭祀没有断绝。不然，我们周朝定有刑罚。”

穆王拜手叩头，接受善言。

史记第六十一

【题解】

史记，史事的记录。此篇归纳了前朝诸国败亡的原因与教训，以此为鉴戒。今本《竹书纪年》“穆王二十四年，王命左史戎夫作《纪》。”当指此篇而言。

【原文】

维正月，王在成周，昧爽，召三公、左史戎夫曰：①“今夕朕寤，遂事惊予。②”乃取遂事之要戒，俾戎夫主之，朔望以闻。③

【注释】

① 正月：依《竹书纪年》，当指穆王二十四年正月。左史：记事之史官。召：告。戎夫：左史之名。

② 遂事：往事，指史事。

③ 要戒：重要而又可鉴戒。俾：使。朔望：每月朔望日。闻：使闻，让……听到，即讲给穆王听。

【译文】

（二十四年）正月，穆王在成周。一天早晨，穆王告诉三公及左史戎夫：“今晚上我醒来，是已往的史事惊吓了我。”于是就要求辑录历史上重要又可鉴戒的事，使左史戎夫主办，每月朔日望日讲给自己听。

【原文】

信不行，义不立，则哲士凌君政。禁而生乱，皮氏以亡。①

谄谀日近，方正日远，则邪人专国政。禁而生乱，华氏以亡。②

好货财珍怪则邪人进，邪人进则贤良日蔽而远。赏罚无位，随财而行，夏后氏以亡。③

严兵而不仁者其臣慑，其臣慑则不敢忠，不敢忠则民不亲其吏。刑始于亲，远者寒心，殷商以亡。④

乐专于君者权专于臣，权专于臣则刑专于民。君娱于乐，臣争于权，民尽于刑，有虞氏以亡。⑤

奉孤以专命者，谋主必畏其威而疑其前事。挟德而责数日疏，位均而争，平林以亡。⑥

【注释】

① 哲士：智谋之士。凌：侵凌。皮氏：古国，旧地即今山西河津市西。

② 谄谀：奉承。华氏：古国，今河南郑州东南有华城。

③ 夏后氏：指夏桀。

④ 严兵：即严刑。慑：惧。刑始于亲：指刑施于亲近之臣，如比干剖心之类。

⑤ 乐：享乐。专：专有，独占。有虞氏：指舜之后人的封国。

⑥ 奉孤：侍奉幼主。专命：独断专行。谋主：指幼主长大。挟德：指权臣依仗侍奉幼主的功德。责数：责怪、数落，指权臣对人君的不满。日疏：黄氏据《路史》增“贤能”二字。位均：指权臣与人君地位等同。平林：古国，今湖北随州东北有平林故城。

【译文】

信用不行，仁义不立，那么智谋之人就会侵凌国君政务。不让他侵凌就会发生叛乱，皮氏国因此灭亡。

阿谀奉承者日益亲近，正直之臣日益疏远，那么奸邪之人就会把持国政。不让他把持就会发生叛乱，华氏国因此灭亡。

喜欢财物与奇珍异宝，那么奸邪之士就进入朝廷。奸邪进入朝廷，贤良之人日益不显而遭疏远。赏罚没有标准，随财物多而行赏罚，夏朝因此灭亡。

国君用严刑而不仁慈的，大臣就有所畏惧。大臣畏惧则不敢尽忠，不敢尽忠则百姓不亲近官吏。严刑从亲人开始，外人就会心寒。殷商因此灭亡。

享乐由国君独有，权力就被大臣独占。权力由大臣独占，刑罚就被百姓专受。国君沉溺于享乐，大臣必争夺权势，百姓尽都受刑。有虞氏因此灭亡。

侍奉幼主而独断专行的，幼主长大一定会畏惧他的威严，并怀疑他过去的作为。侍奉者依仗自己的功德而对人君不满，彼此日益疏远，君臣双方权势相当而争斗，平林国因此灭亡。

【原文】

大臣有锢职，哗诛者危。昔者质沙三卿朝而无礼，君怒而久拘之，哗而弗加，三卿谋变，质沙以亡。①

外内相间，下扰其民，民无所附，三苗以亡。②

弱小在强大之间，存亡将由之，则无天命矣。不知命者死。有夏之方兴也，扈氏弱而不恭，身死国亡。③

嬖子两重者亡。昔者义渠氏有两子，异母，皆重。君疾，大臣分党而争，义渠以亡。④

功大不赏者危。昔平州之臣功大而不赏，谄臣日贵，功臣日怒而生变，平州之君以走出。⑤

召远不亲者危。昔有林氏召离戎之君而朝之，至而不礼，留而弗亲，离戎逃而去之，林氏诛之，天下叛林氏。⑥

昔者曲集之君伐智而专事，强力而不信其臣，忠良皆伏，愉州氏伐之，君孤而无使，曲集以亡。⑦

昔者有巢氏有乱臣而贵，任之以国，假之以权，擅国而主断。君已而夺之，臣怒而生变，有巢以亡。⑧

【注释】

① 锢职：指专权。谇诛：扬言杀人。质沙：古国，又作宿沙，《吕览》《淮南》作夙沙。

② 相间：离间，不和。三苗：古国。

③ 无天命：即无主权，由强大者所制。有夏：指夏启。扈氏：夏同姓国，即《尚书》之有扈氏，夏启灭之，故地在今陕西户县一带。

④ 嬖：受宠。重：指地位高。义渠：古国，今甘肃庆阳有义渠城。

⑤ 平州：古国，今山东莱芜市有平州城。走出：指逃走他国。

⑥ 召远不亲：召来远方人又不加亲近。离戎：疑即骊戎，故地在今陕西西安市临潼区东。有林氏：古国，《山海经》有林氏国。

⑦ 伐：夸耀，《论语》有“愿毋伐善”。伏：即隐而不出。曲集：古国。愉州氏：古国。

⑧ 有巢氏：故地在今安徽巢县一带。假：假托。已而：过了不久，后来。

【译文】

大臣专权，动不动就扬言杀人的，危险。从前质沙国三卿朝君而不顾礼节，国君生怒而长久拘禁他们，声言诛杀而不诛杀，三卿合谋政变，质沙国因此灭亡。

外臣与内臣不和，都扰乱下面的百姓，百姓无处依附，三苗国因此灭亡。

弱小之国在强国之间，存亡将由强国决定，自己不能做主。不知道这种命运的，只有死。夏朝刚兴起的时候，扈氏弱小而对夏不恭敬，结果身死国灭。

受宠的儿子两个都位重的，一定亡国。从前义渠氏有两个儿子，不是一母所生，皆处高位。国君后来得了病，大臣们分为两党而相争斗，义渠国因此灭亡。

功劳大而不加奖赏的，危险。从前平州国的大臣有大功而不赏，谄媚之臣反而日益显贵，功臣们天天愤怒起来而发动政变，平州的国君因此逃往他国。

召来远人不加亲近的，危险。从前有林氏召来离戎国的君王朝见他，到了之后不给礼遇，留下来又不加亲近，离戎国君逃离林氏国，林氏国诛杀了他，结果天下人都背叛了林氏。

从前曲集国的国君自恃聪明而独断事务，强悍有力而不信任大臣，忠良之臣都隐而不出。后来愉州氏攻打他，国君孤立而无人可使，曲集国因此灭亡。

从前有巢氏有个乱臣却地位显贵，把国事交给他，把大权托付给他，让他专擅国政而独断专行。国君后来夺回他的权力，乱臣生怒而发动政变，有巢氏因此灭亡。

【原文】

斧小不胜柯者亡。昔有郐君啬俭，减爵损禄，群臣卑让，上下不临。后郐小弱，禁罚不行，重氏伐之，郐君以亡。①

久空重位者危。昔有共工自贤，自以无臣，久空大官，下官交乱，民无所附，唐氏伐之，共工以亡。②

犯难争权，疑者死。昔有林氏、上衡氏争权，林氏再战而胜，上衡氏伪义弗克，俱身死国亡。③

知能均而不亲，并重事君者危。昔有南氏有二臣贵宠，力钧势敌，竞进争权，下争朋党，君弗能禁，南氏以分。④

昔有果氏好以新易故，故者疾怨，新故不和，内争朋党，阴事外权，有果氏以亡。⑤

爵重禄轻，比□不成者亡。昔有毕程式，损禄增爵，君臣貌匮，比而戾民，毕程式以亡。⑥

好变故易常者亡。昔阳氏之君，自伐而好变，事无故业，官无定位，民运于下，阳氏以亡。⑦

业形而愎者危。昔谷平之君愎类无亲，破国弗克，业形用国，外内相援，谷平以亡。⑧

武不止者亡。昔阪泉氏用兵无已，诛战不休，并兼无亲，文无所立，智士寒心，徙居至于独鹿，诸侯叛之，阪泉以亡。⑨

【注释】

① 柯：斧之柄。斧为用喻臣，柯运斧喻君。不临：不融洽。郐：古国，故地在河南新郑市西北。黄氏以为即《诗经·桧风》之桧。重氏：少昊时木正之后。黄氏以为“重黎之后”。朱氏云：“言郐君以亡，则国未灭也。其后郑桓公灭郐在幽王时。”

② 自贤：认为自己贤能。共工：炎帝之后。唐氏：即尧。

③ 犯难：冒着危难。疑：指不决。而胜：旧作“弗胜”。伪：通“为”，为义：讲仁义。有林氏、上衡氏：古国之名。

④ 有南氏：古国，今湖北江陵，古称南郡。

⑤ 有果氏：古国，今果州一带。疾：通“嫉”。外权：即有权势的外国。阴事外权：指暗中勾通大国。

⑥ 比□：黄氏校为“比戾”。比为勾结，戾即戾民，坑害百姓。成：通“诚”。毕程氏：即程邑，王季灭之，文王“宅程三年”，今陕西高陵地。貌匮：貌似匮乏。

⑦ 阳氏：丁兆洛以为即《礼记》中的阳侯。自伐：夸耀自己。

⑧ 形：通“刑”。业刑：以刑为业。谷平：古国，《左传·桓公七年》有谷国，或其后人。愎：很也，即犟性。类：戾也。

⑨ 阪泉：古国，疑是炎帝之后。昔轩辕与炎帝战于阪泉之野。独鹿：即涿鹿。

【译文】

斧头小，承受不了大斧柄的，必灭亡。从前郐国之君吝啬节俭，降爵位减俸禄，群臣地位低下，上下不协调。后来郐国变成弱国，禁令与处罚都行不通。重氏国攻打他，郐君因此而死。

长久使重要位置空缺的，危险。从前共工氏认为自己贤能，认为没有可用之臣，长期空缺大官，结果下面官员交相作乱，百姓无处依附，唐氏攻打他，共工氏因此灭亡。

冒着危难争夺权力，犹疑不决者必死。从前有林氏与上衡氏争夺权力，林氏两战不胜，上衡氏行仁义不攻下它，结果双方都身死国灭。

聪明能干相等而不和，又同时受到重用共事君王的，危险。从前有南氏有两个大臣，显贵而受宠，势力相等，竞相争权，在下面争取党羽，国君不能禁止，南氏国因此分裂。

从前有果氏喜欢以新易旧，旧大臣嫉妒怨恨，新旧大臣不和，国内结党相争，暗中与外国勾结，有果氏因此灭亡。

大臣爵位高而俸禄少，勾结起来坑害百姓又不诚实的，灭亡。从前毕程式减少俸禄，增加爵位，群臣貌似匮乏，而勾结坑害百姓，毕程式因此灭亡。

喜欢改变故旧，变更常规的，灭亡。从前阳氏国君王，夸耀自己而喜欢变改，结果做事没有固定职业，做官没有固定职位，百姓在下面搬来迁去，阳氏国因此灭亡。

专用刑法而任性的，危险。从前谷平国的君王任性暴戾，没有亲近之臣，打败他国又不灭掉，专用刑法治国，结果内外势力相结合，谷平国因此灭亡。

用武不停的，灭亡。从前阪泉氏用兵不止，征战不休，兼并他国，没有友好邻邦。文人无立足之地，智士个个心寒。后来迁到独鹿，诸侯背叛了他，阪泉氏因此灭亡。

【原文】

很而无亲者亡。昔者县宗之君很而无听，执事不从，宗职者疑发大事，群臣解体，国无立功，县宗以亡。①

昔者玄都贤鬼道，废人事天，谋臣不用，龟策是从，神巫用国，哲士在外，玄都以亡。②

文武不行者亡。昔者西夏性仁非兵，城郭不修，武士无位；惠而好赏，财屈而无以赏。唐氏伐之，城郭不守，武士不用，西夏以亡。③

美女破国。昔者绩阳强力四征，重丘遗之美女，绩阳之君悦之，荧惑不治，大臣争权，远近不相听，国分为二。④

宫室破国。昔者有洛氏宫室无常，池囿广大，工功日进，以后更前，民不得休，农失其时，饥馑无食，成商伐之，有洛以亡。⑤

【注释】

① 很：固执，不服劝导。古语“很如羊”即其本义。县：古“悬”字。县宗：“或即《六韬》之悬原。”（黄氏说）宗职者：指君王宗亲任职者。

② 玄都：古国，《竹书纪年》：“帝舜四十二年，玄都氏来朝。”龟策：指占卜，卜用龟板，占用策。

③ 西夏：尧时古国。屈：竭也，指财竭。唐氏：唐尧。

④ 绩阳：《路史》有青阳。重丘：亦作重邱，故地在今茌县西南。荧惑：迷乱。听：服从。

⑤ 有洛氏：春秋时潞氏，《国语》有潞洛。故地在今山西潞城一带。成汤：商朝开国之君。

【译文】

固执而没有亲近的，灭亡。从前悬宗国的君王固执而不听劝导，结果办事不顺，任职者生疑而发动政变。最终群臣四散，无人为国立功，悬宗因此灭亡。

从前玄都重视鬼神，不重人才而敬奉上天。谋臣不用，相信占卜，重用神巫治国，智士们逃出国外，玄都因此灭亡。

无文德无武备的，灭亡。从前西夏国性仁爱而反对用兵。城郭不加修缮，武士也无事干。性仁惠而好赏赐，结果财竭而无物可赏。唐尧攻打它，城郭不能守护，武士不愿出力，西夏因此灭亡。

美女破败国家。从前绩阳国凭强力四处征伐，重丘国送来一批美女。绩阳国君喜欢她们，结果被迷惑而不治理国家，导致大臣们争夺权势，远近都不再顺从，绩阳国分裂成两个。

宫室破败国家。从前有洛氏不断建造新宫室，池塘与园林都很宽大，土木工程日益增多，还在用新的取代旧的。百姓不得休息，农民违背农时，致使发生饥荒没有吃的。成汤攻打它，有洛氏因此灭亡。

职方第六十二

【题解】

《周礼·夏宫·职方氏》与此文基本相同。职方即职方氏，乃官名。职，主也，指职掌；方指地域。讲职方氏的职责以及九州的山川、地利、物畜之类，还言及九服之制。

【原文】

职方氏掌天下之图，辨其邦国都鄙、四夷八蛮、七闽九貉、五戎六狄之人民，与其财用、九谷、六畜之数，周之其利害，乃辨九州之国，使同贯利。①

【注释】

① 邦国：诸侯领地。都鄙：黄氏云“公卿大夫之采邑”。貉：通“貊”。夷、蛮、闽、貊、戎狄：指少数民族，东夷、西戎、南蛮、北狄，东南有闽，东北有貊。四、八、七、九、五、六，皆约数。九谷：泛指各种谷物。周：遍。贯：通。

【译文】

职方氏职掌天下的地图，辨别各诸侯国、公卿采邑、四夷八蛮、七闽九貊、五戎六狄的人民与其财用、九谷、六畜的多少，全面掌握他们的利与害，然后区别九州的国家，使他们互通利益。

【原文】

东南曰扬州。其山镇曰会稽，其泽薮曰具区，其川三江，其浸五湖。①其利金、锡、竹、箭。其民二男五女。其畜宜鸡、狗、鸟兽，其谷宜稻。②

正南曰荆州。其山镇曰衡山，其泽薮曰云梦，其川江、汉，其浸波、溠。③其利丹、银、齿、革。其民一男二女。其畜宜鸟兽，其谷宜稻。④

河南曰豫州。其山镇曰华山，其泽薮曰圃田，其川荥、雒，其浸颍、湛。⑤其利林、漆、丝、枲。其民二男三女。其畜宜六扰，其谷宜五种。⑥

【注释】

① 山镇：指名山。泽薮：指积聚大水的湖泊。具区：一名震泽，今之太湖。三江：指北江——扬子江，中江——吴淞江，南江——钱塘江。浸：积水可供灌溉的塘池，泛指水利。五湖：指彭蠡、巢湖、长荡、射湖、鑑湖。其畜、其谷：畜、谷皆作动词用。指养牲畜，种五谷。

② 利：地利，指地矿物产资源。二男五女：指男女比例。畜：养动物。谷：种五谷。

③ 云梦：古之大湖，今洞庭湖仅为一部分。波：波水，汉江支流。溠：溠水，涢水支流。

④ 丹：朱砂。齿：指象牙。革：犀牛皮。

⑤ 圃田：古泽名，在今河南中牟县。荥：荥水，亦指荥泽，在荥阳境。雒：今洛水。颍：颍水，淮河支流。湛；水名，向东入北汝河。

⑥ 林：指竹木。枲：麻。扰：孔晁注“家所畜曰扰”，指驯养之物，马、牛、羊、豕、犬、鸡。五种：指黍、稷、菽、麦、稻。

【译文】

东南方叫扬州。它的名山叫会稽，它的大泽叫具区，它的河流是三条江，它的水利是五个湖。它的地利物产是金、锡、竹、箭。它的男女比例是二比五。那里养牲畜适宜鸡、狗、鸟兽。那里种粮食适宜水稻。

正南方叫荆州。它的名山叫衡山，它的大泽叫云梦，它的河流是长江、汉水，它的水利波水、溠水。它的地利物产有朱砂、白银、象牙、犀牛皮。它的男女比例是一比二；那里养牲畜宜于鸟兽，那里种粮食宜于水稻。

黄河以南叫豫州。其名山叫华山，它的大泽叫圃田，它的河流是荥水、雒水，它的水利是颍水、湛水。它的地利物产有竹木、油漆、蚕丝、苧麻。它的男女比例是二比三。那里养牲畜适宜六种家禽家畜，那里种粮食适宜五种谷物。

【原文】

正东曰青州。其山镇曰沂山，其泽薮曰望诸，其川淮、泗，其浸沂、沭。① 其利蒲、鱼。其民二男三女。其畜宜鸡、犬，其谷宜稻、麦。②

河东曰兖州。其山镇曰岱山，其泽薮曰大野，其川河、泲，其浸卢、维。③其利蒲、鱼。其民二男三女。其畜宜六扰，其谷宜四种。④

正西曰雍州。其山镇曰岳山，其泽薮曰弦蒲，其川泾、汭，其浸渭、洛。⑤其利玉石。其民三男二女。其畜宜牛、马，其谷宜黍、稷。

【注释】

① 沂山：在山东临朐县南。望诸：亦名孟诸，一曰明都，在河南商丘市东北。泗：淮河支流。沂：沂水，泗水支流。《论语》有"浴乎沂"。沭：沭水，在沭阳县入海。今泗、沂、沭水道不与古同。

② 蒲：蒲草，供编织用。

③ 岱山：即泰山。大野：又名巨野。泲：即济水。卢：水名。维：即潍水，出山东莒县之潍山（黄氏说）。

④ 四种：指黍、稷、稻、麦。

⑤ 岳：又名岍（qiān）山，一曰吴山，今陇县西南。弦蒲：亦作弦圃，在今陇县西。泾：泾水，渭水支流。汭：泾水支流。

【译文】

正东方叫青州。它的名山叫沂山，它的大泽叫望诸，它的河流是淮水、泗水，它的水利有沂水、沭水。它的地利物产是蒲草、鱼类。它的男女比例是二比三。那里养牲畜适宜鸡、犬，那里种粮食适宜稻、麦。

黄河以东叫兖州。其名山叫泰山，它的大泽叫大野，它的河流是黄河、济水，它的水利有卢水、潍水。它的地利物产是蒲草、鱼类。它的男女比例是二比三。那里养牲畜适宜六种，那里种粮食适宜黍、稷、稻、麦四种。

正西方叫雍州。其名山叫岳山，它的大泽叫弦蒲，它的河流是泾水、汭水，它的水利有渭河、洛河。它的地利物产是玉石，它的男女比例是三比二。那里养牲畜宜于牛、马，那里种粮食宜于黍、稷。

【原文】

东北曰幽州。其山镇曰医无闾，其泽薮曰貕养，其川河、泲，其浸菑、时。其利鱼、盐。其民一男三女。其畜宜四扰，其谷宜三种。①

河内曰冀州。其山镇曰霍山，其泽薮曰扬纡，其川漳，其浸汾、露。②

其利松、柏。其民五男三女。其畜宜牛、羊，其谷宜黍、稷。

正北曰并州。其山镇曰恒山，其泽薮曰昭馀祁，其川虖池、呕夷，其浸涞、易。③其利布、帛。其民二男三女。其畜宜五扰，其谷宜五种。④

【注释】

① 医无间：山名，在今辽宁北镇市西。貕养：古泽，今已干涸，故址在山东莱阳境。泲：即济水，此指上游，下游属兖州。菑：淄水，源出山东莱芜。时：时水源出临淄西南。四扰：孔晁注“牛、马、羊、豕”。三种：黍、稷、稻。

② 河内：黄河以北。霍山：一名太岳，在今山西霍县东南。扬纡：古泽，当在今冀南一带。漳：指清漳河，源出山西平定县东南。露：即潞水，即今山西浊漳河。

③ 恒山：北岳，河北曲阳县境。昭馀祁：古泽，故址在山西祁县东。虖池：即滹沱河。呕夷：水名，即今壶流河，入桑干河（朱氏说）。涞：即今拒马河。易：易水，出易县，入拒马河。

④ 五扰：孔晁注“牛、马、羊、豕、犬”。五种：黍、稷、菽、麦、麻。

【译文】

东北方叫幽州。其名山叫医无闾，它的大泽叫貕养，它的河流是黄河、济水，它的水利是淄水、时水。它的地利物产是鱼与盐。它的男女比例是一比三。那里养牲畜适宜牛、马、羊、猪，那里种粮食适宜黍、稷、稻三种。

黄河以北叫冀州。其名山叫霍山，它的大泽叫扬纡，它的河流是漳水，它的水利是汾水、潞水。它的地利物产是松、柏。它的男女比例是五比三。那里养牲畜适宜牛、羊，那里种粮食适宜黍、稷。

正北方叫并州。其名山叫恒山，它的大泽叫昭馀祁，它的河流是滹沱河、呕夷河，它的水利是涞水、易水。它的地利物产是布、帛。它的男女比例是二比三。那里养牲畜适宜马、牛、羊、猪、狗五种，那里种粮食适宜黍、稷、豆、麦、麻五种。

【原文】

乃辨九服之国：方千里曰王圻，其外方五百里为侯服，又其外方五百里为甸服，又其外方五百里为男服，又其外方五百里为采服，又其外方五百里为卫服，又其外方五百里为蛮服，又其外方五百里为夷服，又其外方五百里为镇服，又其外方五百里为藩服。①

凡国，公、侯、伯、子、男，以周知天下。凡邦国，大小相维，王设其牧，②制其职，各以其所能；制其贡，各以其所有。王将巡狩，则戒于四方，曰："各修平乃守，考乃职事，无敢不敬戒！国有大刑。"③及王者之所行，道率其属而巡戒命。王殷国，亦如之。④

【注释】

①服：服王事。九服：服分九等，远近不同。王圻：即王畿，王子直辖领地。侯：为王斥候，斥候即侦察、候望。甸：田也。甸服：为王治田纳谷。男：任也。男服：任王力役之事。采：事也，采服当指其他杂役。卫：为王捍卫。蛮服：以蛮俗事王。夷服：以夷礼事王。镇服：为王镇守。藩服：为王土的藩篱。

②周：遍。公、侯、伯、子、男：五等爵位。维：维系。牧：指方伯、首领。

③巡狩：巡视境内。乃：汝也。守：所守之地。

④"者"字衍。道：读为"导"，即走在前面。戒命：戒备之命，王出发前发布，即前"戒于四方"之戒。此处指执行戒命的情况。殷：众也。殷国：孔晁注："不巡狩之年，六服尽朝，谓之殷国。"指众诸侯朝见天子。亦如之：也是这样，指先发布戒命。

【译文】

还要区分九服的国家：王城方圆一千里叫王畿，王畿以外方圆各五百里是侯服，侯服以外方圆各五百里是甸服，甸服以外方圆各五百里是男服，男服以外方圆各五百里是采服，采服以外方圆各五百里是卫服，卫服以外方圆各五百里是蛮服，蛮服以外方圆各五百里是夷服，夷服以外方圆各五百里是镇服，镇服以外方圆各五百里是藩服。

大凡邦国，分公爵、侯爵、伯爵、子爵、男爵，以遍知天下邦国多少。大凡邦国，都是大小相维系，周天子设置牧伯。制定他们的职事，凭他们各自的能力；制定他们的贡物，依他们各自的所有。天子将巡视境内，就先向四方发布戒备命令，说道："各自整治你们的邦国，考察你们的职责，不可不认真戒备。因为国家有大刑。"到天子出发上路，诸侯走在前，还要率领下属巡察执行戒命的情况。不是巡狩之年，众诸侯朝见天子，也是这样。

逸周书全译卷九

芮良夫第六十三

【题解】

记芮伯良夫目睹厉王失道对厉王及“执政小子”所作的训诫。

【原文】

厉王失道，芮伯陈诰，作《芮良夫》。①

芮伯若曰：②“予小臣良夫稽首谨告天子：惟民父母，致厥道，无远不服；③无道，左右臣妾乃违。民归于德。德则民戴，否德民仇，兹言允效于前不远：商纣不改夏桀之虐，肆我有周有家。④”

【注释】

① 芮：姬姓国。地在今陕西大荔县境。成王时有芮伯，良夫乃后人。诰：诫勉。

② 若曰：如此说。此文乃史臣所辑录，故用“若曰”。

③ 致：极也。厥道：其道，指天子应行之道，即应尽之责。

④ 德：恩德。否德：无恩德。允：诚信、确实。效：验也。肆：故。

【译文】

周厉王失去道义，芮伯陈述他的警诫，史臣就此作《芮良夫》一文。

芮伯这样说：“我小臣良夫叩头谨告天子：作为百姓的父母，只要尽到他的职责，远方人没有不服从的。如果不讲道义，身边的臣妾也会背离。百姓归向恩德。有德的百姓会拥戴，无德的百姓就仇恨。这句话真实地验证在此前不远：商纣王不改夏王桀的残暴，因此才有我们周朝以及国家。”

【原文】

“呜呼！惟尔天子嗣文、武业，惟尔执政小子，同先王之臣，昏行罔顾，道王不若；① 专利作威，佐乱进祸，民将弗堪。治乱信乎其行，惟王暨尔执政小子攸闻。② 古人求多闻以监戒，不闻，是惟弗知。尔闻尔知，弗改厥度，亦惟艰哉。后除民害，不惟民害；害民，乃非后，惟其仇。后作类。后弗类，民不知后，惟其怨。民至亿兆，后一而已。寡不敌众，后其危哉③！

“呜呼！野禽驯服于人，家畜见人而奔，非禽畜之性，实惟人。民亦如之。今尔执政小子惟以贪谀事王，不勤德以备难。下民胥怨，财力单竭，手足靡措，弗堪戴上，不其乱而？④ 以予小臣良夫观，天下有土之君，厥德不远，罔有代德。时为王之患，其惟国人。⑤”

【注释】

① 执政小子：指厉王重用的荣夷公等人。先王：指周夷王。道：读为“导”。不若：不顺。

② 专利：独占其利。攸闻：所闻。

③ 度：想法，作“规矩”讲亦通。后：指君王。类：善也。亿：十万。兆：百万。

④ 贪谀：孔晁注：“专利为贪，曲人为谀。”勤：尽心尽力。备：预防。胥：（xū，需）：相与，皆。单竭：殚竭。戴：拥戴。而：语词。

⑤ 代德：子承父位承其德。罔：无。时：通“是”，这。其惟国人：朱氏引“卢（文弨）曰：患不在诸侯而在国人，言内溃也”。国人当指君主身边的大臣。

【译文】

“啊呀！你天子继承了文王、武王的基业，而你的执政大臣如同先王夷王的大臣，行事昏昏又无所顾及，导引君王于不顺。独占其利作威作福，帮助作乱，引起灾祸，百姓将不堪忍受。国家的安定或混乱确实在于你们的行为，这是君王和你的执政大臣所听到过的。古人希望多多听取作为鉴戒，不听就不会知道。你虽然听了，你也知道了，可是不改变你的想法，也就难了，国君除去百姓的祸害，就不是百姓的祸害。如果祸害百姓，就不是君王，而是他们的仇人。君王当行善事。君王不行善，百姓就不认他为君王，只是怨恨他。百姓多到十万、百万，君王一人而已。寡不敌众，君王就危险了。

“啊呀！野禽能够被人驯服，家畜见人反而奔逃，这并不是禽、畜的本性，实际上在于人。老百姓也是这样。现今你的执政大臣只以贪利奉承对待君王，不尽心于道德以预防灾难。致使在下的百姓都生怨恨，财力枯竭，手足无措，不堪奉上，岂不作乱吗？凭我小臣良夫所见，天下有封土的国君，他的道德不广大，不可能代代相传。这正是君王的忧患，它来自君王的大臣。”

【原文】

“呜呼，惟尔执政朋友小子，其惟洗尔心，改尔行，克忧往愆，以保尔居。① 尔乃聩祸玩灾，遂非不悛，余未知王之所定，矧乃小子？② 惟祸发于人之攸忽，于人之攸轻。③ 心不存焉，变之攸伏。尔执政小子不图大艱，偷生苟安，爵以贿成。④ 贤知箝口，小人鼓舌，逃害要利，并得厥求，唯曰哀哉！⑤

“我闻曰：‘以言取人，人饰其言；以行取人，人竭其行。饰言无庸，竭行有成。’惟尔小子，饰言事王。寔蕃有徒。王貌受之，终弗获用。⑥ 面相诬蒙，及尔颠覆。尔自谓有余，予谓尔弗足。敬思以德，备乃祸难。难至而悔，悔将安及？无曰予为，惟尔之祸。⑦”

【注释】

① 朋友：即朋党。行（xìng，幸）：品德。忧：虑。愆：过错。

② 聩：耳聋。这里指装聋，充耳不闻。悛：改也。玩：忽视。遂非：坚持错误。定：安定、安全。矧：况也。

③ 黄氏据《治要》校补为“咎起于人之攸轻”。咎：过失。攸：所。

④ 艱（jiān，艰）：“艰”的古文。大艰即大难。

⑤ 逃害要利：逃害就贤智说，要利就小人说。

⑥ 庸：用。蕃：多也。貌：外表。

⑦ 为：通“伪”，不真实。

【译文】

“啊呀，你们这些执政的朋党小人，只有洗净心灵，端正品行，能深思过去的错误，才可保住你们的地位。你们如果忽视灾祸，充耳不闻，坚持错误不改，我不知君王如何才能安全，何况你们这些小子？灾祸从人们忽略的地方发生，过错从人们轻视的地方引出。心不在那里，那里就有变故潜伏。你们这些执政小子不希望出大难而已，只求苟且偷生，官爵以贿赂而成。使得贤智之士闭口不言以逃避祸事，让小人摇唇鼓舌获取利益。虽然两种人都得到他们的希求，也只能说可悲啊。

“我听说：‘以言辞取用人，人就会修饰他的言辞。以行动取用人，人们就会竭尽他的行动。修饰言辞没有用处，尽力办事必有成果。’正是你们这些小子，修饰言辞侍奉君王。实际上你们的门徒还很多。君王看来是接受了你们的意见，而最终不会取得效用。你们公开相互欺蒙，甚至反复折腾。你们自以为还有余力，我认为你们力量不足。认真想想你们的德行，防备你们的灾难。灾难到了才后悔，后悔怎么来得及？不要说我的话不实在，那是你们自己的灾祸。”

太子晋第六十四

【题解】

太子晋，指周景王（一说灵王）太子，名晋。此篇通过晋大夫师旷与太子晋的对话，突出表现太子晋的聪慧。

【原文】

晋平公使叔誉于周，见太子晋而与之言，五称而三穷，逡巡而退。[①]其言不遂，归告公曰：“太子晋行年十五，而臣弗能与言，君请归声就、复与田。若不反，及有天下，将以为诛。[②]”平公将归之，师旷不可曰：“请使瞑臣往与之言，若能幪予，反而复之[③]”。

【注释】

① 叔誉：晋大夫羊舌肸，字叔向。五称：称举五事。逡巡：本迟疑不决，这里有羞愧之意。《庄子·让王》：“子贡逡巡而有愧色。”

② 遂：终也。声就、复与：本周二邑，周衰而晋取之。诛：惩处义，非诛杀。

③ 师旷：晋大夫，名旷，乐师，目盲，故自称“瞑臣”。幪：覆也。幪予：指胜我。

【译文】

晋平公派大夫叔向去成周。叔向见到太子晋并与他交谈，讲了五件事有三件事无言以对，很惭愧地退了出来。他们的交谈没有结果。回到晋国告诉平公说：“太子晋只有十五岁，而我不能与他交谈，请您把声就、复与两处的田地还给周。如果不归还，等到他继位有了天下，将因此而惩处我们。”晋平公想归还两邑，大夫师旷不同意，说：“请让我盲臣去与他交谈，若能胜过我，等我回来后再回复他。”

【原文】

师旷见太子，称曰：“吾闻王子之语高于泰山，夜寝不寐，昼居不安，不远长道而求一言”。王子应之曰：“吾闻太师将来，甚喜而又惧。吾年甚少，见子而慑，尽忘吾度。[①]”师旷曰：“吾闻王子，古之君子，甚成不骄。[②]自晋如周，行不知劳。”王子应之曰：“古之君子，其行至慎；委积施关，道路无限。百姓悦之，相将而远。远人来欢，[③]视道如咫。”

师旷告善，又称曰：“古之君子，其行可则。[④]由舜而下，其孰有广德？”王子应之曰：“如舜者天。舜居其所以利天下，奉翼远人，皆得已仁，此之谓天。[⑤]如禹者圣。劳而不居以利天下，好取不好与，[⑥]必度其正，是之谓圣。如文王者，其大道仁，其小道惠；三分天下而有其二，敬人无方，服事于商；既有其众，而返失其身，此之谓仁。[⑦]如武王者义。杀一人[⑧]而以利天下，异姓同姓各得其所，是之谓义。”

【注释】

① 慑：惧怕。度：当指内心所想。

② 甚成：成就甚大。

③ 委积：指积聚粮食。施：读为弛，放松。限：阻碍。将：扶也。远：从远方来。

④ 则：可供效法的准则，法则。

⑤ 天：唯天唯大，意即伟大如天。奉：养。翼：护卫。已仁：黄氏校为“已仁，”己之仁爱。

⑥ 黄氏校为“好与不好取”。

⑦ 仁：仁者爱人。惠：柔和。朱氏云：大道言其全体，小道言其散见。大道是大原则，小道当指具体事务。无方：不抗命。有其众：指有了天下。返失其身：返通反。反而去世了。

⑧ 一人：指商王纣。

【译文】

师旷见了太子晋，说道：“我听说王子讲的话比泰山还高，所以晚上睡不着觉，白天坐立不安，不嫌路远而来求太子一句话。”太子晋回答说：“我听说太师要来，非常高兴而又畏惧。我年纪很小，见了您心里害怕，完全忘了我内心的想法。”师旷说：“我听说太子您，如同古代的君子，成就很大而不骄傲。我从晋国到成周来见您，行程也不感到劳累。”太子晋回答说：“古代的君子，他的行为极其谨慎。积聚粮食，放松关卡，道路上没有阻碍。老百姓喜欢他，相互搀扶从远方而来。远方人前来欢聚，视远道如同咫尺。”

师旷称赞他讲得好，又说道：“古代的君子，他的行为可堪效法。自舜以下，还有谁具有广博的道德呢？”太子晋回答说：“像舜这样的人，伟大如天。舜在自己的位子上，有利于全天下人。养育保护远方人，让远方人都能得到自己的仁爱，这就叫作‘天’。像禹这样的人，是圣人。他劳苦而不居功，以利于全天下。好施与而不好索取，凡事一定考虑是否正大，这就叫作‘圣’。像文王这样的人，他处事的大原则是爱人，具体办事讲求柔和。三分天下他占有两分，仍然敬重别人，不愿抗命，服事商朝。已经有了天下，他反而离开人世。这就叫作‘仁’。像武王这样的人，是‘义’。杀死纣王一人而有利于全天下。使异姓、同姓都各得其所，这就叫作‘义’。”

【原文】

师旷告善，又称曰："宣辨名命，异姓恶方，王、侯、君、公，何以为尊，何以为上？[①]"王子应之曰："人生而重丈夫，谓之胄子；胄子成人，能治上官，谓之士；士率众时作，谓之伯；伯能移善于众，与百姓同，谓之公；公能树名生物与天道俱，谓之侯，侯能成群，谓之君；君有广德，分任诸侯而敦信，曰予一人；善至于四海，曰天子；达于四荒，曰天王；四荒至，莫有怨訾，乃登为帝。[②]"

师旷罄然，[③]又称曰："温恭敦敏，方德不改，闻物□□，下学以起，尚登帝臣，乃参天子，自古谁？[④]"王子应之曰："穆穆虞舜，明明赫赫。立义治律，万物皆作，分均天财，万物熙熙，非舜而谁？[⑤]"师旷束躅其足，[⑥]曰："善哉！善哉！"王子曰："太师何举足骤？"师旷曰："天寒，足跔是以数也。[⑦]"

【注释】

① 宣：显也。辨：区分。名命：名号。恶方：指外族方国（黄氏说）。

② 丈夫：男子。这里指男孩子。胄子：国子，即贵族子弟。上官：居民之上，指官吏。治：指治事。时作：按时而作。伯：长也。公：无私。生物：养生他物。敦：厚也。四海：指中国。四荒：四方荒远之地，中国之外。至：来朝。訾：非议。登：升。

③ 罄然：肃敬的样子。

④ 方德：常德也。□□：黄氏据《图赞》补"于初"二字。闻物于初：从根本上去了解事物。下学以起：从最下层起始。尚：通"上"，向上。参：配。

⑤ 穆穆：美也，言有威仪，指仪表堂堂。赫赫：显赫。义：标准。律：法也。万物皆作：即百业都兴旺。万物熙熙：百姓安乐的样子。天财：天之财，指地力资产。

⑥ 束躅：踏步。

⑦ 骤：频敏。跔（jū，驹）：腿脚抽筋。数（shuò，硕）：频繁。

【译文】

师旷称赞他讲得好，又说道："公开区分名号，包括异姓外邦，王、侯、君、公，等等，以哪个最为尊，哪个最为上？"太子晋回答说："人们一生来就看重男孩子，称之为'胄子'；胄子成人以后，能理事做官，称之为'士'；士率领众人按时劳作，就称之为'伯'；伯能向众人推广善事，与百姓爱憎相同，称之为‘公’；公能树立名声、养育他物，与天道共存，称之为‘侯’；侯能成就群体，称之为‘君’；君有大德，分任诸侯而敦厚守信的，叫‘予一人’；善事广达四海，叫‘天子’；达于四荒的，叫‘天王’；四方荒远都来朝见，没有人怨恨与非议，就升而为帝。”

师旷肃然起敬，又说道：“性情温柔，厚道敏捷，不改常德，从头学起，从下而上升为帝臣，最后才参配天子的，自古以来有谁呢？”太子晋回答说：“堂堂虞舜，光明显赫，立标准，定律令，百业兴旺，均分自然财富，百姓安宁，除了舜又有谁呢？”师旷原地踏脚，说道：“好啊！好啊！”太子晋说：“太师为何抬脚那么频繁？”师旷说：“天冷，腿脚容易抽筋，所以频频踏脚。”

【原文】

王子曰：“请入坐！”遂敷席注瑟。师旷歌《无射》曰：[①]“国诚宁矣！远人来观；修义经矣，好乐无荒。[②]”乃注瑟于王子。王子歌《峤》曰：“何自南极，至于北极？绝境越国，弗愁道远？”师旷蹶然起曰：[③]“瞑臣请归。”

王子赐之乘车四马，曰：“太师亦善御之？”师旷对曰：“御，吾未之学也。”王子曰：“汝不为夫《诗》?《诗》云：‘马之刚矣，辔之柔矣；马亦不刚，辔亦不柔。志气麃麃，取予不疑。[④]’以是御之。”师旷对曰：“瞑臣无见。为人辩也，唯耳之恃，而耳又寡闻而易穷，王子，汝将为天下宗乎[⑤]！”王子曰：“太师，何汝戏我乎？自太皞以下，[⑥]至于尧、舜、禹，未有一姓而再有天下者。夫木，当时不伐，夫何可得？且吾闻汝知人年之长短，告吾！”师旷对曰：“汝声清汗，汝色赤白。火色不寿。[⑦]”王子曰：“然。吾后三年将上宾于帝所。[⑧]汝慎无言，殃将及汝。”

师旷归。未及三年，告死者至。

【注释】

① 敷：铺。注：属也，交付之意。孔晁注：交言于堂，故更入燕室坐，歌此辞而音合于《无射》之律。无射：与下文《峤》同为乐律名。

② 修：研究。经：时间长。荒：放纵。

③ 极：言其远。绝：横穿。蹶然：迅速的样子。

④ 御：驾车。麃麃（biāo，标）：勇武的样子。取予：即取与，指收与放。

⑤ 宗：主。天下宗：即天子。

⑥ 太皞：古帝王，即伏羲氏，三皇之一。

⑦ 清汗：朱氏注："清为金，汗为火。故知其色赤白。金不胜火，则火为主。火必附木以炎。今无木，故不寿。"黄氏校为"清污"，指清亮而不流利。

⑧ 上宾于帝所：指升天。

【译文】

太子晋说："请进里面坐！"于是铺好座席，把瑟交他。师旷弹奏《无射》曲，唱道："国家真正安宁了，远方的人会来观光；研修仁义的时间长了，就会喜好音乐而不放纵。"唱完就把瑟交给太子。太子晋弹奏《峤》曲，唱道："为何从遥远的南方，来到遥远的北方？横穿国境，跨越邻国，而不怕路远？"师旷急忙起身说道："盲臣我请求回去！"

太子晋赐给他一辆车四匹马，说："太师还善于驾车吗？"师旷回答说："驾车，我没有学过。"太子晋说："你不是研究《诗》吗？《诗》里面说：'马儿刚烈，缰绳就柔软；马不刚烈，缰绳就不柔软。要志气勇武，收放果断。'就用这方法驾车。"师旷回答说："盲臣我看不见，与人辩论，只凭耳朵，而耳朵又少听到什么，就容易辞穷。太子，你将成为天下的宗主吗？"太子晋说：太师，为何你戏耍我呢！从太皞以来，一直到尧、舜、禹，还没有一姓人两度占有天下的。那树木，当伐不伐，怎么可得到呢？我还听说你知道人的年寿长短，请告诉我的寿命。"师旷回答说："你的声音清亮而带汗味，你的脸色当是白中带红。面有红色，不长寿。"太子晋曰："是啊。我过三年就要到上帝那里作客。你小心不要说出去。说出去要殃及你。"

师旷回到晋国。不到三年，传告太子晋死讯的人就到了。

王佩第六十五

【题解】

篇名来自首句"王者所佩在德"。王佩，即王者之佩。讲王者的道德修养。

【原文】

王者所佩在德。[①]德在利民，民在顺上。
合为在因时，应事则易成。[②]
谋成在周长，有功在力多。[③]
昌大在自克，不过在数惩。[④]
不困在豫慎，见祸在未形。[⑤]
除害在能断，安民在知过。
用兵在知时，胜大患在合人心。
殃毒在信疑，孽子在听内。[⑥]
化行在知和，施舍在平心。[⑦]
不幸在不闻其过，福在受谏。
基在爱民，国在亲贤。[⑧]
祸福在所密，利害在所近。[⑨]
存亡在所用，离合在出命。[⑩]
尊在慎戚，安在恭己，危亡在不知时。[⑪]
见善而怠，时至而疑，亡正处邪，是弗能居。
此得失之方也，不可不察。[⑫]

【注释】

① 德：品德。
② 合为：当为，应当做的。因：依据。应事：顺应事理。
③ 周：周遍，全面。长：恒长。
④ 自克：克制自我。数（shuò，硕）：多次。
⑤ 豫：通“预”，预先。见：发现。未形：未产生。
⑥ 殃毒：受害。孽子：使子遭孽，子指嫡子。听内：听信内人（指嬖妾）之言。
⑦ 化行：教化的推行。和：平和，不粗暴。施舍：施惠赦罪。
⑧ 基：基础、根本。固：稳固，指地位。
⑨ 密：亲近。
⑩ 所用：所用之人。离合：指人心向背。出命：出令。

⑪ 慎威：谨慎使用威力。恭己：使自己谦恭有礼。

⑫ 怠：怠慢，懈怠。疑：犹豫。亡正处邪：舍正大而趋邪僻。方：方术。

【译文】

君王佩带的应该是德。佩德在于利民，利民才能使民顺从主上。

当做的事要抓住时机，顺应事理就容易办成。

计谋的成功在于考虑得全面而长远，功绩大在于协同用力。

昌盛强大在于克制自我，不犯过失在于多次警戒。

不受困穷，在于预先谨慎，发现祸害要在未产生之前。

消除祸害在于能够果断，安定百姓在于知过就改。

用兵打仗在于掌握时机，战胜大祸在于迎合人心。

受害遭殃在于轻信可疑之言，使嫡子遭孽是听了嬖妾的话。

教化的推行在于懂得不用粗暴，施惠赦罪在于心地平正。

遭遇不幸，在于不知自己的过错，得到幸福，在于能接受劝谏。

为政的根本在于爱民，地位稳固在于亲近贤臣。

遭祸还是得福，在于与谁亲密；得利还是受害，在于与谁亲近。

生存还是灭亡，在于任用什么样的人；人心的向背，在于发布什么样的命令。

受人尊重在于慎施威力，保持安定在于对人谦恭，遭受危亡在于不明天时。

见善事而懈怠不做，时机到了而犹疑不决，舍弃正大而处于邪道，这样就不能安居了。

这些，是得与失的技巧，不可不仔细观察。

殷祝第六十六

【题解】

殷，殷商。祝，祝愿。殷祝，就殷商之事所发的祝愿。殷商之事，指汤放桀而就君位的事。此篇在于告诫周天子，愿其在位久长。即“陈古以刺今”。

【原文】

汤将放桀于中野。① 士民闻汤在野，皆委货，扶老携幼奔，国中虚。② 桀请汤曰：“国所以为国者，以有家；家所以为家者，以有人也。今国无家、无人矣。君有人，请致国，君之有也。③”汤曰：“否！昔大帝作道，明教士民。今君王灭道残政，士民惑矣。吾为王明之。④”士民复致于桀，曰：“以薄之君，济民之残，何必君更？⑤”

【注释】

① 放：流放。中野：野中，郊野之中。于中野，住在中野。

② 委：弃也。货：财物。国：国都。

③ 致国：把国交给你。

④ 大帝：指桀的始祖大禹。残政：伤害国政。明之：使之明，即用大禹之道开导士民。

⑤ 薄：即亳，汤居亳。济：增益。何必君更：“有汤为君，何必桀更为此邑之若哉！”更，指更换。

【译文】

商汤放桀以前，住在郊野之中。夏桀的士民百姓听说汤在郊野，纷纷丢弃财物，扶老携幼投奔他，夏桀都城变得空虚无人。夏桀请求商汤说：“国之所以是国，因为有家；家之所以是家，因为有人。现今我国中无家，家中无人了。您有了人，让我把国交给您，归您所有啊。”商汤说：“不！从前大帝禹制定大法，公开教化士民百姓。今君王毁灭大法，伤害国政，士民百姓迷惑了。我替君王开导他们。”士民百姓只好又回到夏桀那里，说道：“我们以亳地的汤为君王，补充那里百姓的不足，何必又调换桀为君王呢！”

【原文】

桀与其属五百人南徙千里，止于不齐。[①] 不齐士民往奔汤于中野。桀复请汤，言：“君之有也。”汤曰：“否！我为君王明之。”士民复重请之。[②]

桀与其属五百南徙于鲁，鲁士民复奔汤。桀又曰：“国，君之有也，吾则外。人有言，彼以吾道是邪，我将为之。[③]”汤曰：“此君王之士也，君王之民也，委之何？”

汤不能止桀。[④] 汤曰：“欲从者从君！”桀与其属五百人去，居南巢。

【注释】

① 不齐：地点。黄氏“疑即齐”。

② 重请之：齐人不接受夏桀，再次请求夏桀让国给商汤。丁宗洛曰：士民请皆归汤。

③ 人有言：有人说。彼：士民。邪：耶。朱氏云：“以吾道为是，犹可留而为之，今不然也。”

④ 止桀：让桀停下来。

【译文】

夏桀与其下属五百人向南迁徙一千里，停在不齐。不齐的士民百姓又奔往商汤居住的郊野之中。桀又请求商汤，说：“国家归您有啊！”汤说：“不。我替君王开导他们。”齐地士民听从商汤回到齐地，再次请求夏桀让国给商汤。

夏桀与其下属五百人迁移到鲁，鲁地士民百姓又投奔商汤。夏桀又向商汤请求说：“国家归您有啊！百姓视我是外人。有人说，只有他们认为我的道理对，我才能继续干。”商汤说：“这些都是君王的士民，君王的百姓，抛弃他们干什么？”

商汤最终不能帮助夏桀停下来。汤说：“想随君王的随君王！”夏桀与其下属五百人就离开了鲁，住在南巢这个地方。

【原文】

汤放桀而复薄，[①] 三千诸侯大会。汤取天子之玺，[②] 置之天子之坐左，退而再拜，从诸侯之位。汤曰："此天子位，有道者可以处之。天下，非一家之有也，有道者之有也。故天下者，唯有道者理之，唯有道者纪之，唯有道者宜久处之。[③]"汤以此三让，三千诸侯莫敢即位，然后汤即天子之位。与诸侯誓曰：[④]"阴胜阳即谓之变，而天弗施；雌胜雄即谓之乱，而人弗行。故诸侯之治政，[⑤] 在诸侯之大夫治与从。"

【注释】

① 复薄：回到亳都。

② 玺：印也。古者天子以至大夫印皆曰玺。

③ 理：治理，指具体的管理。纪：经纪，指规划发展。

④ 誓：相与约束。

⑤ 阴胜阳：下不顺上，指臣胜君。施：助。雌胜雄：女凌男。治政：治理国政。

【译文】

汤放逐夏桀以后回到亳都，约集三千诸侯大聚会。汤取来天子的印玺，放在天子座位的左边。商汤退下，两拜行礼，然后到诸侯的位次上。商汤说："这是天子的位置，有道的人可以坐上去。天下，不是一家独有的，而是有道的人所有的。所以，天下只有有道者治理它，只有有道者经纪它，只有有道者应该长久占有它。"汤因此多次推让，三千诸侯没有谁敢去即位，然后商汤才坐到天子的位置上。还与众诸侯相约束说："阴胜阳，就叫作变，一变上天就不佑助；雌胜雄就叫作乱，一乱人们就不依从。所以诸侯治理国政，在于他的大夫的受治与顺从。"

周祝第六十七

【题解】

周祝，为周人发的祝愿，含警诫之意。通篇为政治说教，突出一个“道”字。开篇之后，多用歌韵体。

【原文】

曰：维哉！其时告汝，不闻道，恐为身灾。①

谨哉，民乎！②朕则生汝，朕则刑汝，朕则经汝，朕则阜汝，朕则亡汝，朕则寿汝，朕则名汝。③

【注释】

① 维：念也。时：通“是”。其时告汝：把这个意思告诉你。

② 谨：通“喧”，喧哗。这里有欢呼之意。

③ 经：治理。阜：财多。则：能。此句乃人君之口吻。

【译文】

说道：想一想啊！把这个意思告诉你们：不明道理，恐怕要灾难及身。

百姓们，欢呼吧！我能使你们生，我能使你们受刑，我能治理你们，我能使你们财富多，我能叫你们死，我能使你们长寿，我能使你们成名。

【原文】

故曰：文之美也而以身剥，自谓智也者故不足。①角之美杀其牛，荣华之言后有茅。②凡彼济者必不怠，观彼圣人必趣时。③石有玉而伤其山，万民之患故在言。时之行也勤以徙，不知道者福为祸；时之从也勤以行，不知道者以福亡。

故曰：肥豕必烹，甘泉必竭，直木必伐。地出物而圣人是，时鸡鸣而人为时。④观彼万物且何为求？故天有时人以为正，地出利而民是争。人出谋，圣人是经。陈五刑，民乃敬。[⑤] 教之以礼民不争，被之以刑民始听。因其能，民乃静。[⑥] 故狐有牙而不敢以噬，貘有爪而不敢以撅：势居小者不能为大。[⑦] 持欲正中，不贪其害。凡执道者不可以不大。[⑧] 故木之伐也而木为斧，贼难之起自近者。[⑨]

【注释】

① 文之美：指皮毛有花纹而显得漂亮。故：通“固”，本来。

② 荣华之言：虚言，花言巧语。茅：污秽。

③ 济：指渡河，从水中游过去。趣时：趋时，抓住时机。

④ 圣人是：黄氏校为“人趋”，指人所追求。时鸡：报时的鸡，雄鸡。

⑤ 利：地利，指财物。经：经济，治理。陈：设。五刑：指墨、劓、剕、宫、大辟。敬：顺从。

⑥ 听：顺也。静：服也。

⑦ 噬：咬。貘：豪貘。撅：搔也。势：力也。

⑧ 执道：执德也，指据有道德。

⑨ 贼：杀人。贼难：杀身之祸。

【译文】

所以说：

毛皮漂亮，就会从身上剥下来；认为自己聪明的本来就很欠缺。牛角漂亮，就会杀那头牛；花言巧语最后会招致污秽。凡是那些渡河的，一定不敢懈怠；看那些圣人，一定是善于抓住时机。岩石中有玉，就会损伤山体：众人的祸患，本来就在胡言乱语。时间的运行，在于不停地移动；不懂道理的人，福也会变为祸。时间一时接一时，在于不停地运作；不懂道理的人，会因福而死亡。

所以说：肥猪一定遭烹煮，甘泉一定被喝干，端直的树木一定遭砍伐。土地生万物，人人追求它，雄鸡按时叫，人们用它报时。看那些万物，生出来干什么呢？因此，天有时辰，人们用来作纪时的标准；土地产生财物，百姓就争夺它。人出智谋，圣人就治理它。设置五种刑法，百姓才会顺从。用礼义教化，百姓就不会争夺；加之以刑法，百姓才会听命。利用他们的才干，百姓才会服从。所以，狐狸有牙齿却不敢用来咬人，豪猪有爪子却不敢用来抓人，处于力小不能办大事。处事中正，不会受害。凡是有德的人，不能认为不高大。所以，树木遭砍伐，用的是木头做的斧柄；杀身之祸是从自己身边引来的。

【原文】

二人同术，谁昭谁瞑？二虎同穴，谁死谁生？故虎之猛也而陷于擭，人之智也而陷于诈。①叶之美也解其柯，柯之美也离其枝，枝之美也拔其本。②俨矢将至，不可以无盾。③故泽有兽而焚其草，大威将至，不可为巧。焚其草木则无种，大威将至不可以为勇。

故天之生也固有度，国家之患离之以故；④地之生也固有植，国家之患离之以谋。故时之还也无私貌，日之出也无私照；时之行也顺无逆，为天下者用大略。⑤火之燀也固定上，为天下者用牧；水之流也固走下，不善故有桴。⑥故福之起也恶别之，祸之起也恶别之？故平国若之何，顷国、覆国、事国、孤国、屠国皆若之何⑦？

【注释】

① 术：方术、技艺。瞑：幽暗。擭：音"获"，穽，捕兽的机关。

② 解：分解。柯：树的主干。本：根。

③ 俨矢：飞箭。

④ 离：通"罹"，遭受灾难。

⑤ 还：读"旋"，周而复始。貌：通"冒"，覆盖。略：要也，简要，简明。

⑥ 燀：燃烧。定上：当为"炎上"。牧：放牧。桴：罚。（黄氏说）

⑦ 恶（wū，污）：于何，在何处。平国：按安定承平之国。顷：通"倾"，倾危。覆：灭也。事：当作"争"，古"争"字，指争权。屠：为人分裂、宰割。

【译文】

两个人技巧相同，谁将显达谁将埋没？两只老虎同穴，哪只死哪只活？所以，老虎虽然凶猛却陷入机关，人虽然聪明却陷于诈骗。叶子漂亮，会分解主干；主干漂亮，会使枝节分离；枝节漂亮，会拔出它的根。飞箭将要射来，不能没有盾牌。所以，沼泽里有野兽就会焚烧草木；巨大威胁将要到来，就不能施用小巧。烧掉草木，草木就没有种子。巨大威胁将要到来，不可能施展勇力。

所以，自然的生息本来就有法度，国家的祸患、蒙难都有缘故；土地的生长本来就与种植有关，国家的祸患、蒙难是因为智谋。所以，时间的周转对人都一样，太阳出来阳光普照；时间的运行，只向前不向后，治理天下的讲究简要。火的燃烧本来就火势向上，治理天下的用放牧之法；水的流动原本是往下，不好的人所以就用罚。所以，福的产生从何处辨别？祸的产生又从何处辨别？承平安定的国家该如何办？倾危之国、覆灭之国、多事之国、孤立之国、受宰割之国，都该怎么办呢？

【原文】

故日之中也仄，月之望也食；威之失也阴食阳。① 善为国者，使之有行。是彼万物必有常，国君而无道以微亡。②

故天为盖，地为轸，善用道者终无尽；地为轸，天为盖，善用道者终无害。天地之间有沧热，善用道者终不竭。③ 陈彼五行必有胜，天之所覆尽可称。④ 故万物之所生也性于从，万物之所反也性于同。

故恶姑幽，恶姑明？恶姑阴阳，恶姑短长，恶姑柔刚？⑤ 故海之大也而鱼何为可得？山之深也虎豹貔貅何为可服？人智之邃也奚为可测？跂动哕息而奚为可牧？⑥ 玉石之坚也奚为可刻？阴阳之合也孰使之？牝牡之合也孰交之？⑦ 君子不察福不来。

【注释】

① 仄：不正不平，指偏斜。望：月圆为望。食：亏缺。阴食阳：臣阴君阳，阴食阳指臣凌君。

② 行（háng，航）：道也，这里指有路可走。是：读为“视”。常：常规。

③ 盖：车盖。轸：车箱底部四面的横木。沧（chuàng，创）：寒。

④ 陈：设，推出。胜：相生相胜。五行：指金、木、水、火、土。称：称名。

⑤ 恶（wū，污）：哪里，谁。姑：通“胡”，语词。

⑥ 貔貅：猛兽。邃：深。跂：蹄。哕：通“喙”，鸟兽的嘴。服：使服，即捕获之义。息：呼吸。何为：同“奚为”，即为什么，宾语前置。

⑦ 使：命名。合：结合。交：交配。

【译文】

所以，太阳到中天就偏斜，月亮圆了就亏缺，威严一失，大臣就凌驾君之上。善于治国的，要使百姓有生路。看那些万物一定有常规，国君无道会逐渐败亡。

所以，天如车盖，地如车轸，善于用道的始终不穷尽。地当车轸，天当车盖，善于用道的始终无祸害。天地之间有寒有热，善于用道的始终不枯竭。推出那五行一定相生相胜，天下的万物都尽称其名。所以，万物相生其性相从，万物相反其性相同。

所以，哪里幽暗，哪里明亮？哪里阴，哪里阳？哪里短，哪里长？哪里柔，哪里刚？所以，海很大，而鱼为什么还能得到？山林很深，虎豹貔貅为什么还能捕获？人的智慧那样深邃，为什么还能揣测？用蹄子行走、用嘴呼吸的鸟兽为什么还可牧养？玉石那样坚硬，为什么还可雕刻？阴阳的名号是谁命名的？雌雄的结合是谁让他们交配的？所有这些，君子不加审察，福分就不会到来。

【原文】

故忌而不得是生事故，① 欲而不得是生诈。欲伐而不得生斧柯，欲鸟而不得生网罗，欲彼天下是生为。② 维彼幽心是生包，维彼大心是生雄，维彼忌心是生胜。③

故天为高，地为下，察汝躬奚为喜怒；④ 天为古，地为久，察彼万物名于始；左名左，右名右，视彼万物数为纪。⑤ 纪之行也，利而无方，行而无止。⑥ 以观人情，利有等。维彼大道，成而弗改。⑦ 用彼大道知其极，加诸事则万物服。⑧ 用其则，必有群，加诸物则为之君；举其修，则有理，加诸物则为天子。⑨

【注释】

① 忌：嫉妒。事故：变故，指多事而不安宁。

② 为：取也，夺取天下的办法。

③ 包：包藏在内，指阴谋。胜：超过别人的想法、办法。

④ 奚为：何为，为什么。

⑤ 数：定数，指客观存在。纪：纲纪、法度。

⑥ 行：运动、变动。利：顺利、自然。无方：无定。

⑦ 利有等：当是“利而有等”，指有等级、有差别。大道：天道，指自然规律。成：指已成，有定。

⑧ 极：中也，指核心、要害。物：指事。顺：顺利、顺心。

⑨ 则：准则。物：指人。修：与“条”通，条例。

【译文】

所以，嫉妒而不能得，就产生事端；贪心而不如愿，就产生欺诈。想砍树又砍不了，就生出斧子；想那个鸟又得不到，就出现网罗；欲得那个天下，就生出了取天下的办法。只有那幽暗的心才生出阴谋，只有那伟大的心才产生雄杰之人，只有那嫉妒之心才生出胜于人的想法。

所以，天在高处，地在下面，审视你自己为何喜，为何怒？天算是古远，地算是久长，审视那万物的名称一开始就有。在左叫左，在右叫右，看那万物都有定数作为纲纪。纲纪的变化，既自然又无定准，而且变化不停。用以观察人情，自然而有等次。只有那天地之道，形成而不可改变。利用那天地之道，掌握它的根本要害，用来处事就会万事顺心。利用它的准则，就一定会团聚人群，用来处理人事就能成为人君。举用它的条例，就会有条理；用来处理人事，就能成为天子。

逸周书全译卷十

武纪第六十八

【题解】

武，武事。纪：纲纪。此篇类似兵书，讲用武的大法。

【原文】

币帛之间有巧言令色，事不成；车甲之间有巧言令色，事不捷。① 克□事而有武色，必失其德。② 临权而疑，必离其灾。③ □□不捷，智不可□。④ □于不足，并于不几，则始而施。⑤ 几而弗免，无功。

【注释】

① 币帛：指聘问之事。令色：谄媚之态。车甲：指武事。

② 克：攻下，取胜。克□事：指取胜之后所作。

③ 临权：面对机遇。离：通“罹”，遭。

④ 黄氏云：此句疑作“事虽不捷，智不可失”。

⑤ □：黄氏疑为“谋”字。并：兼，指联想，考虑。几：几微，这里指小的朕兆。不几：未几，尚未出现小朕兆。施：善，指顺达。

【译文】

外事聘问只有好听言辞和谄媚神态，办事就不会成功。军事行动只有好听言辞和谄媚神态，战事就不能取胜。取胜之后行事有强力之态，一定失掉道义。面临机遇而迟疑不决，一定遭受灾祸。战事虽然不能取胜，智谋却不能失掉。事情还不显明就做谋划，在出现小朕兆前就想到它，那么一开始就会顺利。有了朕兆而不能处理，就不会成功。

【原文】

国有三守：卑辞重币以服之，弱国之守也；修备以待战，敌国之守也；循山川之险而固之，僻国之守也。① 伐服不祥，伐战危，伐险难。故伐善者不伐三守。②

伐国有六时、五动、四顺。间其疏，薄其疑，推其危，扶其弱，乘其衰，暴其约：此谓六时。③ 扶之而不让、振之而不动、数之而不服、暴之而不革、威之而不恐，未可伐也，此谓五动。④ 立之害、毁之利、克之易、并之能，以时伐之，此谓四顺。⑤

立之不害，毁之不利，唯克之易，并之不能，可伐也？立之害，毁之未利，克之难，并之不能，可动也？静以待众，力不与争，权弗果据，德不肆国，若是而可毁也？⑥ 地荒而不振，德衰而失与，无苦而危矣。⑦

【注释】

① 修备：修整守备之具。敌：匹敌，指势力相当。循：顺也，指利用。

② 伐善：他本作“善伐”，是。

③ 间：离间。疏：疏远、疏忽。薄：迫近。疑：迟疑不决。推危：加重危难，如火上加油。扶弱：即附弱，使之更弱。暴：突击。约：贫困。

④ 扶：助。振：通“震”，指震惊。数（shǔ）：数落。革（jí，及）：急也，指慌乱。

⑤ 立之：使他立于世，即让他存在。

⑥ 众：指聚积兵力。权：权势。果：成为事实。权弗果据：指不使用权势。德：指行为。不肆：不放肆，即约束。

⑦ 振：奋也。与：与国，同盟。

【译文】

国家有三种不同的防守法：以卑躬言辞和厚重财物表示服从，这是弱国的防守；修整武备以待作战，是势力均等国家的防守；利用山川的险峻再加固，是僻远国家的防守。讨伐服从的弱国不吉利，讨伐待战的国家很危险，讨伐险守的国家很艰难。所以，善于征讨的不讨伐这三种防守之国。

讨伐他国，有“六时”“五动”“四顺”。离间与他疏远的，紧逼他的犹豫不决，加助他的危难，紧随他的弱势，趁借他的衰败，突击他的贫困，这就叫“六时”。扶助他而不谦让，震惊他而不动摇，数落他而不服气，突击他而不慌乱，就不可讨伐，这叫“五动”。让他立世有害，毁掉他有利，攻下他容易，吞并他可行，就按时讨伐，这叫作“四顺”。

让他立世没有害处，毁掉他于己不利，只是攻下他容易，吞并他又不能，可以讨伐吗？让他立世有害，毁掉他于己不利，攻下他很难，吞并他又不行，可以行动吗？静观以聚众，保存实力不与人争斗，权势不加使用，行为给以约束，像这样的，可以毁掉吗？土地荒芜却不奋力改变，道德衰落又失掉同盟，即使没有刀兵之苦也很危险啊。

【原文】

求之以其道，□□无不得；为之以其事，而时无不成。① 有利备，无患事。时至而不迎，大禄乃迁。延之不道，行事乃困。② 不作小□，动大殃。③ 谋有不足者三：仁废则文谋不足，勇废则武谋不足，备废则事谋不足。④

国有本、有干、有权、有伦质、有枢体。⑤ 土地，本也；人民，干也；敌国侔交，权也；政教顺成，伦质也；君臣和□，枢体也。⑥ 土地未削，人民未散，国权未倾，伦质未移，虽有昏乱之君，国未亡也。

国有几失，居之不可阻，体之小也。⑦ 不畏邻家，难复饰也。封疆侵凌，难复振也。⑧ 服国从失，难复扶也。大国之无养，小国之畏事。⑨ 不可以本权失邻家之交，不可以枉绳失邻家之交。不据直以约，不亏体以阴。⑩ 不可虞而夺也，不可策而服也，不可亲而侵也，不可摩而测也，不可求而循也。⑪

【注释】

① □□：黄氏补为“而求”。时：当为“事”。

② 禄：福。迁：离去。延：进也，即使用。

③ □：朱氏“疑是‘谋’字”。黄氏“当是‘备’字”。不作小谋：即一点考虑都没有。

④ 不足：不充分。废：废止、废弃。文：文德。武：武事。事：所行之事。

⑤ 权：秤权，砝码。伦质：伦理也。枢体：枢机之体，处中枢主运转。

⑥ 侔：等同。和□：黄氏校为“和同”，和睦同心。

⑦ 阻：疑也，指君臣相互猜忌。体：国体、国家。小：弱，削弱。

⑧ 不畏：指不友好。饰：粉饰，指修整关系。封疆：疆界。

⑨ 从失：纵失，即放失。扶：通“附”，归附。养：指庇护，犹大护小。畏事：担心事奉。大不护小，小必畏。

⑩ 本权：犹言常变，本有常而权为变。枉绳：犹曲直。据：居、处。约：屈。阴：阴事，指男女之事。

⑪ 虞：欺诈。策：鞭打。摩：迫近。循：因循，因袭。

【译文】

用正大的方法求取，求取一定能得；办理该办的事，事情没有办不成的。有好的防备，就没有祸事。机会来了你却不利用，大福就远去了。使用不正大的方法，办事就困难。一点考虑都没有，一动就必有大灾难。谋划不充分的有三种：仁爱废弃，文谋就不充分；勇力废弃，武谋就不充分；预备工作废弃，事谋就不充分。

国家有根本、有主干、有砝码、有伦理、有枢机。土地，是根本；人民，是主干；均势之国平等交往，是砝码；治国教化和顺而成功，是伦理；君臣和睦一心，是枢体。如果土地没有减少，人民没有离散，国政没有倾危，伦理没有改变，即使有昏乱的国君，国家也不会亡。

国家近乎失败，治理就不可不决断，因为国体弱小啊。与邻国相抗，难于再修友好。疆界遭侵凌，难于再振救。顺服的国家一旦放失，难于再来依附。大国不庇护小国，小国就怕再事奉你。不能因本与权之争失掉与邻国的友好，也不能因曲与直之争失掉与邻国的友好。不能有理而认屈，不能因交媾而伤身。不能用欺诈去夺取，不能靠鞭打让人顺从，不能套近乎去侵凌，不能用近逼去探测，不能责求又责求。

【原文】

施度于体，不虑费；[①] 事利于国，不计劳。失德丧服于邻家，则不顾难矣。[②] 交体侵凌，则不顾权矣。封疆不时得其所，无为养民矣。[③] 合同不得其位，无畏患矣。百姓屈急，无藏畜矣。[④] 挤社稷，失宗庙，离坟墓，困鬼神，残宗族，无为爱死矣。[⑤]

卑辞而不听，□财而无枝，计战而不足，近告则无顾，告过而不悔，请服而不得，然后绝好于闭门循险，近说外援，以天命，无为：是定亡矣。⑥

凡有事，君民守社稷宗庙，而先衰亡者，皆失礼也。大事不法弗可作，法而不时弗可行，时而失礼弗可长，得礼而无备弗可成。举物不备而欲致大功于天下者，未之有也。⑦

【注释】

① 施：用财。度：合度，合适。体：国体。

② 丧：失。服：服事。丧服，指该办而不办的事。顾：顾念。

③ 交体：相互。不顾权：不顾念平衡，权主平衡。不时得其所：黄氏以为“时”字衍，此句指疆界之内没有居所。无为：无以。

④ 合同：即和同，指臣。屈急：穷乏也。藏畜：藏蓄，积蓄。

⑤ 挤：坠也。困：使困穷，不祭祀则鬼神困。爱：惜。

⑥ □财：黄氏补为“赂财”。枝：通“支”，支持。循险：利用天险。近说（shuì）：就近游说。以天命：黄氏校为“以待天命”。此段指小国竭力事大国，得不到大国的理会。

⑦ 事：危难之事。大事：戎事。不时：不合时宜，或泥古或悖今，都称“不时”。举物：办事。备：预备、准备。未之有：未有之。

【译文】

用财于国家，只要适度就不考虑多少。事情有利国家，就不计算劳作。对邻国失掉恩德或丧失服事，邻国就不关心你的危难了。相互侵凌，就不想得到平衡了。疆土内没有居所，不能养育百姓。大臣得不到官位，就不敬畏灾祸了。老百姓穷困，就没有积蓄了。国家毁了，宗庙丢了，远离祖坟，不祭鬼神，宗族四散，也就无法顾生死了。

使用卑谦的言辞而大国不听，想送财礼又不能支持，考虑打仗却兵力不足，就近求告却不予理会，承认过错又不让悔改，请求臣服也不能实现，然后才绝交，封关，利用天险，就近游说以求外援，等待天命，别无作为：这样一定灭亡。

凡有危难，君民共守社稷宗庙，而首先衰亡的，都是因为失礼。兵戎之事不依法度就不能用兵，依法度而不合时宜也行不通，虽合时宜而失礼不可能久长，得礼而没有准备也不会成功。办大事不作准备而想建大功于天下的，还没有这样的人。

【原文】

势不求周，流举而不几其成，亡。[①] 薄其事而求厚其功，亡。内无文道，外无武迹，往不复来者，[②] 亡。有悔而求合者，亡。不难不费而致大功，古今未有。

据名而不辱，应行而不困，唯礼。[③] 得之而无逆，失之而无咎，唯敬。[④] 成事而不难，序功而不费，唯时。劳而有成，费而不亡，[⑤] 唯当。施而不拂，成而有权，久之而能□，[⑥] 唯义。

不知所取之量，不知所施之度，不知动静之时，不知吉凶之事，不知困达之谋：疑此五者，未可以动大事。[⑦]

恃名不久，恃功不立。虚愿不至，妄为不祥。[⑧] 大上敬而服，其次欲而得，其次夺而得，其次争而克，其下动而上资其力。[⑨]

凡建国君民，内事文而和，外事武而义。其形慎而杀，[⑩] 其政直而公。本之以礼，动之以时，正之以度。师之以法，成之以仁，此之谓也。[⑪]

【注释】

① 周：周遍，指上文的合法、合时、得礼、有备，不可缺一。流举：流事，即过往之事。几：冀，望。

② 薄其事：轻视其事，即认为办事容易。往：离开，指仁者、勇者去而不来。

③ 据名：享有名声。应行：顺应事物而行。礼：指知礼的人，下文“敬”“时”“当”“义”都指人。

④ 逆：拒。咎：责备。

⑤ 序功：累功，不断建功。不亡：不失掉。

⑥ 施：施舍。拂：逆也，指回转。能□：缺文当是“安”字。

⑦ 困达：困指不顺，达即通达。动：举。

⑧ 恃：依仗。虚愿：空想。

⑨ 资其力：借助强力。

⑩ 君民：作民的君，即治理百姓。形：通“刑”。杀：威风。

⑪ 此：指建国君民。

【译文】

事势不求全责备，办事不指望成功的，灭亡。轻视其事而又希求大功的，灭亡。对内无文德，对外没有武功，仁人勇士去而不再来的，灭亡。知道搞错了才要求讲和的，灭亡。不受艰难又不费力而得到大功的，古往今来还没有过。

享有名声而不受辱没，顺事而行不受困扰，只有知礼的人。得到它而不拒绝，失掉它也不责怪，只有知敬的人。办成事情而不受艰难，不断建功而不费力，只有知时的人。劳动而有成果，耗费而不白丢，只有那做得恰当的人。施舍而不停止，成功而有权变，长久而能平安，只有知义的人。

不知道该取的分量，不知道该采用的法度，不知道动静的时机，不知道事情的吉凶，不知道计谋的顺与不顺：疑惑于此五件事，就不可举大事。

依靠名气便不能长久，依赖功劳便不能处世。空想不能实现，胡为不会吉利。最上一等是尊敬人而让人顺服，其次是想得就得到，其次是夺取而得到，其次是相争而取胜，最下一等是举事而借助上国的武力。

凡是建国治民，内政要用文德而平和，外事讲武力要用得恰当。刑法要缜密而威严，政令要正直而公道。以礼义为根本，按时节而行动，用法度作标准，用律令为榜样，用仁义去成事，说的就是这建国治民。

铨法第六十九

【题解】

铨，通诠，就也。讲三不远，三不近，三不畜，都是就人之法。

【原文】

有三不远，有三不近，有三不畜。①

敬谋，祇德，亲同：三不远也。②

听谗自乱，听谀自欺，近憝自恶：③ 三不近也。

有如忠言，竭亲以为信；有如同好，以谋易寇；有如同恶，合计掬虑，虑泄事败，是谓好害：④ 三不畜也。

【注释】

① 远：疏远。近：亲近。畜：蓄养。

② 祇：敬。

③ 谗：说坏话。谀：说奉承话。憝（duì，对）：奸恶。

④ 掬：当为“播”，布散。竭：败也，败其所亲近者以取信于君。合计：随你的主意。好害：巧妙地害人。

【译文】

有所谓三不远，三不近，三不畜。

尊重有智谋的人，敬慕有道德的人，亲近志同道合的人：这三种人不得疏远。

听信谗言迷乱了自己，听从恭维欺骗了自己，接近邪恶使自己变恶：这三种人不得亲近。

好像是忠言，败坏亲近者以取信于你；好像是与你同好，要阴谋他代替了寇仇；好像与你同恶，顺随你的计谋分散你的思想，你的想法泄漏，事情就会失败，这就叫巧妙地害人：这三种人不得蓄养。

器服第七十

【题解】

器，指明器。服，指服饰。此篇记天子陪葬物的种类及数量。文字脱误较多。

【原文】

明器，因外有三疲二。①

用器：服数犊；② 四棓、禁、丰；一觞；③ 矢韦独。④

【注释】

① 明器：送死陪葬之器。因：当为“茵”，指棺材内的布垫，用以摆放明器。外：除茵之外。疲：与“罢”互通。有三罢二，指三分之二为摆设。

② 服：服饰，指用器的外包装。犊：通“椟”，木匣。

③ 棓：通“杯”。觞：“觞”之误，指酒器之大者。禁：如方案，酒器放其上。丰：放酒器（觯）的底座。其中数有脱误，“禁”当是一只而已。

④ 矢韦独。矢即弓矢。独当为韣（dú），弓袋，以韦为之，故称韦韣。

【译文】

陪葬的明器，放在布垫之外，三成有二成是摆设。

用器是：有服饰的几只木匣，禁一只，杯、丰四只，觞一只；还有弓矢、弓袋。

【原文】

食器：甒，迤膏侯、屑侯。①

【注释】

① 甒（wǔ，武）：瓦器。迤：通“施”，盛放。侯：即糇，干粮。屑：豆屑。

【译文】

食器是甒，盛放膏脂干粮和豆屑干粮。

【原文】

乐：铋、璞参，筐一，竽，皆素独。①

二丸弇：焚菜，脍五昔。②

【注释】

① 乐：乐器。铋：当为“鐾”，古琴字。琜：读为“瑟”。参：同“三”。独：韣，素独：以素布为韣。

② 丸：指圆形罐之类。弇：盖也。焚菜：干菜。脍：鱼片。昔：干肉。黄氏云：“此句当在‘食器’句下。”

【译文】

乐器是：琴、瑟各三架，笙一把，竽一杆，都用素布包盖着。

两个有盖的罐罐装干菜，五个罐罐装鱼片和干肉。

【原文】

纁里桃枝，素独。簟、蒲席皆素独斧巾。①

玄缋綌，缟冠素纰。② 玄冠组武卷组缨。③ 象琪缋瑱，綌绅带。④ 象玦，朱极，韦素独。⑤ 簟籥捍。⑥

【注释】

① 纁：浅绛色。桃枝：指桃枝竹席。簟：簟竹。蒲：蒲草。素独斧巾：以素布为韣而系斧巾。斧：通“黼”，黑白相间为黼。巾：佩巾。

② 玄：玄冠，朱氏“疑脱一‘冠’字”。缋：五彩。綌：冠带末梢作为装饰。缟冠：生绢白冠。纰：边缘。

③ 组武卷：冠卷以组饰之。“卷”字本注。组缨：系冠的丝带。即《礼记》之“玄冠朱组缨”。

④ 象：象牙。琪：同“璂”，皮弁之缝中结五彩玉以为饰，此用象牙骨。缋（huì）瑱：缋即彩绘，瑱为充耳之玉。綌：细葛巾。绅：大带。

⑤ 玦：一名韘，以象骨为之，戴右手大指用以勾弦。极：套在指上利于放弦之指套类物。

⑥ 簟：当为箪，形近而讹，圆形竹器。籥：同钥，锁器。捍：拾也，指收入箪内。

【译文】

浅红色背里的桃枝竹席，外有素布袋子。簟竹席、蒲草席都是外有素布袋子还系有黼巾。

黑色冠有彩带，生绢冠是素边。黑色冠还是红卷红带。象牙冠饰彩绘耳瑱，细葛布绅带。象牙射玦，皮质红射极，都有白韦袋子。这些器物都收入圆形竹筐内上锁。

【原文】

次车羔冒□纯，[①] 载枉线。[②] 丧勤，焚缨一。[③]

绐器：因名有三几，玄茵、缥里桃枝、蒲席皆素独，布巾，玄象玄纯。[④]

【注释】

① 次车：副车。羔冒□纯：《玉藻》云“君羔辟虎犆”，即此。缺处当是“虎”字。冒：覆也，指车盖。纯：音准，车缘。即羔皮车盖，虎皮车缘。

② 载枉线：“枉线”，不明何物。

③ 丧：同缞，浅黄色。勤：当是“勒”。焚：当是“樊”，通“繁”。缞勒繁缨，马的饰物。

④ 绐：通“怠”。怠器，用于休息者。因名：当是茵外，即坐垫之外。几：凭几，小桌。玄茵：当是玄茵。玄象：黑色图像。纯：镶边。

【译文】

副车是羔皮车盖，虎皮车缘，装载枉线（?）。浅黄色马勒，繁缨一只。

用于休息之器是：坐垫之外有三张几案，黑色坐垫，浅红色背里的桃枝竹席以及蒲草席都是外有素布袋子，还系有布巾，绘有黑色图像，黑色镶边。

周书序

【题解】

序，次也。依次讲明本书七十篇写作的缘由。

【原文】

昔在文王，商纣并立，困于虐政，将弘道以弼无道，作《度训》。①

殷人作教，民不知极，将明道极以移其俗，作《命训》。②

纣作淫乱，民散无性冒常，文王惠和化服之，作《常训》。③

上失其道，民散无纪，西伯修仁明耻示教，作《文酌》。

上失其道，民失其业，□□凶年，作《籴匡》。④

文王立，西距昆夷，北备猃狁，谋武以昭威怀，作《武称》。⑤

武以禁暴，文以绥德，大圣允兼，作《允文》。⑥

武有七德，□王作《大武》《大明武》《小明武》三篇。⑦

穆王遭大荒，谋救患分灾，作《大匡》。⑧

文王在程，作《程寤》《程典》。⑨

□□□□□□□□□□□□□□□□□□□□□□□□□□□，作《九开》。⑩

文王唯庶邦之多难，论典以匡谬，作《刘法》。⑪

文王卿士谂发教禁戒，作《文开》。⑫

维美公命于文王，修身观天以谋商难，作《保开》。⑬

文王训乎武王以繁害之戒，作《八繁》。⑭

文王在丰，命周公谋商难，作《丰保》。

文启谋乎后嗣以修身敬戒，作《大开》《小开》二篇。⑮

文王有疾。告武王以民之多变，作《文儆》。

文王告武王以序德之行，作《文传》。⑯

【注释】

① 弼：纠正。

② 极：中。指标准。移：改变。

③ 无性冒常：朱氏云："性善为常，纣帅天下以暴而民从之，以不善为常，故曰无性冒常。"

④ 凶年：大荒之年。黄氏云"缺文疑是逢遭之意"。

⑤ 距：通"拒"。昆夷：亦作"混夷"，畎戎。猃狁：北狄。威怀：当作"威德"（黄氏云）。

⑥ 绥：安定。允：用。允兼："言布文德于武事之中"。（朱氏说）

⑦ 口王：黄氏校为"文王"。卢文弨云"所脱疑不止一字"。

⑧ 穆王：当是"文王"。

⑨ 本为缺文，朱氏据《诗·皇矣》正义补。

⑩ 朱《校释》缺28字，脱《秦阴》《九政》《九开》之序。

⑪ 唯：通"惟"，思。匡：正也。谬：误也。

⑫ 谂：告也。黄氏作"文王谂卿士"解。

⑬ 美公：黄氏校为"姜公"，朱氏"疑太公之讹"。

⑭ 繁：政繁。繁则害，故繁害。

⑮ 文启：当是"文王启"（丁宗洛说）。启：启导。

⑯ 序德：朱氏云"序当为君，古文形相近"，以君德传之子孙。

【译文】

从前在文王的时候，他与商纣王并立，受困于商纣王的暴政，要弘扬正道以纠正无道，因此作了《度训》。

殷人制定的教化，老百姓不知道标准，为了明确道德的标准以改变民俗，因此作了《命训》。

纣王淫乱，百姓涣散以不善为常，文王以仁爱协调，教化驯服他们。因此作了《常训》。

在上者失去了正道，百姓涣散不知法纪，西伯侯行仁义明耻辱以示教化，因此作了《文酌》。

在上者失去正道，百姓丢弃了职业，遭逢大荒，因此作了《籴匡》。

文王即位，西边抵御昆夷，北边防备猃狁，谋划用武以显示威严，因此作了《武称》。

武力用来禁止暴乱，文教用来安定德行，圣人文武兼用，因此作了《允文》。

武事有七种功用，文王因此作了《大武》《大明武》《小明武》三篇。

文王遭逢大荒，谋划救助患难减少灾害，因此作了《大匡》。

文王在程，因此作了《程寤》《程典》。

……因此作了《九开》。

文王考虑到众多邦国多有灾难，谈论典章以匡正谬误，因此作了《刘法》。

文王告诉卿士发布教化与禁诫，因此作了《文开》。

姜太公告诫文王，修养自身，静观天时，利用商人的危难，因此作了《保开》。

文王训诫武王，政繁有害，因此作了《八繁》。

文王在丰邑，命令周公谋划利用商人的危难，因此作了《丰保》。

文王开导后嗣修养身心重视训诫，因此作了《大开》《小开》两篇。

文王生大病，告诉武王百姓多变的道理，因此作了《文儆》。

文王告诉武王，以君王之德行事，因此作了《文传》。

【原文】

文王既没，武王嗣位，告周公禁五戎，作《柔武》。①

武王忌商，周公勤天下，作《大、小开武》二篇。②

武王评周公维道以为宝，作《宝典》。③

商谋启平周，周人将兴师以承之，作《丰谋》。④

武王将起师伐商，寤有商儆，作《寤儆》。⑤

周将伐商，顺天革命，申谕武义以训乎民，作《武顺》《武穆》二篇。⑥

武王将行大事乎商郊，乃明德于众，作《和寤》《武寤》二篇。

武王率六州之兵车三百五十乘以灭殷，作《克殷》。

武王既克商，建三监以救其民，为之训范，作《大匡》。⑦

□□□□□□，作《大聚》。

□□□□□□□□□□□□□。⑧

武王既释箕子囚，俾民辟宁之以王，作《箕子》。⑨

武王秉天下，论德施□，而□位以官，作《考德》。⑩

武王命商王之诸侯绥定厥邦，申义告之，作《商誓》。⑪

武王平商，维定保天室，规拟伊洛，作《度邑》。⑫

武王有疾，□□□□□□□□□□□命周公辅小子，告以正要，作《五权》。⑬

【注释】

① 没，通“殁”。五戎：五种招致兵戎的行为。

② 忌：恶（wù）也。

③ 评："谇"字之误，告也。王念孙说。

④ 启：开始。承：应也。

⑤ 儆：通"惊"。商儆：被商人惊。

⑥ 申：重申。谕：晓谕。

⑦ 救：当为"牧"，治。范：法也。"作《大匡》"后缺《文政》序。

⑧ 此处缺《世俘》序。

⑨ 辟：君。辟宁：臣服则君宁。

⑩ 黄氏校为"论德施才而定位以官"。

⑪ 誓：读为"哲"。

⑫ 维：通"为"。定保天室：即文中"定天保，依天室"之略。

⑬ 小子：指未来的成王。正要：即政要。

【译文】

文王去世之后，武王继位，告诉周公禁止五种招致兵戎的行为，因此作了《柔武》。

武王憎恶商朝，周公为取天下而勤劳，因此作了《大开武》《小开武》两篇。

武王告诉周公只有仁德才拿它视为宝，因此作了《宝典》。

商朝谋划开始平定周人，周人将组织军队对付它，因此作了《丰谋》。

周武王将起兵讨伐商朝，梦中被商人惊醒，因此作了《寤儆》。

周人将伐商，顺应天意革除殷命，重复晓谕武事的意义以训教百姓，因此作了《武顺》《武穆》两篇。

周武王将在商郊发动大战役，就对众人申明道德，因此作了《和寤》《武寤》两篇。

武王率领六州的兵车三百五十辆以灭殷朝，因此作了《克殷》。

武王灭掉商朝之后，设置三监以治理商朝的百姓，给他们制定训令和法规，因此作了《大匡》。

……因此作了《大聚》……

武王释放箕子之后，使商的百姓臣服于王，因此作了《箕子》。

武王执掌天下，考论德行任用人才，给以地位官职，因此作了《考德》。

武王命令商王的诸侯安定他们的邦国，申明大义告诫他们，因此作了《商誓》。

武王平定商朝之后，为了定天保、依天室，规划测度伊水与洛水之间，因此作了《度邑》。

武王生大病……命周公辅佐太子，告诉他为政的大要，因此作了《五权》。

【原文】

武王既没，成王元年，周公忌商之孽，训敬命，作《成开》。[①]

周公既诛三监，乃述武王之志，建都伊雒，作《作雒》。

周公会群臣于闳门，以辅主之格言，作《皇门》。[②]

周公陈武王之言以赞己言，戒乎成王，作《大戒》。

周公正三统之义，作《周月》。

辨二十四气之应以明天时，作《时训》。

周公制十二月赋政之法，作《月令》。[③]

周公肇制文王之谥，义以垂于后，作《谥法》。[④]

周公将致政成王，朝诸侯于明堂，作《明堂》。

【注释】

① 商孽：指纣子武庚。

② 朱氏云“以下当有‘求’字”。格言：至言也，即至理名言。

③ 赋：布。

④ 肇：始。朱氏云：谥法前古未有，故曰肇制。义：意义，指对谥号的解说。

【译文】

武王去世以后，成王元年，周公憎恶商纣余孽，训教成王敬顺天命，因此作了《成开》。

周公诛灭三监以后，就遵从武王遗志，在伊、雒间修建都城，因此作了《作雒》。

周公在闳门会见群臣，广求辅佐君主的至理名言，因此作了《皇门》。

周公陈述武王的话又加以自己的话，训诫成王，因此作了《大戒》。

周公确定“三统”的意义，因此作了《周月》。

周公辨明二十四节气的时应以明确自然的季节，因此作了《时训》。

周公首先制定出文王的谥号，使其意义垂传于后世，因此作了《谥法》。

周公将把国政交付成王，在明堂接受诸侯朝见，因此作了《明堂》。

【原文】

成王既即政，因尝麦以语群臣而求助，作《尝麦》。

周公为太师，告成王以五则，作《本典》。①

成王访周公以民事，周公陈六徵以观察之，作《官人》。

周室既宁，八方会同，各以职来献，欲垂法厥世，作《王会》。②

【注释】

① 五则：智、仁、义、德、武，丁兆洛说。太师：周初三公，指太师、太傅、太保。姜太公为太师，周公为太傅，召公为太保。至此，周公代太公为太师。

② 职：职贡也，指特产。世：嗣也。

【译文】

成王亲政以后，借祭献新麦之机告诉群臣以求帮助，因此作了《尝麦》。

周公做了太师，告诉成王行“五则”，因此作了《本典》。

成王向周公询问民事，周公陈述“六徵”让他观察，因此作了《官人》。

周王室安定以后，八方诸侯前来朝会，各以他们的特产前来进献，想把它作为制度流传后世，因此作了《王会》。

【原文】

周公云殁，王制将衰，穆王因祭祖不豫，询谋守位，作《祭公》。①

穆王思保位惟难，恐贻世羞，欲自警悟，作《史记》。

【注释】

① 云：已。祭祖：指祭公谋父，乃穆王叔祖，故称祭祖。

【译文】

周公已经去世，王制将要衰败；穆王借叔祖祭公谋父有病，请教保持王位的谋略，因此作了《祭公》。

穆王考虑到保位的艰难，担心把耻辱留给后世，想借古事以自警觉，因此作了《史记》。

【原文】

王化虽弛，天命方永，四夷八蛮，攸尊王政，作《职方》。①

芮伯稽古作训，纳王于善，暨执政小臣，咸省厥躬，作《芮良夫》。②

晋侯尚力，侵我王略，叔向闻储幼而果贤，囗复王位，作《太子晋》。③

王者德以饰躬，用以所佩，作《王佩》。

夏多罪，汤将放之，徵前事以戒后王也，作《殷祝》。④

民非后罔乂，后非民罔与为邦，慎政在微，作《周祝》。⑤

武以靖乱，非直不尅，作《武纪》。⑥

积习生常，不可不慎，作《铨法》。

车服制度，明不苟逾，作《器服》。⑦

周道于焉大备。⑧

【注释】

① 弛：废也。永：久长。攸：通“犹”。尊：通“遵”。

② 省（xǐng，醒）：反省。

③ 晋侯：指晋悼公。略：疆界。储：王储，指太子晋。

④ 夏：指夏桀。徵：取。

⑤ 后：君主。乂：治。微：细。

⑥ 靖：平定。尅：胜。

⑦ 苟：苟且。逾：越。朱氏云：此序与书不相应。

⑧ 道：治国治民之理（黄氏说）。大备：十分完备。

【译文】

王化虽已废弛，天命正当久长，四夷八蛮仍然遵循王政，因此作了《职方》。

芮伯稽考古事而作训诫，把厉王引向善良，以及执政大臣都反省自身，因此作了《芮良夫》。

晋侯崇信武力，侵犯我们周王的疆界，叔向听说王储年幼又真正贤明，能够恢复周王以前的尊位，因此作了《太子晋》。

作王的人用仁德装饰自己，用它来作佩戴，因此作了《王佩》。

夏桀罪恋多，成汤要流放他，取前事以警诫后王，因此作了《殷祝》。

百姓没有君王得不到治理，君王没有百姓不能成为国家，谨慎理政在于细致，因此作了《周祝》。

武事用以平定祸乱，除非有理不能取胜，因此作了《武纪》。

养成习惯就视为平常，不能不谨慎，因此作了《铨法》。

涉及车马、服饰的规矩，明确了就不得随便超越，因此作了《器服》。

周人治国的方法，在此就十分完备了。

读《逸周书》笔记

【前言】

封建社会近两千年的尊孔读经，使很多有价值的典籍不为人们所了解，《逸周书》就是其一。《汉书•艺文志》云系“周史记”颜师古注引刘向云：“周时诰誓号令也。”即周代文献汇编。传统上认为此书为孔子整理《尚书》所逸，故名《逸周书》。其地位自然就不能与《尚书》等列。

历代研究注释此书的也不多。晋孔晁虽有注，颇感疏陋。直至清代，才有卢文弨、王念孙、朱骏声、俞樾、孙诒让等学者对之陆续加以整理。其中，陈逢衡的《补注》可称最善读本之一，朱右曾的《集训校释》堪称集大成之作。

近代，顾颉刚先生、李学勤先生对其中某些篇章有所研究，而不见有专著作系统讨论。1996年西北大学出版了黄怀信氏的《校补注译》，才算填补了这一空白。正如黄氏所言，《逸周书》长期以来没有新注，最主要的原因，恐怕就是“太难”。因为原书不仅文字脱衍讹误多，错乱严重，世无善本，很多地方很难读通甚至难以断句。尽管清儒有所研究，毕竟还是断章为义者多，可资利用的成分较为有限。（见该书《后记》）

本人有志于学习《逸周书》久矣，限于其艰深且资料缺乏，迟迟不得深入。近年来，在朱右曾《集训校释》基础上，得黄怀信先生的先后赠书，才终于大胆进行探索，一字一句，一页一篇进行董理，希望能在前人已有的成果之上有所收获。在学习研究过程中，就一些古今学者见解悬殊的问题，写下自己的读书笔记。今公之于众，愿求得学术界同道者的指教。

上中立而下比

《程典》第十二云："慎下必翼上。上中立而下比句争省句和而顺。携乃争，和乃比。"

孔晁注："翼，敬也。中立谓无比也。"孔氏在比、省后用"句"断。

朱右曾《集训校释》云："比，党。争，竞。省，废。携，离也。言不能慎下则上无所偏倚而其下非比即争，废和顺之道。故离之则争，和之则比。"朱氏的断句当是：上中立而下比争，省和而顺。

黄怀信氏《校补注译》云："中立，不偏倚。比，朋比、结党。'争'字衍。'比'上当脱'不'字。省，废也。和，当是'私'字之误。私，私心。携，贰也，指不公平，就上言。争，就下言。和，亦当作'私'。"黄氏校后的原文是："上中立而下不比争，省私而顺。携乃争，私乃比。"黄氏的译文是："使下属顺从，必须先端正上司。上司不偏倚，下属就不结党；上司废私心，下属就从顺。上司不公平，下属就相争；上司有偏私，下属就结党。"

黄氏译得顺顺当当，而一衍一夺一误，曲就己意，终有武断之嫌。似难相从。

愚以为，此段文字并无夺衍，断句当以孔晁为是。关键是"中立"一词的正确诠释。中立，即不偏倚，无所偏倚，也就是不讲是非。所以，上中立而下比。争省，争斗废止，即消除争斗，自然就和且顺。朱右曾"省和而顺"，有违文例，不可从。携，离也，指闹矛盾。和，和顺，"离"之反。意思很明白：闹矛盾必争斗，讲和气就结党。这几句在于表达"慎下"之难，是为统治者立言，近于孔子的"唯女子与小人为难养也"。

正确的译文当是：要使下属顺从，上司必须要自重。上司无是非，下属就结党。消除争斗才会和顺。闹矛盾就有争斗，一团和气就要结党。

维二十三祀庚子朔

《丰保》第二十一云："维二十三祀庚子朔，九州之侯咸格于周。王在丰，昧爽，立于少庭。王告周公旦曰：……"

这一段文字有很多令人玩味的地方，有必要做一番研究。

关于"维二十三祀庚子朔"，朱右曾《集训校释》说："文王即位四十二年受命，于是伐崇而作丰邑。云二十三祀，非也。以周历推之，文王四十三年十一月为庚子朔。盖古文积画相重，故误耳。"又说："钱塘《述古录》以为是文王二十祀正月朔，则与在丰之文不合。"

今人黄怀信氏云："二"乃"王"字之误。王指武王。武王十三年，即灭商之年。(黄氏将《丰保》之作列于武王灭商之后)

这就是古今学人对"二十三祀"的不同理解。

有关文王、武王纪年的记载，大体有：

《史记·周本纪》："西伯盖即位五十年。"

《尚书·无逸》："文王受命惟中身，厥享国五十年。"

《帝王世纪》云："文王即位四十二年，岁在鹑火，文王更为受命之元年，始称王矣。"受命之元年始称王即文王（受命）元年，此前的四十二年还不叫"王"。文王四十二年即受命元年，乃帝辛三十三年。

今本《竹书纪年》："（帝辛）三十三年，密人降于周师，遂迁于程。"又："三十四年，周师取耆及邘，遂伐崇，崇人降。"

《周本纪》："明年伐崇侯虎，而作丰邑。"——知丰邑作于帝辛三十四年。

《竹书纪年》云："三十五年，周大饥，西伯自程迁丰。"这与《逸周书·大匡》"惟周王宅程三年，遭天之大荒"相吻合。

《文传》："文王受命之九年，时维暮春，在鄗，召太子发。"《毛诗疏》："文王九十七而终，终时受命九年。"(按：用上读法，当是七十九而终。)

《竹书纪年》："（帝辛）四十一年春三月，西伯昌薨。"

推知，帝辛四十二年即武王元年，帝辛五十二年即武王十一年。故：

今本《竹书纪年》："五十二年（庚寅），周始伐殷。"古本《竹书纪年》："武王十一年（庚寅），周始伐殷。"

《尚书·泰誓上》:“惟十有一年，武王伐殷。一月戊午，师渡孟津。”

《史记·封禅书》:“既克殷二年，天下未宁而崩。”

《尚书·金縢》:“既克商二年，王有疾，不豫。”

克殷二年即武王十二年。可见武王纪年是没有十三祀的。

武王克商在公元前 1106 年。将帝辛、文王、武王纪年与公元对照起来，如下。

公元前 1166 年　文王元年

公元前 1157 年　帝辛元年　　文王十年

公元前 1144 年　帝辛十四年　文王二十三年

按:是年实际天象:冬至月朔壬寅，丑月壬申，寅月辛丑，卯月辛未，辰月庚子。丑正四月庚子朔，即文王二十三祀四月庚子朔。如果《丰保》历日无误，所指即此。尽管与“王在丰”之文不合。

公元前 1125 年　帝辛三十三年　文王四十二年(受命元年)

按:文王迁于程。

公元前 1124 年　帝辛三十四年　文王受命二年伐崇作丰邑

公元前 1123 年　帝辛三十五年　文王受命三年按:周大饥。西伯自程迁于丰。

公元前 1117 年　帝辛四十一年　文王受命九年薨

公元前 1116 年　帝辛四十二年　文王受命十年武王元年

公元前 1113 年　帝辛四十五年　文王受命十三年武王四年

按:是年实际天象，冬至月朔辛丑，丑月辛未，寅月庚子，卯月庚午，辰月庚子……丑正二月、四月都是庚子朔(连大月)。

不难看出，公元前 1144 年文王二十三年确有庚子朔。那么《丰保》“维二十三祀庚子朔”就只能视之为错简，游离于全文之外。而从“王在丰”“王告周公旦”来看，显然不可能是公元前 1144 年的文王二十三年。

我以为，否定了“维二十三祀”，文例又不得有“维一十三祀”，当是“维王十三祀庚子朔”，那是指文王受命十三年即前 1113 年的庚子朔。因为自程迁丰之后，只有前 1113 年有庚子朔。

就是说，文王受命九年终，太子发虽即位，为承继文王之志，在未受商王命的最初几年仍用文王受命年数连属纪年。

《周书序》云:“文王在丰，命周公谋商难，作《丰保》。”——这个《周书序》是靠不住的。

《礼记·文王世子》记："文王九十七乃终，武王九十三而终。"用上读法，当是文王七十九乃终，武王三十九而终。（见《历史研究》97.3 郑慧生文）文王二十九岁即位，在位五十年。武王即位当是二十七岁，在位十二年。以成王既冠亲政计，武王死时，成王十三岁。

从《丰保》的文字可以看出，文王死后，商纣王并没有马上就让他的儿子姬发承继"王"位。到帝辛四十五年即文王受命之第十三年，姬发才正式受命为西伯侯。所以才有"诸侯咸格来庆"，庆什么？庆贺姬发受命为西伯侯。正如朱右曾引用董子《繁露》所云"已受命必先祭天以行事"。武王受命，自然就得祭天，这就是"咸格而祀于上帝"。九州诸侯来周，一是庆贺武王受命，二是参加武王祭天的庆典。祭祀之后，武王与诸侯分赏祭物，又宴飨诸侯，送出郊外，并"树昏于崇"——在崇墟立了石碑以资纪念，可见这事件的重大。《丰保》最后，周公旦说"王孙其尊天下"，即受命之后，武王当受天下人敬重了。

在这样的背景下，理解"维王十三祀庚子朔"就并不觉得困难。

正确的读法当是"维（文王受命之）十三祀（四月）庚子朔……（武）王在丰……（武）王告周公旦曰……"《丰保》所记为武王受命之事。

我们还可以找到相似的例证。《史记·鲁世家》"封周公旦于少昊之虚曲阜，是为鲁公。周公不就封，留佐武王。……而使其子伯禽代就封于鲁。……伯禽即位之后，有管、蔡等反也。"《鲁世家》还记载伯禽代父治鲁之后"三年而后报政周公"的文字。可见伯禽的"之鲁"是在周公摄政之初，大有代父行命的意思。

而《汉书·律历志》云："成王（亲政）元年正月己巳朔，此命伯禽俾侯于鲁之岁也。"师古注："俾，使也，封之始为诸侯。"

就是说，成王亲政元年，伯禽才由成王封为诸侯，称鲁公。尽管此前他已在鲁国即位六七年了，那不过代父行命，至此才正式受王命为诸侯。

同样，文王死后，武王只是代父而治，到了第四年才受商王命为西伯侯。受命之前仍用文王受命之年纪年，也合于情理。

反观，《史记》《汉书》认为武王不改元，并非没有依据。

维三十五祀正月丙子拜望食无时

见《小开》第二十三。

朱右曾《集训校释》云:“三当为四。文王四十有五祀。王见月之眚……以周历推之，是年商正月癸亥朔，十四日得丙子。古历疏，有晦而日食者，故十四日望。”

刘师培《周书补正》云:“以《三统历》推之，得癸巳为正月朔，癸卯[亥]为二月朔，十四日丙子。此文正月系从殷正即周正二月也。又，文王受命以前，盖用殷正，受命以后则用周正，均可以本书验之。”

董作宾《武王伐纣年月日今考》云:“殷帝辛三十八祀(1137年甲子)。周文王三十五祀。殷正月十六乙亥月食，十七日丙子拜望食无时。”

刘朝阳《晚殷长历》:“纣二十六祀，文王三十五祀。一月一日甲子，十三日丙子望。合《小开》之文。一月十二日乙亥(即正月乙亥1306162——儒略周日)。”刘氏据此推算“乙亥日食”是公元前1136年1月29日。

黄怀信氏《校补注译》云:“三为‘王’字讹。王指武王。拜望，群臣拜见武王。无时，失时。食无时，吃饭过了定时。”并引:刘师培云“据周历，武王十五年正月丙子朔”。

从以上所引古今各家的解说可以看出:这一历日的记载，意义重大。除黄怀信氏外，比较一致的看法是:这是一次月食天象的记录。朱右曾为文王四十五年说，商正月十四日丙子望。刘朝阳、董作宾氏为文王三十五年说。其具体年代，董氏在前1137年殷正月十六乙亥月食，刘氏在前1136年正月十三日丙子望，十二日乙亥月食。

众说纷纭。各家之说实在是天壤之别，确有澄清的必要。

常识告诉我们:日食在朔，月食在望。《小开》文“拜望食无时”，理解为发生月食天象，是符合事实的。殷周先民以为，时间(白昼与夜晚)都来自日、月的运转，发生日食、月食天象，自然就是“无时”了。殷周观象授时，无推步可言，对月相的观察十分细密，记录也特多。目的都在于掌握实际天象，更准确地推知朔望与置闰，以利于生产与生活。周代有“告朔”礼制，言之甚详，足见对它的重视。

如果发生异常的日食、月食天象，那是“日月告凶”，统治者是惴惴不安的，认为是上天对他的告诫。一般百姓自然也感到惊恐，这毕竟不是正常现象。

《左传·昭公十七年》引《夏书》曰：“辰不集于房。瞽奏鼓，啬夫驰，庶人走。”——董作宾氏以为这是仲康时代一次日食天象。可惜已无从考查具体的年月日，只知它是最早的日食记载。

《竹书纪年》：“昭王十九年，天大曀，雉兔皆震。”——这次日食发生在前1023年七月丙子朔，儒略历为6月10日，食分为0.43，具体时间洛阳一带在中午一点之后。

《竹书纪年》：“懿王元年，天再旦于郑。”——这次日食发生在公元前899年子正五月丁亥朔，儒略历4月21日早上。懿王元年为前916年，前899年为懿王十八年。古文“十八”误合为“元”。

《诗·十月之交》：“朔月辛卯，日有食之。”——这是发生在周幽王六年，公元前776年的一次日食。

以上是中国典籍中最早的几次日食记载。

说到月食，《诗经》“彼月而微”“彼月而食”都是讲月食的。最早的月食的确切记载，应该就是《小开》的文王三十五年了。尽管甲骨卜辞中已有月食记录，却难于考知其年月日。

如果将古籍有关记载详加考释，可以确知：

前1166年为文王元年，前1132年为帝辛二十六年，文王三十五年。查张培瑜《中国先秦史历表》，前1132年天象，建子，正月壬戌朔，有十五日丙子望。与《小开》之文完全吻合。这个丙子日即儒略历前1132年1月3日。可知，《小开》确实是写文王时事。虽文辞并不古拙，那当是春秋时人对前代文字改写与加工的结果。

月相定点，定于一日。《小开》的正月丙子望，望为十五（发生月食），不得为十三（刘朝阳）或十四（朱右曾），也不得为十六日（董作宾）。一个月相如果游移两天、三天，那就与游移七天、八天没有本质区别了。董作宾氏持月相定点说，但他的既望已包含有十六、十七、十八这三天，这就让人难于信从。

发生日食，天子要下诏罪己。发生月食，自然也要对上天表示诚恐之意。这就是《小开》“望拜”的含义。望拜，即在望日祭拜上天，并非“群臣拜见武王”。

殷周观象授时，无“三正”之说。当闰不闰，丑正转子正；不当闰而闰，丑正转寅正。置闰牵动着建正。公元前1132年建子，才有正月壬戌朔，丙子望。刘师培所谓“文王受命以前盖用殷正，受命以后则用周正”之说是不可信的。“文王即位四十二年岁在鹑火，文王更为受命之元年，始称王矣。”（《帝王世纪》）文王三十五年建子正月壬戌朔的天象就已经否定了刘氏的说法。应该说，“三正”论是没有市场的。董作宾氏考查西周年代，总是将子月固死在冬至之月，致使若干铜器历日无所归属，这正是信奉“三正”造成的重大失误。

人之好佚而无穷

《小开》第二十三：“人之好佚而无穷、贵而不傲、富而不骄、两而不争、闻而不遥、远而不绝、穷而不匮者，鲜矣。”

这是从处世的各个方面赞美人的品德。后世“贫而无谄，富而无骄”（《论语》），“富贵不能淫、贫贱不能移、威武不能屈”（《孟子》）当由此演化而来。

如果比照“贵而不傲、富而不骄”，其余各句的理解并不困难。

人之好佚而无穷：佚，安逸也。黄怀信氏译作“人喜欢安逸而不贫穷”，则非。“人之……”者，是主语，即这种人。“鲜矣”是谓语。这里的“穷”，不是贫困、贫穷，而当是穷尽之义。无穷即无尽，无尽即有所节制，并非无节制地没完没了地好佚。后世孔子的“乐而不淫”（《论语·八佾》）实在是这句话的准确的改写。娱乐而不过度，娱乐而有所节制，是一种道德修养，并非人人皆可做到。娱乐而无度，一味好佚，还有什么品德可言？这里的修养是就贵族说的，与底层的民众无关，自然就不存在贫穷或不贫穷的问题。

两而不争：朱右曾云，两谓权相侔。权指秤，所谓“权然后知轻重”。侔指齐等，即分量轻重等同。黄怀信氏云，两相匹敌。两而不争，指在同辈同等之人中，自己不争胜好强，并不好居人上。也指与人友善，平等待人。孔子的"君子无所争""君子矜而不争"都是对它的准确发挥。

闻而不遥：遥通摇。黄怀信氏译作"闻名而不动摇"，不确。"摇"即飘摇，不是动摇。人一旦闻名，有的郑重如常，泰然处之；有的自视其高，飘飘然在上。闻而不遥，即闻名而并不飘飘然，能正确对待名誉，这自是好的修养。

远而不绝：远指鄙远，边远，是相对于朝廷而言。身处鄙远之处，自然是被疏远了的人。虽被疏远而不绝。不绝，自是不断绝与朝廷的关系。就贵族而言，还保持着与朝廷同僚的联系。黄怀信氏译作"被疏远而不绝交"，大体得之。

穷而不匮：穷指困穷，走投无路。匮，宜作溃，当指思想颓废、意志溃败。不溃，指不颓唐，不堕落，精神不倒。王勃所谓"穷且益坚，不坠青云之志"算是最好的注脚。

这句话的正确译文当是：喜好逸乐而又有所节制，地位高而不傲慢，富有而不骄奢，与同辈相处而不争胜好强，且有名望而不飘飘然在上，遭疏远而不绝交友人，受困穷而不颓唐，这种人很少啊。

神有不馀

《大开武》第二十七：九因：一，神有不馀；二，德有不守；三，才有不官；四，事有不均；五，两有必争；六，富有别；七，贫（贪）有匮；八，好有遂；九，敌有胜。

每句有一个"有"字。要是弄不明这个"有"字的真正含义，理解就会走样。

有与无是一对。作动词用，可带宾语：有心，无心。这是普遍的用法。

有与无还有一个常见用法，就是表肯定、表否定。放在动词或形容词前面，相当于一个语气副词。这一用法常被忽略或误解。

表肯定：

1. 则（鲁仲）连有赴东海而死矣。（《战国策·赵三》）

2. 日有食之。(《左传·隐公三年》)

3. 有严有翼。(《诗·六月》)

4. 吾十有五而志于学。(《论语》)

古汉语中有一个常用的固定格式：何所思，有所思，无所思。思是动词，所是宾语，何表疑问、有表肯定、无表否定。很明白，何所思即想哪样，有所思即想那个，无所思即不想那个。这种格式里的动词是可更换的，如“财物无所取”，正确理解即“财物，不取它”。

比照《大开武》中的九个“有”字，它们全是表肯定的副词，误解为动词的“有”，显然有违作者的本意。如把“神有不飨”理解为“神灵有不被祭祀的”就令人难以接受，难道还有部分神灵在享受祭祀？

逐句诠释当如下。

神有不飨：神灵不祭祀，即不祭祀神灵。

德有不守：道德不遵守，即完全不遵守道德。

才有不官：才能之士不任用做官。

事有不均：役事不均等。

两有必争：势均力敌者必定争斗。

富有别：富人背离。

贫(贪)有匮(通“溃”)：穷人逃亡。

好有遂：爱好得以满足。

敌有胜：敌人争强好胜。

维王三祀二月丙辰朔

《宝典》第二十九：“维王三祀二月丙辰朔，王在鄗，召周公旦。”

《集训校释》云：三祀，《唐书·大衍历议》引作“元祀”今以周历推之，武王元年元余四百九十二，天正己未朔，人正戊午朔，惟建午月为丙辰朔耳。三年二月亦非丙辰朔。当阙疑。

在朱右曾看来，武王的元年与三年都没有“二月丙辰朔”。

《唐书》是依据"二月丙辰朔"改"三祀"为"元祀"的。因为僧一行定武王克商在公元前1111年、武王元年即公元前1121年，是年天象丑正二月丁巳04^h余分小，也可定为丙辰朔。因为克商年代不确，《唐书》引作"元祀"就不够严谨。

如果承认"三祀二月丙辰朔"不误，则历日只合成王亲政三年。

成王亲政元年即公元前1097年，是年子正己巳朔（定朔戊辰22^h10^m），合《汉书·世经》"成王元年正月己巳朔"。成王三年（前1095年）子正丁亥朔（定朔丙戌22^h06^m），二月丙辰朔。

抛开公元纪年不论，从元年正月己巳朔推知，二年正月当为癸亥朔，三年正月丁亥朔，也是二月丙辰朔。历日延续不紊。

《周书序》以为"武王评周公维道以为宝，作《宝典》"。历代皆视之为武王与周公旦的对话。从内容看，全篇主旨是周公旦对周王讲述王者应有的修养，重点是信、仁、义，即所谓"宝"。从末段"王拜曰：格尔言"看，也只能看成是周公对成王的训导，不类武王与周公的对话。此篇有主有从，实在是一位长辈对年轻人的启迪与训诫。一个娓娓道来，一个洗耳恭听，最终是年轻的王者表示要"维子孙之谋，宝以为常"，牢记长辈语重心长的教诲。这位年轻的王，不是成王又是谁？

《礼记·文王世子》记"武王九十三而终"。用上读法，当是三十九而终。以既冠亲政计，武王终时，成王年十三岁，周公约三十七岁。成王亲政三年，二十三岁，周公约四十七年。《宝典》的内容所反映的周王与周公的身份，与他们的年龄也是大体吻合的。

自然，这就与《武儆》"文及《宝典》"不相合，仍有深究的必要。但历日吻合成王亲政三年是可以肯定的。

从中我得到一点启发，典籍文字关于成王时代历日的表述都是从亲政之后纪年的。如《逸周书》，如刘歆、裴骃，包括《集解》所引的徐广与皇甫谧，自然也包括了《汉书》。司马迁《史记》记载周公摄政七年，明确是"奉成王命"行事，并不称王，而于亲政后的纪年无涉。

而出土器物，诸如《何尊》等，包括《竹书纪年》，关于成王的纪年是从周公摄政元年计起的。

尚左、尚右、左还、右还

《武顺》第三十二（卢文弨校本）：天道尚左，日月西移；地道尚右，水道东流。（旧左右互易，今从《博物志》）吉礼左还，顺天以利本；武礼右还，顺地以利兵。（正文天地互易，今从沈改）

朱右曾《集训校释》同卢文弨校本。从小注中看出，旧本确有“天道尚右、地道尚左”“吉礼左还、顺地以利本，武礼右还、顺天以利兵”的文字。

黄怀信氏《校补注译》作“天道尚右、日月西移；地道尚左、水道东流”，“吉礼左还，顺地以利本；武礼右还、顺天以利兵”。这显然是根据被卢文弨等人不加采用了的旧本文字。

由于黄氏之书新出，代表当今的研究水准，很有必要弄清这个“尚左或尚右，左还或有还”。

中国地处北半球，地势西高东低。《淮南子·天文训》“天倾西北，故日月星辰移焉；地不满东南，故水潦尘埃归焉。”就其方位，坐北朝南，所以左东右西，左低右高。江东可称江左，在人之上为出其右。

天道尚左，即以左为上，故日月从东向西移动。地道尚右，即大地以右为上，右地居高，故水道东流。卢文弨校本从《博物志·史补》“天道尚左，日月西移；地道尚右，水潦东南”是对的。

同样，当是“吉礼左还，顺天以利本；武礼右还，顺地以利兵”。《礼记·礼运》有“是故夫礼必本于天”，“是故夫政必本于天”。礼与政，都本于天，“顺天以利本”实属必然，不可能有什么“顺地以利本”。

关于左还、右还，黄氏《校补注译》理解为“吉礼向左旋转”“武礼向右旋转”，还可讨论。

古汉语语法一般规律，方位名词与动词组合，可作两种解说。如，西游即向西游去，而东归乃从东而归。这里的左还、右还与下句顺天、顺地相应。天道乃尚左，日月从左向右西移；地道乃尚右，水道从右向左东流。当是，吉礼从左向右旋转，顺应天道以利于万物（本）；武礼从右向左旋转，顺应地道以利于士兵。

《世俘》中的历日

《世俘》第三十七：惟一月丙午旁生魄，若翼日丁未，王乃步自于周，征伐商王纣。

按：旁生魄指十六，则十七丁未。推知，一月辛卯朔。古文《武成》："惟一月壬辰旁死霸，若翌日癸巳，武王乃朝步自周，于征伐纣。"旁死霸指初二，癸巳初三。推知，一月辛卯朔。两者朔望是一致的。《武成》立足于朔，《世俘》立足于望而已。都是"步自周"，都是"征伐商王纣"，为何记日又不同呢？当是，正月丁未初三，武王从宗周起兵，中间当有停留（比如十五、十六停留两日，或十六丁未停留一日），十七又出发。到二十八"戊午，师渡孟津"。"步自于周"是记前，"征伐商王纣"是指后，各有侧重不同而已。

比较《史记》记事。周厉王三十七年（前842年），鲁真公十三年，即卫釐侯十三年。《卫世家》记"釐侯十三年，周厉王出奔于彘"。《鲁世家》记"真公十四年，周厉王无道，出奔彘，共和行政"。很明显，《鲁世家》强调的是"共和行政"，"出奔彘"是指前真公十三年事，不得与"真公十四年"强合。这里的"出奔彘"不过是指明"共和行政"的缘由而已。同样，不必强合为"丁未，步自于周"。

《世俘》："越若来二月既死魄，越五日甲子朝至接于商，则咸刘商王纣。"

《武成》："粤若来二月既死霸，粤五日甲子，咸刘商王纣。"

按：两者所记一致。推知，二月庚申朔，初五甲子日，咸刘商王纣。

《世俘》："丁卯，望至，告以馘、俘。"

按：丁卯，二月初八。足见太公望在商都周围用兵，对付殷商势力的猛烈反扑。

《世俘》："戊辰，王遂御，循追祀文王。"

按：戊辰，二月初九日。

《世俘》："壬申，荒新至，告以馘、俘。……辛巳，至，告以馘、俘。甲申，百弇以虎贲誓，命伐卫，告以馘、俘。"

按：壬申，二月十三日。辛巳，二月二十二日。甲申，二月二十五日。

《世俘》："庚子，陈本命伐磨……乙巳，陈本、荒新、蜀、磨至，告禽霍侯。"

按：正月辛卯朔，二月庚申朔，闰二月庚寅朔，庚子十一日。乙巳，闰二月十六日。黄怀信氏不闰二月，故记为"三月十一日庚子"。

《世俘》："维四月乙未日，武王成辟，四方通殷命，有国。"

《世俘》："时四月既旁生魄越六日庚戌，武王朝至燎于周。"

按：四月己丑朔，乙未初七日：既生霸十五癸卯；旁生霸十六甲辰，既旁生霸十七乙巳，越六日庚戌二十二。乙未初七成辟，庚戌二十二献俘。朱右曾"既旁生魄十六日"则误。

《世俘》："若翼日辛亥，祀于位，用籥于天位。"

《世俘》："辛亥，荐殷俘王鼎。……壬子，王服衮衣矢琰格庙。……癸丑，荐殷俘王士百人。……甲寅，谒戎殷于牧野。……乙卯，籥人奏《崇禹生开》。"

按：辛亥，四月二十三日。壬子，二十四日。癸丑，二十五日。甲寅，二十六日。乙卯，二十七日。

《世俘》："越五日乙卯，武王乃以庶国祀馘于周庙。"

按："越五日"是接"辛亥"而言。辛亥二十三，越五日乙卯二十七。足见，计算年月日是将起年起月起日一并计算在内。还应当明确指出，月相是定点的，定于一日。月相四分不可信。什么"二分说"更属海谈。

稍加归纳，《世俘》所记克商之年的朔闰是：一月辛卯朔，二月庚申朔，闰二月庚寅朔，三月己未朔，四月己丑朔。这与《周书·武成》所记朔闰亦完全吻合。刘歆在《世经》中的解说不误。

春和腊耕耘以习迁行

《大聚》第四十：立乡射以习容，春和腊耕耘以习迁行，教芧与树艺。

朱氏《集训校释》作：立乡射以习和容，春腊耕耘以习迁行。

黄氏《校补注译》释“芧”为：“与”的音误，下“与”字衍。校为“教与树艺”。并说：此句错乱，疑当作“□□耕耘，教与（以）树艺”。

显然，朱右曾是调动文字，组成“以习和容”与“以习迁行”相对。

正确的点校当是：立乡射以习容。春和腊耕耘，以习迁行，教与树艺。

此处“春和腊耕耘”乃是合文，分释之，则无不通达。和腊即合腊。即：春和腊以习迁行，春耕耘教与树艺。

古人行文，多此句法。诸葛亮《出师表》“陟罚臧否，不宜异同”。陟罚合，藏否合，分释之则明。

郦道元《水经注·巫峡》“自非亭午夜分，不见曦月”。亭午与夜分合，曦与月合。分释之，“自非亭午不见曦”，“自非夜分不见月”。

外商资贵而来

《大聚》第四十：外商资贵而来，贵物益贱。资贱物出贵物，以通其器。

朱氏《集训校释》作“资贵物出贱物，以通其器”。其注云：价贵徕商，商集货贱，资贱出贵，农商皆利。

黄氏《校补注译》：资读为“赍”，携带。译文是：外商把价格昂贵的物品带来，当地的就会变得便宜。所以，要使用外商带来便宜的物品，带出昂贵的物品，使器物得到流通。

按：这里的关键是一个“资”字。释之不当，则影响到整句的解说。资，本义是财物、财货。古人以物易物，买进卖出，皆得用资。资有贩卖义，如《庄子·逍遥游》：“宋人资章甫而适诸越，越人断发文身，无所用之。”资有积蓄义：“旱则资舟，水则资车，夏则资皮，冬则资絺绤。”积蓄实即买进。

这就是训诂学上的“正反同辞”，即一词兼有正反二义。有人亦称之为“反义相训”或“相反为义”。如“更”，《说文》：“改也。”段注：“更训改，亦训继。不改为继，改之亦为继。”又如“徂”，《尔雅·释诂》：“徂，在，存也。”郭璞注：“以徂为存犹以乱为治，以曩为曏，以故为今，此皆诂训，义有反复旁通、美恶不嫌同名。”其例不胜枚举。

朱右曾注"资贱出贵、农商皆利"是对的，原文就不得改为"资贵物出贱物"。

明白了"资"有正反二义，也就不必训为"赍"。

正确理解是：外商贩卖贵物而来，当地的贵物就变得便宜。外商积聚（买走）贱物卖出贵物，使器用得到流通。

予言若敢顾天命

《商誓》第四十三：嗟，尔众：予言若敢顾天命。予来致上帝之威命明罚。

朱氏《集训校释》云：若，顺也。

黄氏《校补注译》云："言"字衍。校为"予非敢顾天命"，译作"我不敢违反天命"。改"若"为"非"，似无据。

按："言"为衍文，可从。"若敢顾天命"乃合文。分释之，若天命，敢顾天命？即：我顺应天命，岂敢违反天命？

以先王道御复正尔百姓

《商誓》第四十三：予维以先王道御复正尔百姓。

黄怀信氏："御复"二字当倒。译文作：我只是用先王的政策法令再次治理你们。

今按：古人多倒文，不必视为"复御"。日本竹添光鸿《毛诗会笺》云：古人朔日称朔月。《仪礼》《礼记》皆有朔月之文。……凡月朔皆称朔月。《论语》亦以月吉为吉月。古人多倒语，犹《书》之"月正元日"乃正月元日也。

雨水、惊蛰、清明、谷雨

《时训》第五十二：立春之日……雨水之日……惊蛰之日……春分之日……清明之日……谷雨之日……

今按：《时训》所列二十四节气与今节气顺次全同。查《汉书•律历志下》“岁术”所引《次度》：

星纪，……中牵牛初，冬至。娵訾……中营室十四度，惊蛰（注：今曰雨水）。

降娄，初奎五度，雨水（今曰惊蛰）。……

大梁，初胃七度，谷雨（今曰清明）。中昴八度，清明（今曰谷雨）。

可见，汉代以前，二十四节气顺次当是：立春、惊蛰、雨水、春分、谷雨、清明、立夏……

《次度》的注文“今曰”，当是汉代人的文字，《次度》当是前朝旧典。从“中牵牛初冬至”可以看出，冬至点在牵牛初度，当是战国初期约公元前450年的实际天象。可见，廿四节气历使用已经很久，到了汉代才能对春季的节气加以改进，“今曰”就是改进的记录。

《时训》第五十二所列节气，已是汉以后的顺次。《时训》已不可能是前朝旧典。至少，它是经过了汉或汉以后人的加工改造。

朕闻武考不知乃问

《本典》第五十七：朕闻武考不知乃问，不得乃学，俾资不肖永无惑矣。

黄怀信氏译为：我听说先父武王不知道就问，问不到就学，才使得不贤明永远没有疑惑。

这样的理解显然不妥，似乎成王知道先父武王的“不肖”。

这里的“朕闻武考”当是“朕闻之武考”，与下“臣闻之文考”句式同，即我听武王说。资，指天资，天分。校比《世俘》“古朕闻文考脩商人典”的“闻文考”(听先父文王讲)，语义更明。应该是：我听先父武王说过，不懂就问，问不到就学，即使天资不好也永无疑惑。

远之，以观其不二

《官人》第五十八：远之，以观其不二；昵之，以现其不狎。

二，朱右曾云“读为貳”。黄怀信氏译为“坚贞”。

二，即《左传·隐公元年》“既而大权命西鄙北鄙二于己”之二。一般《古代汉语》课本注为“两属”。实非两属，指有二心。遍查《左传》中十余例“二于×”句式，无不是指有二心。“西鄙北鄙二于己”，指西鄙北鄙倾向大叔对庄公有二心。

二，指有二心。不，单用是表否定。不二，并非否定有二心，而是“二”与“不二”的重合，简化为一个疑问短语。直译是：是否有二心，或有二心否。

同样，狎乃不庄重。不狎，并非庄重，而是“狎”与“不狎”的重合，简化为一个疑问短语，义即是否庄重。

此篇还有：嬖宠者观其不骄奢，隐约者观其不慑惧。临之以利，以观其不贪；滥之以乐，以观其不荒。

天玄王玄

《王会》第五十九：陈币当外台，天玄毄宗马十二、王玄缭碧基十二、叁方玄缭璧豹虎皮十二、四方玄缭璧琰十二。

黄怀信氏云：天、王，疑是“一方”“二方”之讹。一方、二方、三方、四方，盖指北、西、南、东四方。

今按：天在上，王在下。天指上方，王指下方。坐北朝南，上方即北方，下方即南方。三方指西方，四方指东方。古人尚右，故西当在东之前。

疑为一方、二方、三方、四方，虽行文整齐，却缺乏依据。用“天、王、三方、四方”表述，语义同样明白，文字错落变化，更显得雅致。

古今文章同一理：求简洁，求变化。于此可见一斑。

昭王之所勖

《祭公》第六十：朕身尚在兹，朕魂在于天。昭王之所勖，宅天命。

黄怀信氏云：“昭王”上有脱文，当是“汝循（遵）二字。译文是：你遵循昭王对你的勖勉，安居天命吧！

今按：此乃祭公对周穆王的谦辞。勖，勖勉。昭王已作古，无勖勉可言，引申之，乃佑助义。《诗·燕燕》“以勖寡人”义同。实即“昭王保佑您，安居天命吧！”不必增添“汝循”二字。

丕维文王由之

《祭公》第六十：既毕，丕乃有利宗，丕维文王由之。

黄怀信氏云：由，定。文王所确定。

今按：由，缘由，根由。此处作动词，以之为根由。实即文王的初衷。丕训大，表程度，有肯定义。译文当是：这实在是文王的初衷啊。

挟德而责数日疏

《史记》第六十一：奉孤以专命者，谋主必畏其威而疑其前事。挟德而责数日疏，位均而争，平林以亡。

黄怀信氏云："日疏"上说"贤能"二字，《路史》有。译作：仗着侍奉的恩德而责怪对自己的怀疑，致使贤能之士日益疏远……

今按：责数、日疏，均指"挟德者"遭谋主责怪、疏远。当初主幼他专命，权大位高，在主之上。尔后，幼主成人（谋主）责怪他，疏远他，他的权势地位下降，与主"位均而争"。其间，并不涉及"贤能"。《路史》所引未必可信。

士民复重请之

《殷祝》第六十六：桀与其属五百人南徙千里，止于不齐。民往奔汤于中野。桀复请汤，言"君之有也。"汤曰："否！我为君王明之。"士民复重请之。桀与其属五百人徙于鲁，鲁民复奔汤。……汤不能止桀。

黄怀信氏译为：齐地的士民听从商汤，又回去再次请求夏桀不要让国。

今按：从上下文看，"桀与其属五百人"算是夏族的核心，夏桀的死党。其他的部族则一心要归服商汤。前有"（不齐）民往奔汤于中野"，所以"士民复重请之"，即不齐之民再次请求归从商汤，而不愿为夏桀之民。士民是齐地的士民，就不可能"再次请求夏桀不要让国。"当如丁宗洛所言"士民请皆归汤"。

又，"汤不能止桀"，即汤不能使桀停下来。汤的本意是让桀停下来，继续为君王，并说服士民遵从夏桀。而夏桀已失去民心，夏桀本人也明白得很，所以他才反复申明"君之有也"，"吾则外人"，决心离国而去。诚如朱右曾氏云"谓汤放桀，非汤放之，乃桀自不能居而去。"至少说，夏桀还有点自知之明。

附：

《逸周书》补译 · 三则

《逸周书全译》2000年出版后，陆续发现一些当初没有处理好的几个问题，现归并如下。

一、关于"五称三穷"

《逸周书 · 太子晋》第六十四载："晋平公使叔誉于周，见太子晋而与之言，五称而三穷，逡巡而退。"其中，"五称三穷"就不好理解。我当年在《逸周书全译》中也仅就字面做了解说。五称，称举五事。译文是：叔向见到太子晋并与之交谈，讲了五件事有三件事无言以对，很惭愧地退了出来。

后来，师旷又去见太子晋，一件一件称举五事，太子晋一一作答。"五称"在师旷与太子晋对话中得以印证。就是客人称说五事，或者说提出五个问题，主人加以解答，以衡量主人的水平。"衡量"就是称、称量。反过来，主人也可以提出五个或三个问题，来称量客人的水平。这就如同今天的辩论竞赛，反方、辩方，彼此对答。高下胜负，泾渭分明。自今而上溯，可以明白，春秋战国时期，这种辩论形式已经存在。

罗加湘的研究文章引证白居易《白氏六帖事类集》，其37引《帝王世纪》云："晋平公使叔誉聘周，见太子晋，与之言，五胜之，叔誉三穷。"这应该是"五称三穷"的确解。说得更明白些，叔誉称说五件事，太子晋一一对答，取得五胜；太子晋称说三件事，而叔誉无言以对，算是"三穷"。这个十五岁的太子晋，智慧过人，让叔誉深深佩服。文章的主体是晋国大夫师旷与太子晋的对话，"五称五胜"记录得完完整整。最早去的叔誉，与太子晋的对答只是写法上的一个铺垫，在叔誉口里，胜负明确，"五称而三穷"就足够了。在叔誉看来，“五称五胜”是个常识问题，他已经说得清清楚楚。后人不懂得这个辩论游戏，还以为叔誉的表述不够完整，容易造成误解。后人仅从字面上解说“五称三穷”，自然不得要领。

司马迁《史记·田敬仲完世家》中有一个实例，齐威王时候，淳于髡与邹忌子五称五胜的辩论。淳于髡称举五事，邹忌子一一作答，淳于髡算是“五称”，邹忌子算是“五胜”。辩论结束，淳于髡出门就说，“吾语之微言五，其应我若响之应声”。即，我提了五个小问题，他竟然对答如流，应声而出。由此看出，淳于髡的“微言五”，叔誉自言“五称”，就意味着对方的五胜，不需要更多的表述。叔誉自言“三穷”，就意味着对方“三胜”，也不需要更多的表述。这些言外之意，当初我是没有领悟的。

二、何必君更

殷祝第六十六：以薄之君，济民之残，何必君更？

原译本语意含糊，不足取。西南大学刘韵叶先生指出，今正之。

济民之残：济，补充；残，少。成汤初始，威望高而士民少，故依附成汤便是“济民之残”，补充那里百姓的不足。

何必君更：更，调换。为何一定要把君王换成你这个夏桀啊。这是士民回到夏桀身边后发泄的怨言。

夏桀之时，士民争相扶老携幼奔赴成汤所在地亳（薄）。夏桀恐慌了，以退为进，表示让国于汤。成汤一面告诫夏桀改恶从善，一面劝导百姓还是回到桀的身边。士民虽勉强接受成汤的劝告，心中对夏桀仍怀不满，所以说：“我们以亳（薄）地的成汤为君王，原意去当他的老百姓，想不到我们的君王又换成你这个夏桀了。”怨恨之情，溢于言表。

三、关于“丰保”

《丰保第二十一》首段：

维王二十三祀庚子朔，九州之侯咸格于周。王在丰，昧爽，立于少庭。王告国公旦曰：“呜呼！诸侯咸格来庆，辛苦役商，吾何保守，何用行？”旦拜手稽首曰："商为无道，弃德刑范，欺侮群臣，辛苦百姓，忍辱诸侯，莫大之纲福其亡，亡人惟庸。王其祀，德纯礼明，允无二，卑位柔色金声以合之。"王乃命三公九卿及百姓之人曰："恭敬斋洁，咸格而祀于上帝。"商馈始于王。因飨诸侯，重礼庶吏，出送于郊，樹岷于崇。

这段文字，过去史学界是忽视了的，或者说没有引起足够的重视。它至少给我们传递了如下信息。

1."庚子朔"反映的是朔望月历制。《尚书·尧典》云："历象日月星辰敬授民时。""期三百有六旬有六日，以闰月定四时成岁。"中国历术，从尧舜起就是阴阳合历体制。《逸周书》反映出，这是阴阳合历体制下的朔望月历制。除了这个"庚子朔"，还有《宝典》"二月丙辰朔"，《史记第六十一》"朔望以闻"，《小开》"正月丙子拜望食无时"，《大戒》"维正月既生魄"，《柔武》"一月既生魄"，《小开武》"一月既生魄"。《大开》"维王二月既生魄"，《谥法》"维三月既生魄"，《本典》"维四月既生魄"，根本不存在"朏为月首"的事。先民重朔望，朔为吉日，望（既生魄）亦为吉日。十五月亮十六圆，十六既望亦得为吉日。朔在月初一，初吉为朔，朔为初吉，自在情理之中。今人的许多误解误释都可以澄清。

2. 关于"维二十三祀"。武王无二十三祀，文王二十三年与"王在丰"相违。文例当是"维王十三祀"。《帝王世纪》载："文王四十二年，……更为受命之元年，始称王矣。"今本《竹书纪年》："（帝辛）三十四年，伐崇，崇人降。"《周本纪》："伐崇侯虎，而作丰邑。"今本《竹书纪年》："三十五年，周大饥，西伯自程迁丰。"知文王受命三年迁丰。文王"终时受命九年"（引《毛诗疏》）。武王十一年，周始伐商。武王十二年即"克殷二年，天下位宁而崩"（引《史记·封禅书》）。知武王无二十三年，也无十三年。若将文王受命之年延续，文王十三年即武王即位四年合公元前1113年，有丑正四月庚子朔。知文王虽逝，武王亦用文王受命连属纪年，有代父治周之意，后来伯禽代父治鲁不过仿效而已。

3.《周书序》云："文王在丰，命周公谋商难，作《丰保》。"这个说法看来是靠不住的。从末段"旦拜曰"文字看，"适无见过过适，无好自益，以明而迹"，"深念之哉，重维之哉！不深乃权不重"。不像一个儿子（旦）对父王（文王）说的话。明明是对兄长的劝诫语。文王死后四年，武王才受帝辛之命承继西伯之王位，故“诸侯咸格来庆”。朱右曾说“董子《繁露》云‘已受命必先祭天乃行事’，是受命后得祭天也。”这就是文中“恭敬斋洁咸格而祀于上帝”之意。这样隆重的受命庆典，自然也落不到文王的头上。

4.《逸周书》是一本杂书，作者众多，涉及时代长远。有如后来的《吕氏春秋》《淮南子》，写作者是各色人等，有的古拙“佶屈聱牙”，有的浅近“通俗明白”，或抄袭，或撰写，或改编，或摘录，花样翻新。其纪年方式自然也不能划一。有的用文王纪年，有的用文王受命纪年，有的用帝辛纪年，有的用武王纪年。《柔武》“维王元祀”、《大开武》“维王一祀二月”、《小开武》“维王二祀一月既生魄”，是武王纪年系统，《小开》“维三十有五祀”是文王在位纪年系统，《文传》“文王受命之九年”是文王受命纪年系统，此篇《丰保》又自不同，顺着文王受命纪年而来。其实《竹书纪年》，有今本、古本之分，古本纪年“武王十一年（庚寅），周始伐殷”，今本纪年“五十二年（庚寅），周始伐殷。”今本是帝辛纪年，古本是武王纪年，同样是纪年系统不同而已。

程寤第十三

【题解】

此篇记载文王宅程时，太姒得梦后，文王蔽志祓灾，占梦，祷告，得知乃周受天命代商，并就此告诫太子发等事。

《艺文类聚》《太平御览》《册府元龟》等传世文献中保留了部分文句，《潜夫论》《博物志》《帝王世纪》亦有少数引用。2010年12月，《清华大学藏战国竹简（壹）》整理出版，有《程寤》全篇，今据以补录。

【原文】

唯王元祀贞月既生魄①，太姒梦见商廷唯棘②。乃小子发取周廷梓树于厥间，化为松、柏、棫、柞③。寤惊④，告王。王弗敢占，诏太子发，俾灵名凶（总）蔽⑤。祝忻蔽王，巫率蔽太姒，宗丁蔽太子发⑥。币告宗方社稷，祈于六末山川，攻于商神，望征，占于明堂。⑦王及太子发并拜吉梦，受商命于皇上帝⑧。

【注释】

① 元祀：指文王受命元年。贞月：即正月。既生魄：望日，即十五日，魄通霸。

② 太姒：有莘氏女，文王之妃，武王之母。廷：同"庭"。棘：原作"梀"。《说文》："小枣丛生者也。"即酸枣树。

③ 松、柏、棫、柞四者，与棘相对，皆为良木。（禚孝文《清华简〈程寤〉集释》）

④ 寤，《说文》："寐觉而有信曰寤。"言人处于半睡半醒状态，兼有梦话。

⑤ 灵名：巫的名字。凶：读为"蓌"，借为"总"，动词，统领。

⑥ 祝忻、巫率、宗丁，皆职官加人名。祝、巫、宗，都是主持祭祀的职业。

⑦ 币告：以币告神。币，《说文》"帛也"。《周礼·男巫》郑注"但用币至其神"。宗方（祊）：《国语·周语》韦注："庙门谓之祊。宗祊，犹宗庙也。"六末：六物，《左

传·昭公七年》有晋侯问曰："何谓六物？"对曰："岁、时、日、月、星、辰，是谓也。"攻：太祝"六祈"之一，祭告鬼神以求解除灾祟。商神：指殷商的先公先王。望征：原作"望承"，即观望天地之会、日月星辰之次、阴阳日月风云之光气等征象。[邬可晶：《谈谈清华简〈程寤〉"望承"》，《出土文献》(第十辑)，中西书局2017年版，第113页]明堂：古代天子宣明政教之所。

⑧ 拜：谢也。皇上帝：原作"皇帝="。"帝"，"上帝"的合文。《诗·正月》："有皇上帝，伊谁云憎？"毛传："皇，君也。"

【译文】

文王受命元年正月十五，太姒梦见商王的朝堂上生长着荆棘，小子发从周的朝堂取来梓树种于其间，梓树变成了松、柏、棫、柞等树木。太姒从睡梦中说着梦话醒来，非常吃惊，遂将此梦告诉了文王。王不敢占卜，召来太子发，使巫师灵名总领"蔽志"之事。祝忻巫率、宗丁分别为文王、太姒、太子发蔽志。(巫祝)用币帛祭告宗庙、土地、谷神，祈祷日、月、星、辰、山、川，祭拜殷商之神，审望其征象，最后在明堂占梦。文王与太子发一起敬拜吉祥之梦，从上帝那里接受代商的天命。

【原文】

兴，曰："发！女敬听吉梦。①朋棘𩞁梓松，梓松柏副，棫櫜柞柞，化为䐢。②呜呼！何警非朋？何戒非商？何用非树？树因欲，不违材。③女天降疾，旨味既用，不可药，时不远。④惟商慼才周，周慼才商。⑤择用周，果拜不忍，绥用多福。⑥惟梓敝不义，芃于商。⑦俾行量亡乏，明明才向，惟容纳棘，抑欲惟柏？⑧梦徒庶言，迖𥏳又有勿亡忘，秋明武威，女棫柞亡根。⑨

呜呼，敬哉！朕闻周长不贰，务亡勿用，不其思卑和顺，生民不灾，怀允。⑩

呜呼！何监非时？何救非和？何畏非乏？何保非道？何爱非身？何力非人人？人谋彊，不可以藏。⑪后戒，后[戒]，人用汝谋，爱日不足。⑫

【注释】

① 兴，《说文》"兴，起也"。"谓拜毕而起"(黄怀信《清华简〈程寤〉解读》《鲁东大学学报(哲学社会科学版)》2011年第4期，第54页)。

② 副：《礼记 · 曲礼上》注："副，析也。" 橐：读为"剖"，滂纽之部；"橐"从"缶"得声，帮纽幽部。"棫剖"与上文"梓松柏松副"及后文"柞柞"义近。（苏建洲《清华简（壹）考释十一则》，《楚文字论集》，万卷楼图书股份公司 2011 年版，第 380-381 页。）柞柞：前一个是"柞木"，后一个"柞"有砍伐之义。臒：读为"樗"。古人多以樗为恶木。

③ 欲：因，顺、依。（黄怀信《清华简〈程寤〉解读》第 54 页。）

④ 女：读"如"，若。旨：《说文》："美也。" 味：食物。药：医也，疗也。时：期也。《释名 · 释天》："物之生死各应节期而止也。"

⑤ 慼：《说文》："慽，忧也。"《书 · 盘庚上》："率吁众慼出。" 孔疏："慼，训忧也。"

⑥ 拜：服也，屈也。《白虎通 · 姓名》："拜之言服也。"

⑦ 敝：同"蔽"，决断、明察。芃：原作"逸"，读为"芃"，《诗 · 棫朴》毛传："木盛貌。"

⑧ 行量亡乏：行量，"出入有量"，不失其序，不离其理。此句指为政有法度，则民不困乏，与上文"蔽不义，芃于商"文义紧密相承。（韦婷《清华简〈程寤〉篇研读零札》，第 109-110 页。）容：思也。《书 · 洪范》："思曰容。"

⑨ 徒庶：庶人。迖：厉，急、激切。言下层民众言辞激切。勿亡：即勿忘。秋：秋，肃。秋、肃二字古通。武威：《国语 · 晋语四》："众顺而有武威。"《管子 · 版法》："武威既明，令不再行。"

⑩ 周长：忠信长久。《逸周书 · 王佩》："谋成在周长。" 孔晁注："周，忠信也。" 长，《说文》："久远也。" 貣，变化。《国语 · 周语下》韦注："变也。" 思：读为"使"，周原甲骨与楚简习见。（禚孝文《清华简〈程寤〉集释》）

⑪ 允：怀，至。《诗 · 钟鼓》："淑人君子，怀允不忘。" 郑笺："怀，至也。" 允，《尔雅 · 释诂》："允，信也。" 监：视。时：天时。务：求、致力。（黄怀信《清华简〈程寤〉解读》，第 55 页。）和：和谐，《礼记 · 祭义》："致和用也"，孔疏："和，谓百姓和谐。" 彣：文德。《书 · 文侯之命》："追孝于前文人。"《国语 · 周语下》："夫敬，文之恭也。" 保：安，安守。道：《左传 · 桓公六年》："所谓道，忠于民而信于神也。"

⑫ 疆：读为"强"，训"兢"，音近互训。《诗 · 桑柔》毛传："兢，强（彊）。" 藏：读为"臧"，善。日不足：时日不足，形容光阴易逝，时间紧迫。

【译文】

祭拜完毕，站起身来，文王说："你要敬慎地看待吉祥的梦。"(如果)丛聚的荆棘胜过了梓树、松树，松柏、梓树就要被劈开，棫柞就要被剖开、被砍伐，化作无用的恶木。啊，要警惕什么呢？无非是朋比小人；要戒慎什么呢？无非是殷商。为什么要使用不成材的树木呢？使用树木要依据其材质而使用它。譬如上天降下疾病，旨酒美食都享尽了，而不可救药，那么就离死亡之日不远了。现在商的忧患在周，周的忧患在商。(上帝)选择任用周，能够服于慈惠，(上帝)以多福安民。梓树能辨善恶、明是非，蓬勃生长盛于殷商之荆棘。使周之为政出入有序、有理有节而民不困乏，天命昭彰于上，你是要纳用像荆棘一样的庸才，还是要任用像柏树一样的贤才呢？梦见庶民言辞激切，要长久地放在心上，严明武事之威，如同担心棫柞失去根本那样。

啊，要敬慎啊，我听说忠信长久不变，不要到了危亡之际还不施行。要使自己谦卑柔和、和善恭顺，使百姓无灾无难，要达至忠信。

啊，要监于什么呢，不在于天时吗？要务求什么呢，不在于顺民得和吗？要敬服什么呢，不在于文德吗？要安守什么呢，不在于道吗？要爱惜什么呢，不在于生命吗？要让谁为你效力呢，不在于民众吗？人们谋求竞争而不会有好的结果。后人要引以为戒，后人要引以为戒，要让后人使用你的智谋，时日不足，要珍惜啊。

先秦文献与月相定点

——以《尚书》为例

一、《尚书》相关记载

《周书·武成》篇：

“惟一月壬辰，旁死霸。若翌日癸巳，武王乃朝步自周，于征伐纣。”《序》曰：“一月戊午，师渡于孟津。”……《武成》篇曰：“粤若来三月，既死霸，粤五日甲子，咸刘商王纣。”……故《武成》篇曰：“惟四月既旁生霸，粤六日庚戌，武王燎于周庙。翌日辛亥，祀于天位。粤五日乙卯，乃以庶国祀馘于周庙。”

——《汉书·律历志下》刘歆《世经》引《周书·武成》

惟二月既望，越六日乙未，王朝步自周，则至于丰，惟太保先周公相宅，越若来三月，惟丙午朏。越三日戊申，太保朝至于洛，卜宅。厥既得卜，则经营。越三日庚戌，太保乃以庶殷攻位于洛汭。越五日甲寅，位成。若翼日乙卯，周公朝至于洛，则达观于新邑营。越三日丁巳，用牲于郊，牛二。越翼日戊午，乃社于新邑，牛一，羊一，豕一。越七日甲子，周公乃朝用书，命庶殷侯、甸、男、邦伯。厥既命殷庶，庶殷丕作。

——《周书·召诰》

周公拜手稽首曰：“朕复子明辟，如弗敢及天基命、定命，予乃胤保，大相东土，其基作民明辟。予惟乙卯，朝至于洛师。我卜河朔黎水，我乃卜涧水东，瀍水西，惟洛食；我又卜瀍水东，亦惟洛食。伻来，以图及献卜。”

戊辰……在十有二月。惟周公诞保文武受命，惟七年。

——《周书·洛诰》

惟四月哉生魄，王不怿。甲子，王乃洮颒水。相被冕服，凭玉几。乃同，召太保奭、芮伯、彤伯、毕公、卫侯、毛公、师氏、虎臣、百尹、御事。

王曰："呜呼！疾大渐，惟几，病日臻。既弥留，恐不获誓言嗣，兹予审训命汝。昔君文王、武王宣重光，奠丽，陈教则肄，肄不违，用克达殷集大命。在后之侗，敬迓天威，嗣守文、武大训，无敢昏逾。今天降疾殆，弗兴弗悟。尔尚明时朕言，用敬保元子钊弘济于艰难，柔远能迩，安劝小大庶邦。思夫人自乱于威仪。尔无以钊冒，贡于非几。"

兹既受命还，出缀衣于庭。

越翼日乙丑，王崩。太保命仲桓、南宫毛俾爰齐侯吕伋，以二干戈、虎贲百人，逆子钊于南门之外。延入翼室，恤宅宗。丁卯，命作册度。

越七日癸酉，伯相命士须材。

——《周书·顾命》

二、月相解读

月相，就是先民观察到的月亮阴晴圆缺的态势，用以确定时辰。月满为望为十五，过一日既望十六。两望之间必朔，是不难确定的。这即是朔望月历制。《逸周书·史记解》有"朔望以闻"，足见整个西周一代，十分重视的是朔、望。

古书记载"三日曰朏"。朏指初三，月牙初见。朏近朔日，朔虽月隐，也是可以推知的，并不含糊。

古人用生霸、死霸（魄）称月亮的有光面、无光面。有光则生，无光即死。故生霸、死霸不是月相。

霸，从月，(雨革）声。形声字。雨革会意，雨湿革。雨淋在皮革上，湿处必凸出，俗话"朴起""勃起""嘣起"，即"霸"字之音，发音短促。霸、魄同音，霸通魄。凸起处受光，即生霸；凹处无光，即死霸。这是从态势说，十分形象。

全是生霸，即既生霸。既，尽也。当然指十五，指望。相对，全是死霸，即既死霸。既，尽也。当然指朔，初一。还有旁死霸（金文或作“方”），旁即傍，傍近既死霸之义。必然是指朔之后一日，初二。初三月初出，朏，才出现生霸，又称哉生霸。哉，音才 cái，始也。

围绕朔日，古人就这几个月相名词。

望为十五，既生霸。既望，望之后一日，十六。旁生霸，也是傍近既生霸之义，也指十六。既旁生霸，既、已也。即旁生霸之后一日，指十七。

月相名词连接干支。干支纪日，所以月相必是定点的，定于一日。不指两天，三天，也不指七天，八天，更不宽泛到指上半月、下半月。

商周先民重祭祀，测吉而行。阴阳合历（农历）的朔望月历制，朔、望自然是吉日。“十五月亮十六圆”，既望也是吉日。历法是王权的象征。周天子“告朔”，班（颁）朔于诸侯，众诸侯月初一“告朔”于庙。故朔为初吉，初吉即朔。那是相对于望、既望而言。

古代文献、铜器铭文，多有初吉、既死霸（魄）、朏、既生霸（魄）、既望的记载，就不难理解。

月相是观象授时的必然结果。待到历术的年、月、日可以在室内运算，室外观象就可有可无，月相的记录自然就在文献中缺失。那是春秋中后期的事。鲁文公“四不视朔”“子贡欲去告朔之饩羊”，只说明历术的年、月、日可以推演了。观象不必要，“告朔”之礼也已经徒具形式。

三、正读《周书》时日

武成云：一月壬辰旁死霸。一月初二壬辰。癸巳初三。朔日必辛卯。

粤若来三（二）月，既死霸，粤五日甲子。既死霸初一必是庚申。

所谓“三月”，当是“二月”，清代学者也已指出。一月辛卯朔，二月必庚申朔。不可能是三月。

惟四月既旁生霸，粤六日庚戌。四月十七既旁生霸，过六日庚戌。必四月己丑朔。

有这几个数据可以排定克商之年的朔闰：正月辛卯朔，二月庚申朔，四月己丑朔。

勘合天象：前1106年（殷纣王五十二年）

冬至日己丑29（武王克商之年）[1]

月序	四分历	天象	实际用历	备注
子	辛酉557	辛酉08时22分		
丑	辛卯116	辛卯03时53分	丑正	注
寅	庚申615	庚申22时30分	二	
卯	庚寅174	庚寅14时42分	闰	
辰	己未673	庚申04时06分	三	
闰	己丑232	己丑14时55分	四	
巳	戊午731		五	
午	戊子290		六	
未	丁巳789		七	
申	丁亥348		八	
酉	丙辰847		九	
戌	丙戌406		十	
亥	乙卯905		十一	

注：

1.《汉书·律历志》引古文《尚书·武成》："惟一月壬辰旁死霸，若翌日癸巳，王朝步自周，于征伐商。……粤若来三（二）月既死霸，粤五日甲子，咸刘商王纣。……惟四月既旁生霸，粤六日庚戌，武王燎于周庙。翌日辛亥，祀于天位。粤五日乙卯，乃以庶国祀馘于周庙。"

2.《利簋》："珷征商，隹甲子朝。"

3. 今本《竹书纪年》："五十二年庚寅，周始伐殷。"

4. 古书《竹书纪年》："武王十一年庚寅，周始伐商。"

5.《尚书·泰誓上》："惟十有一年，武王伐殷，一月戊午，师渡孟津。"

6.《逸周书·世俘》："惟一月丙午旁生魄，若翼日丁未。"

涉及周公摄政七年的，《尚书》中记有三个历日。

《尚书·召诰》："惟二月既望，越六日乙未，王朝步自周，则至于丰。"

[1] 张闻玉，饶尚宽，王辉：《西周纪年研究》，贵阳：贵州大学出版社，2010年，第263页。

《尚书·召诰》:“越若来三月,惟丙午朏。越三日戊申,太保朝至于洛,卜宅。”

《尚书·洛诰》:“戊辰,王在新邑,……在十有二月。惟周公诞保文武受命惟七年。”

有这几个数据,具体朔日也明明白白:

二月乙亥朔,既望十六庚寅,二十一日乙未。

三月甲辰朔,初三朏丙午,初五戊申。

十二月己亥朔,三十日戊辰。

勘合天象:

前1098年(周成王七年即周公摄政七年)

冬至日辛未27(鲁伯禽七年)[1]

月序	四分历	天象	实际用历	备注
子	乙巳114	乙巳03时20分	子正	
丑	甲戌613	甲戌22时37分	二	注1
寅	甲辰172	甲辰15时40分	三	
卯	癸酉671	甲戌05时24分	四	
辰	癸卯230	癸卯15时56分	五	
巳	壬申729		六	
闰	壬寅288		闰	
午	辛未787		七	
未	辛丑346		八	
申	庚午845		九	
酉	庚子404		十	
戌	己巳903		十一	
亥	己亥462	己亥02时55分	十二	注2

注:

1.《尚书·召诰》:“惟二月既望,越六日乙未,王朝步自周,则至于丰。……越若来三月,惟丙午朏。越三日戊申,……越三日庚戌,……越五日甲寅,位成。若翼日乙卯,……越三日丁巳,……

[1] 张闻玉,饶尚宽,王辉:《西周纪年研究》,贵阳:贵州大学出版社,2010年,第263页。

越翼日戊午，……越七日甲子，周公乃朝用书命庶殷侯甸男邦伯。”

2.《尚书·洛诰》：“戊辰，王在新邑，……在十有二月。惟周公诞保文武受命惟七年。”

再来看看《尚书·顾命》，结合《汉书·世经》所载。那是指成王亲政后三十年四月初三“不怿”，生病了；“有疾不豫”，下病危通知啦；接着四月十五甲子日“洮頮水”，净身，擦拭身体（洮，洗手；頮，洗面。），并留遗嘱《顾命》；第二天十六乙丑日成王崩。纪日干支明明白白。

比照实际天象：

前1068年（周成王三十七年，含周公摄政七年）

冬至日戊申29（鲁伯禽三十七年）[1]

月序	四分历	天象	实际用历	备注
子	庚辰911	庚辰15时46分	子正	
丑	庚戌470		二	
寅	庚辰29		三	
卯	己酉528	己酉07时17分	四	注
辰	己卯87		五	
巳	戊申586		六	
闰	戊寅145			
午	丁未644			
未	丁丑203			
申	丙午702			
酉	丙子261			
戌	乙巳760			
亥	乙亥319			

注：

1.《汉书·世经》：“（亲政）后三十年四月庚戌朔（司历定庚戌朔），十五日甲子哉［既］生霸。翌日乙丑，成王崩。”

2.《尚书·顾命》：“惟四月哉生魄（壬子3），王不怿。甲子，王乃洮颒水。……越翼日乙丑，王崩。”

[1] 张闻玉，饶尚宽，王辉：《西周纪年研究》，贵阳：贵州大学出版社，2010年，第262页。

“后三十年四月庚戌朔，十五日甲子哉生霸。”后三十年，即成王亲政三十年，前1068年，实际天象：子正庚辰910分（四分历），四月己酉527分（定朔己酉7时20分）。实际用历当是：正月辛巳（庚辰分数大，司历定为辛巳），二月庚戌，三月庚辰，四月庚戌（失朔412分）。从中可窥见周初历制，非推步制历，仍是观察授时，取月大月小相间，亦有连大月安排。

四月庚戌朔，十五日甲子既生霸。刘歆《世经》作“哉生霸”，显系因《顾命》所记“四月哉生霸”而误。

综观《世经》与《顾命》所记：成王亲政三十年，四月庚戌朔，初三（哉生霸）壬子生病，有疾不豫。十五日甲子既生霸，王乃洮颒水，作《顾命》。翌日乙丑，成王崩。

有关成王生病及崩日，记载得再清楚不过。这难道是可以轻易窜改或捏造的么！《顾命》实在是中国古代保存下来的第一篇遗嘱文字。应该是成王口授，身边人记录整理。

关于成王崩日的记载，俞樾《生霸死霸考》说：“使书之载籍而无定名，必使人推求历法而知之，不亦迂远之甚乎？且如成王之崩，何等大事，而其书于史也，止曰‘惟四月哉生霸王不怿’，使哉生霸无一定之日，则并其下甲子、乙丑莫知为何日矣。古人之文必不若是疏。”这里的“定名”就是月相定点，定于一日。

成王在位三十七年，即前1104年至前1068年。

人为的历术不精，与实际天象必有误差，必然失朔、失闰。上第二表“二月甲戌”，司历定为乙亥。好像失朔啦。细看分数（司马迁叫“小余”）甲戌613分，天象是22时37分，晚上10点37分，接近乙亥只有一个半小时。没有钟表的时代，夜半迷糊，今日明日怎能清楚？当然，失朔得有个限度，不可宽漫。这个失朔限度，四分历确定在499分（一日940分），即大半天约13小时之内。超过500分，宁可不用。

怎么是499分呢？

四分历的基本数据是定岁实$365\frac{1}{4}$日，推知朔策为$29\frac{499}{940}$日。因为日、月的运行周期都不是日的整倍数，要调配年、月、日彼此谐和就必须有更大的数据，才能反映这种谐和的周期。这就形成了大于“年”的计算单位。阴阳合历，19年加7个闰月，这是一章，还有蔀、纪、元。即：

一章：19 年，235 月

一蔀：4 章，76 年，940 月，27759 日

一纪：20 蔀，1520 年

一元：3 纪，4560 年

这就是四分历的一个周期。从计算起点算，经过 4560 年就是它的“末日”。

《史记·历术甲子》反映的是一蔀 76 年四分历的运算周期。要使朔望月与岁时完全调配无余分，19 年做不到，必须 76 年才有可能。所以规定一蔀四章 76 年计 940 月，27759 日。以月数（940）除日数，得朔策 $29\frac{499}{940}$日。

有这几个数据，四分历的运算就可以进行了，并不繁难。

拾　遗

四分术的推演与应用

摘要：

本文对中国古代第一部历法——四分历详加论述。明确指出，四分术产生于春秋后期，行用于周考王十四年。从战国、秦、汉，至蜀汉，使用近七百年。还对四分术的推演方法加以介绍，简明扼要，一般文史工作者都能掌握。尤其可宝贵之处，用四分术推演实际天象，在当今的文史研究中还有实用价值。文章以武王克商年月日及铜器《吴虎鼎》历日作例证，演绎出四分术的神奇妙用。

一、四分术的产生

《尚书·尧典》载，“历象日月星辰，敬授人时”，“期三百有六旬有六日，以闰月定四时成岁。”四千三百年前的帝尧时代，华夏先民已经重视观测天象，依据日月星辰的运行规律，掌握年月日的时间观念，指导人们的生产生活。当时测得的回归年长度是 366 日，编制的是加闰月的阴阳合历。这种阴阳合历体制沿用至今，它有利于农事活动，民间称之为“农历”。

如果一年确定为 366 日，与实际天象相差甚远，是不可能制定历法的。历法的编制得依据天象，日月运行周期数据愈准确，历法自然就愈精密。在没有掌握准确的数据之前，那就只能是随时观测，随时调整朔闰。这就是“观象授时”的阶段。关键的数据，当然是回归年长度。只有在明确了一年为 365 又 1/4 日，历术才有“法”可依，历术才能从室外到室内，步入演算阶段。才算有了真正的历法。

中国第一部有规律地调配年、月、日的科学历法是四分历，或称“四分术”。它是以 365 又 1/4 日为回归年长度来调整年月日周期，它的天象依据是冬至点起于牵牛初度。冬至在牛初，则 1/4 日记在斗宿末，为斗分，是回归年长度的小数，正好把一日四分之，据此创制的历法称“四分历”。四分历不仅要求有实测的回归年长度——365 又 1/4 日，要求有比较准确的朔望月周期，由于是阴阳合历性质，还必须掌握十九年七闰的规律。只有满足了这些条件，四分术的推演才有可能进行，才有四分历的产生。

从文献材料看，春秋后期，历术推算已经成为现实。“鲁文公四不视朔”，多次不参与颁朔的仪式；“子贡欲去告朔之饩羊”，孔子加以批评。朔闰可以推算出来，“视朔”“告朔”就不那么重要了。将《左传》上记载的干支历日加以研究，可以明确：春秋后期，月大月小的确定有了规律，十九年七闰也已经掌握。历术的确进入演算阶段。

关于回归年长度的测量。圭表测影之法在商周时代就已经有了。《左传》中有两次关于冬至日的记载。僖公五年（公元前 655 年）：“春王正月辛亥朔，日南至。”昭公二十年（公元前 522 年）：“春王二月己丑，日南至。”应该承认，鲁僖公时代是有过日南至（冬至）的观测的。只要长期使用圭表测影，就可以得到较为准确的回归年长度——365 又 1/4 日。

关于朔望月周期。月相在天，容易观测。经常观测，就会知道一个朔望月长度比二十九天半长稍长。按照朔望月安排历日，必然是小月大月相间，到一定时间之后，还得安插一个连大月。只有掌握了比较准确的朔望月周期，连大月的设置才会显现出它的规律。《春秋》所记月朔干支告诉我们，鲁襄公二十一年以后，连大月的安插都显示了 15—17 个月有一个连大月的间隔规律。这表明，春秋中期以后，四分历所要求的朔望月长度已为司历者所掌握。又，《春秋》有 37 次日食记载，宣公以前有 15 次，记明是朔日的只有 6 次。鲁成公以后，日食有 22 次，记明朔日的达 21 次。可见，春秋中期以后，朔日的推算已相当准确。

关于十九年七闰的规律。《春秋》所记近三百年史料中，有七百多个月名，三百九十四个干支日名，三十七次日食记录，后人据此排定春秋时代的全部历谱。晋杜预有《经传长历》，清王韬有《春秋历学三种》，邹伯奇有《春秋经传日月考》，日本新城新藏有《春秋长历》，张汝舟先生在 20 世纪 50 年代编有《春秋经朔谱》。从历谱中看出，鲁文公、宣公以前，冬至大多出现在十二月，置闰无明显规律，大小月安排是随意的。宣公以后，置闰已大致符合四分历的要求——十九年七闰。鲁隐公元年（前 722 年）——鲁哀公十九年（前 476 年）间的置闰情况如下：

前 722 年至前 704 年 闰七次　前 703 年至前 685 年 闰六次
前 684 年至前 666 年 闰七次　前 665 年至前 647 年 闰七次
前 646 年至前 628 年 闰六次　前 627 年至前 609 年 闰七次
前 608 年至前 590 年 闰八次　前 589 年至前 571 年 闰七次
前 570 年至前 552 年 闰七次　前 551 年至前 533 年 闰七次
前 532 年至前 514 年 闰七次　前 513 年至前 495 年 闰七次
前 494 年至前 476 年 闰七次

从上可见，自公元 589 年以来，十九年七闰已成规律了。

据张汝舟先生研究，年月日能够有规律地进行调配的真正历法（四分历）产生于战国初期，行用于周考王十二年，在此之前还都是观象授时。观象授时就是制历。制历的主要内容就是告朔与置闰。告朔是定每月朔日干支，朔日干支一定，其余日序自有干支。置闰是定节气，一年之气，冬至最要紧。冬至一定，闰与不闰及全年月序就自然清楚。

在观象授时阶段，告朔就全凭月相，金文甲文的月相就据以确定朔日干支。置闰须观斗柄所指方位，观二十八宿中天位置，验之气象、物象，加之土圭测影。

四分历的回归年长度定为 365 又 1/4 日，且使用平朔、平气，所以失闰，特别是失朔还不能完全避免。更何况西周、春秋时代还处于观象授时，失闰与失朔当是屡见不鲜的。比如，实际是乙丑朔，因为分数小，司历定为甲子朔；如果分数大，司历定为丙寅朔。这叫失朔、失闰，严格说就是失气。实际是子月初冬至，司历错到亥月末，亥月就成了岁首（建亥）。冬至若在下旬，司历错到丑月，丑月成了岁首（建丑）。失闰由失气而起，历法上仍称失闰。

将一部《春秋》进行研究，可以发现：

隐、桓、庄、闵，共 63 年。其中：49 年建丑，8 年建寅，6 年建子；
僖、文、宣、成，共 87 年。其中：58 年建子，16 年建丑，13 年建亥。

这说明，前四公，即春秋前期，建丑为正，建子、建寅都算失闰，而没有建亥的；后四公，即春秋后期，建子为正，建亥、建丑都算失闰，而没有建寅的。这又说明，失闰不会超过一个月。按平气计算，一般失闰都在半月之内。

《春秋》记三十七次日食，有五个书月日不书朔。因为日食本不在朔，无朔可记。《公羊传》说，“或失之前，或失之后”是正确的。这正是失朔的记录。失朔一般在半天之内。

为什么要掌握一个失闰限、失朔限呢？这是应用四分术推演经朔，考订古籍古器历点必须遵循的准则。如果历点与实际天象所确定的朔闰相差甚远，失闰超过一月，失朔超过一天，就宁可存疑也断不可硬套，去企求一个相合的结论。如果没有一个失闰、失朔限，古器物上的历点就可左右逢源，安在哪个王哪一年都会大致相符。记有历日的出土器物，一到某些专家手里，考证出的结论往往相去甚远，其道理就在这里。可见，确定失闰限、失朔限是多么重要。

四分历究竟是什么时候创制、使用的呢？这始终是古天文历法史上的一大疑难。这个问题不弄明白，历术的推演就无从说起。据张汝舟先生考证，四分历创制于战国初期，于周考王十四年（公元前427年）行用。主要依据是：

1.《汉书 · 律历志》中《次度》载，“星纪”所记冬至点在牵牛初度，这正是创制四分历的实际天象。星纪者，星之序也。星纪起于牛宿初度，最后当然是斗宿，分数1/4必在斗宿度数之内，这就是星历家所称之“斗分”。没有斗分便没有四分历，斗分的概念也只属于四分历，它是四分历创制的基本数据（365又1/4日）的通行说法。

汉初的实际天象，冬至点在建星（见《汉书 · 律历志》），建星在南斗尾附近。《后汉书 · 律历志》记出冬至点在斗二十一度1/4，相差五度。据岁差密律，每七十一年八个月，冬至点西移一度。5×71 · 2/3 = 358 · 3年。古人肉眼观察，差一度就七十多年。可以推知《次度》保留的是战国初期的实际天象。

2.《次度》所载春天三个月的节气，顺次是立春、惊蛰、雨水、春分、谷雨、清明，与汉朝以后迄今未变的节气顺次（立春、雨水、惊蛰、春分、清明、谷雨）不同。足证《次度》所记之四分历到汉初已经行用了相当长一段时间，才有足够的经验加以改进。

3. 有了“斗分”，定岁实为365又1/4日，以它作基础调配年月日，就能得出一个朔望月（朔策）为29又499/940日。《史记 · 历术甲子篇》通篇的大余、小余，就反映了四分历的岁实与朔策的调配关系。那通篇的大余、小余使我们明白，《历术甲子篇》就是司马迁为我们保存下来的中国最早的完整的四分术历法。《历术甲子篇》中“焉逢摄提格”之类的称谓就是干支的别名。全篇取甲寅年为太初元年，以甲子月甲子日夜半冬至合朔为历元，其历元近距是周考王十四年（甲寅）己酉日夜半冬至合朔。据此推演，千百年之干支纪年，朔日与余分，一一吻合。这不是偶合，是法则，是规律，足证四分历以公元前 427 年为历元近距之考证不误。

4. 再以《史记》《汉书》所记汉初实际天象说，汉初“日食在晦”频频出现，可以推知四分历行用到汉初已有近三百年左右，才会有“先天一日”的记录。这是四分历与天象的误差（三百年而盈一日）所致。

5.《汉书・律历志・世经》载：“元帝初元二年十一月癸亥朔旦冬至，殷历以为甲子，以为纪首。”据此可以进行如下推算。

汉元帝初元二年为公元前 47 年（甲戌），殷历以该年十一月的癸亥朔旦冬至为甲子日朔旦冬至，并以为纪首。按四分历掌蔀编制，一纪 20 蔀共 1520 年，上一纪首当为 1520+47=1567（甲寅），正与《历术甲子篇》首年干支相合，说明公元前 1567 年（甲寅）既是纪首年，又为甲子蔀首年，这就是所谓“历元”，即阴历甲寅元。而阴历甲寅元并非产生于公元前 1567 年，《次度》与汉初天象已经告诉我们，它产生于汉初之前三百年左右。这就要求创制阴历的这一年作为制历的首年，应该既是甲寅年（作为历元标志），又是蔀首年（便于起算）。可以用推求一蔀 76 年与 60 位干支最小公倍数的方法，推算此年：

4| 76 60

19 15

4×19×15＝1140（年）　　　　1567－1140＝427（年）

殷历甲寅元创制之年是公元前 427 年，此年为甲寅年，位于殷历第十六蔀首年，在汉太初改历（公元前 104 年）之前 323 年，完全满足了上述条件和天象、史实记载的要求。可以断定，公元前 427 年为殷历甲寅元创制行用之年。前 427 年（甲寅）首日是己酉，显然不配称历元，只能叫“历元近距”。

可以推知，殷历创制者正是以公元前 427 年（甲寅）首日己酉为基点，逆推历元公元前1567年（甲寅）首日甲子，进而编排《二十蔀首表》的，而《历术甲子篇》就是殷历甲寅元的推算法规。生活于公元前4世纪的孟子曾充满自信地说："天之高也，星辰之远也，千岁之日至，可坐而致也。"这正是人们运用四分术推算时令节气的真实写照。如果没有行用的历法，"千岁之日至"何以"坐而致"呢！

二、四分术的推演

上古先民观测日月星辰以制定历法，尤其日月运行的数据最为重要，它是四分历推算的基础。由基本数据岁实365又1/4日，推知朔策为29又499/940日。因为太阳与月亮运行周期都不是日的整倍数，要调配年月日以相谐和，就必须加长它的周期有更大的数据，才能反映这种谐和。这就形成了大于年的计算单位：章、蔀、纪、元。

一年：365.25日

一章：19年，235月

一蔀：4章 76年 940月 27759日

一纪：20蔀 1520年

一元：3纪 4560年

四分历明确"十九年七闰"就能调配一年四季与月亮运行周期大体相合。如果朔望月与岁实完全调配无余分，19年还做不到，必须76年才有可能，所以又规定一蔀4章76年计940个月，得365.25×76 = 27759日。月数（940）除日数，得朔策29又499/940日。

历法以干支纪日，与干支密不可分。一蔀27759日，干支以60为周期：

27759÷60 = 462……余39日。这就是每蔀之余数，称"蔀余"。为了构成日数与干支的完整周期，必须以二十蔀为一个单元：27759×20÷60 = 9253（无余分）

这就是一纪二十蔀的由来，即一纪起自甲子日，终于癸亥日，是9253个完整的干支周期。据此，制定二十蔀表：

殷历二十蔀表

一	甲子蔀 0	六	己卯蔀 15	十一	甲午蔀 30	十六	己酉蔀 45
二	癸酉蔀 39	七	戊午蔀 54	十二	癸酉蔀 9	十七	戊子蔀 24
三	壬午蔀 18	八	丁酉蔀 33	十三	壬子蔀 48	十八	丁卯蔀 3
四	辛酉蔀 57	九	丙子蔀 12	十四	辛卯蔀 27	十九	丙午蔀 42
五	庚子蔀 36	十	乙卯蔀 51	十五	庚午蔀 6	二十	乙酉蔀 21

每蔀后面的数字，0、39、18……是蔀余。第一蔀甲子日起首，无余分即0，0即甲子日的代数。《历术甲子篇》所记只代表四分历一元之第一蔀（甲子蔀）七十六年，所余前大余为39（即太初第七十七年前大余三十九），进入第二蔀即为癸卯蔀蔀余。以后每蔀递加39，就得该蔀之蔀余。

如果我们将二十蔀首年与公元年份配合起来，就是下面的关系。

二十蔀与公元配合表

一甲子 -1567、-47、1474	六己卯蔀 -1187、334、1854	十一甲午蔀 -807、714	十六己酉蔀 -427、1094
二癸卯 -1491、30、1550	七戊午蔀 -1111、410、1930	十二癸酉蔀 -731、790	十七戊子蔀 -351、1170
三壬午蔀 -1415、106、1626	八丁酉蔀 -1035、486、2006	十三壬子蔀 -655、866	十八丁卯蔀 -275、1246
四辛酉蔀 -1339、182、1702	九丙子蔀 -959、562、2082	十四辛卯蔀 -579、942	十九丙午蔀 -199、1322
五庚子蔀 -1263、258、1778	十乙卯蔀 -883、638	十五庚午蔀 -503、1018	二十乙酉蔀 -123、1398

读懂了《历术甲子篇》的大余、小余，四分历就算通透明白，就可以应用于对证历点考察史料。

《历术甲子篇》列出每年前大余、前小余，后大余、后小余。“大余者，日也；小余者，日之分数也。”古人的解说是对的。

前大余是记年前十一月（冬至月）朔在哪一天；

前小余是记当日合朔时的分数（每日 920 分计）；

后大余是记年前冬至在哪一天；

后小余是记冬至日冬至时的分数（每日四分之，化 1/4 为 8/32）。

《历术甲子篇》只列出甲子蔀七十六年的大余、小余，并依次推算各年的朔闰。因为是“法”，其他十九蔀均可照此办理（只需加算蔀余）。

为了运算方便，将甲子蔀 77 年朔日汇总列为一表。零，五十四，四十八……为朔日干支；0，348，696……为朔日余分。

历术甲子蔀朔日表

年次	前大余	小余	年次	前大余	小余	年次	前大余	小余	年次	前大余	小余
1	〇	0	20	三十九	705	39	十九	470	58	五十九	235
2	五十四	348	21	三十四	113	40	十三	818	59	五十三	583
3	四十八	696	22	二十八	461	41	八	226	60	四十七	931
4	十二	603	23	五十二	368	42	三十二	133	61	十一	838
5	七	11	24	四十六	716	43	二十六	481	62	六	246
6	一	359	25	四十一	124	44	二十	829	63	〇	594
7	二十五	266	26	五	31	45	四十四	736	64	二十四	501
8	十九	614	27	五十九	379	46	三十九	144	65	十八	849
9	十四	22	28	五十三	727	47	三十三	492	66	十三	257
10	三十七	869	29	十七	634	48	五十七	399	67	三十七	164
11	三十二	277	30	十二	42	49	五十一	747	68	三十一	512
12	五十六	184	31	三十五	889	50	十五	654	69	五十五	419
13	五十	532	32	三十	297	51	十	62	70	四十九	767
14	四十四	880	33	二十四	645	52	四	410	71	四十四	175
15	八	787	34	四十八	552	53	二十八	317	72	八	82
16	三	195	35	四十二	900	54	二十二	665	73	二	430
17	五十七	543	36	三十七	308	55	十七	73	74	五十六	778
18	二十一	450	37	一	215	56	四十	920	75	二十	685
19	十五	798	38	五十五	563	57	三十五	328	76	十五	93
									77	三十九	0

四分历岁实365又1/4日，与一个回归年实际长度比较密近而并不相等，由此产生的朔策29日499分也就必然与实测有一定误差。使用日久，势必与实际天象不合。

四分历朔策：29又499/940 = 29.53085106日

实际朔策：29.530588日

每月超过实测：0.00026306日

十九年七闰计235月，每年余0.0032536日

1÷0.0032536 = 307（年）即307年辄差一日。

每日940分计，940÷307=3.06（分）即四分历每年约浮3.06分。因为四分历行用于公元前427年，推算前427年之前的实际天象，每年当加3.06分；推算前427年之后的实际天象，每年得减去3.06分。简言之，“前加后减”。很多人运用四分术考查历日，不懂得这个3.06分的误差，推算出来的天象总是与文献或器铭所记不合。如果考虑到这个年差分，以此修正四分历的误差，仍可以得出密近的实际天象。董作宾先生称为“改正值”。不改正这个误差，用四分术推算商周历日，总会有三天以上的差谬，“月相四分”就是这样“悟”出来的。

首先，学会甲子蔀每年朔日的推算。

如《历术甲子篇》“太初元年无大余、无小余”，“无大余”(零）是甲子日的代称，“无小余”(0）是指合朔无余分。

元年，	子月	零	0
	丑月大	二十九	499（分）
	寅月	五十九	58
	卯月大	二十八	557
	辰月	五十八	116
	巳月大	二十七	615
	午月	五十七	174
	未月大	二十六	673
	申月	五十六	232

酉月大	二十五	731
戌月	五十五	290
亥月大	二十四	789

基本方法：月大加三十，月小加二十九，便得下月干支（代号）；小余的分数，月小加499分，月大减441分，得下月余分。这样，一蔀七十六年每年每月的朔日干支及余分都可一览无余。《历术甲子篇》只列出甲子蔀每年冬至月（子月）的朔日干支及余分。

第二步，学会入蔀年的推算。要知某年之朔闰，要将该年划入某蔀第×年。如秦王政二十年，查《中国历史纪年表》，为公元前227年。按“二十蔀表”，知前227年入丁卯蔀第四十九年。“年”用太初四十九年的大余、小余，加蔀余（丁卯）3。逐月推算。

第三步，以前427年为基点，算上“年差分”，每年3.06分，前加后减，就得出实际天象。

三、四分术的应用

掌握了四分术的推算方法，就应该加以应用。古文献中涉及的纷纭不已的历日，出土器物中的年、月、月相、日干支，都可据以考证其具体确切的年代。我们举两个例子。

其一，武王克商的具体年代。

文献记载：

1. 今本《竹书纪年》载，“五十二年，周始伐殷”。

2. 古本《竹书纪年》载，“武王十一年，周始发殷”。

3.《尚书·泰誓》载，“惟十有一年，武王发殷。一月戊午师渡孟津”。

解读：殷商纪年，纣王五十二年；周王纪年，武王十一年。

文献记载：

4.《武成》载，“惟一月壬辰旁死霸，若翌日癸巳，武王乃朝步周，于征伐纣”。

又，“粤若来二月既死霸，粤五日甲子，咸刘商王纣”。

又，“惟四月既旁生霸，粤六日庚戌，武王燎于周庙。翌日辛亥，祀于天位。粤五日乙卯，乃以庶国祀馘于周庙”。

5.《逸周书·世俘》载，“维一月丙午旁生霸，若翌日丁未，王乃步自于周，征伐商王纣”。

又，“越若来二月既死魄，越五日甲子朝至接于商，则咸刘商王纣，执矢恶臣百人”。

6.《周书·牧誓》载，“时甲子昧爽，王朝于商郊牧野，乃誓”。

解读：可以明确，克商之年的朔日及有关干支当是：

一月辛卯朔，初二（旁死霸）壬辰，初三癸巳，十六日（旁生魄），十七日丁未。《武成》立足于朔，《世俘》立足于望。日序一致，二者并不矛盾。

二月庚申朔（既死霸），初五日甲子。

四月己丑朔，十七日（既旁生霸）乙巳，二十二日庚戌，二十三日辛亥，二十七日乙卯。

是年前几月朔日当是：正月辛卯朔，二月庚申朔，× 月庚寅朔，× 月己未朔，四月己丑朔。二月至四月间必置一闰。

我们将推算出来的公元前 1106 年实际天象的朔闰对照，就明白它们彼此吻合无误。

公元前 1106 年天象：子月辛酉 557，丑月辛卯 116，寅月庚申 615，卯月庚寅 174，辰月己未 673，闰月己丑 232，巳月戊午 731……这是四分术推算的朔闰。实际用历：丑正，正月辛卯，二月庚申（初五甲子日克商），闰月庚寅，三月己未，四月己丑，午月戊午……

还可以提供一些文献依据：

1.《尚书·金縢》载，“克商二年，王有疾，弗豫”。

2.《史记·封禅书》载，“武王克殷二年，天下未宁而崩”。

3.《逸周书·作雒》载，“王既归，乃岁十二月崩镐，肂于岐周”。又，“元年六月葬武王于毕”。

解读：武王克商后二年崩。成王元年六月武王葬于毕。武王在位二年。

4.《史记·周本纪》载，“成王少，周公乃摄政当国”。又，“周公行政七年，成王长，周公反政成王”。

5.《尚书·召诰》载，“惟二月既望，越六日乙未，王朝步周，则至于丰。惟太保先周公相宅。越若来三月，惟丙午朏。越三日戊申，太保朝至于洛，卜宅。……越三日庚午，……越五日甲寅，位成。若翼日乙卯，周公朝至于洛。……越三日丁巳，……越翼日戊午，……越七日甲子，周公乃朝用书命庶殷侯甸男邦伯”。

6.《尚书·洛诰》载，“戊辰，………在十有二月。惟周公诞保文武受命，惟七年”。

解读：这是叙述周公摄政七年，经营洛邑的事。历日分明。得知，二月乙亥朔，既望十六庚寅，过六日，二十二乙未。三月甲辰朔，有初三（朏）丙午，过三日初五戊申。过三日初七庚戌，过五日十一甲寅，第二天十二乙卯。过三日十四丁巳，第二天十五戊午，再过七天是二十一甲子日。又，《洛诰》所记，十二月己亥朔，有三十日戊辰。

周公摄政七年，当是公元前1098年。我们推算出公元前1098年朔闰对照。前1098年天象：子月乙巳114分，丑月甲戌613，寅月甲辰172，卯月癸酉671，……（闰月）……十二月己亥462。实际用历，建子：正月乙巳，二月乙亥，三月甲辰，四月甲戌……十二月己亥。

7.《汉书·律历志》载，“成王元年正月己巳朔”。这是成王亲政元年。

解读：接上年，前1098年周公摄政七年，十二月己亥朔，三十日晦戊辰。第二天即亲政元年正月己巳朔。历日合天象，丝毫不乱。

8.《汉书·律历志》载，（成王）“后三十年四月庚戌朔，十五日甲子，翌日乙丑，成王崩”。又，“康王十二年六月戊辰朔，三日庚午”《尚书·毕命》。载，（康王）“惟十又二年，六月庚午朏”。

解读：成王亲政后三十年四月乙丑日崩。汉书将周公摄政七年与成王亲政三十年分开记录。不记摄政，成王在位当是37年。成王37年即公元前1068年，推算当年天象，子月庚辰910，丑月庚戌469，寅月庚辰28，卯月己酉527，辰月己卯86，巳月戊申585……

实际用历，当年建子，二月庚戌，三月庚辰，四月庚戌，五月己卯……司历定卯月己酉为四月庚戌。失朔在半日内。十五甲子日，四月十六乙丑日成王崩。

康王元年为公元前1067年，康王十二年为公元前1056年，推求前1056年天象，得知：子月辛丑25，丑月庚午524，寅月庚子83，卯月己巳582，辰月己亥141，巳月戊辰640，午月戊戌199……建子，六月戊辰朔，初三（朏）庚午。

这就是运用四分术考证文献历日的例证，实则在文献记载、器物铭文之后，加上一个天象依据，结论更为可靠。这自然比“二重证据法”前进了一步，我们称为“三证合一”。

第二，关于铜器历日的考证。出土器物越来越多，铜器断代似乎成了一门很专业的学问。而今，具备年、月、月相、日干支“四全”的铜器已有六十余件。要考证它们的绝对年代，非得对照实际天象不可。今以《吴虎鼎》的断代为例，显示历术推算的重要作用。

朱凤翰先生主编的《西周诸王年代研究》(贵州人民出版社 1998 年 7 月版）列有长安县（今西安市长安区）文管会所藏吴虎鼎，铭文历日是：唯十又八年十又三月既生霸丙戌，王在周康宫徲宫。

我注意到李学勤先生在《西周诸王年代研究》“序”文中的文字：“吴虎鼎作于十八年闰月，而同时出现夷王、厉王名号，其系宣王标准器断无疑义。”

1998 年 12 月我写有《吴虎鼎与厉王纪年》，此文收入我的《铜器历日研究》一书（贵州人民出版社 1999 年 5 月版，第 80—88 页)，只是未在刊物上发表过罢了。

最近读到《文津演讲录》(二）中李先生的文章，说道：特别是新发现了一件没有异议的宣王时代的青铜器吴虎鼎，它是周宣王十八年的十三月（是个闰年）铸造的，这年推算正好是闰年。(见该书 112 页）

吴虎鼎记录的是厉王十八年十三月天象，李先生视为宣王十八年十三月铸造的。李先生还说过：“铭中有夷王之庙，又有厉王之名，所以鼎作于宣王时全无疑义，因为幽王没有十八年，平王则已东迁了。”(见《吴虎鼎考释》，载 1998 年第 3 期《考古与文物》）进一步，作为“夏商周断代工程”研究的主要依据之一——所谓“支点”，大加利用，牵动就太大了。正因为这样，我就不得不再加辨析，以正是非。

首先看宣王十八年天象月相定点，定于一日。既生霸为望为十五，既生霸丙戌则壬申朔。

查看宣王十八年实际天象，加以较比，就可以明了。

按旧有观点，宣王十八年是公元前 810 年；按新出土眉县四十二年、四十三年两逨器及其他宣王器考知，宣王元年乃公元前 826 年，十八年是前 809 年。

前 810 年、前 809 年实际天象是：子月癸丑 71（癸丑 02^h56^m)、丑月壬午、寅月壬子、闰月辛巳……实际用历，建子，正月癸丑、二月壬午……十二月丁丑、十三月丁未。括号内是张培瑜先生《中国先秦史历表》所载定朔时(h)与分(m)。

前809年实际用历，子正月丙子915（丁丑05^h27^m），二月丙午……十一月壬申、十二月辛丑764（壬寅02^h12^m）。

这哪里有“十八年十三月壬申朔”的影子？除非你将月相“既生霸”胡乱解释为十天半月，才有可能随心所欲地安插。这不是太随意性了吗？

还有，公认的十八年《克盨》是宣王器，历日是：唯十又八年十又二月初吉庚寅。如果吴虎鼎真是宣王十八年器，这个“十三月既生霸丙戌”与“十二月初吉庚寅”又怎么能够联系起来呢？月相定点，“十二月庚寅朔”与“十三月壬申朔”风马牛不相及，怎么能够硬拉扯在一起呢？丙戌与庚寅相去仅四天，就算你把初吉、既生霸说成十天半月，两者还是风马牛不相及。这就否定了吴虎鼎历日与宣王十八年有关。

我们再来看看厉王十八年天象。司马迁《史记》明示，厉王在位三十七年，除了以否定司马迁为荣的少数史学家而外，自古以来并无异议。共和元年是公元前841年，前推37年，厉王元年在公元前878年，厉王十八年乃前861年。

公元前861年实际天象是：子月戊申756（己酉05^h27^m）、丑月戊寅315、寅月丁未814、卯月丁丑373……亥月癸酉605、（接前860年）子月癸卯161、丑月壬申660（癸酉04^h20^m）、寅月壬寅219（壬寅17^h32^m）……。

厉王十八年前861年实际用历，建丑，正月戊寅、二月丁未、三月丁丑……十二月（子）癸卯、十三月（丑）壬申。——这个“十三月壬申朔”，就是吴虎鼎历日“十三月既生霸丙戌”之所在。

我们说，吴虎鼎历日合厉王十八年天象，与宣王十八年天象绝不吻合。

一件铜器上的历日，它的具体年代只能有一个，唯一解。为什么说法如此不一呢？

其一，对月相的不同理解，就是分歧之所在。

自古以来，月相就是定点的，且定于一日。月相后紧接干支，月相所指之日就是那个干支日。春秋以前，历不成“法”，也就是说没有找到年、月、日的调配规律，大体上只能“一年三百又六旬又六日，以闰月定四时成岁”。年、月、日的调配只有靠“观象日月星辰，敬授民时”。观象，包括星象、物象、气象，而月亮的盈亏又是至关重要的。月缺、月圆，有目共睹，可借以确定与矫正朔望与置闰。在历术未进入室内演算之前，室外观象就是最重要的调历的手段，所以月相记录频频。这正是古人留给我们的宝贵遗产。进入春秋后期，人们已掌握了年、月、日调配的规律，有了可供运算的四分历术，即取回归年长度为 365 又 1/4 日作为历术基础来推演历日，室外观象就不显得那么重要了，月相的记录自然也就随之逐步消失。

铜器上以及文献上的月相保留了下来，后人就有一个正确理解的问题。

西周行用朔望月历制，朔与望至关重要。朔称初吉、月吉，或称吉，又叫既死霸，或叫朔月。传统的解说，初吉即朔。《诗・小明》毛传：初吉，朔日也。《国语・周语》韦注：初吉，二月朔日也。《周礼》郑注：月吉，每月朔日也。

最早对月相加以完整解说的是刘歆。他在《汉书・世经》中说道："（既）死霸，朔也；（既）生霸，望也。"对古文《武成》历日还有若干解说，归纳起来：

初一：初吉、朔、既死霸	十五：既生霸
初二：旁死霸	十六：既望、旁生霸
初三：朏、哉生霸	十七：既旁生霸

刘歆的理解是对的，月相定点，定于一日。月相不定点，记录月相何用？古文《武成》在月相干支后，又紧记"越 × 日""翌日"，月相不定点，就不可能有什么"越 × 日""翌日"的记录。《世经》引古文《月采》篇曰："三日曰朏"。足见刘歆以前的古人，对月相也是作定点解说。望为十五，《释名・释天》："日在东，月在西，遥相望也。"《书・召诰》传："周公摄政七年二月十五日，日月相望，故记之。"既望指十六，自古及今无异词。初吉、月吉、朏、望、既望自古来是定点的，焉有其他月相为不定点乎？明确月相是定点的，即所有月相都是定点的。不可能说，文献上的月相是定点的，而铜器上的月相是不定点的。所以，我们毫不动摇地坚持古已有之的月相定点说。用定点说解释铜器历日，虽然要求严密，难度很大，而正好体现出它的科学性、唯一性。

只是到了近代，王国维先生用四分术周历推算铜器历日，发现自算的天象与历日总有两天、三天的误差，才“悟”出“月相四分”。事实上，静安先生的运算所得并非实际天象，因为四分术“三百年辄差一日”，“月相四分”实不足取。当然，更不可能有什么“月相二分”。按“二分说”，上半月既生霸，下半月既死霸，那真是宽漫无边，解释铜器历日大可以随心所欲了。谁人相信？

其二，对铭文的理解明显不同。

李先生反复强调，吴虎鼎“同时出现夷王、厉王名号”，所以“系宣王标准器断无疑义”。

查吴虎鼎铭：“王在周康宫徲宫，导入右吴虎，王命膳夫丰生、司空雍毅，䌛（申）剌（厉）王命。”

关于“康宫徲宫”，按唐兰先生解说，徲通“夷”，徲宫指夷王之庙。重要的是“王命××申剌（厉）王命”这一句。后面有“申剌（厉）王命”，前一个“王”就一定是指周宣王吗？我们以为，不是。这明明是追记，是叙史。铭文中的“王”，都是确指厉王。即“厉王在夷王庙，导引吴虎入内，厉王命膳夫丰生、司空雍毅，重申他厉王的指令。”前两处用“王”，是蒙后“厉王”而省。确实的，与宣王无关。正因为这样，这个历日就与它下面的记事（厉王时事）结合，根本不涉及宣王。

其三，铜器历日不等于是铸器时日。

吴虎鼎历日是叙史，与周宣王无关，更不会是“周宣王十八年十三月铸造的”。这是考古学界常犯的错误，把铜器历日统统视为铸器时日。

如果排除时王生称说，吴虎鼎作于厉王以后，或共和，或宣王，都不会错。作器者的本义是在显示他（或其先人）在厉王身边的崇高地位，于是追记厉王十八年十三月的往事。类似这种叙史，这种追记，铜器中甚多。如元年曶鼎、十五年趞曹鼎、子犯和钟……这些铜器历日怎么能看成是铸器时日呢？

四分历从战国初期使用，沿用到蜀汉，大约七百年。其间，战国、秦汉，是中国古代学术文化最辉煌宏富的时代，不懂得四分术，要进入这个研究领域，几乎是不可能的。

有关正例与变例研究方法的对话

正例、变例，涉及研究方法，这是诸多青年学子急于想弄明白的一个大问题。懂得正例与变例的研究方法，很多学术问题，不仅迎刃而解，往往也会事半功倍。下面以对话形式，就有关问题加以阐述，供学子们参考。

问：闻玉先生怎么想就这个问题做文章呢？

答：说来话长。1979 年下半年我在滁州师专张汝舟先生门下求学，涉及黄侃古音学就遇到不少问题。黄先生有本音、变音之说，那本是极为简明的。后来看到有批判黄氏本、变说的文章，全盘否定，说“毛病百出”“完全错误”“一无是处”[1]。从此我就开始认真关注本、变之说。后来明白，古本音、今变音，古本韵、今变韵，本声、变声，实乃一种研究方法，是黄先生的极高明之处，应当受到后世的点赞啊。

问：研究方法的重要性体现在哪里？

答：不懂研究方法，如同走路没有方向、没有目标。绕来绕去，往往无果而终。就以青铜器研究来说，千万件器物，从何下手？按器型分类，就是器型学研究法；按人名、字形分类，就是铭文字体研究法；按年月日（时日）分类，就是历日研究法。不同的方法，自会有不同的结论。就方法说，不存在谁是谁非，没有绝对的唯一的方法。要看对象具备的条件。铜器上并无铭文，当然只能用器型学方法。铭文上历日干支年月日月相“四全”，为什么不用历日研究法呢？铭文中有血缘姓氏文字，就得以人名系联，归入一个系列。死守一个方法也就不可取了。

清末以前，历代学人研究文献典籍，都是以文献证文献。可以一部书内部求证，叫内证。还可几种书彼此求证，叫外证。研究方法还比较单一。只要求例证越多越好。所谓“例不十，法不立”。就是例证法吧！

---

[1] 王力：《王力论学新著》，南宁：广西人民出版社，1983 年，第 44—82 页。

甲骨文出土，扩大了学者的视野。王国维先生用之考究史料，把文献与甲骨文字结合起来研究，就有了“二重证据法”，百年来文史界普遍使用。这就在方法论上有了突破，取得了很大成绩。

20世纪60年代初期，张汝舟先生对《史记·历书·历术甲子篇》通透研究，以历数推演实际天象，提出文献（纸上材料）、考古（地下材料）与天象（天上材料）结合，“三证合一”研究文史，实则是“三重证据法”，使研究方法又上了一个新的台阶。当今，西周史的研究，夏商周断代工程的研究，强调文献、考古、天文三者的结合，实际都应用了“三证合一”的方法。这就是一大进步，比“二重证据法”前进一大步。我是说，研究方法的重要性就体现在这些地方。或者说，学术研究没有不重视研究方法的。

问：请您还是从黄侃先生的本、变之说多谈谈吧。

答：黄先生说，“没有陈兰甫，就没有我黄季刚！”就是说古本音、今变音之说应源于清代学者陈兰甫。陈澧（兰甫）在中古音研究中首创反切系联法，使中古音声韵系统的建立取得了重大突破。

陈兰甫摆脱三十六字母的束缚，利用反切上字、反切下字的归纳，弄清了《广韵》的语音系统。反切系联法，规定同用、互用、递用为基本条例。之外，还有些复杂的反切，无所归属，他又规定两项条例：分析条例、补充条例。这是特殊条例。

基本条例，就是正例；特殊条例，就是变例。反切系联法，实则体现出正例、变例的学术研究方法。黄季刚先生古本音、今变音的结论就是以正例（基本条例）、变例（特殊条例）方法，研究古音学的必然结果，是赓续陈兰甫先生研究方法而来的。

问：正例、变例的方法论，有哲学依据不？

答：万事万物，哲学的分类不外两种：一般与特殊。普通的、正常的，人尽皆知的，是一般、一般规律。与一般相悖，不一般，那就是个别的，特殊的。正例就是一般条例、普遍规律，变例就是特殊的、个别现象了。特殊的习以为常，人皆认可，就形成特殊条例、特殊规律了。学术研究的重点，当然应该放在特殊条例的研究。否则，谈何成果？

问：我们天天使用汉字，请先生从汉字角度说说正例、变例。

答：汉字的构形，起于《说文解字》的“六书”，六种造字方法。其实，六书也无不体现正例、变例。

象形，象物体之形。可分三类：独体象形、合体象形、变体象形。独体象形，或称“初文”，犬、马、豕、女、舟、贝之类，是正例；合体象形，眉、果、胃之类，是变例。变体象形，交、夭之类，也是变例。

指事，抽象的概念。指事除了几个纯符号的，还有加体指事字、变体指事字。在象形字基础上增加指事符号：本、尺、寸之类，是正体。改变原字的方向或减损原字笔画，叫变体指事字，乏（反正为乏）、匕（化）、夕之类，是变例。

会意，强调两个字合成新意。可分：异文会意（男、秉、表之类）、同文会意（从、比、彝之类）、对文会意（北、步、廾之类）。会意字，一目了然的组合，容易识别是正体；变体指两字组合时形体有了变化，或嵌入其中，或部分省减，难于识别，是变例。

形声字，左右、上下、内外组合是基本结构。正体，指形符、声符的位置一目了然。而不少形声字出现一些特殊结构，看不出形符、声符了，是变体形声字。变体不外两种情况：形符、声符交错，省形符或省声符。变体形声字需要特别注意，初学者需要一一抄录，牢记不忘。

转注有数十家之说，比较复杂，不外有形转派、互训派、声义派三分。如果把无法按“六书”旧说归位的汉字找出来，就大体明白。一类“重文成体”，或会意（林、炎、森之类），或转注（仁、尼、哥之类），二类“变体成字”，或指事（夭、凵、乏之类），或转注（介—个、刁—刀、勾—句之类）。重文转注字是正体正例，变体转注字是变例。

假借，有本义、借义之分。不造新字，“依声托事”，是正例。本义另造新字是变例。

总之，六书皆有正体、变体之分，亦即有正例、有变例。

问：说到假借，请附带说一下通假。我们往往把假借、通假混淆不清。文献典籍中，通假字无处不在，张先生怎么看？

答：广义的假借有两个含义。本无其字的假借，是许慎“六书”中的假借。另一个含义指本有其字的同音通假，同音替代，写别字而已。先秦两汉的古籍中大量存在通假字，给后人阅读古籍造成障碍。归纳一下，通假不外两种：1. 同音通假，指古音相同。2. 同声符通假，声符必同。声符同，通假一目了然，是正例。同音相通，变例而已。

问：汉语重视句法，当今做学问的学者没有不研究语法的。你说过，语法是阅读文献的“利器”。请从语法角度说说正例、变例。

答：中国的传统学术主要体现在文史，确切说就是历史、语言。民国以来的“史语所”不是没有道理的。历史、语言所用研究方法是一致的，都是例证法，大量取证。于是，正例、变例就大行其道，体现得尤其充分。

传统小学，讲字、词、句。字就是六书，有正体、变体。词分实词、虚词。实词指名词、动词、形容词，那是正例；虚词指副词、助词、语气词，那是变例。一个词的意义可分实义、虚义，实义是正例、虚义是变例就再明显不过了。文献注释，把实义当虚义讲，把虚义当实义讲，并不少见。究其实，是分不清正例与变例。

汉语里的动词，同样有实义虚义之分，实义是正例，虚义是变例。国人学西方，把虚义的动词叫“介词”。其实，把介词视为变例，介词也就可以取消了。

训诂学上讲“名动同辞”，同一个字可做名词又可做动词之意。动词，指天地人的行为动作。雨，下雨这个行为，当然是动词。又指动作对象，那是雨水的雨，名词啦。树，“树艺五谷”，栽种这个行为，动词。指动作对象，树木的树，名词啦。语，指谈话，动词；又指言论，名词。从词法上讲，这是兼类。一个字具有两种或两种以上的词性就是兼类。临时的用法叫“词类活用”，不能叫“兼类”。现今很多人滥用“词类活用”，使二者界线模糊了。

动作行为是主体，应该是正例。动作行为的对象，名词，就兼类来说应该是变例。

训诂学上还有“正反同辞”一说。那是指一个字有正反两方面的意义。古人所谓“美恶同辞”“施受同辞”“语急反言”之意。市，有买、卖二义；沽，兼买、卖二义。乱，治也。贷，借出借入都叫贷。贾，兼有买进、卖出两相反涵义。面，颜面也，段注“与背为反对之称、引申为相向之称，又引申为相背之称。”《史记 · 项羽本纪》有“马童面之”[1]。古注“面，不正视也”，即“背之”。这里是采用变例解读“面”字。

正反同辞，正面意义应该是正例，相反意义应该是变例。为了分别清楚，古人有后起分别字以区别之。后起分别字即是变例。内，进入，自外而入。自内而言，是接纳。“九月内火”，读“纳火”。古语内多读纳，纳是后起

[1] 《史记》卷 7《项羽本纪》，北京：中华书局，1982 年。

分别字，就视为变体、变例。

语法体系是外来的，引以为用，十分重要。近代学人做学问，没有不通透语法的。最近澎湃网上有文，刘洪涛先生说：古代中国研究需要重视语法知识[1]。也就这个意思吧。

主谓关系。汉语重词序。主语支配谓语，主语在前，谓语在后，这是正例。强调谓语的话，谓语放在主语之前，主谓颠倒即是变例。

动宾关系。动词在前，宾语在后，即是正例。汉语里，宾语往往提前，所谓“前置宾语”，即是变例。日本文化源于中土，日语的宾语都是提前，提在动词之前，反而是日语里的“正例”了。

我归纳出动词带双宾语若干例，有一般的双宾语句型，大家普遍认可。即是正例。还有“自结明主”“所避风雨”“访诸蹇叔”“如之何”“此之谓圣治”这类，语法界并不认同，各自解读。不回避的话，那就是特殊的双宾语句，是变例。

汉语句子分两大类，动句与表句，这是汝舟先生语法体系一大发明。动句，主语发出动作，主语支配谓语，这是正例；表句，谓语说明主语，描写主语，这是变例。语法界往往是忽视了表句，对变例视而不见。

唐以后，诗词讲究平仄音律变化。一般符合平仄规则的，是正例；所谓“拗救”，乱了平仄，就是变例了。

问：你对主流、支流怎么看，比如《汉书·艺文志·诸子略》。

答：《说文》讲“反永为派”。《诗经》“江之永矣”，永是干流、主流，“茫茫九派”的派就是支流、末流了。分清主流、支流很重要。学术研究你当然得有主流意识。主体与枝节，主流与支流，如同正邪，还是正体、变体。

《汉书·艺文志·诸子略》给我们很多启示。文章讲诸子百家，“各推所长”，又各有“弊短”。

儒家“祖述尧舜，宪章文武，宗师仲尼，以重其言，於道最为高”，而“僻者又随时抑物，违离道本”。有正牌正宗的儒家，又有“辟儒之患”的辟儒。

道家“清虚以自守，卑弱以自持，此君人南面之术也”，“及放者为之，

---

[1] 刘洪涛：《古代中国研究需要重视语法知识》，澎湃新闻网（私家历史），http://www.thepaper.cn/newsDetail_forward_1467299，2016-05-14。

则欲绝去礼学，兼仁义”。这个“放者”，背弃道家之长，取其无为。实乃变其主体宗旨。不过，还是归属于“道”，不是正道而已。

阴阳家“历象日月星辰，敬授民时”，而“拘者为之，则牵于禁忌，泥于小数，舍人事而敬鬼神”。阴阳律历、时令节气，本是国之根本，而“拘者为之”，走上择日占星的迷信的歧途。正体、变体，十分明显。

法家“信赏必罚，以辅礼制”，“及刻者为之，则无教化，去仁爱，专任刑罚，而欲以致治，至于残害至亲，伤恩薄厚”。刻者，就是“变”了。

名家正名，名不正则言不顺，言不顺则是事不成。“及謷者为之，则苟钩鈲析乱而已”。这个“謷者”当然是变体啦。

墨家贵俭、兼爱、上贤、右鬼、非命，以孝视天下。“及蔽者为之，见俭之利，因以非礼；推兼爱之意，而不知别亲疏”。蔽者，自然不是主流、主体。

纵横家“权事制宜”——权衡具体事实，确定恰当措施。这是纵横家的主体。“及邪人为之，则上诈谖而弃其信”。邪人，变体。

杂家“兼儒墨，合名法，知国体之有此，见王治之无不贯”，“及荡者为之，则漫羡而无所归心”。荡者，学识浮泛之人。

农家“播百谷，劝耕桑，以足衣食”，“及鄙者为之，以为无所事圣王，欲使君臣并耕，誖上下之序。”这个“鄙者”，只能是农家的变种。

《汉书 · 艺文志 · 诸子略》给我们很多启发。我在教书时，要求学生都得背诵这篇文章。

问：您所著《铜器历日研究》，最早应用“正例、变例”于学术研究，谈谈你的体会。

答：1985年冬，东北师大陈连庆先生提供我好几件铜器历日，要我结合历术讲讲对历日铭文的解读。就此开始了我对铜器历日的研究。排比历日，有的毫不费力，有的百思不得其解。我就采用陈兰甫的一般条例、特殊条例来一一剖析，最终列出六项基本条例（正例）、四项特殊条例（变例）。四项变例即：

① 铭自误例，比如“既死辛卯”“既霸丁亥”；

② 既生霸为既死霸例，既生霸为望为十五，既死霸为朔为初一。铭文“既生霸”，勘合十五不合，勘合初一乃合。不知者以为既生霸也可指朔日。这样一来，既生霸可指初一、也可指十五，既生霸可指上半个月了。推论下去，既死霸就指下半月啦。这就是“月相二分”，比“月相四分”走得更远。

岂不糊涂？实在是不明瞭既生霸为变例而已。既生霸为望为十五，是正例。忌讳“死”而说成“生”，这个“既生霸”（实为既死霸）就是变例。

③ 丁亥为亥日例。丁亥为吉日，古人多用。不少书为丁亥的，实在不是丁亥，而是其他亥日。正如郑玄云：苟有亥焉可也。

④ 庚寅为寅日例。古人亦视庚寅为吉日，受“丁亥为亥日例”启发，庚寅为寅日例亦可成立。

有了这几条变例，几十件铭文有年、月、月相、日干支，“四全”的铜器基本上都找到了具体的年月日，断代就落到了实处。

不懂得正例、变例的研究方法，铭文上有历日的铜器断代就无从进行。

问：《铜器历日研究》一书出版后，张新民教授有一篇很好的书评《西周年代学研究的重要成果——读〈铜器历日研究〉》，其中也着重谈到正例、变例的研究方法。请介绍一下。

答：这是一篇很有学术水平的书评。看《辛巳文存》的第285页，新民教授说：闻玉先生自谓他的十条铜器研究条例，是学习清儒做学问的方法，也是从黄季刚先生论文中学来的。他对此十分珍惜。其实晚近著名学者中，以这种方法做学问的，为数尚多。譬如俞樾《古书疑义举例》，杨树达《古书句读释例》，余嘉锡《古书通例》，陈垣的《史讳举例》《校勘释例》等，都是明显的例证。其中余嘉锡《古书通例》“稽之正例变例，以识其微；参之本证旁证，以求其合”[1]，正是在参互考较、排比钩稽中，总结出了古书的通例。这是方法论上的提升与自觉，也是清儒学问路途的深化和拓展。而《史讳举例》一书，实为避讳史的全面总结。全书所列出八十二条通则性条例，都可视为考史方法的归类与提示，亦可当成治学的门径或钥匙。至于《校勘学释例》所归纳的校法四例——对校法、本校法、他校法、理校法，则更是涵盖性极其广泛的概括，可说一切校雠学在方法论上都难出此范围。我举这些例证，无非是要说明，无论闻玉先生自觉或不自觉，如果深层次挖掘，他的学问精神的继承面本是很广博的。当然，将“条例”用于铜器历日，从而示人以规范，则是他自己的发明。在这一意义上，也可说他发扬光大了中国朴学传统，并在新的研究范围内给予了创造性的现代运用。从承前启后的学

[1] 《古书通例·绪论》，余嘉锡著：《目录学发微·古书通例》，北京：中华书局，2007年，第187页。

术源流角度看，我认为可以分析出一条朴学方法论自我充实的连续性理路线索来的。诚如其他具有辩证开放性格的学术一样，谁又能断言后起者不能继承闻玉先生之学术课题而不断向前发展呢？

就是说，近代学人杨树达、余嘉锡、陈垣等，都在发展、发扬正例与变例的研究方法，今后还会不断向前，还会有学人继续应用这一方法研究学术，取得成功。

问：为什么说不能否定黄季刚先生本音、变音说呢？

答：季刚先生本音、变音就是本例、变例的具体化。我们视本例、变例为研究方法的话，就得肯定它、应用它。哪有否定研究方法的道理！承认“二重证据法”“三重证据法”（三证合一）是研究方法，同样也是不能否定的。

所以我说，黄季刚先生本音、变音之说应该受到点赞，后学只能发扬光大之。

张闻玉　　2016 年 5 月 22—24 日

学好国学

一

感谢大家今天来听我的讲座！因为这种类似的题目太多了，我就随意讲一点吧。今天这个环境，我觉得可以说是我们学国学、弘扬传统文化最好的一个时机。今天在网上，我收到一些朋友从微信上给我发过来的一个材料，是关于习近平同志对中华优秀传统文化的一些讲话的，内容相当好！传统文化是中央现在特别提倡的。在提倡国学传统文化这种大环境下，我们每个人都该高度重视这个问题。

前不久，我写了一副对联：习六经以知国学，读三代而爱家邦。因什么而写的呢？科学出版社 6 月底 7 月初出版了我们的一本书——《夏商周三代纪年》。夏商周三代，那是我们中华民族的根，但时间都没有搞清楚。虽然搞了个断代工程，但很多材料也不可用。总之，让人很难以接受。所以出了这本书以后，我就赠送给一些好友，并且题了几个字，我的意思就是要读三代之书。读三代，必然就是爱家庭、爱我们的国家、爱我们的民族。这就是下联“读三代而爱家邦”的由来。后来又觉得这个国学很重要，现在提倡国学，但我们基层民众并不是很清楚国学是什么，国学与儒家学说、与“六经”之间的关系都搞不清楚，所以有必要做一些解读。就此，我说：“国学的主流就是儒家学说。”

二

国学包括儒家学说、道家学说，但主流是儒家。支撑我们中华民族传统学说的是儒家和道家两大支柱，几千年来都这样。不管你喜欢什么，儒道释三教都在。佛家进入我们中土很早，到东汉时期就在洛阳那边建立了白马寺，大家都清楚的，所以我们说三教：儒、道、释。

但作为传统文化，儒家、道家是支撑点，而儒是主流。国学，儒家是主流，里面的核心内容就是“六经”。古代学生学《诗》《书》《易》《礼》《春秋》五部经典，再加一部《乐经》就是“六经”。这是孔子办学的六门功课。六门主流的主体课程，学生都是要学的，也就是我们儒家的核心。让我们倒过来说：“我们只有学习‘六经’才会懂得国学，才能进入国学的殿堂。”所以我说国学主流是儒学，儒学的核心是“六经”；学习“六经”才能懂得国学。这个就是上联“习六经以知国学”的由来。通过学习“六经”这些儒家经典，才能懂得国学，走近国学，进入国学。

懂得夏商周三代是我们中华民族最早的历史根源，你就有民族意识，你就有国家意识，你就爱我们这个民族，爱我们这个国家，爱自己的家。所以这副对联通过微信发出去之后，反响很好。它概括了我们当前的整个形势，这也是一种爱国的效应。这本来就是很明白的东西，有民族意识，不会崇洋媚外，那就是一个堂堂正正的中国人。就这么简单，逻辑的秩序就这样。

三

但现实又是什么样子的呢？你走上社会又是什么样呢？那基本上说西化无处不在，一出去看见的就是西化的东西。前些年我写过一篇文章，报纸也刊登过，到处是什么呢？唱歌的叫“歌吧”，跳舞的叫“舞吧”，所有娱乐场所都叫什么什么“吧”，新华书店有段时间挂“书吧”，太多太多了……光是“吧”就可以写一篇文章。《贵州都市报》登过一篇文章《歌吧失火，烧起来了！》。我一看还以为是什么东西。那就是西化的东西，太多了，你看"吧吧吧"那么多，只有中国的茶，china，没有"吧"！如果现在把"茶馆"变成"茶吧"，那我们中国文化就没有了，就全盘西化了。这是很可怕的，对不对？

所以无处不西化，西化无孔不入。这对我们传统文化是个挑战。那样一来传统的东西就没有话语权了。看我们过的节假日，什么圣诞节、情人节、平安夜，那些商家到处打招牌。在我们这种意识里面，这样去做就是一种西化。但今年的中秋节请大家注意了，感觉会有一点改变。因为中秋节是传统节日。去年中秋节大家月饼都不发，今年就不一样，可能大家都意识到这个传统节日，所以我们也要过传统节日，而且很多企业可以发月饼给员工，两百元的就行，不要铺张浪费。这是因为今年的环境不一样，它不是月饼的问题，而是我们尊重传统，过我们的传统节日，抵制那些西化的东西。我们这一百多年来，西方文化进入我们中土，它所带来的每一个中西文化之间的碰撞交流都有巨大影响。经过这一百多年，西化无处不在。崇洋媚外大家也已经见怪不怪了。都说外国好，跑去日本买马桶，买个电视也买日本货。美国货、日本货，都说西方的好，大家不觉得也没有意识到其中有啥问题。

《解放军报》前不久发布了一篇透视汉奸现象的文章，我觉得这是一个很严重的问题。军报意在让大家关注这个问题，但社会上的人们却还是那么安静、那么平静，好像是麻木了，不当一回事。接着，里约奥运会上我们中国女排得了冠军，这一下子全民沸腾、震动，举国欢呼！女排精神又唤醒了我们国人的精气神。大家都很振奋，爱国热情如火山般爆发，像海浪排空般汹涌澎湃。所以我当时觉得，多一些女排精神就少一些崇洋媚外，这是我们中国人的精神。"习六经以知国学，读三代而爱家邦。"我们要有民族意识、爱国意识，做一个堂堂正正的中国人。

前几年有人讲要把孔子诞辰弄成教师节。那么孔子诞辰是什么时候？他们研究孔子诞辰为阳历 9 月 28 日，这是不对的。孔子是中国人，他用的是农历，几千年前就是农历，我们现在老一辈的人用的都是农历的生日，怎么能改成阳历或公元？孔子以后一千多年才有阳历，才有西元。很明显的是，宣传孔子本身就是宣传传统文化，但是里面西化的东西太多，孔子已经被西化，在此基础上谈国学、宣传国学是非常艰巨的，不是我们平平常常地上课懂一点就行了的。在这种乌云笼罩西化已无处不在的环境下来说孔子，我们真正提倡国学、弘扬国学的主题任务是很艰巨的。因为我们很长一段时间以来不提倡国学，甚至是诋毁它，说什么都是封建迷信，孔子也被批判，他没有条件可以生存。

但现在的条件充足，党中央反复提出，习近平总书记反复讲“提倡国学，弘扬传统文化”。但这也需要有人去做，要大家意识到这个问题，所以我们做了一个宣传，做了一个讲座让大家来意识到这个问题，懂这个问题。因此，我们今天讲的题目就是“国学之路”。这个题目也可以换成是“中国人的学者之路”，即走这条路就会成为一个学者，通过国学进入学者的境界，成为最高层次的文化人。它的题目可以是多样的，但我们中国人用汉语来讲是越简洁越好，最好四五六七个字，不要搞得一长串。我们说汉语是越简洁越好，简明就行，懂就行。因此我们的讲座就用“国学之路”。大家都明白它主要讲的问题：什么是国学、国学范围是哪些、怎么学国学。不外乎就这三个问题。这个题目我们的祖祖辈辈都在解读，笼统地说就是我们传统文化的经典，用汉字写出来的。所谓经典，就是最主要的东西，最好的东西，都可以说是在国学的范围之内。

四

过去有这样一种说法：“三坟、五典、八索、九丘。”这个话是《左传》里的，最早是春秋时期的讲法。汉代孔安国的《尚书序》对它进行详细解释，说伏羲、神农、黄帝之书为“三坟”。坟就是坟墓，葬人的，人死了都有坟墓的，那是最早的祖先。我们人文时代最早的祖先是伏羲，伏羲的很多东西都传承了。伏羲八卦当然是国学的东西，《易经》讲阴阳、讲虚实、讲变化，“易”就是变化、变异、无处不变，所以伏羲时的八卦，当然是国学。神农也是我们的老祖宗。中国最早进入农耕社会，中医里的《神农本草经》起源于神农尝百草。神农还带着部属及家人到桑干河对面山上去种植小米，去山区开创农业。小米对我们中国来说是很重要的。几十年前，八路军“小米加步枪”，小米还是北方的主食主粮。所以神农也是我们的老祖宗。我们上下几千年主要是靠农耕在生存，农业是基础。司马迁的《史记》第一篇就是

《五帝本纪》，第一个就是黄帝。黄色的“黄”，不是后来的皇帝的“皇”。《黄帝内经》是最早的中医典籍，所以中医要开拓，就要讲《黄帝内经》，要解读，要研究。

另外，最早在中原是炎帝、黄帝、蚩尤三足鼎立，蚩尤（九黎）部落后裔三苗和尧舜禹过不去，尧舜禹征三苗，三苗战败。战败了所以逃跑，三苗就西进南下，往湖北、湖南走。首先在湖北通过汉水进入四川，从四川进入云南，进入缅甸；还有一部分往南到湖北、湖南，经过资江、沅江到湘西、到松桃。所以湘西、松桃苗族一大片，在这里有一部分停留了下来；另有一部分就顺着湘江往南走，到零陵、到永州，通过通道到达黎平，到黔东南，所以现在黔东南的苗族也很多。当然后面还有一些分化。我们后来纪念就不仅是炎黄了，而是讲三祖：炎帝、黄帝和蚩尤，他们包罗了中华民族的主体。

伏羲、神农、黄帝之书遗留的文字就叫三坟。汉代人解释三坟就是“大道”，是主要的经典。另外还有五典，就是五帝时代的书。还有八索，就是伏羲的八卦。还有九丘，就是九州。中国古代为什么分九州呢？这是因为中国的地形北是黄河，南是长江，二纵二横，“井”字形，空格之处就成九州。九丘就是各个地方的最早的著作。

到了孔子时候，他办私学教学生需要教材，所以《诗》《书》《易》《礼》《乐》《春秋》就被选用，也因此成为中国的国学经典，概括了当时的国学。到了汉代，西汉末期的刘向、刘歆父子两人负责保管国家的文献资料，将天下的图书分类，并单独编了一本书叫《七略》。诸子百家、孔子及儒学被单独列出来。还有诗赋略，屈原的辞赋、古代的歌诗也被他们编成一类。还有古代因数不胜数的战争而衍生的古代兵书，也被其分为一类，比如《孙子兵法》等。民以食为天，古代有很多战争是为了吃食而发生的，战争中活埋的现象多之又多，为什么？缺乏食物，养不起。古代万邦万国，姓氏多，也为一类。《汉书・艺文志》将图书分类，让我们更加了解了国学。《七略》分图书为六类，是一个标志。我们学中文的、学历史的需要眼界开阔，要知道我们的传统学说是哪些东西，我们祖宗给我们留下了些什么，以及如何将传统文化普及开来。

五

西晋时期，荀勖将图书分为甲、乙、丙、丁四部，分别对应经、子、史、集。到了唐朝，魏征等人编撰《隋书》，将图书四类调整为：经、史、子、集。对后世影响很大。宋、元、明都是按此分类。到了清朝，乾隆年间有了《四库全书》，那是乾隆皇帝主持编制的，也是四类：经、史、子、集，也叫四部。如果一个图书馆没有《四库全书》，那么你的图书馆就不能叫“馆”了，那是我们图书馆的镇馆之宝。图书室可以不要《四库全书》，但图书馆必须要有。乾隆时期编订《四库全书》花了三十年才完成，动天下之力，由纪晓岚主编，为了保存，手写抄了七部。而明朝编订的《永乐大典》散失了很多而变得不完整。《四库全书》被收藏在国内几个地方：北京紫禁城的文渊阁有一部，因后来的蒋介石现已流到台湾；圆明园的文渊阁有一部，当年英法联军烧毁圆明园的时候把它也烧了；承德避暑山庄的文津阁有一部，现在保存在国家图书馆；沈阳的文溯阁有一部，20世纪60年代中苏关系紧张，被搬到甘肃一直保存至今；扬州的文汇阁有一部，太平军攻打扬州时就把它毁了；镇江文宗阁的那部也被太平天国给毁了；杭州文澜阁那一部也被毁了很多，后来补抄配齐，抗战期间还搬迁到我们贵阳保存了六年多。因为《四库全书》很宝贵，所以后来就影印了一些。贵州大学起码有两部，图书馆有一部老的，中国文化书院有外面赠送的一部，都是影印本。

清代的姚鼐还将学问分为义理、辞章、考据三类，就是“文史哲”三分。辞章就是文学，文学就一个“情”字：读别人的感情，抒自己的感情。情是每个人都不同的，也是每个人都有的，但过分强调自己的情感是不行的，所以需要以“义理”来规范。小学生为什么不懂道理？因为理是空洞的，小孩子概念意识很浅显，但到了中学阶段就能懂得一点了。

中国的历史也是国学的一部分。中国有五千多年的文明历史，五千年的历史延绵不断。古埃及文明中间断了接不上，反观我们中国却是源源不断、延绵不休的。历史贯穿在历朝历代中，古代史该怎么讲？按道理，应从先秦到两汉，到魏晋南北朝，到唐宋再到明清，要按这个时间段来讲。比如说，先秦史有很多专家、史学家，有先秦史学会；秦汉史也有很多专家、有秦汉史研究会；还有唐史学会；有宋史学会等。按这个段来分，至少要分为四段：先秦、秦汉（包括魏晋、下延至南北朝）、唐宋、明清四个方向，这个才是我们的古代史、史学。但贵州大学对古代历史的分类为：经济史、政治史、文化史、人类社会史等，这就是西化了。在我们中国的传统文化里是没有这样的分法的，这种西化是对传统文化的淹没，这样是不行的。所以我对他们提出意见，双方各执一词，但最终他们妥协了。传统文化和西方文化有很明显的界限，决不能让之混淆，我们要扭转西化的东西，弘扬传统文化。

六

史学与考据之学本来是个方法，是几千年前的东西，但没有落实，需要人们找证据来考证，这本就是一个研究方法，但起码几千年的文化不是空的。历史就是我们讲事情，什么农民起义、改朝换代、哪个皇帝有什么事情这些不是凭空捏造的。史实要折射出一个文化现象，要深入它，从而得出文化。我们的中学老师讲历史故事讲得好，但是很多讲不出历史文化来，没有那个水平；而有的又不敢讲，光讲故事觉得很浅淡。所以我们说历史故事折射的是一个文化现象。那么什么是文化呢？我们进入大学，在大学里面就是提升我们的文化素质，就不再是中学生或高中学生那样，或许你大一还是和高中生差不多，但到了二年级就不一样了，你的文化素养有了变化，素质有了大大提高。所以我们现在很多大学里的历史学院里就加了一个“文化”，叫“历史文化学院”，它把两者结合起来，但重点还是文化，要从文化方面来解读故事。

我们可以举一个例子：康熙皇帝是满族人，但进入中原以后有了很多变化。他有两个老师，一个是满族的老师，教他满语，但没多久就没什么可教的了，所以康熙皇帝很快便对他的满族师傅不感兴趣；另一个是汉族的老师，教他汉语，并给他讲从古至今的汉人故事，汉文化的一些东西，康熙皇帝对汉文化很感兴趣，汉文化把康熙皇帝给汉化了。他自认为自己在汉文化方面的造诣很高，甚至换装去参加科举制的考试，想拿第一，可见他对汉文化的领会多么自信、多么感兴趣。因此我们说他是“满族的身体汉族的思想”。由于他的汉化从而得到了很多汉人的拥戴，所以康熙皇帝提出满汉一家亲，不歧视汉人，收复台湾、削三藩，把吴三桂给败了，能够将蒙古的准噶尔部落统一，不仅得到大家的认可，也得到了民心。所以说，汉化太厉害了。很多民族都受汉文化的影响很深，比如说彝族，录文彬说："我前二十年去彝区，没有说汉语的；但二十年后去就没有说彝族话的了。"汉族文化也是无孔不入，很强势，很多少数民族都汉化了。

汉字是教育的工具，通过汉字来"化"。化的半边是"一个人"，《说文解字》里说"化"字是把人倒过来，也就是把人性彻底改变，改变你的本性。我们现在的很多书讲文化是没有讲清楚，通过汉字解读它，通过读书受教育提升我们人的素质，就这么简单。有一本书叫《中国文化常识》，里面专门讲了对文化的解读，广义的文化是什么，狭义的文化是什么，也没讲清楚。我们通过汉字的组合就应该可以明白，"倒人"，就是把人性倒过来，根本转变性格、本性。如果我们都不读书，那肯定野蛮现象很多，通过读书学习以后就变得文明，这就是文化。文化现象无处不在。

有一位诗人叫闻捷，军旅诗人，是上海作协的。诗歌写得很好，去新疆写了《吐鲁番情歌》《天山牧歌》，那是我初中时代的最爱。但"文革"时期遭贬了，下放到福建农场，上海方面还派了造反派的人去监视他。这名造反派女子和他在一起就发现他确实是个真正有水平的人，文化素质相当高，就爱上了他，这就属于文化征服。后来他们就要结婚了，造反派的头头不同意，否定他。后来闻捷就自杀了，他觉得活着没意思。这样的事件在历史上太多太多了。所以说我们要学国学。在《说文解字》这本书中我们可以学到很多。《说文解字》这本书是很重要的，现在很多大学生必须把《说文解字》这本书弄清楚。如果你去翻字典学西方那一套来理解是没有用的，也说不清楚，只会说得很概念很复杂，好像头头是道，但实际一点用没有。言，就是不能乱说话，乱说话会得罪别人，惹别人不高兴。这在我们的《说文解字》里，是最基础的、最根本的。

文化该怎么提高？怎么去做？无非体现在两个方面：一个是字要写好，另一个是会写诗。过去的文化人吟诗作对，那么我们最简单的就是先写对联，写好对联再写诗。不多的几个字却能反映很多丰富的思想。国学最基础的，就是做对联。曾国藩有一副对联："不为圣贤，便为禽兽；莫问收获，但问耕耘。"这是他勉励自己，作为自己的人生目标、最高追求的座右铭。对联讲究一虚一实，一阴一阳。"不问功名而耕耘"，往往是我教导学生要将此作为自己的座右铭来时刻警励自己、提醒自己的句子。晚清一名姓丘的巴中人也做了一副对联:"父天母地子万物,佛日道月儒五星。"孝敬父母,学儒知礼。很多道理是说不清道不明的,而"道"就是这样深不可测,进入国学境界你才会知道还有很多要学的。国学的命脉是儒、道、佛三教,但主流是儒,儒学以教化为核心,道学以治理为核心,佛学以大爱为核心。道家是规律文化;释家就是以大爱为核心,传播奉献精神;儒家是以积极进取,建功立业,为国家做事。道家顺其自然,佛家则是无私奉献,这些境界都很高。儒家是现实哲学;道家是避世哲学,躲避社会;释家就不同了,是出世的思想。儒家入世的,到社会中体现你的价值。

"做对子"是过去蒙学的基本功,家里面有弟弟妹妹的可以教他们写一下对子,这在古代是很平常的事,对对子对小朋友的智力启发是一个很好的方法。

【现场互动】

学生:张老师,虽然您刚刚讲了那么多,但是我还是不太清楚国学的具体概念是什么,所以我请问老师国学的具体概念是什么?

张教授:国学,国学就是中国的学问,是中国人的学问。国学以"四看"为标志。从源头上看,国学是立国之学,有此学才有此国;从过程上看,国学是育国之学;从现实中看,国学是国人必学之学;从标志上看,国学是此国与彼国区别之学。

学生:张教授您好,您告诉我们不要崇洋媚外,那政治上的"引进来,走出去"你怎么看待呢?

张教授:"取其精华,去其糟粕",这是很简单的:好的就学,不好的就不学!

学生:张教授您好,您刚刚有说到当前的国学之路很艰辛,那我们可以通过怎样的渠道来发展我们的国学呢?

张教授:不仅是国学,生活也是艰辛的,这世界上没有什么是可以一步登天的。我们现在很多研究生和博士生有的很有水平,有的却并无多少水平。现在的大学有些博士生讲课并不怎么样。差别很大。国学怎么走,从文学而经学而史学走完全过程,才能叫学者。搞文学的可以去当作家,哲理性强的人可以去当哲学家,但都不是学者,必须是走完全过程才能叫"学者”。尤其是史学相当重要，如果你对我们的史学茫然无知或者是知之甚少，你怎么当学者？我们中国的学者大多是史学家，他们对中国的文化懂得很通透。只有经过文学、经学和史学才能称之为学者。从清朝以来的“国学”，我们现在叫作“章（太炎）黄（季刚）之学”。国学还讲师承，不是你跟我上过课就是师生关系了，还要继承老师的知识与师德才行。其中明师之道很重要。你有条件和兴趣，但遇不到一个明师，也终生无为。明师是什么呢？就是最明白的老师，实指有真学问的老师，不是有名气的老师。

学生：现在贵州有很多学校都在读经，对此你是怎么看的？

张教授：这样很好，读经是很好的。前不久长沙有一所书院请我去开讲座，我讲了一上午又一下午。普及嘛。人们需要知道经书，经典里蕴藏着中华传统文化。另外，在制度方面也需要有规范，国家政府和相关组织机构必须有所作为。读经在根本上就是弘扬我们的中华民族文化，抵制西化。

（根据 2016 年 9 月 23 日在贵阳幼儿师专讲座的录音整理。）

附　录

案例

拜师帖

师尊张闻玉先生道鉴：

先生海内龙门，文章山斗。曩于汉南求学，因矢志先秦历史文化，仰慕先生道德文章，曷胜钦佩！徒以风飙道阻，又寓居汉南，与贵阳诚远，未获一见，常以为憾！先生治学严谨、昼夜勤恪，骧首贵大上庠，亲炙汝舟先生门下，继章黄之统续，受学名家，弥纶群言，小学历算，尽得三昧，实黔中之精英也！又尝骧首吉大，请教金景芳先生，研习《周易》，卓然有成。因缘际会，请教陈连庆先生，遂治先秦史学。先生学术，融通文史，并存不废，文采辞章雅洁，名重海内，诚当代之硕学而学子之良师也。下走桂珍明，幼爱故事，长而习文，后考取历史学本科，专攻先秦文史，学问之事，虽略有所悟，然未尝窥得门径，直似面墙而立，不得治学之要领。去夏毕业，辱蒙先生不弃纳归门下，学问之途，遂得延续，邱长春作诗文，难酬重阳；孙行者泣出山，永念菩提。呜呼！日月不居，光阴难驻，不肖立雪门下倏尔已历数月。此期之内，先生鞭策驽蹇不遗余力，痛下针砭，示我门径。尼父之诲曾不是过，宰予之朽木能不勉哉！今岁孟春，寒气稍退，念往昔之艰辛，感师恩之磅礴。爰撰作此帖，衷心感激先生辱收之德，虔诚拜师，严守规约，追随以求进益。

弟子诚具名帖，恭行拜师大礼！

弟子：桂珍明

乙未年正月二十五日

字字心血传易道

——学习《周易正读》之粗浅体会

马瑞州

《周易》是人文之精华总结，群经之首。张闻玉先生老骥伏枥时未晚，所作《周易正读》思想性强，自简易深入哲理，富含极强的文化底蕴。先生曾亲随金景芳教授习易，故秉承金老的易学思想——以哲理研究为主，肯定"哲学才是它的本质"(《周易讲座》)，因而提倡"观其德义""大易不卜"，但也有其创新。

一、常识入理，其义正读

易者，形上之道隐而微，形下之妙徼而朴。然而《正读》所写由常识而入义理，使一般读者能结合生活体验进入易经学习。本书分两部分，上篇为《周易知识讲座》共十二篇，解读易与《周易》、易卦解读、易卦序次、易传、易象、先天八卦与后天八卦等。下篇为《易经·六十四卦》正读，采用"两两相耦"的方式，非一般著者的成对卦爻解读，而是自卦画相对、义理相对展开，又以两卦合起解读收拢。例如解读鼎卦："革的卦象离下兑上，巽反过来就是兑。一个离在下，一个离在上。卦象相反。革卦讲变革，讲革命，鼎卦讲稳定，讲巩固。所谓'革故鼎新'，义相反也。"可见一斑。因此将六十四卦两两组成一对偶，再揣摩每卦间存在的中心，从卦象、卦义、卦辞、爻辞等解读这个中心的哲理思想，成为"正读"之范。故不论是以传通经、辩证思想，还是两两相耦，举凡成例都尽在一卦中阐释一个核心问题，以是读者能通悟这一中心。这样浅近简明，水到渠成，滞消碍解，相信读者必当受益。

二、取材严谨，古今并用

《正读》参考《周易折中》《周易本义》《周易讲座》《周易的卦爻辞》《易经读本》等古今著作，尤其当今学术界的新成果，博采众家，古今并用。

先生深谙天文历算和训诂学。《正读》倡导人文源于天文，易理合于气历。在训诂上则讲求简明精准。如兑卦“引兑”之“引”，《正读》曰：“帛书《周易》‘引’作‘景’。《诗》云：‘介尔景福’‘以介景福’。郑玄笺：‘景，大也。’《说文》云：‘引，开弓也。’引，有拉长、扩大之义。”这样汇通诸释，引证《诗经》，“引兑”解为大肆显现，过分显现。足见取材严谨简洁，不事繁杂考证，亦见《正读》之“正”。

三、“悟”成易道，心领神会

古今注易者，千家争帆。《周易》基本的解读方法中，最重要的是“悟”。易学的超越境地是内在生命的表达，而不是依据单纯的理性思辨与固定律。人因所处位卑、位高而有所困、所败、所惑、所誉、所惧，抑或多功、多过，无功无过等能自悟易理，进而扩大个体的生命限度。《正读》正是希望通过“悟”的经验来发展思想、追问生命，所以无“悟”则无易。

悟为易学之本。鼓励“悟”，这不是佛道之体证境界，反是联系生活得之变而不变的世间真理。《正读》指出《周易》本就是通过自然的本身去认识自然，进而广摄社会诸理，因而天理、地理、事理、命理、医理皆以易理为源。《正读》肯定中国文化和崇尚自然之道的关系，进而判定易学的精神是务实的，如儒家重实际，重现实伦理，所以人们领悟易道：人道效法天道、天人和谐、当位得中、刚健不息……

心领神会。心自诚于事事物物，万物之理随之显化，智慧即通透。须知蕴藉心灵之源为，木不失本，水不失源，源流贯彻，才能打开闭塞的情识智慧。先生认为对《周易》，每个人皆可有个人之理解，言之成理可以为“一家之言”。因此，好学有疑，深思有慧，则“会”“悟”无碍。

悟行合一。《正读》内蕴的谦、志、正、勤、中、诚等只是一个善，真善而已。为学者厚积，厚积薄发；为人者厚道，厚道待人。先生的“真”，行在日常之切用，在理繁去复，在神会不测，故会通大易之心。《正读》之悟，“和顺道德而理于义，穷理尽性以至于命”，易学精髓，纤毫毕露，俾使海阔，容包百纳，遥契上下，贯通古今。以悟传易，非须如此，也必当如此才可拓展我人之生命深度，这就是先生的易学精神。笔者不由慨叹：

字字心血传易道，冷露无声白夜眠。非为利禄燃薪火，斯文已化碧云天。

2018.12.22

编后记

先生文集《经学卷》收录《周易正读》《逸周书全译》两部古籍今解以及一系列单篇文章。

文化人对《周易》不无“耳熟”，至于“能详”则另当别论。闻玉先生传承章黄学术，出入于经史之间，功力丰厚，新见迭出，在传统小学、天文历法、西周年代研究诸方面之建树，早已为学林所共睹。先生之易学受业于金景芳老先生，解读《易经》深入浅出，简明切用。《周易正读》厚积薄发，是三十多年研究成果的集中体现，不仅可作为初学者的津梁，也应该是登堂入室的向导。文集中的《周易正读》以2018年北京出版集团本为底本，为保持原稿基本风貌而作适当修订。例如，据原稿补入注音、十二辟卦图，增补解读文字，改正所发现的排印错误。文集还收录《周易研究方法漫谈》等四篇专题文章，较完整地展现研究内容。

《逸周书》原称《周书》，性质与《尚书》相类。《汉书·艺文志》列入六艺略，曰:“《周书》七十一篇，周史记。”在流传中文字脱阙甚多，虽未必如《尚书》佶屈聱牙，却也难于通读。先生根据前贤今人校订的善本，以深厚的文史功底注释翻译，使之由晦涩变为明朗，由难解变为可读，由不被重视变为可以普及。《逸周书全译》初版于2000年，是最早的白话注译本，至今网上的《逸周书》译文完全出自先生本著作。此次收入文集除了改正误植文字外，还特意增加了数千字的补译，这是先生在初版后继续研究的成果。另外补入由桂珍明兄执笔的清华简《程寤》注译。如此，《逸周书全译》更加完善。

拾遗部分《有关正例与变例研究方法的对话》，在学术研究上具有方法论意义;《学好国学》可与《文学卷》中《国学之路》合观，而本文着重讲解国学与中国文化的关系，界定了国学的范围。

我与马瑞州兄参与《经学卷》校勘，获益良多；然囿于多种因素，难免让书中出现纰漏，敬请批评指正。本卷是先生文集拟定的最后一卷，今如期付梓，适遇先生八秩寿辰，宏文耆老，不亦乐乎！

庚子大雪前一日

门人罗松乔沐手谨识